Das Buch

Die Zahlen sind erschreckend: Jährlich werden in Deutschland etwa 900 Fälle sexuellen Mißbrauchs von Töchtern durch den Vater angezeigt, aber schlimmer noch: Die Dunkelziffer ist mindestens auf das Zehnfache zu schätzen. Josephine Rijnaarts legt hier ein grundlegendes, aufklärendes und aufregendes Buch vor, in dem sie sich dem Vater-Tochter-Inzest auf vier Zugangswegen nähert. Ausgehend von der Geschichte im Alten Testament, in der Lots Töchter ihren Vater betrunken gemacht und dann nacheinander verführt haben, um ihre Nachkommenschaft zu sichern, geht sie der Tendenz der Bagatellisierung des Inzesttabus nach. Von jeher wird der Vater als der Verführte dargestellt, den eigentlich keine Schuld trifft. Auch die Psychoanalyse Freuds schützt den Vater: Die Theorie des Ödipus-Komplexes definiert als Ursache für Inzest das sexuelle Verlangen der Tochter. Rijnaarts stellt dem Ödipus-Komplex den Antiochus-Komplex gegenüber, nach einem Mythos, in dem der Vater die Tochter eifersüchtig vor allen Verehrern schützt und sie schließlich selbst heiratet. Die Autorin betrachtet den Inzest auch familientherapeutisch und kritisiert seine Definition als pathologisches Symptom der gestörten Familie. Schließlich behandelt sie den Inzest als Machtproblem: Sexueller Mißbrauch und Inzest hängen mit den Machtstrukturen in der Institution Familie und in einer patriarchalischen Gesellschaft zusammen. Im Verlauf des Buches wird eine Frage immer wichtiger: Warum mißbrauchen einige Männer ihre Töchter, während andere nicht im Traum daran denken?

Die Autorin

Josephine Rijnaarts, geboren 1947 in Breda (Niederlande), studierte Übersetzungswissenschaften und Romanistik. 1979 veröffentlichte sie ihren ersten Aufsatz über den Vater-Tochter-Inzest. 1982 bis 1984 war sie, selbst Inzestopfer, aktives Mitglied in einer Arbeitsgruppe, die Inzestopfer berät und unterstützt. Sie lebt und arbeitet als Übersetzerin (u. a. von Dorothy Dinnerstein und Alice Schwarzer) in Amsterdam.

W0196859

Josephine Rijnaarts:
Lots Töchter
Über den Vater-Tochter-Inzest

Aus dem Niederländischen von
Barbara Heller

Deutscher
Taschenbuch
Verlag

Ungekürzte Ausgabe
März 1991
Deutscher Taschenbuch Verlag GmbH & Co. KG, München
© 1987 Josephine Rijnaarts
Titel der niederländischen Originalausgabe:
Dochters van Lot
Uitgeverij An Dekker, Amsterdam 1987
© der deutschsprachigen Ausgabe:
1988 Claassen Verlag GmbH, Düsseldorf
ISBN 3-546-47787-1
Umschlaggestaltung: Boris Sokolow
Foto Umschlagrückseite: Gemma Rameckers, Amsterdam
Gesamtherstellung: C. H. Beck'sche Buchdruckerei, Nördlingen
Printed in Germany · ISBN 3-423-15087-4

Inhalt

Einleitung

1. Warum ich dieses Buch geschrieben habe

Mein erstes Buch über Inzest erstand ich 1978 im Ramschverkauf
für einen Gulden. Ich zog es zwischen verbilligten Kriminalroma-
nen und Pflanzenbüchern hervor. Niemand interessierte sich bis
dahin für das Thema, und doch lag es irgendwie in der Luft. Die
Frauenbewegung wurde zunehmend aufmerksam auf das, was mittlerweile »sexuelle Gewalt gegen Frauen und Mädchen« genannt
wird. So konnte es nicht ausbleiben, daß Frauen, die wie ich in ihrer
Jugend von Vater, Bruder oder einem anderen Verwandten sexuell
mißbraucht worden waren, mit ihren Erfahrungen an die Öffentlichkeit traten. 1982 gründeten einige dieser Frauen die Vereinigung
gegen sexuelle Kindesmißhandlung in der Familie (V.S.K.)[1] mit
Untergruppen überall in den Niederlanden. Ich schloß mich der
Amsterdamer Gruppe an, die inzwischen als »Arbeitsgruppe gegen
sexuelle Kindesmißhandlung in der Familie« der Stiftung »Gegen
ihren Willen« angehört, einer 1983 gegründeten feministischen
Frauenorganisation, die sich zum Ziel gesetzt hat, Opfern jeglicher
sexueller Gewalt zu helfen.

In der Amsterdamer Gruppe, die sich schon bald von einer
Selbsthilfegruppe in eine Beratungsstelle für betroffene Frauen ver-
wandelte, habe ich zwei Jahre lang mitgearbeitet. Ich habe dort viel
gelernt, über mich selbst und über die Kultur, in der wir leben. Ich
begann Zusammenhänge und Strukturen zu durchschauen, ich
entdeckte, was an meiner eigenen Geschichte das besondere und
was von allgemeinerer Bedeutung war. Dieser Lernprozeß wurde

---

[1] Näheres über diese Vereinigung siehe S. 253f. In den deutschsprachigen Ländern geben
verschiedene Institutionen und Organisationen Auskunft, darunter Frauenhäuser, Frauen-
gesundheitszentren, Pro-Familia-Beratungsstellen.

von einer ganzen Skala von Gefühlen begleitet: Empörung, Wut, Verzweiflung, Zynismus und Verbitterung wechselten mit Verständnis, Mitleid und Hoffnung. Ich erinnere mich noch gut, wie erschüttert ich anfangs war, als ich immer mehr Frauen und Mädchen kennenlernte, die – obwohl wesentlich jünger – das gleiche durchgemacht hatten wie ich. Konnten sich denn die Kinder heutzutage nicht viel besser wehren? Es hieß doch immer, die Eltern hätten nichts mehr zu sagen? Hörte das denn nie auf?

Im Laufe der Zeit wurde es für mich immer schwieriger, die Arbeit in der Gruppe mit der Ausübung meines Berufs in Einklang zu bringen. Außerdem brauchte ich eine Zeit der Besinnung. Ich wollte nachdenken über das, was ich gehört, gesehen und gelesen hatte, nachdenken über die Fragen, die in mir aufgestiegen waren und die nicht mehr in erster Linie meine persönlichen Erfahrungen betrafen, sondern sehr viel weitergingen. Das Buch, das Sie vor sich haben, ist das Ergebnis dieses Denkprozesses.

Es ist kein wissenschaftliches Buch. Ich gehe nicht von einer bestimmten Hypothese aus, die ich dann zu beweisen versuche. Auch beschränke ich mich nicht auf eine einzelne Disziplin und bewege mich nicht innerhalb eines von vornherein abgesteckten theoretischen Rahmens. Mein Ansatz ist der einer Amateurin im wahrsten Sinne des Wortes, einer »Liebhaberin« (wenn auch dieses Wort in Verbindung mit einem Thema wie dem Inzest etwas unpassend erscheint), die zunächst nur soviel wie möglich über »ihr« Thema wissen wollte. Meine »Untersuchungsmethode« bestand darin, Menschen zuzuhören, in Bibliotheken zu schmökern und einfach drauflos Notizen zu machen. Nach und nach wurde mir klar – und genau das will ich mit diesem Buch deutlich machen –, daß das Nichtwahrhabenwollen, von dem in Kapitel 2 die Rede ist, nicht erst von heute oder gestern stammt und nicht nur die Sicht des Laien prägt, sondern auch den gängigen Inzesttheorien seinen Stempel aufgedrückt hat.

Eine der Wissenschaften, in denen das Inzestthema eine zentrale Stellung einnimmt, ist die Kulturanthropologie, von der in Teil I die Rede ist. Über die Kulturanthropologie könnte man – stark verallgemeinernd – sagen, daß sie den Inzest stillschweigend als ein

»natürliches« Recht des Vaters und die einseitige Verletzung des Inzesttabus durch Männer als eine Selbstverständlichkeit betrachtet, die keiner Erklärung bedarf.

Eine weitere Wissenschaft, die sich eingehend mit dem Inzest beschäftigt, ist die Psychoanalyse. Teil II befaßt sich ausführlich mit Freud, weil sein Beispiel in aller Deutlichkeit zeigt, wie ein Wissenschaftler eine ihm nicht genehme Theorie wegzaubern und durch eine andere ersetzen kann, die ihm eher zusagt, und wie diese Theorie dann ganze Generationen in ihren Bann schlägt, auch wenn ihre Anhänger sozusagen fortwährend über Gegenbeispiele stolpern. Kurz gesagt: Freud vollzog eine ebenso einfache wie radikale Kehrtwendung, indem er die Schuld von den Vätern auf die Töchter und Mütter übertrug.

Wissenschaftler, die bei der Beschäftigung mit dem Inzestproblem die Annahmen der Systemtheorie zugrunde legen, gehen davon aus, daß im Inzestfall die ganze Familie »krank« ist. Das läuft, wie wir in Teil III sehen werden, in der Praxis oft darauf hinaus, daß genau wie bei Freud Töchter und Mütter für die Taten inzestuöser Väter verantwortlich gemacht werden. Feministische Theorien konzentrieren sich ebenfalls auf die Familie, aber auf die Familie als *Institution* in einer patriarchalischen Gesellschaft. Sie bringen Inzest mit der bestehenden Rollenverteilung zwischen Mann und Frau und mit der Macht des Vaters als Familienoberhaupt in Verbindung. Die feministische Theoriebildung zum Thema Inzest steckt zwar noch in den Kinderschuhen, doch erscheint es mir überaus einleuchtend, anzunehmen, daß die einseitige Verletzung des Inzesttabus etwas mit der Arbeitsteilung zwischen den Geschlechtern und ihren sozialen und psychischen Konsequenzen zu tun hat.

Das Erleben von Inzestopfern ist Hauptthema von Teil IV. Hier ist die Rede von Unwissenheit und Verwirrung, Angst und Scham, von Überlebensstrategien und Verarbeitung; ich stütze mich dabei vor allem auf das, was sexuell mißbrauchte Töchter selbst über ihre Erfahrungen und Gefühle gesagt und geschrieben haben.

Ich danke Paul für seine unermüdliche emotionale, moralische und praktische Unterstützung, Ria van Hengel für ihre einfühlsame, sorgfältige Redaktionsarbeit, Nel Draijer für ihre Kommentare zu Teil I und den Ansporn zum Weitermachen, Rozemarijn Esselink für die Überlassung einer Reihe von Artikeln. Mein Dank gilt auch den Frauen, mit denen ich in der oben erwähnten Arbeitsgruppe zusammengearbeitet habe, ganz besonders Edith, Eline und Elandia, die mir die Ermutigung gaben, die ich so dringend brauchte. Vor allem aber danke ich allen Frauen, die bereit waren, mit mir über ihre Erfahrungen zu sprechen, und all jenen, die das Schweigen über den Inzest gebrochen und über das, was ihnen widerfahren ist, gesprochen und geschrieben haben. Ihnen ist dieses Buch gewidmet.

2. Niemand will es wahrhaben

Man muß den Mut aufbringen, den Krieg mit einem Tabu zu belegen, so wie die Menschen auch den Inzest zum Tabu erklärt haben, um nur eins zu nennen. [. . .] Wenn die Menschen imstande waren, einen Bann über den Inzest zu verhängen, sind sie vielleicht morgen imstande, einen Bann über den Krieg zu verhängen. Das Inzesttabu ist ein großer Erfolg geworden.

So der Schriftsteller Alberto Moravia 1983 in einem Interview mit der niederländischen Zeitung *Haagse Post*.

Man kann von Moravia gewiß nicht sagen, ihm fehle der Blick für gesellschaftliche Probleme. Und doch entgeht auch ihm, daß das Inzesttabu beileibe kein so großer Erfolg ist, sondern im Gegenteil immer wieder verletzt wird. Das Inzesttabu wirkt in der Praxis nicht als Verbot des *Verübens* von Inzest, sondern als Verbot des *Sprechens* über den Inzest, das heißt, es verhindert, daß der sexuelle Mißbrauch von Mädchen durch Familienmitglieder oder andere Verwandte öffentlich angeprangert wird.

Das mag paradox klingen in einer Zeit, da kaum eine Zeitschrift, die etwas auf sich hält, kaum eine progressive Talkshow in Rundfunk oder Fernsehen dieses Thema nicht irgendwann aufgreift. Die Frage ist allerdings, ob wir es hier nicht mit einem Strohfeuer zu tun haben. Die Massenmedien stürzen sich immer wieder einmal begierig auf bestimmte Themen – zumal wenn sie die menschliche Sensationslust ansprechen –, um sie dann, wenn der Reiz der Neuheit dahin ist, als überholt und abgedroschen wieder fallenzulassen, wobei die Probleme selbst aber unvermindert fortbestehen. Es fällt jedenfalls auf, daß die jüngste Publizität des Inzestthemas in den Medien fast augenblicklich zu Abwehrreaktionen in denselben Medien geführt hat. Viele wollen es einfach nicht wahrhaben.

Der prominente Psychoanalytiker J. A. Groen zum Beispiel, der mit einer gewissen Regelmäßigkeit in der niederländischen Zeitung *NRC Handelsblad* seine Meinung kundtut, bezeichnete die aktuelle Inzestdiskussion als ein Komplott gegen die Väter. »Die Väter«, so klagt er, haben in letzter Zeit allerhand negative Publizität bekommen. Ein gutes Beispiel dafür ist all das, was anläßlich eines Symposiums zum Thema Inzest im letzten Jahr über sie geschrieben wurde. Empört wurde da vermeldet, jeder vierte Vater begehe inzestuöse Handlungen an seiner Tochter. [...] Solche Zahlen erwecken den Eindruck, Väter seien nichts wert oder [...] zumindest sei ihnen nicht zu trauen.

Anstatt sich zu fragen, woher diese Empörung wohl kommt und ob sie nicht vielleicht berechtigt ist, erklärt er sie zu einer Angelegenheit extrem radikal-feministischer Gruppierungen [,die der Meinung sind,] die Väter gehörten umgebracht, weil sie dem männlichen Geschlecht angehören (in: *NRC Handelsblad*; siehe auch Ladan u.a. 1985, S. 7, 13, 41).

Eine ähnliche Abwehrreaktion zeigt Lodewijk Brunt. Über einen Artikel in der Zeitschrift *Signs* (Breines und Gordon 1983) schreibt er: Breines und Gordon haben meiner Ansicht nach recht, wenn sie die Rolle des Vaters als Aggressor und Tyrann stärker hervorheben wollen, nicht aber, wenn sie damit gleichzeitig die Mutter von allem reinwaschen und sie als eine Heilige darstellen, die über das sexuelle Treiben in der Unterwelt der Familie erhaben ist. Daß man über sexuelle Beziehungen zwischen Vätern und Töchtern so viel mehr weiß, heißt zum Beispiel noch nicht, daß inzestuöse Neigungen zwischen Mutter und Sohn zu vernachlässigen sind, auch wenn diese sich in ganz anderer Form äußern mögen.

Gerade letzteres hat natürlich seine Tücken. Um die Väter freizusprechen oder zumindest, um die Aufmerksamkeit von ihnen abzulenken, wendet Brunt einen leicht durchschaubaren Trick an. Breines und Gordon sprechen jedoch nicht von Neigungen, sondern von Taten. Und wenn es etwas gibt, über das sich praktisch alle Experten einig sind, dann ist es die Tatsache, daß in den allermeisten Inzestfällen der Täter ein Mann ist. Im Grunde möchte Brunt genauso wie Groen die Publizität um das Inzestthema als feministische Diffamierung abtun.

Immer, wenn in den letzten Jahren von seiten der Frauenbewegung ein Thema aus den Bereichen Ehe, Familie, Gesundheit oder Sexualität aufgeworfen wurde, war es, als habe sich wieder ein neuer Sündenpfuhl aufgetan. [...] Die lilienweißen Opfer sind in diesem Falle Frauen und Kinder. Jüngstes Objekt dieser unentwegten Sensationsmacherei ist der Inzest (in: *Vrij Nederland*).

Daß nicht nur Männer dem Inzestproblem nicht ins Auge sehen wollen, beweist unter anderem ein Artikel von Beatrijs Ritsema, die sich an das altbewährte Bild vom Inzesttäter als einer kläglichen Figur klammert, als einem Mann, der bei seiner Frau nicht zum Zuge kommt, der kein Geld hat, um ins Bordell zu gehen, zu schüchtern ist, um sich an andere Frauen heranzumachen, und deshalb aus purer sexueller Not zu seiner Tochter greift. Derlei »tragische, bedrückende Verhältnisse« treffe man in einem »guten (reichen/intellektuellen, künstlerischen) Milieu« nicht an. Ritsema faßt hier einige stereotype Ansichten über den Inzest zusammen, die zwar viele Male widerlegt worden sind, ihre Bedeutung als Abwehr- mechanismen aber offenbar nicht eingebüßt haben: Erstens treffe die Schuld am Inzest letztlich die Ehefrau, die dem Mann nicht gebe, was ihm zustehe, zweitens könne der Mann ja nun wirklich nichts dafür – sein Sexualtrieb gehe mit ihm durch – und drittens sei der Inzest eine Begleiterscheinung des Elends in den untersten Gesell- schaftsschichten.

Diese Blütenlese zeigt sehr deutlich, wie zumindest gewisse Leute, die die öffentliche Meinung beeinflussen, sich dem Inzestproblem verschließen. Inzestopfern sind ihre Argumente nicht neu; sie haben sie ihr Leben lang zu hören bekommen, von Vätern, Stiefvätern, Onkeln, älteren Brüdern oder anderen Personen ihrer Umgebung, wenn sie mit dem Mut der Verzweiflung endlich jemanden ins Vertrauen zogen.

Hier drängt sich die Frage auf, woher diese Abwehrreaktionen in der Gesellschaft kommen, warum auch heute noch so viele Men- schen sich weigern, das Inzestproblem ernst zu nehmen, da Berichte über die Schrecknisse, denen Inzestopfer in ihrer Kindheit ausge- setzt sind, jedermann zugänglich sind. Warum wird Inzestopfern so wenig Verständnis entgegengebracht? Warum bekommen sie im- mer wieder zu hören, sie würden lügen oder übertreiben, der sexuelle Kontakt mit dem Vater sei doch gar nicht so schlimm gewesen oder sie selbst hätten diesen Kontakt gewollt?

Zum einen liegt die Erklärung nahe, daß es noch immer größtenteils Männer sind, die darüber bestimmen, welche gesellschaftlichen Erscheinungen als soziale Probleme sichtbar gemacht werden und welche nicht, und daß sie für die sexuelle Ausbeutung von Frauen und Mädchen entweder blind sind oder aber aus Eigennutz oder falsch verstandener Loyalität dem eigenen Geschlecht gegenüber lieber die Augen davor verschließen. Diejenigen in einer Gesellschaft, die die Macht haben, schützen sich bekanntlich gegenseitig.

Ein weiterer Grund könnte darin liegen, daß wir – Männer wie Frauen – uns nur schwer von der Illusion der Familie als einem Hort wahrer Menschlichkeit und Liebe trennen können. Der Mensch hat ein Bedürfnis nach Vertrauen, Geborgenheit und Intimität, und die Familie scheint wie kein anderer Ort geeignet, dieses Bedürfnis zu befriedigen. Es erzeugt Angst, auch nur daran zu denken, dieses Bild könnte womöglich nicht stimmen. Wenn man schon den Eltern nicht mehr vertrauen kann, wem kann man dann noch vertrauen?

Das Bedürfnis nach Verharmlosung des Inzestproblems hängt zweifellos auch noch mit etwas anderem zusammen, nämlich mit dem in unserer Kultur existierenden Bild des Mädchens als der geborenen Verführerin, die über die natürliche Gabe verfügt, Männer in ihre Netze zu verstricken. Bereits von neun- oder sechsjährigen, ja sogar von dreijährigen Mädchen heißt es, sie seien kokett und herausfordernd, und so werden sie in Film, Werbung und Literatur auch gezeigt, ganz zu schweigen von pornographischen Darstellungen. In einem solchen Denkschema kann der inzestuöse Vater mit Nachsicht und Sympathie rechnen: Er ist kein Krimineller, sondern ein Mann, der schwach geworden und der Verführung erlegen ist.

Ein Aspekt schließlich, den wir nicht außer acht lassen dürfen, wenn wir von der Weigerung sprechen, das Inzestproblem ernst zu nehmen, ist der Zwang zu sexueller Ungezwungenheit als Reaktion auf die dumpfe Unterdrückung von einst. Diese Haltung führt dazu, daß manche Menschen sexuelle Äußerungen zwischen Eltern und Kindern als grundsätzlich progressiv ansehen, als ein Zeichen von Offenheit und wahrer Intimität, als etwas Liebes und Lustiges, über das wir milde lächeln sollten. Besonders der bereits erwähnte Psychoanalytiker J. A. Groen versteht es, die rührselige Empfänglichkeit seiner Leser für Anekdoten aus dem Kinderzimmer anzusprechen:

Leider sind auch heute nicht alle Väter so wie der jenes dreijährigen Mädchens, das sich ein Vergnügen daraus machte, den Penis seines Vaters hin- und herzuschwenken und dabei zu singen: »Bim bam beier, die Katz' mag keine Eier . . .« (Ladan u. a. 1985, S. 39).

Ich frage mich nur, was geschieht, wenn das Mädchen einmal die Lust an diesem Spiel verliert, der Vater aber weiterspielen will.

3. Was ist Inzest?

Neben dem zuvor beschriebenen Phänomen des Nichtwahrhaben-wollens beobachten wir, daß das Inzestthema in den letzten Jahren aus seinem Schattendasein hervorgeholt[2] und neu überdacht worden ist. Das zeigt sich auch an der herrschenden Uneinigkeit über den Begriff »Inzest«, an den Einwänden, die gegen ihn erhoben werden, und an den vorgeschlagenen Alternativen. Nach Auskunft des Wörterbuchs bedeutet Inzest (oder Blutschande) Geschlechtsverkehr zwischen engsten Blutsverwandten, die einander nicht heiraten können. Von dem vagen Begriff »Geschlechtsverkehr« einmal abgesehen, umfaßt diese Definition Kontakte, die sich himmelweit voneinander unterscheiden können: Die auf Gegenseitigkeit beruhende Beziehung zwischen gleichgestellten Erwachsenen kann damit ebenso gemeint sein wie das äußerst ungleiche Verhältnis zwischen einem erwachsenen Mann und einem kleinen Mädchen. Auf diese Allgemeinheit des Begriffs Inzest bezieht sich auch der *Haupteinwand*, der gegen ihn vorgebracht wird.

Ein *zweiter Einwand* betrifft den geschlechtsneutralen Charakter des Wortes »Inzest«. Es erweckt den Eindruck, Inzest zwischen Mutter und Sohn beispielsweise sei ebenso häufig wie Inzest zwischen Vater und Tochter, während in der Praxis aber in weitaus den meisten Fällen der Täter ein Mann und das Opfer ein Mädchen ist. Und auch wenn Jungen zu inzestuösen Beziehungen überredet oder gezwungen werden, ist der Täter meist ein Mann.

---

[2] Dabei hat sich gezeigt, daß das Ausmaß des Problems weit größer ist, als man es je für möglich gehalten hätte. Die niederländische Psychologin Nel Draijer kommt nach dem Studium einer Reihe von Untersuchungen zu folgendem Ergebnis: Die aus mehr oder weniger repräsentativen Stichproben der Bevölkerung gewonnenen Zahlen über sexuellen Mißbrauch von Kindern liegen in den USA bezogen auf Mädchen bei 4 bis 16 %, bezogen auf Jungen bei etwa 1,5 %. In den Niederlanden sind es zwischen 5 und 15 % bei Mädchen und rund 1 % bei Jungen. Die Angaben über den Vater-Tochter-Inzest bewegen sich nach Draijer zwischen 1 und 4,6 % in den USA und zwischen 1 und 3 % in den Niederlanden (Draijer 1985, S. 32). Grob geschätzt wird demnach in den Niederlanden – und in den deutschsprachigen Ländern wird das nicht anders sein – jedes zwanzigste Mädchen von einem Familienangehörigen oder Verwandten sexuell mißbraucht, jedes fünfzigste von ihrem Vater.

Ein *dritter Einwand* richtet sich dagegen, daß der Ausdruck »Inzest« den Blick zu sehr auf das Sexuelle lenkt, anstatt auf die Macht- und Abhängigkeitsverhältnisse in der Familie, auf die spezifischen Formen der Manipulation und Ausbeutung, die sich innerhalb einer Familie entwickeln können.

Das grauenhafte am Inzest sind nicht die sexuellen Handlungen selbst, es ist die Ausbeutung der Kinder unter dem Deckmantel elterlicher Liebe (Herman 1981, S. 4).

Ein *vierter Einwand* schließlich bezieht sich darauf, daß der Begriff »Inzest« vom Inzesttabu her emotional belastet ist. Inzest ist nicht einfach nur verboten, sondern in den Augen vieler Menschen auch etwas Ekelerregendes, Widerwärtiges. Wenn etwa gesagt wird, Inzest sei eine Angelegenheit »sehr gestörter, sehr perverser Individuen« (Weinberg 1955/76, S. 3),[3] so schließt eine solche Aussage das Opfer mit ein, auch wenn es sich dabei um ein Kind handelt, das zu einer Sache überredet oder gezwungen worden ist, deren Bedeutung es nicht kennt und deren Tragweite es unmöglich erfassen kann. Mit anderen Worten: Der von der Übertretung eines Tabus Betroffene wird selbst tabu, ein beschmutztes, gebrandmarktes Wesen, dem man besser aus dem Wege geht.

Gleichzeitig wird ein Tabu mit Dingen assoziiert, die zwar verboten, gerade deshalb aber spannend und aufregend sind. Daß dies auch für den Inzest gilt, verdeutlicht das Thema eines 1983 abgehaltenen Symposiums: »Inzest – gewagte Beziehung oder Ausbeutung?«[4] Bei einer gewagten Beziehung denkt man an geistige Freiheit, Rebellion gegen herrschende Normen, Spannung, Abenteuer. Nur passen solche Qualifizierungen ganz und gar nicht zur Erlebniswelt eines sexuell mißbrauchten Mädchens. Wenn man im Zusammenhang mit Inzest überhaupt von einer gewagten Beziehung

---

[3] Erscheinen in einem Literaturverweis zwei Jahreszahlen nebeneinander, so bezieht sich die erste auf die Erstausgabe, die zweite auf eine neuere Ausgabe, aus der das Zitat stammt. Dabei kann es sich um eine Neuauflage oder einen Nachdruck, aber auch um eine Übersetzung handeln.

[4] Durchgeführt wurde das Symposium von der Vereinigung für Sexualwissenschaft in Utrecht am 7. Mai 1983. Auf dieses Symposium spielt Groen (s. S. 13/14) in seiner Tirade gegen die »Diffamierung der Väter« an.

sprechen kann, dann nur aus der Perspektive des Erwachsenen, keinesfalls aus der des Kindes.

Lange Zeit haben die oben erwähnten Auswirkungen des Inzesttabus die Opfer daran gehindert, über ihre Erlebnisse zu sprechen, und das ist zum Teil auch heute noch der Fall. Damit bietet das Inzesttabu den Tätern einen Schutz, wie sie ihn sich idealer nicht wünschen könnten. Da »Inzest« und »Inzesttabu« meist in einem Atemzug genannt werden, liegt dieser Schutz für den Täter, wie manche meinen, schon allein in dem Wort »Inzest«, so daß statt dieses Wortes lieber ein weniger belasteter Begriff verwendet werden solle, der zugleich auch deutlicher mache, worum es wirklich gehe.

Die wichtigsten Alternativbegriffe, die in den letzten Jahren geprägt wurden, sind: »sexuelle Kindesmißhandlung in der Familie«, »sexueller Mißbrauch von Kindern in der Familie« und »Tochter-/Schwestervergewaltigung«. In Kreisen, die die »sexuelle Revolution« auf ihre Fahnen geschrieben haben und in der Publizität des Themas Inzest eine Bedrohung der sexuellen Liberalisierung sehen, hat man Begriffe wie »problematischer Inzest« und »Ausbeutungsinzest« kreiert, um die Möglichkeit eines positiven Inzesterlebens, auch auf seiten des Kindes, offenzulassen.

Obwohl ich selbst in der Vergangenheit dafür plädiert habe, das Wort »Inzest« durch »Tochtervergewaltigung« zu ersetzen (Rijnaarts 1979) – eine Neuschöpfung, die vor allem dann gute Dienste leistet, wenn es darum geht, Menschen die Augen zu öffnen –, habe ich mich in diesem Buch schließlich doch für den Begriff »Inzest« entschieden, verwende aber auch häufig den Ausdruck »sexueller Mißbrauch«. Meine Gründe dafür sind pragmatischer Natur. Zum einen finde ich die genannten Alternativen zu umständlich und damit wenig brauchbar. Zum andern geht die Sprachentwicklung als Zeichen von Veränderung mitunter dunkle Wege. So kann es vorkommen, daß ein Wort sich einfach weigert, in der Versenkung zu verschwinden, auch wenn dafür noch so vernünftige Argumente ins Feld geführt werden. Auch kann ein Wort seine Bedeutung dem Protest anpassen, mit dem es konfrontiert wird. Das scheint neuerdings bei dem Ausdruck »Inzest« der Fall zu sein. Besonders in den Medien und im täglichen Sprachgebrauch bemerke ich eine Tendenz, die Bedeutung des Wortes genau auf das Gebiet einzugrenzen, um das sich die derzeitige Diskussion dreht. In Rundfunk und Fernsehen ist zu hören, daß es »in der nun folgenden Sendung um Inzest geht, das heißt um den sexuellen Mißbrauch von Kindern in der Familie«, oder »um den sexuellen Mißbrauch von Kindern in der Familie, das heißt um Inzest«. Natürlich wird der Ausdruck »Inzest« von den Medien auch als Publikumsmagnet benutzt; dennoch hat die zitierte Gleichsetzung den Effekt, daß der Begriff rasch entmythologisiert wird. Wenn die meisten Menschen Inzest in erster Linie mit Mißbrauch und Ausbeutung in Verbindung bringen, werden die genannten Einwände gegen den Begriff zumindest teilweise hinfällig.

Parallel zu der Suche nach Alternativen für das Wort »Inzest« wird nicht weniger mühselig auch an der Definition des Begriffs herumgedoktert. Es kommen Fragen auf wie diese: Welche Personen fallen genau unter den Begriff Blutsverwandte? Wie bringt man zum Ausdruck, daß Inzest keineswegs immer mit körperlicher Gewalt, wohl aber mit Zwang verbunden ist? Wenn Inzest keineswegs immer Geschlechtsverkehr bedeutet, welche sexuellen Handlungen sind dann genau damit gemeint? Und wo liegt die Grenze? Ein Vater, der seine Tochter zwar nicht anrührt, aber ständig Anspielungen auf ihr Äußeres macht oder zwanghaft mit ihr über Sex spricht – ist er ein inzestuöser Vater oder nicht? Das ist keine Haarspalterei, es ist ein echtes Dilemma. Zwischen den Worten des einen und den Taten des anderen besteht natürlich ein Zusammenhang, und dieser Zusammenhang muß aufgezeigt werden; andererseits aber hat es keinen Sinn, den Begriff »Inzest« so weit auszudehnen, daß sein spezifischer Inhalt verlorengeht.

Die Umschreibung von »Inzest«, mit der ich mich noch am ehesten anfreunden kann, lautet:

Sexuelle Kontakte älterer oder erwachsener Familienmitglieder mit einem Kind unter sechzehn Jahren gegen den Willen des Kindes oder in der Weise, daß das Kind – aufgrund der Ausnutzung einer körperlichen oder beziehungsbedingten Überlegenheit, der Anwendung von Gewalt oder der Ausübung emotionalen Drucks – das Gefühl hat, die sexuellen Kontakte nicht

verweigern oder sich ihnen nicht entziehen zu können. [...]
Unter sexuellen Kontakten verstehen wir jedwede reale sexuelle
Berührung, von der Berührung der Brüste oder Genitalien bis hin
zur Vergewaltigung (Draijer 1985, S. 15).

Ein Element fehlt in dieser Definition allerdings, und das ist der
Zeitfaktor. Inzestuöser Mißbrauch kann sich auf ein einmaliges
Vorkommnis beschränken, meist aber sind es Monate oder Jahre, in
denen es immer wieder zum Inzest kommt, so daß das Kind über
lange Zeit in ständiger Angst und Spannung lebt.

Mädchen, und in weit geringerem Maße auch Jungen, werden
sexuell mißbraucht von Vätern, älteren Brüdern, Onkeln, Großvä-
tern und Vettern. Manche Untersuchungen nennen den Vater als
den häufigsten Täter, andere den Onkel, wieder andere den Bruder.
Die klinische Literatur (basierend auf Fällen aus der psychiatrischen
und psychologischen Praxis) und die forensische Literatur (basierend auf Fällen mit gerichtlichem Nachspiel) konzentrieren sich auf
den Vater-Tochter-Inzest. In anderen Publikationen liegt der Akzent neben dem Vater-Tochter-Inzest auch auf dem Bruder-Schwester-Inzest, einer Form, die oft zu Unrecht als »Doktorspiel« verharmlost wird.

In diesem Buch steht der Vater-Tochter-Inzest im Mittelpunkt,
wobei ich mit Vätern leibliche Väter und Stiefväter meine. Andere
Formen des Inzests kommen gesondert zur Sprache, insoweit sie in
den Theorien, die ich bespreche, gesondert behandelt werden. Alle
Formen des Inzests sind durch ein Machtgefälle zwischen Täter und
Opfer gekennzeichnet. Dieses Gefälle ist zwischen Vater und Tochter am größten. Der Vater-Tochter-Inzest ist daher als Paradigma
sexuellen Mißbrauchs von Kindern durch Familienangehörige oder
Verwandte anzusehen, vielleicht sogar als Paradigma sexuellen Mißbrauchs von Frauen und Mädchen überhaupt.

Zum Schluß noch ein Wort zu den Bezeichnungen Täter und
Opfer, die ich in diesem Buch verwende. Manche meinen, sich für
den Ausdruck *Täter* entschuldigen zu müssen, weil sie inzestuöse
Väter nicht als Kriminelle einstufen möchten (siehe u. a. Maisch
1968, S. 100). Andere wenden sich vor allem gegen den Begriff

Opfer, so auch die Frauen der Vereinigung gegen sexuelle Kindesmißhandlung (V.S.K.), und sie haben gute Gründe dafür. Mitglieder der Vereinigung, die sich zunächst bei der Verarbeitung ihrer eigenen Inzesterfahrungen gegenseitig helfen und dann als »Erfahrungsexpertinnen an die Öffentlichkeit treten, sehen sich im Umgang mit den staatlichen Institutionen, die ihnen helfen sollen, immer wieder in die Opferrolle gedrängt. Eine Kontaktfrau der V.S.K.:

Manchmal behandeln sie dich, als könntest du nicht bis drei zählen. Es ist einfacher für sie, wenn du Opfer bleibst, dann sind die Rollen klarer. [...] Manchmal möchte ich ihnen am liebsten meine Diplome unter die Nase halten. Sie vergessen ganz, daß wir uns seit Jahren mit diesem Thema befassen und verdammt viel davon verstehen. Wenn du in einer Versammlung sauer wirst, kann es dir doch tatsächlich passieren, daß dich einer teilnahmsvoll fragt, ob du deine Erlebnisse schon verarbeitet hast (V.S.K. 1985, S. 6).

Daneben gibt es in der Frauenbewegung eine Tendenz, die Wortkombination »Frau und Opfer« überhaupt zu vermeiden, weil das kulturell und ideologisch geprägte Opferbild der Frau die Macht der Männer nur noch weiter festige und Frauen dazu bringe, ihre Opferrolle zu verinnerlichen, das heißt in ihrer Ohnmacht zu verharren und auf Widerstand zu verzichten.

So schlimm ich es auch finde, wenn betroffene Frauen auf ihr Opfersein festgenagelt werden, und so sehr ich auch dafür bin, daß sie nicht als Opfer, sondern stark und streitbar auftreten, erscheint mir das Wort Opfer im Zusammenhang mit dem Inzest doch unverzichtbar, um ein zutreffendes Bild von dem vermitteln zu können, worum es geht. Hier stimme ich mit Judith Herman überein, die schreibt:

Zwingt ein Elternteil ein Kind, für den Unterhalt der Familie zu arbeiten, so ist das Ausbeutung von Kinderarbeit. Zwingt ein Elternteil ein Kind, seine sexuellen Bedürfnisse zu befriedigen, so ist das Inzest. Inzest hat deshalb als ein Verbrechen zu gelten, für das der Erwachsene voll verantwortlich ist. Die Bezeichnungen »Täter« und »Opfer« geben die Situation exakt wieder, auch wenn viele sich dagegen wehren. Die Verwendung dieser Begriffe bedeutet nicht, daß komplexe menschliche Wesen auf bloße Kategorien reduziert würden. Ein Mann, der seine Tochter sexuell mißbraucht, ist mehr als nur ein Täter; eine Frau, die eine sexuelle Beziehung mit ihrem Vater gehabt hat, bezieht ihre Identität nicht ausschließlich aus ihrem Opferstatus. Im Zusammenhang mit Inzest aber sollten diese Ausdrücke verwendet werden, um deutlich zu machen, wo die Verantwortung liegt (1981, S. 4).

4. Lots Töchter – ein Bild, ein Mythos

Als ich 1983 die Dresdner Gemäldegalerie besuchte, fiel mein Blick auf ein Bild von Alessandro Turchi aus dem 17. Jahrhundert: Auf einer Art Kissen oder Kleidersack sitzt ein älterer Mann mit angegrautem Bart und schon etwas spärlichem Haar. In einer Hand hält er ein Glas, das er einer rechts von ihm stehenden jungen Frau mit üppigen Körperformen hinhält, deren Kleid bis unter ihre Brüste herabgeglitten ist. Aus einer Karaffe schenkt sie etwas in sein Glas ein. Links von ihm, an ihn geschmiegt, eine weitere junge Frau. Ihr Gewand ist bis knapp oberhalb der Schamhaare herabgeglitten. Der Titel des Bildes: *Lot mit seinen Töchtern*.

Als ich davorstand, dachte ich: Genau. Das ist es. Das ist genau das Bild, das uns auch in der Fachliteratur zum Vater-Tochter-Inzest präsentiert wird. Erotische Atmosphäre, verführerische Töchter, argloser, sich keiner Schuld bewußter Vater, abwesende Mutter. (Lots Frau erstarrte bekanntlich bei der Flucht aus Sodom zur Salzsäule.) Von da an stand der Titel des Buches, das ich schreiben wollte, fest.

Im Alten Testament – noch immer eines der meistgelesenen Bücher der Welt – wird die Geschichte von Lot und seinen Töchtern so erzählt:

Und Lot zog weg von Zoar und blieb auf dem Gebirge mit seinen beiden Töchtern. [...] Da sprach die ältere zu der jüngeren: Unser Vater ist alt, und kein Mann ist mehr im Lande, der zu uns eingehen könnte nach aller Welt Weise. So komm, laß uns unserm Vater Wein zu trinken geben und uns zu ihm legen, daß wir uns Nachkommen schaffen von unserm Vater. Da gaben sie ihrem Vater Wein zu trinken in derselben Nacht. Und die erste ging hinein und legte sich zu ihrem Vater; und er ward's nicht gewahr, als sie sich legte noch als sie aufstand. Am Morgen sprach die ältere zu der jüngeren: Siehe, ich habe gestern bei meinem Vater gelegen. Laß uns ihm auch diese Nacht Wein zu trinken geben, daß du hineingehst und dich zu ihm legst, damit wir uns Nachkommen schaffen von unserm Vater. Da gaben sie ihrem Vater auch diese Nacht Wein zu trinken. Und die jüngere machte sich auch auf und legte sich zu ihm; und er ward's nicht gewahr, als sie sich legte noch als sie aufstand. So wurden die beiden Töchter Lots schwanger von ihrem Vater (1. Mose 19,30–36). Eine seltsame Geschichte, die in Variationen immer wieder erzählt wird. Zunächst einmal wird der Vater-Tochter-Inzest als etwas unter bestimmten Umständen durchaus Akzeptables dargestellt.[5] Gleichwohl nagen am Erzähler offenbar Zweifel an der Richtigkeit von Lots Tun, und er hält es für nötig, ihn gegen Vorwürfe in Schutz zu nehmen. Also zeigt er ihn als einen gutmütigen Trottel, der sich von seinen listigen Töchtern hinters Licht führen läßt, und das gleich zweimal. Zur Sicherheit bekommt er noch eine zusätzliche Entschuldigung: seine Schwäche für den Alkohol. Die Moral von der Geschicht': 1. Vater-Tochter-Inzest ist nicht unbedingt verwerflich. 2. Den Vater trifft keine Schuld, denn die Tochter hat es selbst gewollt. 3. Den Vater trifft keine Schuld, denn er wußte nicht, was er tat. Die drei Elemente dieser Moral finden sich heute wieder in den Rechtfertigungsversuchen inzestuöser Väter, in den Abwehrreaktionen der öffentlichen Meinung und den Theorien der Wissenschaft. Die Kulturanthropologie macht sich vor allem das erste Element zu eigen, Psychoanalyse und Psychologie das zweite und das dritte. Was dieses dritte Element anbelangt, so ist das Getränk, das Lots Töchter ihrem Vater verabreichen, beliebig zu ersetzen durch niedrige soziale Herkunft, unglückliche Kindheit, sexuelle Hyperaktivität und so weiter, was dann jeweils das »eigentliche Problem« des betreffenden Mannes bildet.

Lots Töchter – das Los der Töchter? Die Leute sagen: »Lots Töchter waren doch selbst schuld; *sie* haben doch die Initiative ergriffen!« Ja, so steht es im Alten Testament. Aber wer sagt, daß es

[5] Verschiedene feministische Autorinnen (Rush 1984, Herman 1981) weisen darauf hin, daß der Vater-Tochter-Inzest im Alten Testament nicht ausdrücklich verboten ist. Dem Gebot Gottes: »Keiner unter euch soll sich irgendwelchen Blutsverwandten nahen, um mit ihnen geschlechtlichen Umgang zu haben« (3. Mose 18,6), folgt die Aufzählung einer ganzen Reihe weiblicher Verwandter, denen sich ein Mann nicht sexuell nähern darf (in der Sprache der Bibel: mit denen er nicht Umgang haben soll); die eigene Tochter wird dabei nicht genannt. »Der patriarchalische Gott hält es für angebracht, über den Vater-Tochter-Inzest stillschweigend hinwegzugehen« (Herman 1981, S. 61).

wirklich so war? Die meisten inzestuösen Väter behaupten, ihre Tochter habe den sexuellen Kontakt selbst gewollt. Und die meisten Töchter erzählen etwas ganz anderes.

Daß Lot wenig Rücksicht auf Wünsche und Wohlergehen seiner Töchter nahm, zeigen die Ereignisse kurz vor dem Aufenthalt im Gebirge. Als die Männer Sodoms Lots Haus umstellten und ihn aufforderten, ihnen die beiden Gäste auszuliefern, denen er Obdach gewährt hatte (die Engel, die Sodom verwüsten sollten, was Lot aber zu diesem Zeitpunkt noch nicht wußte), machte er ihnen einen Gegenvorschlag (den sie übrigens nicht annahmen):

> und [er] sprach: Ach, liebe Brüder, tut nicht so übel! Siehe, ich habe zwei Töchter, die wissen noch von keinem Manne; die will ich herausgeben unter euch, und tut mit ihnen, was euch gefällt; aber diesen Männern tut nichts, denn darum sind sie unter den Schatten meines Dachs gekommen (1. Mose 19,7–8).

Man darf bei der Geschichte von Lot und seinen Töchtern nicht vergessen, daß das Alte Testament aus der Perspektive von Männern geschrieben ist. Als Gott zum Beispiel befahl:

> Du sollst nicht begehren deines Nächsten Haus. Du sollst nicht begehren Deines Nächsten Weib [. . .], Rind, Esel noch alles, was dein Nächster hat (2. Mose 20,17),

sah er die Welt eindeutig mit männlichen Augen. Anders ausgedrückt: Gottes Wort ist das Wort des Mannes. Heute hat Gott nicht mehr so viel zu sagen, jedenfalls nicht in unserem Teil der Welt. Seine Funktion als Quelle der Wahrheit, als Leitbild für unser tägliches Handeln ist zu einem großen Teil von der Wissenschaft übernommen worden. Und die Wissenschaft ist für Frauen noch eine Spur tückischer, denn sie gibt vor, geschlechtsneutral zu sein und im Namen aller Menschen zu sprechen. Ihre Wahrheit aber ist Lüge. Die Wahrheit des Reichen ist Lüge für den Armen, die Wahrheit des Weißen ist Lüge für den Schwarzen, die Wahrheit des Mannes ist Lüge für die Frau. Simone de Beauvoir schrieb bereits vor fast vierzig Jahren, die Männer hätten Philosophie und Theologie in ihren Dienst gestellt (1949/68, S. 16). Hier lassen sich, zumindest was den Vater-Tochter-Inzest anbelangt, ohne weiteres noch andere Geisteswissenschaften hinzufügen, wie wir sehen werden.

TEIL I

Kulturanthropologie und
die natürliche Herrschaft des Vaters

5. Hundert Jahre Kulturanthropologie

»[...] indem der Vater eine Regel akzeptiert, die ihm den Geschlechtsverkehr mit seiner Tochter verwehrt, [...] verzichtet er bewußt auf einen Vorteil, denn es steht außer Frage, daß ein junges Mädchen für einen reifen Mann sehr anziehend ist«, schreibt die Kulturanthropologin Brenda Seligman in einem Artikel über Inzest (1932, S. 260). Damit bringt sie eine Auffassung des Vater-Tochter-Inzests zum Ausdruck, die vielen aus der Seele zu sprechen scheint. Ihre Kollegin Margaret Mead beispielsweise denkt darüber nicht anders: Daß von Töchtern eine starke sexuelle Anziehungskraft ausgeht, findet sie so selbstverständlich, daß die Gesellschaft ihrer Meinung nach Mittel und Wege »zum Schutz des Vaters vor der Versuchung« finden muß (1949/81, S. 157).

Der Amerikaner Robert Masters stößt in das gleiche Horn. Er findet die Kombination junge Frau–älterer Mann durchaus natürlich und meint, daß die Häufigkeit des Vater-Tochter-Inzests im Verhältnis zum Mutter-Sohn-Inzest »nichts zu tun hat mit der Meidung der Mütter [...]. Es ist lediglich eine Frage der Ästhetik.« Und sein Landsmann Wardell Pomeroy meint, wenn eine reizvolle junge Tochter ihren Vater umarme, küsse und an sich drücke, »würde nur ein äußerst abgestumpfter Vater nicht erregt sein und die Situation nicht fortführen wollen« (Rush 1984, S. 212).

In einer Sendung des niederländischen Fernsehens konnte Professor De Levita im Verein mit seiner Gastgeberin Sonja Barend einen Vater nicht genug dafür loben, daß er, wenn er hin und wieder in Erregung geraten war, der Versuchung widerstanden und seine Tochter von seinem Schoß geschoben hatte, denn »diese Mädchen – das ist gar nicht so einfach«, und »man ist ja schließlich nicht aus Stein«.

Pomeroy gehört dem Kinsey-Team an, das in den fünfziger Jahren mit einer großangelegten Untersuchung über das Sexualverhalten von Männern und Frauen Aufsehen erregte, Masters ist Sexualwissenschaftler, Barend Moderatorin einer Talkshow und De Levita Kinderpsychiater. Es geht hier nicht um eine spezifisch kulturanthropologische Sichtweise, sondern um ein weitverbreitetes Klischee, das die kulturanthropologische Sicht des Inzestproblems mitgeprägt hat. Zwar scheint es auf den ersten Blick, als habe die Kulturanthropologie nichts mit »uns« zu tun und berichte lediglich objektiv über fremde Kulturen, doch gilt auch für sie das Gesetz der Unvermeidbarkeit subjektiver Betrachtung in den Humanwissenschaften. Wenn ein Kulturanthropologe sich die Frage stellt, ob die sogenannte Ästhetik der Mann-Mädchen-Verbindung auf einem Mythos beruhe, der in einer bestimmten Art von Gesellschaft eine soziale Funktion erfülle, dann wird er in einer fremden Kultur andere Beobachtungen machen als sein Kollege, der unbesehen davon ausgeht, daß überall auf der Welt ein älterer Mann unweigerlich in Leidenschaft entbrennt, wenn er eine junge Frau vor sich hat.

In der derzeitigen Inzestdiskussion wird unter anderem die Voreingenommenheit von Psychoanalytikern und Psychologen attakkiert. Die Kulturanthropologen sind bis jetzt, soviel ich weiß, noch nicht in die Schußlinie geraten, obwohl gerade sie ganze Bibliotheken mit Schriften über das Inzestproblem gefüllt haben. Daß sie »verschont« geblieben sind, liegt wahrscheinlich an der Aura des Exotischen, die die Kulturanthropologie umgibt, und daran, daß man ihre Beobachtungen nicht kontrollieren kann. Schließlich leben Malinowskis Trobriander weit entfernt und Margaret Meads Arapesh ebenso. Gleichwohl können wir uns, ehe wir lange Reisen unternehmen, einstweilen schon einmal mit den theoretischen Betrachtungen befassen, die die Kulturanthropologen aus ihren Beobachtungen herleiten. Mit den Prämissen, die diesen Betrachtungen zugrunde liegen. Mit den Fragen, die gestellt werden. Und mit denen, die nicht gestellt werden.

Eine Erklärung für das Inzesttabu zu finden war in den letzten hundert Jahren ein Hauptanliegen der Kulturanthropologie. Es wird allgemein angenommen, daß es sich um ein universales Tabu handelt. Jede Kultur kennt Einschränkungen hinsichtlich der Personen, die man heiraten darf, und meist schließen diese Einschränkungen auch ein Verbot sexueller Beziehungen mit ein.[6] Die Frage, für welche Personengruppe dieses Verbot gilt, wird von Gesellschaft zu Gesellschaft unterschiedlich beantwortet, fast alle Kulturen aber verbieten Verbindungen innerhalb der Gruppe, die wir als Kernfamilie bezeichnen, das heißt zwischen Vater oder Mutter einerseits und dem Kind andererseits sowie zwischen Bruder und Schwester. Hier hat es in der Geschichte allerdings Ausnahmen gegeben, so zum Beispiel die Geschwisterehen im alten Ägypten. Die Kulturanthropologen beschreiben nicht nur, wie das Inzesttabu in anderen Gesellschaften geregelt wird, sie zerbrechen sich seit eh und je auch den Kopf über Ursprung und Funktion dieses Tabus, für das es, wie sie meinen, doch eine – gleichfalls universale – Erklärung geben müsse. Ihre Theorien sind ganz verschieden; ob sie aber mit biologischen, psychologischen oder sozialen Erklärungen aufwarten – eines haben alle anthropologischen Inzestforscher gemeinsam: Sie schenken der einseitigen Übertretung des Inzestverbots durch männliche Familienmitglieder so gut wie keine Beachtung. Die meisten führen zwar Beispiele für die Verletzung des Tabus an, jedoch nur um zu illustrieren, wie streng oder milde diese Verstöße in den einzelnen Gesellschaften geahndet werden; ansonsten werden sie als bloße Zwischenfälle abgetan. Gleichzeitig aber wird in fast allen Untersuchungen an irgendeiner Stelle beiläufig erwähnt, daß die

---

[6] Die niederländische Gesetzgebung kennt lediglich ein Heiratsverbot (Bürgerliches Gesetzbuch 1, Art. 41), ein strafrechtlich geschütztes Inzestverbot gibt es in den Niederlanden nicht (das bundesdeutsche Strafgesetzbuch stellt in Art. 173 den »Beischlaf zwischen Verwandten« unter Strafe; Anm. des Verlags). Inzestuöse Beziehungen fallen größtenteils unter die Artikel 243 bis 249 des Strafgesetzbuches, die sich unter anderem auf den Geschlechtsverkehr mit unter zwölf- bzw. sechzehnjährigen Mädchen beziehen, auf die Verführung Minderjähriger durch »das Versprechen von Geld- oder Sachzuwendungen, auf den Mißbrauch einer [. . .] Überlegenheit oder auf Täuschung« und »Unzucht« mit einem eigenen minderjährigen Kind oder einem Kind, das dem Erwachsenen in anderer Form anvertraut ist (entsprechend im Strafgesetzbuch der Bundesrepublik: § 174 »Sexueller Mißbrauch von Schutzbefohlenen« und § 175 »Sexueller Mißbrauch von Kindern«; Anm. des Verlags).

Übertretung des Inzestverbots nicht weniger universal sei als das Verbot selbst. Lakonisch fügt der Autor noch hinzu, er sei in der von ihm untersuchten Gesellschaft auf keinen einzigen Fall von Mutter-Sohn-Inzest gestoßen, was er nicht verwunderlich findet, denn es sei offenbar überall auf der Welt so, daß Vater-Tochter-Inzest häufiger vorkomme. Punkt. Keine Erklärung. Keine Begründung. Und so geht das in der Kulturanthropologie nun schon seit mindestens hundert Jahren. Niemand unternimmt auch nur den Versuch, diese rätselhafte Diskrepanz im Verhalten von Müttern und Vätern gegenüber ihren Kindern zu erklären. Verpackt in tiefsinnige Betrachtungen über den Ursprung des Inzesttabus, scheint die Botschaft an die Leser zu lauten: Sie können ganz beruhigt sein, auch in kulturell weniger hochstehenden Gesellschaften als der unseren ist Inzest verwerflich. Nur mit Vätern und Töchtern funktioniert das nicht überall, aber das ist nun einmal unvermeidlich. Das werden Sie verstehen. Und anscheinend verstanden die Leser. Jedenfalls gaben sie sich hundert Jahre lang mit dieser Botschaft zufrieden.

Da es mir lediglich darum geht, *Tendenzen* der anthropologischen Behandlung des Inzestproblems aufzuzeigen, beschränke ich mich im folgenden auf jene Theoretiker, die in der Diskussion über Ursprung und Funktion des Inzesttabus den Ton angeben und auf deren Arbeiten andere aufbauen: Westermarck, Freud, Malinowski, Seligman und Lévi-Strauss.

Gayle Rubin fällt hier aus dem Rahmen. Ich gehe auf ihre Lévi-Strauss-Neuinterpretation ein, um zu zeigen, daß sie zwar manches zur Erhellung der heutigen Mann-Frau-Beziehungen beiträgt, uns schließlich aber in einen neuen Nebel führt, der den Kern des Inzestproblems dem Auge wiederum entzieht.

Auch Robin Fox nimmt eine besondere Stellung ein. Fox gibt uns Einblick in das Labor der Soziobiologie, einem neuen Sproß der Biologie, der auf der darwinistischen Lehre von der natürlichen Auslese basiert und seit 1975 vor allem in den USA viel Staub aufgewirbelt hat. Wesentliche Elemente in Fox' Erörterung sind Freuds und Lévi-Strauss' Theorien über den Ursprung des Inzesttabus. Ich bezweifle sehr, daß Freud und besonders Lévi-Strauss

Wert darauf gelegt hätten, von der Soziobiologie vereinnahmt zu werden. Nur bieten sich ihre Theorien förmlich dazu an. Ihre unausgesprochenen Prämissen stimmen mit dem überein, wozu sich Fox offen bekennt.

6. Das Inzesttabu als Folge sexueller Gleichgültigkeit unter Familienmitgliedern: Edvard Westermarck

Edvard Westermarck, ein finnischer Philosoph und Ethnologe, der einen großen Teil seines Lebens in London zubrachte, entwickelte seine Ideen über den Inzest in seiner 1891 publizierten Dissertation *Die Geschichte der menschlichen Ehe*.

Westermarck gehört zu den wenigen Ethnologen, die an eine instinktive Inzestscheu glauben. Das ist bei Westermarck nicht als eine Art »Stimme des Blutes« im negativen Sinne zu verstehen, welche Verwandte, die einander nicht kennen, bei einer Begegnung vor den zwischen ihnen bestehenden Banden warnen würde. Westermarck behauptet lediglich, daß sich zwischen Individuen, die von Kindheit an zusammenleben, durch den täglichen Umgang eine sexuelle Indifferenz einstelle, die zu Abneigung, ja Abscheu werde, sobald auch nur der Gedanke an sexuellen Kontakt aufkomme. Diese Abneigung habe im Prinzip nichts mit Blutsverwandtschaft zu tun. Sie trete auch in Beziehungen zwischen Nicht-Verwandten auf, in einem Adoptivverhältnis beispielsweise, nicht aber zwischen Verwandten, die von Geburt an voneinander getrennt lebten. Einen Beweis für seine These sieht Westermarck in den unterschiedlichen Exogamieregeln nicht-westlicher Gesellschaften. Diese Vorschriften – sie bestimmen, wer wen heiraten darf – unterliegen seiner Auffassung nach dem Gesetz der sexuellen Indifferenz; sie verböten – unabhängig vom Verwandtschaftsgrad – Eheschließungen zwischen Personen, die eng zusammenleben. So könne es vorkommen, daß Heiraten, die in einer Gesellschaft streng verboten seien, in einer anderen erlaubt seien. Mit anderen Worten: Die Exogamievorschriften und das damit verknüpfte Verbot des sexuellen Verkehrs spiegelten nur wider, was die Menschen ohnehin wollten. Und in Westermarcks Augen muß das auch so sein, sonst würden diese Regeln niemals funktionieren. Bezogen auf die westliche Gesellschaft, schließt er daraus:

Das Heim wird von blutschänderischer Befleckung weder durch Gesetze noch durch Erziehung oder Sitten reingehalten, sondern durch einen *Instinkt*, der [...] die geschlechtliche Liebe zwischen den nächsten Verwandten zu einer psychischen Unmöglichkeit macht. Ein ungeschriebenes Gesetz, sagt Plato, hindert [...] Eltern am blutschänderischen Verkehr mit ihren Kindern, Brüder am geschlechtlichen Umgang mit ihren Schwestern [...] (1902, S. 319).

Was ich behaupte, ist, daß es einen angeborenen Widerwillen gegen den geschlechtlichen Verkehr zwischen Personen giebt, die von früher Jugend auf beisammen leben, und daß dieses Gefühl, da solche Personen in den meisten Fällen blutsverwandt sind, sich hauptsächlich als Abscheu gegen den Geschlechtsverkehr mit nahen Verwandten bekundet (1902, S. 320f.).

Der Haupteinwand, der gegen die Indifferenztheorie vorgebracht worden ist, besagt, daß eine natürliche Aversion keiner Verstärkung durch Gesetze oder Strafen bedürfe, daß also dieser Theorie zufolge das Inzesttabu überflüssig sei. Westermarck widerlegt diese Kritik mit der Bemerkung, die meisten Menschen hätten auch eine Aversion gegen Mord, und doch sei Mord gesetzlich verboten.

Grundlegender scheint mir der Einwand zu sein, daß Westermarck nicht deutlich macht, was eigentlich das Hauptkriterium für die von ihm angenommene sexuelle Indifferenz ist. Der tägliche Umgang? Oder das gemeinsame Aufwachsen, die Vertrautheit von Kindheit an? Ist es der tägliche Umgang, so müßten auch Ehepartner eine Abneigung gegen ihre gemeinsame Sexualität empfinden. Das zweite Kriterium wirft nicht weniger Probleme auf. Von Eltern und Kindern kann man kaum sagen, daß sie »von frühester Jugend sehr nahe beisammen lebten«, und das gleiche gilt für ältere und jüngere Kinder innerhalb einer Familie. Westermarck unterstellt, alle Familienmitglieder stünden auf einer Stufe, sie nähmen gleichwertige Positionen ein. In seiner Sicht der Dinge ist kein Platz für Altersunterschiede, kindliche Abhängigkeit, elterliche Macht, Überlegenheit Älterer gegenüber Jüngeren und so weiter. Folglich werden die vielfältigen Verstöße gegen das Inzesttabu als bloße Zwischenfälle bagatellisiert. Nach Westermarck kommt es zu inzestuösen Bindungen allein im Falle extremer Isolation, wenn kein geeigneter Partner vorhanden ist. Oder der Inzest sei »entarteten Instinkten, deren Ursprung wir nicht ergründen können«, zuzuschreiben. Auf alle Fälle handele es sich um Ausnahmen, über die wir uns nicht zu beunruhigen brauchten, denn es gebe nun einmal »keine Regel ohne Ausnahme« (S. 333f.).

Obwohl Westermarck von Kollegen mehr als einmal als ein Wirrkopf beschrieben worden ist, hat seine Indifferenztheorie neue Anhänger gefunden, und zwar unter Wissenschaftlern, die das Leben im Kibbuz studierten (siehe hierzu u.a. Shepher 1983, S. 51–67). Im Kibbuz leben Kinder von ihren Eltern getrennt in einem Kinderhaus. Sie sehen ihre Eltern einige Stunden am Tag, werden jedoch – in Gruppen von sechs bis acht Gleichaltrigen – von speziell dafür ausgebildeten Personen erzogen und betreut. Nun haben die Kibbuzforscher herausgefunden, daß es niemals zu Heiraten zwischen Jungen und Mädchen aus ein und demselben Kinderhaus kommt. Das will aber nicht viel heißen. Brüder und Schwestern heiraten einander auch nicht, sexueller Mißbrauch von Schwestern durch Brüder kommt aber durchaus vor. Zudem beziehen sich diese Untersuchungen allein auf Bruder-Schwester-Beziehungen, während Westermarcks Theorie auch die Eltern-Kind-Beziehung mit einschließt.

Robin Fox, dessen Ansatz wir später noch näher betrachten werden, versucht in seinem Buch *The Red Lamp of Incest* (1980), Westermarcks Theorie zu »retten«, indem er ihr eine neue Erklärung an die Seite gibt. Auch er beschränkt sich zunächst auf Bruder-Schwester-Beziehungen. Nach seiner Auffassung entsteht Inzestscheu nicht durch den täglichen Umgang, sondern durch sexuellen Kontakt in früher Kindheit. Kleine Kinder, die zusammen aufwachsen, haben nach Fox einen natürlichen Hang zu sexuellen Spielen, bei denen sie sexuelle Befriedigung sowie den Koitus anstreben. Daß sie zu diesem nicht in der Lage seien, frustriere sie. Die dadurch aufkommende Enttäuschung führe zu sexueller Indifferenz und dem Drang, den Sexualpartner außerhalb der Familie zu suchen. Würden Kinder zwar zusammen großgezogen, erhielten aber keine Gelegenheit, sexuelle Spiele miteinander zu spielen und die besagte Frustration zu erleben, dann entstünden Inzestwünsche. Laßt die Kinder nur machen, meint Fox, es wird nichts passieren, denn inzestuöse Wünsche kommen in Kindern nur dann auf, wenn sich die Erziehung der Natur in den Weg stellt. Kulturen, die den Bruder-Schwester-Inzest durch das Verbot von Kindersex zu bekämpfen suchten, forderten inzestuöse Gefühle geradezu heraus, so daß eine noch stärkere Unterdrückung nötig werde und ein Circulus vitiosus entstehe.

Einmal abgesehen von der etwas bizarren Annahme des kindlichen Strebens nach dem Koitus klingt diese Umdeutung der Theorie Westermarcks auf den ersten Blick ganz plausibel. Zweifel beschleichen mich jedoch bei dem Teil seiner Beweisführung, der sich auf die bereits erwähnten Kibbuzuntersuchungen stützt. Fox betont die sexuelle Freiheit der Kibbuzkinder, die Tatsache also, daß ihnen bei ihrem sexuellen Lernprozeß, der zu erotischer Indifferenz (und folglich in der Familie zu Inzestvermeidung) führe, keinerlei Beschränkungen auferlegt würden. Angesichts der von ihm verwendeten Zitate stellt sich mir allerdings die Frage, ob diese sogenannte Freiheit für beide Geschlechter gleich groß ist. Das folgende, einer Untersuchung des Soziologen Melford Spiro aus dem Jahre 1958 entnommene Zitat bezieht sich auf Kinder von sieben bis zwölf Jahren:

Heterosexuelles Verhalten wurde von der Betreuerin und der Lehrerin der zweiten Klasse beobachtet, wenn auch nie in Form eines Koitus oder Koitusversuchs. Die Betreuerin ist überzeugt, daß Jungen und Mädchen nachts oft zusammen im Bett liegen, weiß aber nicht, wie oft das der Fall ist und was sie dann tun. Diese Kinder spielen häufig »Krankenhaus«, wobei die Jungen die Mädchen, die nackt sind, »untersuchen« (Fox 1980, S. 30).

Bei einer solchen Beschreibung frage ich mich, warum eigentlich die Mädchen nackt sind und die Jungen offensichtlich nicht. Ob die Mädchen dieses Spiel ebenso schön finden wie die Jungen? Immerhin wird auch sexueller Mißbrauch von Schwestern durch Brüder noch immer leichtfertig als »Doktorspiel« bagatellisiert.

Mit zwölf Jahren beginnen die Mädchen im Kibbuz laut Spiro – und Fox übernimmt diese Feststellung – ein »Gefühl der Scham« zu entwickeln und wollen zum Beispiel nicht mehr gemeinsam mit den Jungen duschen.

Die sexuelle Scham, die zur Abschaffung des gemeinsamen Duschens führte, bestimmt auch das Verhalten mancher Mädchen in ihrem Zimmer. Die meisten Mädchen versuchen, ihre Nacktheit vor den Jungen zu verbergen (Fox 1980, S. 31).

Wenn ich Fox recht verstehe, sieht er in diesem »Schamgefühl« einen Beweis für die sexuelle Meidung, die sich als Folge des besagten »Krankenhausspiels« und anderer sexueller Spiele automatisch einstellen soll. Merkwürdig ist nur, daß die »sexuelle Indifferenz« unter Kibbuzkindern (und mithin auch unter Kindern aus ein und derselben Familie) offenbar nur bei Mädchen auftritt. Und noch merkwürdiger ist, daß Fox diese Diskrepanz zwischen Jungen und Mädchen nicht einmal erwähnt.

Bei Licht besehen liefern die Kibbuzforscher eher ein Alibi dafür, daß sexueller Mißbrauch von Mädchen durch Jungen – im Kibbuz wie in der Familie – als harmlos, ja sogar als gesund angesehen wird, als daß sie einen Beweis für die Inzestvermeidung zwischen Bruder und Schwester erbrächten. Das liegt daran, daß ihnen der Blick für Machtunterschiede fehlt. Der Bruder, der seine Schwester sexuell mißbraucht, ist in der Regel älter als das Mädchen, oder er übt in anderer Form Macht über sie aus, schon allein deshalb, weil er ein Junge ist. Und das wird im Kibbuz nicht viel anders sein.

Und doch ist die Theorie Westermarcks, eine Theorie also, die einen Zusammenhang zwischen Vertrautheit und Inzestscheu herstellt, nicht ganz ohne Interesse, besonders dann nicht, wenn sie auf das Verhältnis zwischen Eltern und Kind angewendet wird. Fox tippt diese Möglichkeit kurz an, wenn er, wie andere vor ihm, das Stillen als eine Art Gegengift gegen den Inzest darstellt (1980, S. 53). Das Saugen des kleinen Kindes an der Mutterbrust lasse – ebenso wie die frühen sexuellen Kinderspiele über den gleichen Mechanismus – eine Aversion gegen den Inzest entstehen. Wenn dem so wäre, müßte bei den vielen Flaschenkindern, die es heute gibt, der Mutter-Sohn-Inzest und im übrigen auch der Mutter-Tochter-Inzest rapide zunehmen. Es erscheint mir denn auch sinnvoller, in der Vertrautheit zwischen Mutter und Kind nicht einen sexuellen Kontakt zu sehen, sondern vielmehr eine körperliche Intimität, die für das Kleinkind zugleich auch psychische Intimität bedeutet, da ein Kind anfangs in allem, was es erfährt und erlebt, von dem Erwachsenen, der es versorgt, abhängig ist. Diese Intimität ist zwischen Vater und Kind genauso möglich, kommt aber in der Praxis aufgrund der Arbeitsteilung der Geschlechter kaum vor. So kann es durchaus sein, daß die Distanz zwischen Vater und Kind beim Vater-Tochter-Inzest zumindest eine Rolle spielt. Dafür spricht auch die Tatsache, daß auffallend viele Stiefväter sich an ihren Töchtern vergreifen. Beim Stiefvater ist die Distanz zur Tochter im allgemeinen noch größer als beim leiblichen Vater (siehe auch Fußnote 30, S. 261).

Denkt man in dieser Richtung weiter, könnte man schließlich einen Zusammenhang herstellen zwischen der Verletzung des Inzesttabus durch Männer und dem kulturellen Phänomen, daß durch die gesamte Geschichte hindurch Frauen überall auf der Welt die primäre Verantwortung für die Versorgung der Kinder tragen. Westermarck selbst stellt diesen Zusammenhang nicht her, und das könnte er auch nicht, denn zum einen funktioniert seiner Meinung nach das Inzesttabu im Prinzip bestens und wird nur unter extremen Bedingungen übertreten, und zum anderen nimmt er die einseitige Verletzung dieses Tabus überhaupt nicht wahr.

Westermarcks These von der Abneigung gegen den Inzest, die sich innerhalb der Familie automatisch einstelle, muß vielen beruhigend in den Ohren geklungen haben. Während aber Westermarck in Helsinki in aller Ruhe an seiner Dissertation arbeitete, brütete in Wien ein sechs Jahre älterer Generationsgenosse (der wie Westermarck 1939 starb) über ganz anderen Ideen. Angeborene *Abneigung*? Doch wohl eher angeborenes *Verlangen*, meinte er.

Freud ist vor allem als Psychoanalytiker bekannt, und das war auch sein Hauptberuf. Wer Psychoanalyse sagt, sagt im selben Atemzug Ödipuskomplex. Erinnern wir uns kurz, was das bedeutet. Nach Freud wollen kleine Jungen ihre Mutter heiraten und ihren Vater aus dem Weg räumen. Gleichzeitig aber identifizierten sie sich mit dem Vater und wollten später so werden wie er. Wenn alles gut gehe, gewinne die Identifizierung die Oberhand über Eifersucht und Rivalität, und der Junge könne die Mutter nach einiger Zeit großmütig dem Vater überlassen. Das soll fürs erste genügen; ich komme später noch ausführlich auf den Ödipuskomplex zurück.

Daß Freud sich nicht auf die Psychoanalyse beschränkt, sondern sich auch auf das Gebiet der Kulturanthropologie vorgewagt hat, hängt mit seiner These zusammen, daß zwischen der Entwicklung der Kultur und der des Individuums eine Analogie bestehe. Einfach ausgedrückt, bedeutet diese Analogie, daß jedes Kind innerhalb weniger Jahre die Geschichte der Kultur in komprimierter Form gleichsam noch einmal durchläuft. Halten wir uns nun vor Augen, daß nach Meinung Freuds und seiner Zeitgenossen die sogenannten primitiven Stämme auf der Stufenleiter der Kultur ein ganzes Stück weiter unten, das heißt dem »Naturmenschen«, näher stehen, so wird verständlich, daß Freud sich der Kulturanthropologie zuwandte, um nicht nur Beweise für den universalen Charakter des Ödipuskomplexes, sondern auch »primitivere« Ausdrucksformen dieses Komplexes zu finden, anhand derer er den kulturhistorischen Ursprung des Inzesttabus würde erklären können.

Das Resultat war sein 1913 veröffentlichtes Werk *Totem und Tabu.* Den anthropologischen Beweis lieferten

jene Völkerstämme, die von den Ethnographen als die zurück-
gebliebensten, armseligsten Wilden beschrieben worden sind, die
Ureinwohner des jüngsten Kontinents, Australien [...] (1913/73,
S. 6).

Das soziale Leben dieser Stämme werde durch das System des
Totemismus geregelt. Die Stämme gliederten sich in Clans, und
jeder Clan benenne sich nach einem Totem. Ein Totem ist in der
Regel ein Tier, das als Symbol für den Urvater des Stammes fungiert. Der Totemismus kennt zwei Hauptgebote: das Totemtier
nicht zu töten und mit Angehörigen desselben Totems keine sexuellen Beziehungen zu haben. Aus der Tatsache, daß die australischen
Stämme sehr alt sind, leitet Freud ab, daß diese Gebote zu den
allerältesten Tabus und damit zu den allerfundamentalsten Gelüsten
des Menschen in Beziehung stehen. Wenn wir also das Totemtier
beziehungsweise den totemistischen »Urvater« mit dem Vater und
die verbotenen Clangenossen mit der Mutter gleichsetzen, dann
entsprechen diese Gelüste den beiden »Urwünschen« des Kindes in
der ödipalen Phase, nämlich dem Wunsch, den Vater zu beseitigen,
und dem Wunsch, die Mutter zu heiraten.

Außer einem anthropologischen »Beweis« für den Ödipuskomplex lieferten die Ureinwohner Australiens Freud auch Material für
seine historische Theorie. Bei einem der von ihm zu Rate gezogenen
Ethnologen las Freud mit Genugtuung von einem regelmäßig wiederkehrenden Ritual, bei dem der Clan sein Totemtier schlachtet.

Der Clan, der sein Totemtier bei feierlichem Anlasse auf grau-
same Art tötet und es roh verzehrt, Blut, Fleisch und Kno-
chen [...].

Es handelt sich dabei um eine dem einzelnen verbotene Handlung,
ein Tabu, das nur kollektiv »rechtmäßig« durchbrochen werden
kann.

Nach der Tat wird das hingemordete Tier beweint und beklagt
(1913/73, S. 169f.).

Freud kombiniert das, was er über dieses Ritual gelesen hat, mit
Darwins Hypothese vom Urzustand der menschlichen Gesellschaft
und gelangt so zu seiner Theorie über die Herkunft des Inzesttabus.

Darwins Hypothese besagt, daß die Menschen der Vorzeit in

Gruppen oder Clans, der sogenannten »Urhorde«, zusammenge-
lebt hätten. An der Spitze einer solchen Gruppe habe ein gewalttäti-
ger, eifersüchtiger Vater gestanden, der alle Frauen für sich bean-
sprucht und die heranwachsenden Söhne vertrieben habe. Diesen
sei nur die Möglichkeit geblieben, homosexuelle Kontakte anzu-
knüpfen oder aber Frauen zu rauben und sich an die Spitze einer
neuen Horde zu stellen. Nur einem einzigen Sohn sei es vergönnt
gewesen, nach dem Tod des Vaters als absoluter Herrscher seine
Stelle einzunehmen.

In *Totem und Tabu* nun ergänzt Freud diese Hypothese durch die
Behauptung, daß die Söhne sich eines Tages gegen den Vater und
Herrscher verschworen, ihn getötet und verzehrt hätten. Schon
bald hätten sie Reue über ihre Tat empfunden, ein Gefühl, das ihrer
Ambivalenz entsprungen sei. Sie hätten den Vater, der ihrem Macht-
bedürfnis und ihren sexuellen Ansprüchen im Wege gestanden
habe, gehaßt, sich aber auch mit ihm identifiziert, ihn bewundert
und geliebt. Nach seinem Tod sei der Haß verschwunden. Die Liebe
habe die Oberhand gewonnen und sich in Reue und Schuldbewußtsein gekleidet. Was der Vater früher durch seine Existenz verhindert
hätte, hätten sich die Söhne nun selbst verboten, indem sie ihm
nachträglich Gehorsam leisteten: Sie verzichteten – so Freud – auf
die frei gewordenen Frauen der Gruppe und errichteten das Inzesttabu.

So gesehen, habe das Inzesttabu der Beruhigung des Gewissens
gedient, doch seien hier zwei Fliegen mit einer Klappe geschlagen
worden, denn die Einführung dieses Tabus sei auch aus praktischen
Gründen notwendig geworden. Um den Vater überwältigen zu
können, hätten die Brüder sich verbündet, im Hinblick auf die
Frauen aber seien sie gleichwohl Rivalen geblieben. Jeder von ihnen
hätte wie der Vater die Frauen am liebsten ganz für sich allein gehabt,
doch in der nach dem Tod des Vaters entstandenen Situation hätte
dies einen Kampf aller gegen alle ausgelöst. Es habe ja keinen
überstarken Mann mehr gegeben, der die Rolle des Vaters mit Erfolg
hätte übernehmen können, und wenn ein solcher Mann hervorge-
treten wäre, dann hätte das die Rückkehr zum früheren Zustand
bedeutet, das ganze Elend hätte wieder von vorn angefangen, und

das Ergebnis wäre ein neuer Vatermord gewesen. Und der habe ihnen ja nun gerade solche Gewissensbisse verursacht. Da die Brüder also in Eintracht hätten leben und die Ordnung, die sie mittlerweile errichtet hatten – und die sie zu der Einsicht gebracht hatte, daß sie vereint stärker waren als der einzelne –, vor dem Untergang hätten bewahren wollen, sei ihnen nichts anderes übriggeblieben, als das Inzestverbot aufzustellen und damit allesamt auf die von ihnen begehrten Frauen ihrer Gruppe zu verzichten. Durch das Inzesttabu sei an die Stelle der Vaterhorde der Brüderclan getreten, Zusammenarbeit habe über Rivalität gesiegt.

Eine blutrünstige Geschichte. Und ein Happy-End. Das Ganze erinnert ein bißchen an Beethovens Neunte. Ich würde nur gern wissen, was die Frauen der Urhorde machten, als die Söhne so grausam mit dem Vater abrechneten. Akzeptierten sie es einfach? Halfen sie ihnen gar?

Ein anderes Problem ist, daß Freud nicht sagt, wie es weiterging, nachdem alle Männer Brüder geworden waren. Wo blieben die Frauen, auf die sie verzichtet hatten? Und was war mit der Fortpflanzung? Es bleibt ein Rätsel, doch scheint mir – bedenkt man den Zusammenhang zwischen der Ödipustheorie und der *Totem und Tabu*-Geschichte – die logischste Antwort die zu sein, daß die Brüder ein System nach Art der modernen Kernfamilie errichteten, daß sie Brüder in der Gesellschaft waren und zugleich Söhne, Brüder und Väter in dieser Familie. Damit sind allerdings noch nicht alle Rätsel gelöst.

Ich entnehme Freuds Darlegung, daß das Ideal des Mannes – des Urmannes, aber auch des Kulturmannes, in dessen tiefstem Innern der Urmann fortlebt – darin besteht, Schwestern, Töchter, Mütter, mit einem Wort: alle Frauen seiner Familie oder Gruppe, ausschließlich für sich allein zu reservieren. Daraus schließe ich, daß das Inzesttabu ein Verbot von Männern für Männer ist, daß inzestuöse Wünsche per definitionem männlich sind und daß die Befriedigung dieser Wünsche, das heißt also die Verletzung des Inzesttabus, ausschließlich von Männern ausgeht.

Mir scheint, daß Frauen nichts verboten wird, weil es nichts zu verbieten gibt. Sie haben keine Rechte, keine Pflichten, keine Bedürfnisse, keine Wünsche. Sie sind keine Personen, sondern Sexualobjekte, in der Urhorde ebenso wie später. In diesem Zusammenhang wundere ich mich allerdings über eine Passage in *Totem und Tabu*, die Freud von dem schottischen Ethnologen J. G. Frazer übernimmt, um zu zeigen, wie streng die Australier den Inzest bestrafen:

> In Australien wird Geschlechtsverkehr mit Mitgliedern eines verbotenen Clans mit dem Tode bestraft. Dabei ist es unerheblich, ob die Frau derselben lokalen Gruppe angehört oder in einem Krieg von einem anderen Stamm erbeutet wurde; ein Mann des falschen Clans, der sie als sein Weib gebraucht, wird von seinen Clangenossen verfolgt und getötet, und ebenso ergeht es der Frau [...]. Beim Stamm der Ta-Ta-thi wird der Mann getötet, die Frau aber nur geschlagen oder gepfählt oder beides, bis sie fast tot ist; daß sie nicht wirklich getötet wird, wird damit begründet, daß sie vermutlich unter Zwang stand (1913/73. S. 9, übersetzt von Barbara Heller).

Es befremdet mich, daß Freud sich hierzu nicht weiter äußert, daß sein Gefühl für Logik und sein Gerechtigkeitssinn sich nicht daran stoßen, daß in diesem Beispiel die Frau, in Freuds Augen nichts weiter als ein Corpus delicti, dennoch als Person bestraft wird, wenn auch etwas weniger hart als der Mann.

Was mich aber noch mehr befremdet, ist dies: Das Verlangen nach dem Urideal, nach der Stellung des Urvaters, lebt nach Freuds Theorie in allen Männern, in Söhnen, in Brüdern und Vätern. Folglich müßte auch das Inzestverbot für alle Männer gelten: für Söhne und Väter. Freud scheint sich jedoch nur über das Verhalten der Söhne Gedanken zu machen. Vatermord ist schlecht, aber schließlich ist es ja die Tyrannei des Vaters, die zum Mord geführt hat. Wenn Männer als Söhne Gefahr laufen, in das Verhalten der Ursöhne zurückzufallen, laufen Männer als Väter dann nicht gleichermaßen Gefahr, in das Verhalten des Urvaters zurückzufallen? Ist diese Gefahr nicht noch viel größer? Die Söhne der Urhorde hatten immerhin noch einander und sind in der Geschichte den Kinderschuhen bereits entwachsen. Wiederholt sich aber der Urkonflikt zwischen Vater und Sohn um den Besitz der Mutter in der ödipalen Phase eines Jungen von vielleicht vier Jahren, der sich mit einem großen, starken Gegner konfrontiert sieht, dann erscheint es mir nur logisch, wenn das Kind sich die inzestuösen Wünsche schleunigst aus dem Kopf schlägt. Ein Vater aber, der sich mit seinen inzestuösen Wünschen seiner Tochter zuwendet, ist selbst groß und stark und wird auch nicht mit dem Widerstand eines anderen Mannes konfrontiert.

Dabei beschränke ich mich hier auf immanente Kritik. Man könnte sich auch fragen, ob der Ödipuskomplex wirklich universal ist. Und ob er überhaupt existiert, ob das Verlangen des kleinen Jungen nach seiner Mutter tatsächlich sexueller Natur ist. Genausogut könnte hier eine Projektion von Gefühlen des Vaters vorliegen, in dessen Augen das Kind die Mutter zu sehr vereinnahmt und deshalb zum Rivalen wird. In diesem Fall wäre der Ödipuskomplex ein Merkmal solcher Gesellschaften, in denen der Frau innerhalb der Familie die Versorgung von Mann und Kindern obliegt.

Hierauf näher einzugehen würde uns zu weit von unserem Thema wegführen. Ich wollte nur zeigen, wie leicht es ist, über ein Phänomen wie den Mutter-Sohn-Inzest, dem man in der Praxis kaum begegnet, zu spekulieren. Von jemandem, der den Anspruch erhebt, über Inzest und Inzesttabu aufzuklären, sollte man erwarten dürfen, daß er zumindest kurz auf die am häufigsten vorkommenden Tabuverstöße eingeht. Freud hat jedoch bei dem Wort Inzest ausschließlich Mütter und Söhne sowie die Rechte der Väter im Auge. Wir können ruhig sagen, daß er sich für die Beziehung zwischen Vater und Tochter nicht im mindesten interessiert. Als Anthropologe wohlgemerkt. Als Psychoanalytiker kam er um diese Beziehung nicht herum, weil sein Broterwerb zum Teil in der Behandlung von Opfern des Vater-Tochter-Inzests bestand, die sich, obwohl Frauen, in seinem Sprechzimmer als eigenständige Personen entpuppten. Von den Theorien, die er als Psychoanalytiker entwickelte, soll später noch ausführlich die Rede sein.

8. Das Inzesttabu als Folge der Unvereinbarkeit von elterlicher Autorität und Sexualität: Bronislaw Malinowski und Brenda Seligman

Westermarck ging von einer angeborenen Inzestscheu bei Angehörigen einer Familie aus, Freud von einem angeborenen Inzestverlangen. Malinowski stimmt mit keinem von beiden überein.

Malinowski, ein Physiker polnischer Herkunft, ließ sich mit sechsundzwanzig Jahren in England nieder und geriet dort in den Bann der Anthropologie. Er war einer der ersten, die intensiv Feldforschung betrieben; er widmete sich jedoch auch der Theoriebildung, so zum Beispiel in seinem 1927 entstandenen Buch *Geschlecht und Verdrängung in primitiven Gesellschaften*.

»Der Inzest«, schreibt Malinowski in diesem Buch, »ist [...] in einem gewissen Sinne die Erbsünde des Menschen« (S. 236). Von Natur aus hat der Mensch nach seiner Auffassung ebenso wie das Tier weder eine besondere Neigung zum Inzest noch eine besondere Abneigung dagegen. Die Menschen hätten die Inzestgefahr jedoch selbst heraufbeschworen, indem sie die Familie zum Medium der Erziehung gemacht hätten. Zugleich aber bedeute Inzest eine Bedrohung für die Familie, so daß es notwendig gewesen sei, ihn mit einem Tabu zu belegen.

Westermarck betrachtet die *Abneigung* gegen den Inzest als familieninhärent, für Malinowski dagegen ist die *Neigung* zum Inzest familieninhärent. Während Freud (und, wie wir noch sehen werden, auch Lévi-Strauss) im Inzest*tabu* den Ursprung der Kultur und im Inzest eine Eigenart der Natur sieht, sagt Malinowski ganz im Gegenteil, der *Inzest* sei ein Produkt der Kultur und das Inzesttabu nur eine Reaktion darauf. Ein vielversprechender Ansatz, denn: Wenn die Kultur die Familie zu einem geschützten Raum gemacht hat, in dem Kinder frei von Bedrohungen erwachsen werden können; wenn Inzest oder zumindest die Neigung zum Inzest familieninhärent ist; und wenn die Kultur es sich zur Aufgabe gemacht hat, Familienmitglieder durch das Inzesttabu vor dieser Gefahr zu schützen, dann muß sie auch darüber wachen, daß dieses Tabu von allen Familienmitgliedern gleichermaßen respektiert wird. Geschieht das nicht und wird das Tabu nach einem bestimmten Muster verletzt, ist es die Kultur sich selbst schuldig, Maßnahmen zu ergreifen, indem sie beispielsweise die Struktur der Familie verändert.

Leider löst Malinowski das in seiner Ausgangsposition enthaltene Versprechen nicht ein. Wie so viele seiner Kollegen ist er sehenden Auges blind. Es ist für ihn eine ausgemachte Sache, daß auf dem Inzest ein Tabu ruht und daß dieses Tabu im Prinzip funktioniert. So kann er sich seelenruhig seinen Betrachtungen über die Funktion des Inzesttabus hingeben, ohne sich um die Praxis zu kümmern. Über diese Funktion schreibt er folgendes:

> Der Inzest ist notwendigerweise verboten, weil er [...] mit dem Bestehen der grundlegenden Faktoren der Kultur unvereinbar ist. Gleichgültig, um welche Art von Kultur es sich handeln mag: Wenn Sitte, Moral und Gesetz den Inzest erlauben, wäre der Fortbestand der Familie in Frage gestellt. Der Zeitpunkt der Reife wäre gleichzeitig derjenige [...] eines völligen gesellschaftlichen Chaos [...]. Der Inzest würde eine Niederreißung der Altersschranken bedeuten, eine Verwirrung der Generationsunterschiede, eine Desorganisation der Gefühlshaltungen und einen abrupten Tausch der sozialen Rollen [...] in der [...] Familie [...]. Keine Familie könnte unter solchen Bedingungen bestehen (1927/81, S. 235).

Auf solche Unkenrufe gibt es nur eine angemessene Reaktion, nämlich ein erstauntes: Aber das stimmt doch gar nicht! Und das weiß er, Bronislaw Malinowski, ganz genau. In seinem eigenen Buch, wohlgemerkt, schreibt er, daß Töchter in der Pubertät häufig »unter Verfolgungen durch den Vater leiden« und daß »die Vater-Tochter-Blutschande unvergleichlich häufiger stattzufinden scheint als die zwischen Mutter und Sohn« (S. 69f.). Er spricht dann von der westlichen Gesellschaft, doch scheint es bei den Trobriandern in Neuguinea nicht viel anders zu sein. Während bei den Trobriandern »kein einziger Fall eines Verhältnisses zwischen Mutter und Sohn gefunden werden konnte« (S. 101), ist auch dort »der Vater-Tochter-Inzest keineswegs ein seltenes Ereignis« (S. 102). Als würde sich kein Mensch darüber wundern! Ich wundere mich sehr wohl darüber, wenn ich sehe, was er an anderer Stelle schreibt. Ich wundere mich über den krassen Widerspruch in seiner Argumentation. Er behauptet, der Inzest wäre der Untergang der Gesellschaft. Gleichzeitig sagt er, Vater-Tochter-Inzest komme sehr häufig vor. Warum ist die Gesellschaft dann nicht schon längst zusammengebrochen? Weder bei den Trobriandern noch bei uns?

Dieser Widerspruch rührt daher, daß Malinowski genau wie Freud den Begriff Inzest in erster Linie mit der Beziehung zwischen Mutter und Sohn in Verbindung bringt. Er teilt Freuds Auffassung, die erotische Annäherung zwischen Mutter und Sohn führe zur Rivalität zwischen Vater und Sohn, sieht die wichtigste Schranke gegen den Mutter-Sohn-Inzest jedoch in der »natürlichen« Rolle der Mutter in Familie und Gesellschaft. Aufgabe der Mutter ist es in seinen Augen, den Sohn zu Unabhängigkeit und kultureller Reife zu erziehen, und das könne sie nur, wenn sie Autorität über ihn habe, wenn er ihr Gehorsam und Respekt entgegenbringe.

In einer derartigen Situation würde nun eine Neigung zum Inzest ein höchst destruktives Element bilden. [...] Ein etwaiger Verkehr mit ihr müßte, wie aller Geschlechtsverkehr, vorbereitet werden durch Werbung und eine Verhaltensweise, die mit Unterordnung, körperlicher Distanz und Verehrung vollständig unvereinbar ist (S. 234).

Kurz gesagt: Der Mutter-Sohn-Inzest würde die Autorität der Mutter untergraben und dadurch eine Bedrohung für die soziale Funktion der Familie darstellen.

Nun ist aber Mutter-Sohn-Inzest so selten, daß man sich fragen muß, ob Malinowski den Wald vor lauter Bäumen nicht sieht. Er selbst denkt darüber anders. Vater-Tochter-Inzest möge ja in der Praxis viel häufiger vorkommen, grundsätzlich aber sei die Gefahr des Mutter-Sohn-Inzests unvergleichlich größer, und das – sagt Malinowski – kommt so: Als Baby hat der Junge engen körperlichen Kontakt mit der Mutter. Die Mutter verhätschelt ihn, versorgt ihn, hält ihn in den Armen und, was das wichtigste ist: Sie gibt ihm die Brust. Vor allem diesen letzten Gesichtspunkt, den »Kontakt der kindlichen Lippen mit der Brustwarze der Mutter« (S. 231), dürfen wir Malinowski zufolge nicht außer acht lassen, er kommt immer wieder darauf zurück. Malinowski betrachtet die frühen Bande zwischen Mutter und Kind nicht als sexuell, sondern als sinnlich. Zwischen Sexualität und Sinnlichkeit bestünden jedoch auffallende Ähnlichkeiten, denn in beiden Fällen stellten sich durch den körperlichen Kontakt mit einem Angehörigen des anderen Geschlechts Lustgefühle ein. Aufgrund dieser partiellen Ähnlichkeit mit der Sinnlichkeit werde die Sexualität später in dem Jungen die früheren Gefühle für die Mutter wachrufen, nun jedoch mit anderem Inhalt. Die Versuchung des Inzests mit der Mutter sei in diesem Stadium unvermeidlich und das Verlangen danach so groß, daß es energisch verdrängt werden müsse. Zum Glück scheint dieser Akt des Verdrängens so gut zu gelingen, daß Mutter-Sohn-Inzest praktisch nicht vorkommt.

Den Lesern wird nicht entgangen sein, daß Anthropologen, die sich mit dem Thema Inzest befassen, dem Stillen eine entscheidende Bedeutung beimessen. Bei Fox war ja bereits davon die Rede (siehe S. 38), auch wenn er das Stillen nicht als Grundlage einer inzestuösen Objektwahl ansieht, sondern vielmehr geradezu als Gegengift gegen den Inzest. Im Grunde macht es jedoch kaum einen Unterschied, ob aus anthropologischer Sicht das Stillen den Mutter-Sohn-Inzest direkt oder aber indirekt auf dem Wege der Verdrängung verhindert. Das Resultat ist das gleiche.

Auch Mädchen werden als Babys von der Mutter gewiegt und gestillt. Man sollte also meinen, daß sie als Heranwachsende ebenso zwangsläufig inzestuöse Gefühle für die Mutter entwickeln. Das ist jedoch laut Malinowski nicht der Fall. Zwischen Mutter und Tochter geschieht in dieser Zeit etwas viel Erstaunlicheres: Aus heiterem Himmel, wie von selbst werden sie zu Rivalinnen. Parallel zu dieser Rivalität zwischen Mutter und Tochter werde »das Verhältnis zwischen Vater und Tochter besonders zärtlich« (S. 69). Und ab und an führe diese Zärtlichkeit dann eben zum Vater-Tochter-Inzest. Kein Grund zur Beunruhigung, denn die eigentliche Gefahr lauere in der Beziehung zwischen Mutter und Sohn.

Wir müssen Malinowski zugute halten, daß er, anders als Freud in *Totem und Tabu*, wenigstens hier und da auf die Position der Tochter eingeht. Was er über sie zu sagen hat, beschränkt sich allerdings auf Ad-hoc-Bemerkungen, die kein zusammenhängendes

Ganzes bilden, einander teilweise widersprechen und immer ohne Folgen bleiben. Am auffallendsten ist die regelmäßig wiederkehrende Behauptung, für Mädchen sei das Leben wesentlich einfacher als für Jungen. So bringe etwa die Pubertät für das Mädchen viel weniger Veränderungen mit sich. »Sein Lebensziel ist die Ehe«(S. 69). Und dabei spiele es keine große Rolle, ob das Mädchen in Europa oder in Neuguinea lebt:

> So sind die Gefühle, die wir in einem melanesischen Mädchen finden, [...] im großen und ganzen jenen in Europa ähnlich (S. 76).

Es sieht sehr danach aus, als würde Malinowski die Töchter am liebsten völlig ignorieren, als fehle ihm dazu aber der Mut. Einmal entschuldigt er sich sogar dafür, daß sie in seiner Erörterung so wenig Beachtung finden. Und fügt rasch hinzu:

> Jedenfalls kann, was über die Beziehung zwischen Mutter und Sohn bzw. Vater und Sohn festgestellt worden ist, mit unbedeutenden Modifikationen [...] auch für die Gesamtheit aller anderen Beziehungen angewandt werden. Das Rollenverzeichnis der Freudschen Ödipustragödie, in dem der Sohn wieder in seiner Beziehung zu beiden Elternteilen auftritt, ist daher ethnologisch völlig richtig. Freud hat sich sogar geweigert, Elektra neben Ödipus zu stellen. Wir können diesem Scherbengericht nur zustimmen (S. 237).[7]

Malinowski war kein Apostel der Psychoanalyse. An verschiedenen Stellen seines Buches geht er mit Freud ins Gericht, doch hier versteckt er sich mit einemmal hinter ihm. Ein kläglicher Rückzug, über den er, nach dem Wort »Scherbengericht« zu urteilen, selbst nicht glücklich ist. Er hätte sicher besser daran getan, rundheraus zuzugeben, daß er beim Thema Vater-Tochter-Inzest mit seiner Weisheit am Ende war.

---

[7] Elektra ist eine Gestalt der griechischen Mythologie, Tochter Agamemnons und Klytämnestras. Klytämnestra ermordete gemeinsam mit ihrem Geliebten ihren Gatten Agamemnon, worauf Elektra, um den Vater zu rächen, mit ihrem Bruder zusammen ihre Mutter tötete. Freud führte den Begriff Elektrakomplex als weibliches Gegenstück zum Ödipuskomplex ein, verwarf ihn jedoch bald wieder, da er ihn für unbrauchbar hielt.

Brenda Seligman, eine Schülerin Malinowskis, mochte sich mit der Diskriminierung von Vätern und Töchtern in der Inzestliteratur nicht abfinden. In ihrem 1932 erschienenen Artikel »The Incest Barrier: its Rôle in Social Organization« erklärte sie, Malinowskis Hypothese, Inzest bedeute den Untergang der Gesellschaft, betreffe auch das Verhältnis von Vater und Tochter. Das konnte sie nur sagen, weil sie die Tatsachen ignorierte und den Vater-Tochter-Inzest als eine nur potentielle Gefahr darstellte, die ebenso wie die des Mutter-Sohn-Inzests durch das Inzesttabu wirksam gebannt sei.

Zudem verwickelt sie sich in einen Widerspruch hinsichtlich der Frage, ob die Inzestbedrohung von den Kindern in der Familie ausgeht oder von den männlichen Familienmitgliedern. Malinowski konnte diesen Widerspruch vermeiden: Beim Mutter-Sohn-Inzest sind »Mann« und Kind ja eins. Seligman schreibt einerseits, wenn man Kindern die Möglichkeit gäbe,

> ihre sexuellen Bedürfnisse innerhalb der Familie zu befriedigen und damit die Stelle eines Elternteils einzunehmen, würde die elterliche Autorität in solchem Maß erschüttert, daß die Familie kaum überleben könnte (1932, S. 260).

Hier geht die Gefahr eindeutig von den Kindern, gleich welchen Geschlechts, aus. Andererseits betrachtet Seligman das Inzestverbot als eine Regel, die

> zugleich die Mutter vor dem Sohn und die Tochter vor dem Vater schützt (S. 260).

Dieser Einsicht zufolge sind es nicht mehr die Kinder, die den Inzest wollen, sondern die männlichen Familienmitglieder. Und das findet Seligman auch ganz natürlich:

> Der Vater bewahrt seine Autorität über die Familie, indem er eine Regel akzeptiert, die ihm den Geschlechtsverkehr mit seiner Tochter untersagt. Dadurch verzichtet er bewußt auf einen Vorteil, denn es steht außer Frage, daß ein junges Mädchen für einen reifen Mann sehr anziehend ist (S. 260).

Und was der Vater sich selbst versagt, könne er auch seinem Sohn nicht zugestehen: Bruder-Schwester-Inzest wäre ihm unerträglich.

> Verzichtet der Vater auf eine sexuelle Annäherung an die Tochter, muß der Sohn es auch tun (S. 261).

Es ehrt Brenda Seligman, daß sie die Aufmerksamkeit auf die Beziehung zwischen Vater und Tochter lenken will, letzten Endes aber stellt ihr Werk, gemessen an dem ihres Lehrers, einen Rückschritt dar. Malinowski signalisiert wenigstens noch, daß Vater-Tochter-Inzest Realität ist. Seligman tut so, als funktioniere das Inzestverbot in allen Beziehungen innerhalb der Familie gleich gut, und erweckt mit dem Bild vom edelmütigen Vater, der auf die anziehende Tochter verzichtet, gleichzeitig den Eindruck, der sexuelle Verkehr mit der Tochter gehöre eigentlich zu den »natürlichen« Rechten des Vaters.

Bis hierher habe ich vor allem zu zeigen versucht, wie Malinowski – und in seinem Gefolge auch Seligman – den Vater-Tochter-Inzest geflissentlich übersieht und verharmlost. Den Kern von Malinowskis Erörterung, die Unvereinbarkeit von Autorität und Sexualität, habe ich bis jetzt nicht berührt. Seligman beschreibt ihn so:

[. . .] eine sexuelle Beziehung zwischen einem Elternteil und dem Kind wäre eine Gefahr für die Familie [. . .], denn das Kind würde dadurch auf die soziale Stufe des Elternteils erhoben, der dann nicht mehr die der älteren Generation zukommende Autorität ausüben könnte (S. 159 f.).

Durch den sexuellen Kontakt mit einem Elternteil soll also das Kind mit einem Schlag ebensoviel Wissen und Macht erlangen, wie dieser selbst sie besitzt. Das ist in meinen Augen vollkommener Unsinn. Zwischen einer sexuell mißbrauchten Tochter und ihrem Vater besteht sehr wohl ein Autoritätsverhältnis. Mehr noch: Gerade der Respekt, den eine Tochter ihrem Vater schuldet, und die selbstverständliche Autorität, die der Vater genießt, sind ein Nährboden für den Vater-Tochter-Inzest. Ein Kind braucht Wärme und Zuwendung, und es ist der Erwachsene – ob Mann oder Frau, Vater oder Mutter –, der in der Familie die Macht hat, dieses Bedürfnis zu sexualisieren und in den Dienst seiner eigenen Wünsche zu stellen. Diese Macht wohnt der Position des Erwachsenen und Elternteils inne. Ein Kind, das in eine inzestuöse Beziehung hineingezogen wird, wird nicht auf eine höhere Stufe erhoben, sondern auf die Stufe eines Leibeigenen im wahrsten Sinne des Wortes erniedrigt.

9. Das Inzesttabu als Ursprung der Gesellschaft: Claude Lévi-Strauss

Aus dem Vorhergehenden wird ersichtlich, daß die meisten Anthropologen das Inzesttabu auf die eine oder andere Weise als Regel mit einer sozialen Funktion betrachten. Am weitesten geht hier Claude Lévi-Strauss: Für ihn ist das Inzesttabu der Ursprung der Gesellschaft.

Lévi-Strauss, 1908 in Brüssel geboren, studierte in Paris Philosophie und war mehrere Jahre als Professor für Soziologie in Brasilien tätig, wo er sich für die Kulturanthropologie zu interessieren begann. Nach dem Zweiten Weltkrieg wurde er Professor für Sozialanthropologie in Paris, wo 1947 sein monumentales Werk *Die elementaren Strukturen der Verwandtschaft* erschien.

Bei den zuvor besprochenen Autoren bin ich nicht weiter auf wissenschaftstheoretische Hintergründe eingegangen; bei Lévi-Strauss jedoch muß ich um der Klarheit willen eine Ausnahme machen. Lévi-Strauss übernimmt von der Linguistik die Methode des Strukturalismus. Das bedeutet, daß er sich weniger für einzelne Menschen interessiert als vielmehr für die Beziehungen zwischen Menschen und die Strukturen, die diesen Beziehungen zugrunde liegen. Soziale Strukturen können von Gesellschaft zu Gesellschaft verschieden sein und gleichzeitig auf eine immer gleiche Grundstruktur verweisen; Lévi-Strauss' wissenschaftliches Interesse zielt darauf ab, diese Grundstrukturen offenzulegen. In allen Gesellschaften wiederkehrende Grundstrukturen sieht er als Grundregeln der Gesellschaft schlechthin. Diese Grundregeln sind ihm zufolge unveränderlich und entziehen sich dem Einfluß konkreter menschlicher Subjekte.

Lévi-Strauss' strukturalistischer Ansatz enthält einen zweifachen Objektivitätsanspruch: Erstens gehe der Forscher von einer möglichst umfassenden Beobachtung aus und unterziehe diese einer strukturalen Analyse, ohne sich dabei von persönlichen Gefühlen oder Meinungen beeinflussen zu lassen. Zweitens betrachte der Forscher die Welt nicht mit den Augen einer bestimmten gesellschaftlichen Gruppierung, sondern aus absolut neutraler Perspektive.

In seinem Werk *Die elementaren Strukturen der Verwandtschaft* geht Lévi-Strauss von der Hypothese aus, der Ursprung der Gesellschaft sei in einem Phänomen zu suchen, das allen Gesellschaften gemeinsam sei. Dieses Phänomen ist für ihn das Inzesttabu, das er an der Grenze zwischen Natur und Kultur ansiedelt. Das Inzesttabu hat, wie er meint, eine Fundamentalstruktur geschaffen, die noch heute die Basis jedes Gesellschaftsverbandes bilde. Diese Fundamentalstruktur bestehe im Tausch von Frauen durch Männer auf dem Wege der Heirat. Lévi-Strauss bezieht sich in seiner Beweisführung hauptsächlich auf sogenannte »primitive« Gesellschaften, in denen die empirisch erfaßbaren Strukturen der Fundamentalstruktur näherstünden als bei uns. Die Fundamentalstruktur sei jedoch auch in der modernen Gesellschaft vorhanden, nur habe sie dort mehr Veränderungen.

Den Rahmen seiner Argumentation entlehnt Lévi-Strauss einer Untersuchung von Marcel Mauss (*Die Gabe*, 1925), in der gezeigt wird, wie durch die genau definierte Praxis des Gebens und Empfangens von Geschenken ein Tauschsystem zwischen Individuen und Gruppen entsteht. Lévi-Strauss zufolge ist die Regel der gegenseitigen Gabe ein Charakteristikum aller primitiven Gesellschaften. Diese Regel besagt, daß die verschiedenen Gruppen, Familien oder Clans die von ihnen produzierten wertvollen Güter nicht selbst konsumieren, sondern mit anderen Gruppen gegen gleichwertige Güter tauschen. Den folgenden Aphorismus der Arapesh stellt Lévi-Strauss dem ersten Teil seines Buches als Motto voran:

Deine eigene Mutter, deine eigene Schwester, deine eigenen Schweine, deine eigenen Yams, die du aufgestapelt hast, darfst du nicht essen. Die Mütter anderer Leute, die Schwestern anderer Leute, die Schweine anderer Leute, die Yams anderer Leute, die sie aufgestapelt haben, das darfst du essen (1947/81, S. 75).[8]

Mit diesem Motto macht Lévi-Strauss deutlich, daß auch Frauen unter die Regel der Gabe fallen. Oder besser gesagt: Sie bilden deren Grundlage, denn durch den Tausch von Frauen entstehen Ver-

---

[8] Um Mißverständnissen vorzubeugen: Die Arapesh sind keine Kannibalen. In bezug auf Mutter und Schwester wird das Wort »essen« im übertragenen Sinn gebraucht.

wandtschaftsbeziehungen, die gewährleisten, daß die Familien einander in Zeiten der Not beistehen. Frauen seien daher nicht eine Gabe wie jede andere, sondern die kostbarste aller Gaben:

> Das Inzestverbot ist weniger eine Regel, die es untersagt, die Mutter, Schwester oder Tochter zu heiraten, als vielmehr eine Regel, die dazu zwingt, die Mutter, Schwester oder Tochter anderen zu geben. Es ist die höchste Regel der Gabe [...] (S. 643).

Zugleich sei das Inzestverbot eine Regel, die auf Gegenseitigkeit beruhe:

> [...] ich verzichte auf meine Tochter oder meine Schwester nur unter der Bedingung, daß mein Nachbar dasselbe tut. [...] die Tatsache, daß ich eine Frau erhalten kann, ist letztlich die Konsequenz der Tatsache, daß ein Bruder oder ein Vater auf sie verzichtet (S. 120).

Die Regel der Gabe sei also Mittel zur Schaffung und Festigung sozialer Bande, doch würde diese Regel nicht funktionieren ohne die fundamentalste Form des Geschenkaustausches, die Heirat. Diese erfülle die Funktion einer Brücke zwischen den Männern auf dem Wege über die Frau und ist nach Lévi-Strauss nur dank des Inzesttabus möglich. So bilde das Inzesttabu die Grundlage eines weitverzweigten Netzes von Beziehungen, die Lévi-Strauss als Verwandtschaftssystem bezeichnet. Alle darüber hinaus entstehenden sozialen Beziehungen im wirtschaftlichen, politischen, religiösen und in sonstigen Bereichen würden letztlich von dieser Struktur bestimmt.

Genaugenommen ist das Inzesttabu, so wie Lévi-Strauss es beschreibt, geschlechtsneutral. Als Grundlage der Gesellschaft verlangt es lediglich den Austausch von Menschen zwischen Familiengruppen. Die Regel als solche sagt nichts darüber, daß diese Menschen Frauen zu sein hätten, nichts, was den Tausch von Männern verhindern würde. In der Praxis jedoch sind Frauen die Gabe und Männer die Gebenden. Dazu Lévi-Strauss:

> Die globale Tauschbeziehung, welche die Heirat bildet, stellt sich nicht zwischen einem Mann und einer Frau her, die beide etwas schulden und etwas erhalten, sondern zwischen zwei Gruppen von Männern, und die Frau spielt dabei die Rolle eines der

Tauschobjekte und nicht die eines der Partner, zwischen denen der Tausch stattfindet (S. 189).

Die Frage, warum gerade Frauen getauscht werden, übergeht Lévi-Strauss zwar nicht völlig, doch klingt seine Antwort wenig wissenschaftlich. Frauen seien ein knappes Gut, meint er, nicht etwa, weil weniger Mädchen als Jungen geboren würden, sondern weil in allen Gesellschaften eine Tendenz zur Polygamie herrsche:

[...] selbst in einer [monogamen] Gesellschaft [...] [läßt] der eingefleischte Trieb zur Polygamie, den man wohl bei allen Menschen voraussetzen darf, die Zahl der verfügbaren Frauen stets als unzureichend erscheinen. Fügen wir noch hinzu, daß die Frauen, selbst wenn sie den Männern zahlenmäßig gleich sind, doch nicht alle gleichermaßen begehrenswert sein können [...] und daß der Definition nach [...] die begehrenswertesten Frauen eine Minderheit bilden. Die Nachfrage nach Frauen befindet sich also immer [...] in einem Zustand des Ungleichgewichts und der Spannung (S. 89).

Die Gründe der männlichen Polygamie können wir nur erraten. Und was den zweiten Teil seiner Antwort betrifft, so fragt man sich, wer hier eigentlich das Wort hat: der Mann Lévi-Strauss oder der Wissenschaftler Lévi-Strauss. Von der objektiven Sicht des Strukturalisten ist hier jedenfalls wenig zu bemerken, denn der hätte konstatieren müssen, daß begehrenswerte Männer mindestens ebenso dünn gesät sind.

Lassen wir die Frage, warum gerade Frauen und nicht Männer getauscht werden, zunächst auf sich beruhen. »Inzest [...] existiert«, schreibt Lévi-Strauss, »sicher ist er sogar sehr viel häufiger, als eine kollektive Übereinkunft des Schweigens vermuten läßt« (S. 64). Was haben wir von einer Wissenschaft zu halten, die solche Übereinkünfte nicht durchbricht? Von einem Wissenschaftler, der den Anspruch erhebt, einen Überblick über die Inzestfrage zu vermitteln, sollte man erwarten dürfen, daß er überprüft, ob die Verletzung des Inzesttabus einem bestimmten Muster folgt und ob dieses Muster nicht vielleicht in die von ihm beschriebene Struktur paßt. Nicht so Lévi-Strauss. Und das erschütternde ist, daß er mit seiner Analyse der Verwandtschaftssysteme nun gerade ein hervorragendes Instrument in Händen hätte, um wenigstens eine mögliche Erklärung zu liefern für die asymmetrische Verletzung des Inzesttabus, die Diskrepanz zwischen der Häufigkeit von Vater-Tochter-Inzest und Inzest zwischen Mutter und Sohn. Immerhin beschreibt Lévi-Strauss ja ein System, in dem die Frauen Besitz der Männer sind. In einem solchen System ist das Inzestverbot ein Verbot von Männern für Männer, das nur von Männern übertreten werden kann. Die Übertretung des Verbots ist kein Verbrechen an einer Frau, sondern an dem Mann, dem die Frau »gehört«. In patriarchalischen Gesellschaften, die westliche eingeschlossen, liegt das Eigentum an den zur Familie gehörenden Frauen in erster Linie beim Vater. Das macht die Position der Tochter so außerordentlich prekär. Die Beziehung zwischen Vater und unverheirateter Tochter ist die einzige Beziehung, in der das Verbot des Geschlechtsverkehrs mit weiblichen Verwandten nicht durch die Rechte anderer männlicher Familienmitglieder verstärkt wird. Inzest mit der Mutter ist strengstens verboten, weil die Mutter dem Vater gehört. Auch Inzest mit der Schwester bedeutet einen Eingriff in die Rechte des Vaters, die in diesem Fall zwar nicht das Recht auf sexuellen Verkehr einschließen, wohl aber das Recht auf Besitz und Tausch. Tante und Nichte sind verboten, weil sie dem Onkel gehören, Schwiegertochter und Enkeltochter, weil sie dem Sohn gehören, und so fort. Die Tochter aber gehört so lange ausschließlich dem Vater, bis sie an einen anderen Mann »abgetreten« wird. Daß inzestuöse Väter das oft auch so empfinden, zeigt die Drohung eines Vaters gegenüber seiner fünfzehnjährigen Tochter: »Wart's nur ab«, schrie er seine Frau an, die ihre Tochter in Schutz nahm, »wart's nur ab, bevor die heiratet, krieg' ich sie erst noch mal!« (persönliche Mitteilung eines Inzestopfers). Und Katherine Brady, die jahrelang von ihrem Vater sexuell mißbraucht wurde, schreibt über seine Reaktion auf ihre Verlobung:

Endlich war mein Vater bereit, mich in Ruhe zu lassen. Nun gab es etwas, das wichtiger war als sein Bedürfnis nach sexueller Befriedigung: Besitz, die Tatsache, daß ich einem anderen Mann gehörte. Das war etwas, das er verstehen konnte, so sehr er sich auch ärgerte (Brady 1979, S. 100).

Kurzum: Lévi-Strauss verhilft uns unbeabsichtigt – denn er selbst verliert kein Wort darüber – zu der Einsicht, daß der Vater-Tochter-Inzest kennzeichnend für ein Gesellschaftssystem ist, in dem Frauen als Eigentum der Männer betrachtet werden. Ein solches System ist dem menschlichen Gehirn entsprungen, kann also auch durch den Menschen verändert werden. Lévi-Strauss ist da allerdings anderer Meinung. Erstens ist, wie wir gesehen haben, der Tausch von Frauen und mithin auch der Gegensatz zwischen Männern als Besitzern und Frauen als Besitz in seinen Augen eine unveränderliche Grundregel der Gesellschaft. Zweitens erscheint die Herrschaft des Mannes über die Frau in seiner Darstellung als naturgegeben. Obwohl das Leben im »Naturzustand«, wie er vor der Errichtung des Inzesttabus bestanden habe, durch »Promiskuität« gekennzeichnet gewesen sei und sexuelle Kontakte aufgrund des »Zufalls der Begegnungen« (S. 641) zustande gekommen seien, müssen, wie er meint, auch im Naturzustand Männer Macht über Frauen gehabt haben, zumindest die Macht, über das Schicksal ihrer Sexualität zu bestimmen. Schließlich seien es die Männer gewesen, die sich am Übergang vom Naturzustand zur Kultur das Inzestverbot auferlegten. Auch Ausdrücke wie »verzichten auf« und »abtreten« deuten darauf hin, daß Lévi-Strauss Frauen als den natürlichen Besitz ihrer männlichen Verwandten betrachtet.

Lévi-Strauss ist schwer zu kritisieren, weil seine Beobachtungen größtenteils richtig sind, so daß sein Werk auf den ersten Blick überzeugend wirkt. Der von ihm beschriebene Frauentausch ist in vielen Gesellschaften zu finden, auch in der unseren. Noch vor gar nicht langer Zeit mußte ein junger Mann, der ein Mädchen heiraten wollte, bei ihrem Vater um ihre Hand anhalten, und es war der Vater, der ihm die Tochter zur Frau gab. In Pornographie und Prostitution werden Frauen noch heute wie Ware gehandelt. In westeuropäischen Ländern lebende türkische und marokkanische Mädchen werden von ihren Vätern entführt, um in deren Heimat verheiratet zu werden. Lévi-Strauss beschreibt die Welt also scheinbar so, wie sie ist. Er tut das in brillantem Stil und stellt derart faszinierende Zusammenhänge her, daß man sich schnell mitreißen läßt. Erst wenn man sich in eine konkrete Frage verbeißt, die Frage etwa, was er zum Vater-Tochter-Inzest zu sagen hat, dann merkt man, daß auch er ein Bild der Wirklichkeit zeichnet, das auf subjektivem Auswählen und Weglassen beruht.

In diesen Kontext gehört auch die Tatsache, daß er mit seinem strukturalistischen Ansatz den Eindruck erweckt, er klammere persönliche Auffassungen ganz aus. Diese persönlichen Ansichten aber sickern in seiner Darstellung dennoch durch. So beschreibt er nicht nur, wie Frauen als Objekte *behandelt werden,* sondern tut auch fortwährend so, als *seien* sie Objekte. Was die Frage anbelangt, warum Frauen und nicht Männer getauscht werden, so haben wir ja bereits mit dem dürftigen Argument von der Knappheit weiblicher Schönheit Bekanntschaft gemacht. An anderer Stelle in seinem Buch geht Lévi-Strauss noch weiter. Er erklärt, daß Frauen nicht nur der kostbarste Besitz seien, sondern daß ihnen auch ein Wert innewohne als

ein natürlicher Stimulus; und zwar der Stimulus des einzigen Triebes, dessen Befriedigung aufgeschoben werden kann [...] (S. 121).

Damit reduziert er Frauen zur Kohlensäure in der Limonade des Männerlebens, zum Rohstoff, aus dem Männer Sexualität machen. Und mit dieser Einstellung steht Lévi-Strauss nicht allein, weder als Mann noch als Anthropologe.

Wie wir gesehen haben, betrachten Freud, Malinowski und etwas weniger deutlich auch Seligman genau wie Lévi-Strauss das Inzesttabu als ein Verbot für Männer, das nur von Männern übertreten werden kann. Lévi-Strauss stellt diese Sichtweise in den Rahmen eines Gesellschaftssystems, in dem Frauen als Eigentum des Mannes behandelt werden. Da wir in einem solchen System leben, trifft das Bild vom Inzest als einem männlichen Verbrechen die Dinge an sich ganz richtig. Man könnte sogar sagen, daß sich die Kulturanthropologie in diesem Punkt vorteilhaft von anderen Disziplinen abhebt, wenn die Sache nicht einen Haken hätte. Für Lévi-Strauss und seinesgleichen sind inzestuöse Neigungen nämlich deshalb männlich, weil sexuelle Triebe in ihren Augen überhaupt männlich sind. Der Gedanke, Frauen könnten eigene sexuelle Gefühle haben, liegt ihnen fern. Aus ihrer Sicht *können* Frauen im sexuellen Bereich keine Subjekte sein. Nur ein Subjekt besitzt die Freiheit, gut oder schlecht zu handeln; nur ein Subjekt kann Opfer der Taten eines anderen Subjekts sein. Von daher sieht Lévi-Strauss den Inzest nicht nur als ein Verbrechen *von* Männern, sondern auch als ein Verbrechen *gegen* Männer. Nicht die Frau, nicht das Mädchen ist das Opfer, sondern der Mann, dem sie gehört. Auf diese Weise wird Frauen und Mädchen nicht nur das Vermögen abgesprochen, eigene sexuelle Wünsche und Bedürfnisse zu haben, sondern auch bestimmte sexuelle Annäherungen aus eigenem Antrieb *nicht* zu wollen und sie als verletzend und erniedrigend zu empfinden.

Hier würde Lévi-Strauss wahrscheinlich einwenden, er befasse sich nun einmal nicht mit menschlichen Erfahrungen und Gefühlen, sondern mit Strukturen. Er würde sagen, daß auch das Leben der Männer durch diese Strukturen bestimmt sei. In Wirklichkeit aber ist seine sogenannte Objektivität auch hier trügerisch. Sein Werk *Die elementaren Strukturen der Verwandtschaft* betrachtet die ganze Welt aus männlicher Perspektive. Wenn Lévi-Strauss »man« schreibt, meint er »Mann«, schreibt er »wir Menschen«, meint er »wir Männer«. Die Frau ist immer das andere, ein Objekt. Und nicht nur die Frau, auch das Mädchen, was für Lévi-Strauss im übrigen auf das gleiche hinausläuft. Auch dieses Bild, das Bild vom Mädchen als einer erwachsenen Frau im Taschenformat, liegt auf einer Linie mit der Sichtweise seiner Vorgänger. Malinowski und Seligman unterscheiden zwar noch zwischen Kindern und Erwachsenen, wir haben aber gesehen, daß bei ihnen Kinder durch sexuelle Kontakte innerhalb der Familie mit einem Schlag auf die Ebene der Erwachsenen »erhoben« werden. Westermarck erweckt mit seiner These, das Zusammenleben in der Familie lasse eine Abneigung gegen den Inzest entstehen, den Eindruck, alle Familienmitglieder, Erwachsene wie Kinder, nähmen gleichwertige Positionen ein. Und Freud setzt wie Lévi-Strauss Mädchen sexuell mit Frauen gleich. Für beide sind Mädchen, so klein sie noch sein mögen, ebenso wie Frauen in erster Linie Sexualobjekt und üben schon allein durch ihre Zugehörigkeit zum weiblichen Geschlecht Anziehungskraft auf Männer aus, ob es sich um Familienmitglieder handelt oder nicht.

Lévi-Strauss versetzt sich zwar keinen Augenblick in die Perspektive des Kindes, doch was die Frau anbelangt, so scheint ihm wenigstens auf der letzten Seite seines dicken Buches gerade noch bewußt zu werden, daß sie nicht völlig jeglicher menschlichen Eigenschaft entbehrt. Da schreibt er, die Frau sei »auch in einer Männerwelt immer noch eine Person. [...] Das erklärt«, setzt er romantisch hinzu,

> warum die Beziehungen zwischen den Geschlechtern jenen affektiven Reichtum, jene Inbrunst und jenes Geheimnis bewahrt haben, die wohl ursprünglich das gesamte Universum der menschlichen Kommunikation geprägt haben« (S. 663).

Vielleicht hatte seine Frau ihm gerade eine Tasse Kaffee und eine Vase mit einer roten Rose gebracht.

Trotz seiner Kritik an Freuds Theorie des Urvatermordes als Ursprung des Inzesttabus wagt Lévi-Strauss am Ende seines Buches noch einen Flirt mit *Totem und Tabu:*

> Der Wunsch nach der Mutter oder der Schwester, der Mord am Vater und die Reue der Söhne entsprechen gewiß keiner Tatsache oder Gesamtheit von Tatsachen, die in der Geschichte einen bestimmten Platz einnehmen. Aber vielleicht bringen sie symbolisch einen alten und hartnäckigen Traum zum Ausdruck. Und die Magie dieses Traums, seine Macht, das Denken der Menschen ohne ihr Wissen zu formen, kommen gerade daher, daß die Taten, die er beschwört, niemals begangen worden sind, weil die Kultur sich ihnen immer und überall widersetzt hat (S. 656).

Inzest als Männertraum. Daß die Tochter in dieser Passage fehlt, ist kein Zufall. Die Kultur widersetzt sich dem Vater-Tochter-Inzest nicht. Vater-Tochter-Inzest ist kein Traum, sondern Wirklichkeit.

10. Gayle Rubin über Lévi-Strauss: Eine feministische Interpretation

Gayle Rubin veröffentlichte 1975 unter dem Titel »The Traffic in Women« (»Der Frauenhandel«) einen Artikel, mit dem sie innerhalb der Frauenbewegung viel Anerkennung fand. In diesem Artikel versuchte sie, durch die Integration der Theorien Lévi-Strauss' und der psychoanalytischen Lehre Freuds (letztere aus dem Blickwinkel Lacans) zu einer allgemeinen Theorie über die Ursachen der Frauenunterdrückung zu gelangen. Rubin sieht in den einander überschneidenden Ausführungen Lévi-Strauss' und Freuds eine umfassende Beschreibung der Unterwerfung der Frau. Beide Autoren seien sich der in ihrem Werk enthaltenen Kritik an den bestehenden Verhältnissen zwar nicht bewußt, böten aber wie niemand sonst einen Überblick über den Bereich, auf den wir – so Gayle Rubin – unsere Aufmerksamkeit richten müßten, wenn wir der Unterdrückung der Frau (wie auch der Homosexuellen und der Homosexualität) ein Ende setzen wollten.

Von Lévi-Strauss könne man, meint Rubin, die Erkenntnis übernehmen, daß die untergeordnete Stellung der Frau Produkt von Verwandtschaftsbeziehungen sei. Der »Frauentausch« sei

eine Kurzformel dafür, daß die sozialen Beziehungen innerhalb eines Verwandtschaftssystems so beschaffen sind, daß die Männer gewisse Verfügungsrechte über ihre weiblichen Verwandten haben und die Frauen solche Rechte nicht haben, weder über sich selbst noch über ihre männlichen Verwandten. So gesehen ist der Frauentausch Inbegriff eines Systems, in dem die Frauen kein uneingeschränktes Selbstbestimmungsrecht besitzen (1975, S. 177).

Während Lévi-Strauss das Verwandtschaftssystem *beschreibe*, bestehe Freuds Beitrag darin, daß er uns eine Theorie über die *Reproduktion* von Verwandtschaft beschert habe.

Die Psychoanalyse verfügt über eine einzigartige Sammlung von Begriffen zum Verständnis von Männern, Frauen und Sexualität. Sie ist eine Theorie der Sexualität in der menschlichen Gesellschaft. Und vor allem liefert die Psychoanalyse eine Beschreibung jener Mechanismen, die die Geschlechter spalten und deformieren, eine Beschreibung des Prozesses, der bisexuelle, androgyne Kleinkinder zu Jungen und Mädchen macht. Die Psychoanalyse ist eine feministische Théorie manquée (S. 184 f.).

Rubins Artikel gehört zu den feministischen Klassikern, die man immer wieder zur Hand nimmt. Und doch enthält er einen ebenso merkwürdigen wie gefährlichen Gedankengang, der den Blick auf den Inzest als konkretes Problem unserer Gesellschaft trübt.

Rubins Argumentation läuft darauf hinaus, daß das Inzesttabu die eigentliche Ursache der Frauenunterdrückung sei. Stark vereinfacht: ohne Inzesttabu kein Frauentausch und ohne Frauentausch keine Frauenunterdrückung – also: weg mit dem Inzesttabu! Heute, da der Begriff »Inzest« mehr und mehr die Bedeutung des sexuellen Mißbrauchs von Kindern in der Familie annimmt, stiftet eine solche Argumentation natürlich Verwirrung.

Wie wir gesehen haben, betrachtet Lévi-Strauss das Inzestverbot als ein Verbot für Männer, was zugleich bedeutet, daß die Übertretung dieses Verbots ein von Männern begangenes Verbrechen ist. Wenn wir von seinen Prämissen hinsichtlich der »natürlichen« Herrschaft des Mannes über die Frau einmal absehen, können wir ihm nur recht geben. Es ist eine empirische Tatsache, daß Inzest innerhalb der Familie in den allermeisten Fällen von Vätern und Brüdern ausgeht. Bei Rubin nun ist das Inzesttabu nicht ein Verbot für Männer, sondern in erster Linie ein Verbot für Frauen:

Für den Jungen ist das Inzesttabu ein Tabu, das bestimmte Frauen betrifft. Für das Mädchen ist es ein Tabu, das alle Frauen betrifft (S. 193).

Rubin sieht im Inzesttabu einen Mechanismus der Reproduktion von Heterosexualität bei Frauen: Er zwinge das Mädchen in der ödipalen Phase, die Mutter als Liebesobjekt aufzugeben und seine Wünsche auf den Vater, das heißt also auf Männer, zu richten. So gesehen ist die Verletzung des Inzesttabus nicht mehr ein männliches Verbrechen, sondern ein weiblicher Akt des Widerstandes gegen die heterosexuelle Norm. Und der Begriff Inzest steht nicht mehr für etwas Verwerfliches, nämlich den sexuellen Mißbrauch von Mädchen in der Familie, sondern für etwas Schönes, nämlich die Liebe zwischen Frauen.

Daß Rubin sich mit der Frage auseinandersetzt, wie Heterosexualität entsteht, ist zu begrüßen. Wie sie diese Frage zu beantworten sucht, erscheint mir allerdings wenig sinnvoll. Der Tausch von Frauen mag durchaus gleichbedeutend sein mit einem System der Frauenunterdrückung wie auch der Unterdrückung der Homosexualität; Gayle Rubin aber macht zu viele Konzessionen an die Schlüssigkeit ihrer Argumentation, wenn sie sodann das Inzestverbot – nach Lévi-Strauss Grundlage des Frauentauschs – als eine schlimme Sache und den Inzest als befreiende Tat darstellt. Die dadurch entstehende Begriffsverwirrung liegt, wie ich meine, weder im Interesse von Inzestopfern noch im Interesse von Opfern der heterosexuellen Norm.

11. Das Inzesttabu als Produkt der männlichen Ausgleichsfähigkeit: Robin Fox

Wenn ein kleines Kind fragt, warum es Mama oder Papa nicht heiraten kann, bekommt es in neun von zehn Fällen zur Antwort, daß dann behinderte Kinder zur Welt kämen. Der Glaube, inzestuöse Beziehungen brächten anormale Kinder hervor, ist unter Laien weitverbreitet. Die Experten dagegen sind sich hier nicht einig. Die meisten vertreten die Ansicht, Kinder aus inzestuösen Verbindungen seien mit genetischen Risiken behaftet; während die einen aber meinen, diese Risiken seien zu vernachlässigen, nehmen die anderen sie sehr viel ernster.

Anders liegen die Dinge im Falle der Inzucht, das heißt einer Folge von inzestuösen Geburten über mehrere Generationen hinweg. Die Gefahr dabei ist – und hierin sind die meisten Experten einer Meinung –, daß infolge zunehmender Homozygotie (das Vorhandensein identischer Genpaare bei einem Individuum) die nachfolgenden Generationen einander immer ähnlicher werden. Eine solche »homogenisierte« Nachkommenschaft kann sich unter gleichbleibenden Lebensbedingungen sehr gut behaupten, würde aber aufgrund ihrer mangelhaften Anpassungsfähigkeit an veränderte Bedingungen bei der erstbesten Krise auf der Strecke bleiben.

Was Anthropologen bei der Inzuchtdiskussion am meisten interessiert, ist die Frage, ob es jemals biologische Gründe waren, die unsere Vorfahren dazu veranlaßten, den Inzest mit einem Verbot zu belegen. Die meisten lehnen diese Erklärung des Inzesttabus ab, mit dem Argument, der primitive Mensch habe nicht genügend Wissen und Einsicht besessen, um einen Zusammenhang zwischen Inzucht und gesunder Nachkommenschaft herstellen zu können. Die Vertreter der biologischen Erklärung des Inzesttabus dagegen gehen davon aus, daß Inzucht bei Mensch und Tier[9] zu einer Schwächung der Konstitution führt und damit die Überlebenschancen des einzelnen wie auch der Gruppe mindert. Aus ihrer Sicht ist Inzestver-

---

[9] Zur Inzestvermeidung bei Tieren siehe Shepher 1983, S. 104 f.; 't Hart 1975; Meiselman 1978, S. 17 f.; Vidal 1985.

meidung daher nicht Produkt von Wissen und Einsicht, sondern Resultat der natürlichen Auslese im Sinne des »survival of the fittest«.

Robin Fox, von Haus aus Kultur- und Sozialanthropologe, der sich jedoch wie manch anderer amerikanischer Sozialwissenschaftler der Ethnologie und der Soziobiologie[10] verschrieben hat, versucht in seinem jüngsten Buch *The Red Lamp of Incest* (1980), eine Art Synthese der Inzuchttheorie mit den Theorien von Freud und Lévi-Strauss herzustellen. Als Bindeglied fungiert Darwins Evolutionslehre.

Wir haben Fox bereits im Kapitel über Westermarck kurz kennengelernt (siehe S. 36 f.); seine Neuinterpretation Westermarcks wirkt indessen geradezu farblos im Vergleich zum Kernstück seines Buches, das er unverkennbar mit Herzblut geschrieben hat. Von diesem Kernstück soll im folgenden die Rede sein.

Fox ist für uns nicht nur wegen seiner Ansichten über Inzest interessant, sondern auch deshalb, weil er in Freuds und Lévi-Strauss' Werk eine Tendenz sichtbar macht, die meiner Meinung nach die anthropologische Diskussion über das Inzesttabu unterschwellig bestimmt, wenn sie der Öffentlichkeit im allgemeinen auch verborgen bleibt. Diese Tendenz besteht kurz darin, daß die sexuelle Herrschaft des Mannes über die Frau als natürlich angesehen und auf diesem Hintergrund der Vater-Tochter-Inzest entweder verschleiert oder beiläufig als Nebensache abgetan wird. In der Kulturanthropologie hegt man traditionell eine gewisse Abneigung gegen biologistische Ansätze, weil von dort der Weg zum Rassismus nicht mehr weit sei; dabei wird ganz außer acht gelassen, daß der Biologismus unterdessen nur allzuoft in den unausgesprochenen Anschau-

---

[10] Die Soziobiologie zeichnet sich unter anderem durch einen bemerkenswerten Mangel an Bescheidenheit aus: Sie erhebt den Anspruch, eine umfassende Theorie der Evolution des Sozialverhaltens zu bieten. Der interessierte Leser sei in diesem Zusammenhang wiederum auf Shepher (1983) verwiesen, dessen Sicht des Inzestproblems auf der von der Soziobiologie entwickelten Theorie der elterlichen Investition basiert. Seine Thesen erscheinen mir zu absonderlich, um hier darauf einzugehen. Zu den sexistischen (und im übrigen auch rassistischen) Implikationen der Soziobiologie siehe: *Wetenschap en Samenleving* 1983/2, Sonderheft »Soziobiologie«; Meulenbelt 1985, S. 73–84; Ekelschot 1985, S. 13–38.

ungen über die Geschlechter blüht und gedeiht. Nun liegt es aber nicht etwa in Fox' Absicht, diese Tendenz anzuprangern, ganz im Gegenteil: Er macht sie sichtbar, um sie über die Maßen zu loben und mit (soziobiologischen) Argumenten zu untermauern.

Als roter Faden zieht sich durch Fox' Erörterung der Gedanke, daß wir uns grundlos über den Inzest aufregen, da er in der Praxis kaum vorkomme. Die Natur selbst verfüge nämlich über einen ausgezeichneten Mechanismus, der junge Männer davon abhalte, sich ihren Schwestern oder Müttern sexuell zu nähern. Daß der Vater-Tochter-Inzest bei dieser Betrachtung unter den Tisch fällt, scheint für Fox unerheblich zu sein, denn ihn interessiert im Grunde nur die Frage, wie die »Natur« die Verletzung der väterlichen Rechte verhindert. Und daß diese Frage de facto auch bei Freud und Lévi-Strauss im Vordergrund steht, beweist die Art und Weise, wie Fox deren Theorien über die Ursache des Inzesttabus in seine eigene einbaut.

Der Anti-Inzest-Mechanismus der Natur ruht laut Fox auf zwei Säulen: dem »Grundmodell der Fortpflanzung« und der »Ausgleichsfähigkeit« des Menschen. Fox' zentrale Hypothese, auf der seine Darlegung basiert, besagt, daß Gesellschaft und Fortpflanzung bei allen Primaten nach demselben Grundmodell organisiert seien und daß dieses Modell, obwohl es unter dem Einfluß der Ausgleichsfähigkeit im Laufe der Evolution zahlreiche Veränderungen durchgemacht habe, im wesentlichen auch beim modernen Menschen noch existiere. Und das muß auch so bleiben, meint Fox, denn das Grundmodell hat uns zu dem gemacht, was wir sind, und wenn wir es abschaffen oder uns zu weit davon entfernen, könnte das eines Tages den Untergang unserer Gattung bedeuten.

Fox' Beschreibung des Grundmodells stützt sich auf Beobachtungen an Menschenaffen und Pavianen. Er sieht in allen Gruppen eine Art Dreiteilung: die alten Männchen – die stärksten –, die Weibchen mit den Jungen und die jungen erwachsenen Männchen. Die alten beherrschen die Weibchen, während die jungen Männchen an die Peripherie der Gruppe abgedrängt werden. Das führt zu ständigen Spannungen innerhalb der Gruppe: Die jungen Männchen versuchen, ihrerseits Zugang zu den Weibchen zu erlangen, werden aber von den alten Männchen immer wieder verjagt. Viele der jungen Männchen bleiben dabei auf der Strecke: Sie sterben an den Verletzungen, die ihnen die älteren beigebracht haben, oder sie sehen sich gezwungen, mit allen damit verbundenen Gefahren die Gruppe zu verlassen. Nur einige wenige – die stärksten und aggressivsten – schaffen es schließlich, an die Spitze vorzustoßen.

Für Fox ist dieser permanente Machtkampf der Motor der Evolution. Der seit Darwin als »natürliche Auslese« bezeichnete Prozeß geht bei Fox Hand in Hand mit »sexueller Auslese«, die von zwei Seiten erfolge: über die Rivalität zwischen Angehörigen des einen Geschlechts (des männlichen) und über die Auswahl, die Angehörige des anderen Geschlechts (des weiblichen) unter den Rivalen träfen. Die Männchen strebten danach, eine möglichst große Menge ihrer Gene an die nachfolgenden Generationen weiterzugeben, was aber dank des Grundmodells nur denjenigen gelinge, die andere Männchen besiegt und damit bewiesen hätten, daß sie die besten Gene besäßen. Dieser Vorgang harmoniere perfekt mit der reproduktiven Strategie der Weibchen, die nur von den besten Männchen befruchtet werden wollten. Auf diese Weise würden die besten Gene ausgelesen, um an die Nachkommenschaft weitergegeben zu werden. Kurzum,

es ist ein hervorragendes System der sexuellen Auslese. Die Weibchen schonen sich, [. . .] während die Männchen sich im Konkurrenzkampf verausgaben. Die Erfolgreichen erwerben sich das Privileg der Fortpflanzung, und die Weibchen verschaffen sich auf diese Weise die besten Gene (1980, S. 106).

Die Evolution verlange jedoch nicht nur genetische Auslese, sondern auch genetische Vielfalt und somit Inzestvermeidung. Nach dem Verhalten der heutigen Primaten zu urteilen, müssen unsere affenähnlichen Vorfahren – so Fox – verschiedene Methoden der Inzestvermeidung gekannt haben. Eine dieser Methoden hänge unmittelbar mit dem Grundmodell zusammen. Die jungen Männchen, die in ihrer eigenen Gruppe den kürzeren gezogen hätten, seien – sofern sie überhaupt überlebt hätten – gezwungen gewesen, ihr sexuelles Heil anderswo zu suchen und sich anderen Gruppen anzuschließen oder fremde Weibchen zu rauben. Inzestvermeidung sei also schon in unserem Affenstadium zumindest teilweise den Konflikten zwischen alten und jungen Männchen entsprungen, wobei die Weibchen als Objekt fungiert hätten.

Den wichtigsten Beitrag zur Inzestvermeidung, wie wir sie heute kennen, nämlich in Form von inneren Hemmungen, Regeln und Tabus, leistete das Grundmodell – so Fox – jedoch indirekt, und zwar als Quelle der »Ausgleichsfähigkeit«, die ich oben als eine der Säulen des Anti-Inzest-Mechanismus bezeichnet habe, über den die »Natur« Fox zufolge verfügt.

Die Leser, die nun endlich wissen möchten, was diese Ausgleichsfähigkeit eigentlich genau ist, muß ich teilweise enttäuschen. Fox äußert sich dazu nur vage. Zunächst ist, kurz gesagt, die Fähigkeit gemeint, Interessen gegeneinander abzuwägen und aufgrund von rationalen Entscheidungen anstatt von Emotionen und Instinkten zu handeln. Im weiteren Verlauf des Buches weitet sich der Begriff jedoch aus zu einer Art Sammelbecken für all jene Eigenschaften, die den Menschen vom Tier unterscheiden, also innere Hemmungen, Schuld und Sühne, Gewissen und Moral, Vernunft und Verstand, Ordnung, Einführen von Regeln und so weiter. Eins steht jedenfalls außer Frage: Die Ausgleichsfähigkeit ist männlich. Zwar seien Ansätze dazu auch bei den Frauen vorhanden, doch sei sie von Männern hervorgebracht worden und werde von ihnen getragen, weitergegeben und verfeinert, so daß die Männer im Laufe der Zeit zu immer komplizierteren Wesen geworden seien. Frauen bleiben dagegen in Fox' Darstellung rührend »unkompliziert«, geradezu animalisch. Nicht daß ihr Leben im Zuge der Evolution nicht schwieriger geworden wäre. So hat der Affenmensch den aufrechten Gang erworben, wodurch das Becken enger und gleichzeitig das Gehirn größer wurde, so daß das Menschenkind in einem immer unreiferen Stadium geboren wurde und immer länger von der elterlichen, das heißt für Fox für immer und ewig von der mütterlichen Fürsorge abhängig blieb. Dadurch und infolge anderer Entwicklungen, wie der Arbeitsteilung der Geschlechter, hätten die Frauen sich nicht länger darauf beschränken können, sich die besten Gene zu verschaffen, sondern hätten auch versuchen müssen, einen Partner zu finden, der bereit war, in ihre Nachkommenschaft zu investieren. Im übrigen aber haben sie, wenn wir Fox Glauben schenken, all die gewaltigen Entwicklungen, die sich im Laufe der Evolution vollzogen haben, mehr oder weniger passiv über sich ergehen lassen, vollauf zufrieden damit, möglichst viele Kinder zu gebären und bis zur Geschlechtsreife aufzuziehen. Natürlich werden aus der Sicht eines Soziobiologen wie Fox auch Männer letztlich vom Hauptgesetz der Natur getrieben, das lautet: Gehet hin und mehret euch. Allerdings befanden sich die Männer nach Fox' Darstellung die ganze Evolution hindurch in einer schwierigen Lage, weil sie sich, um sich fortpflanzen zu können, den Zugang zu den Frauen erkämpfen mußten. Die Frauen hätten es viel leichter gehabt, sie hätten immer einen Partner gefunden. So seien die Männer genötigt und deshalb auch in der Lage gewesen, im Interesse einer fruchtbaren Zukunft ihrer Gene eine ganze Kultur aus dem Boden zu stampfen und eine Psyche von unvergleichlicher Komplexität zu entwickeln.

Schon bei unseren affenähnlichen Vorfahren habe das Grundmodell der Fortpflanzung, der Machtkampf zwischen alten und jungen Männern sowie den jungen Männern untereinander noch andere Eigenschaften als nur Körperkraft und Kampfgeist erfordert. Die jungen Männchen, die sich den Zugang zum Machtzentrum erkämpfen mußten, seien auf die Dauer erfolgreicher gewesen, wenn sie taktisch vorgingen, indem sie zum Beispiel Geduld übten, um erst im geeigneten Moment zuzuschlagen. Kurz: Wer nicht stark war, mußte klug sein und von seiner Ausgleichsfähigkeit Gebrauch machen. Je häufiger das kluge Männchen das starke überwunden und beherrschte Aggression blinde Aggression besiegt habe, desto mehr habe sich die Qualität der Gene verändert, die sich ihren Weg in die nachfolgenden Generationen zu bahnen wußten. Intelligenz sei zu einer wichtigen Eigenschaft geworden, so daß die Ausgleichsfähigkeit das Wachstum des Gehirns gefördert habe, während das zunehmende Gehirnvolumen wiederum eine Verfeinerung der Ausgleichsfähigkeit ermöglicht habe. Die Ausgleichsfähigkeit habe jedoch nicht nur das Gehirnwachstum angeregt, sondern zugleich auch eine Art Pufferfunktion erfüllt: Das immer größer werdende Gehirn versetzte unsere Urahnen laut Fox in die Lage, immer wieder neue Lebensbedingungen zu schaffen, die allerdings mehr als einmal das Machtgleichgewicht zwischen den alten und den jungen Männern zu stören und die Inzestschranken zu untergraben drohten. Das vergrößerte Gehirn habe jedoch auch die selbstgeschaffenen Konflikte stets aufs neue zu lösen vermocht, und die Ausgleichsfähigkeit habe dabei als eine Art eingebauter Stabilisator fungiert, der immer wieder ein Gleichgewicht hergestellt habe, so daß die Spannungen zwischen alten und jungen Männern nicht allzu stark geworden seien und dennoch die Intensität behalten hätten, die die natürliche Auslese erfordert habe.

Nach dieser grob skizzierten Darstellung der beiden Grundpfeiler von Robin Fox' These wird es Zeit, daß wir uns fragen, was Lévi-Strauss' und Freuds Theorien über den Ursprung des Inzesttabus mit all dem zu tun haben. Nun, Fox findet in diesen beiden Theorien nicht nur eine Bestätigung seiner Hypothese vom Grundmodell der Fortpflanzung, sondern auch eine Unterstützung seiner Theorie der Ausgleichsfähigkeit. Wir erinnern uns, daß bei Freud von einer Übergangssituation die Rede ist: Anfangs werden die »Söhne« (die jungen Männer bei Fox) durch die Macht des »Vaters« (die alten Männer bei Fox) vom Inzest abgehalten, später durch Schuldgefühle und Reue. In Lévi-Strauss' Theorie ist Inzestvermeidung durch Verwandtschaftssysteme, Frauentausch und die dazugehörigen Regeln und Tabus gewährleistet. Für Fox repräsentieren sowohl die von Freud beschriebenen Emotionen als auch der von Lévi-Strauss beschriebene Frauentausch bestimmte Entwicklungsstadien des seinem Wesen nach zeitlosen Grundmodells der Fortpflanzung, bei dem alte und junge Männer um die Macht über die Frauen konkurrieren. Die von Freud und Lévi-Strauss genannten »neuen« Inzestschranken werden bei Fox zu Exponenten der männlichen Ausgleichsfähigkeit, mit deren Hilfe sich das Grundmodell im Laufe der Evolution immer wieder an neue Bedingungen anpassen könne, ohne sich im Kern zu verändern.

Es würde zu weit führen, Fox' Version der Evolutionslehre hier im einzelnen wiederzugeben. Ich beschränke mich deshalb auf jene Entwicklung, die – wie Fox meint – zur Errichtung der von Freud und Lévi-Strauss beschriebenen Inzestschranken geführt hat, den großen Sprung nach vorn in der Evolution: der Übergang zur systematischen Großwildjagd als Folge der Knappheit pflanzlicher Nahrung in den Wäldern. Auch früher hatten die vormenschlichen Primaten hin und wieder Fleisch gegessen, jedoch nur kleine Beutetiere, die sie mit bloßer Körperkraft erlegen konnten. Bei der systematischen Jagd großen Stils töteten die Jäger ihre Beute nicht mehr im direkten Gegenüber, sondern aus der Entfernung. Erfolgreich zu jagen wurde immer mehr eine Frage der »kulturellen« Anpassung, der Entwicklung immer differenzierterer Waffen und Werkzeuge, der Organisation, Zusammenarbeit und Aufgabenverteilung.

Beim Übergang zur Jagd auf Tiere sei das Grundmodell der Fortpflanzung unter anderem dadurch unter Druck geraten, daß die jungen Männer nun über Waffen verfügten: Waffen, die für die Jagd entwickelt worden waren, die man aber auch dazu benutzen konnte, die alten Männer zu entthronen. Zudem hätten die Jüngeren inzwischen genug Intelligenz besessen, um ein Komplott schmieden zu können. Diese Intelligenz hatte indessen noch eine andere Seite: Die jungen Männer wußten um die Zukunft und konnten sich mit dem Gedanken trösten, daß sie, wenn sie sich behaupteten, später selbst alte Männer sein und dann vom bestehenden System profitieren würden. Sie unterdrückten daher ihre feindseligen Impulse, hatten aber durch die Existenz der Waffen dennoch ständig die Möglichkeit vor Augen, die alten Männer aus dem Weg zu räumen, worüber sie auch immer wieder phantasierten. Diese Phantasien riefen jene Schuld- und Reuegefühle hervor, die Freud in *Totem und Tabu* als die Ursache des Inzesttabus bezeichnet. Nun, da die alte Hemmung, nämlich die Angst vor der größeren Körperkraft der alten Männer, zum Teil weggefallen sei, hätten diese Emotionen neue Hemmungen entstehen lassen, die die jungen Männer davon abhielten, die Rechte des Vaters durch sexuelle Annäherungsversuche an Mütter und Schwestern zu verletzen.

Eine andere Konsequenz der Jagd im großen Stil war nach Fox die Arbeitsteilung der Geschlechter. Anfangs hätten Männchen und Weibchen außer dem sexuellen Verkehr nicht viel miteinander zu tun gehabt, da jedes Individuum für seine Nahrung sorgte. Das habe sich geändert, als der Affenmensch begann, Fleisch zu essen. Da die Männer diejenigen waren, die auf die Jagd gingen (die Frauen kümmerten sich um die Kinder), wurden Männer und Frauen bei der Nahrungsbeschaffung voneinander abhängig. Die Männer sorgten für Fleisch, die Frauen für Grünzeug, und beide Nahrungskomponenten waren gleichermaßen unentbehrlich. Daraus ergab sich ein primitiver Tausch von Arbeitsprodukten zwischen den Geschlechtern, der laut Fox dazu führte, daß die Frauen nicht mehr nur für die Fortpflanzung von Bedeutung waren, sondern als Gemüseproduzenten zugleich auch wertvolle Arbeit leisteten, wodurch sich die Rivalität der Männer um den Besitz der Frauen verschärfte. Gleichzeitig aber brauchten die Männer auch einander nötiger, weil die zunehmende Komplexität der Jagd immer mehr Zusammenarbeit, Spezialisierung und Arbeitsteilung erforderte. Die im Grundmodell eingebauten Mechanismen der Inzestvermeidung waren den Konflikten, die diese Situation mit sich brachte, nicht gewachsen: Die »spontane« Ausgleichsfähigkeit drohte aus den Fugen zu geraten. Zugleich aber zwangen die Mechanismen der Inzestvermeidung und die Ausgleichsfähigkeit, so Fox, das Gehirn zu raschem Wachstum, um eine Lösung zu ersinnen. Und diese Lösung bestand nach seinen Worten schließlich in dem durch Regeln garantierten Frauentausch, wie ihn Claude Lévi-Strauss beschrieben hat.

Die Bereitschaft der alten Männer, auf »ihre« Frauen zu verzichten, habe ihnen die Mitwirkung anderer Männer – ihrer Schwäger, Schwiegersöhne und so weiter – bei der Jagd und anderen damit zusammenhängenden Aktivitäten gesichert. Gleichzeitig wurden das Machtstreben und die sexuellen Triebe der jungen Männer formell in Schranken verwiesen durch die Regeln des Verwandtschaftssystems, die den Zugang zu den Frauen einschränkten, dafür aber späteren Erfolg in Aussicht stellten. Mit Fox' Worten:

Bei den Primaten lautete die Formel für das System der Fortpflanzung in bezug auf die Männchen: Steig in die höchsten Ränge deiner Gruppe auf, und du kannst die Weibchen zur Fortpflanzung gebrauchen. Bei den Menschen lautet die Formel: Steig in die höchsten Ränge deiner Gruppe auf, und du kannst die Frauen zum Tausch gegen andere Frauen gebrauchen. So wird die Herrschaft über die »eigene« Frau als *Gebrauchs*gegenstand zur Herrschaft über die Frau als *Tausch*objekt (1980, S. 139).

Fox macht also deutlich, daß Lévi-Strauss und Freud nicht anders als er selbst das gesamte Inzestproblem letztlich als einen Konflikt zwischen alten und jungen Männern ansehen und daß diese Sichtweise nach seiner Auffassung die einzig richtige ist, nicht nur hinsichtlich der Frage nach dem Ursprung des Inzesttabus, sondern auch in bezug auf unsere heutige Einstellung zum Inzest. Das Inzestverbot ist, so Fox, in erster Linie ein Verbot für junge Männer; es ist eine natürliche Folge der Tatsache, daß der »Sohn« im Laufe der Evolution ständig hin- und hergerissen wurde und noch heute hin- und hergerissen wird zwischen dem Streben nach freiem Zugang zu den Frauen einerseits und der Identifikation mit dem »Vater«, dem die Frauen angehören, andererseits (S. 161). Dank seiner Ausgleichsfähigkeit vermöge der junge Mann diesen inneren Konflikt zu lösen; diese Fähigkeit habe letztlich zur Aufstellung der Regel des Inzestverbots geführt, doch würde diese Regel niemals funktionieren ohne die Reue und die Schuldgefühle, die im Laufe der Zeit die Form innerer Hemmungen angenommen hätten. Diese inneren Hemmungen hielten den Sohn davon ab, sich seiner Mutter sexuell zu nähern, weil sie dem Vater gehöre. Zugleich bilden diese Hemmungen in Fox' Augen auch eine Barriere gegen den Bruder-Schwester-Inzest, da die Schwester zugleich immer Tochter ist und somit auf die eine oder andere Weise der Herrschaft eines älteren Mannes unterstehe.

Wir haben oben gesehen, daß Freud (als Ethnologe) und Lévi-Strauss sich nicht speziell mit dem Vater-Tochter-Inzest befassen. Fox tut das durchaus. Gegen den Vater-Tochter-Inzest bestehen, so erklärt er, technisch gesehen keinerlei Bedenken. Und mit technisch meint er natürlich: im Rahmen des Grundmodells, das aus seiner Sicht den Fortbestand der Spezies Mensch garantiert. Ein Vater, der seine Tochter sexuell mißbrauche, solange sie noch keinem anderen Mann gehöre, verletze niemandes Rechte, weil die Tochter zu diesem Zeitpunkt noch ihm gehöre. Dazu Fox:

> Rein technisch spricht nichts dagegen, daß er mit ihr sexuell verkehrt und sie dann verheiratet. Dies scheint weltweit die häufigste Form von Inzest zu sein, und das entspricht auch unserer Theorie.

Dennoch, so fährt er fort, habe auch der Vater im Laufe der Zeit in bezug auf sexuelle Kontakte mit der Tochter Hemmungen entwickelt:

> Ist dann eine Tochter da, ist der junge Mann mittlerweile selbst ein älterer Mann mit der ganzen Verantwortung für die Erhaltung des Verwandtschaftssystems. Zwar ist die Tochter [...] eine »Frau unter seiner Herrschaft«, doch hat er inzwischen unter vollem Einsatz seiner Ausgleichsfähigkeit gelernt, daß »eigene« Frauen als Tauschobjekte Bündnisse mit anderen Männern ermöglichen. [...] Die Tochter ist all die Jahre als potentielle Ehefrau eines *anderen Mannes* großgezogen worden. Das muß für den Vater ein massives Hindernis sein; hier machen sich der alte Ausgleichsmechanismus und die daraus entstehenden Hemmungen mit aller Macht geltend (S. 163).

Nehmen wir einmal an, Fox' Analyse trifft zu, dann können wir ungeachtet dieser Beteuerungen folgern, daß Töchter ganz der väterlichen Willkür ausgeliefert sind. Wenn »technisch« keine Bedenken bestehen, dann steht und fällt die Schranke gegen den Vater-Tochter-Inzest mit dem Grad der väterlichen Ausgleichsfähigkeit. Mir erscheint diese unsichere Situation für die Töchter wenig ersprießlich. Fox sieht das anders. Unermüdlich schärft er uns ein, daß das Inzestverbot zwar ein Verbot für Männer sei, daß die Männer mithin aber Inzestschranken und -hemmungen in sich trügen. Würde man diese Dinge den Frauen überlassen, so unterstellt er immer wieder, käme nichts Rechtes dabei heraus. Er denkt nicht etwa, Mütter, Schwestern und Töchter wären auf Inzest aus, doch hätten sie als Frauen nun einmal eine unkompliziertere Psyche, und deshalb sei ihnen das Ganze eben nicht so wichtig. Daran könnten sie nichts ändern, und Fox nimmt es ihnen auch nicht übel, ganz im Gegenteil, es wäre nicht gut, meint er, wenn es anders wäre, weil sonst das Grundmodell und damit der Fortbestand der Gattung in Gefahr geriete. Wo es allerdings um Inzest geht, sollte man diese Unterschiede doch berücksichtigen, findet er. Ich lasse Fox besser selbst zu Wort kommen, denn er sagt deutlich genug, was er meint:

> Der (Ausgleichs-)Prozeß lastet schwer auf den jungen Männern und wird später zum Problem für die alten. Wie steht es aber mit den Frauen? Hier bewegen wir uns auf schwankenderem Boden, [...] ich vermute aber, daß der Ausgleichsprozeß bei Frauen weniger ausgeprägt ist als bei Männern, weil für Frauen die Konflikte nicht so groß und die Reaktionen daher weniger belastet sind. Ich bezweifle, daß [...] weibliche Gefühle in bezug auf Sex mit Bruder oder Vater viel mit Schuldbewußtsein zu tun haben. Hat sich, was den Bruder anbelangt, eine natürliche Inzestvermeidung entwickelt,[11] werden natürlich wenig sexuelle Gefühle vorhanden sein; das gleiche gilt für die Beziehung zwischen Mutter und Sohn. Zwischen Vater und Tochter wirkt dieser Mechanismus wahrscheinlich weniger stark: Hier ist Inzest am häufigsten, und das Mädchen empfindet möglicherweise auch die geringsten Schuldgefühle, die geringsten Hemmungen. Es ist schwer zu sagen, aber manche Beobachter glauben, daß ein Mädchen eine solche Beziehung, auch wenn sie einem gesellschaftlichen Tabu unterliegt, eingehen kann, ohne Schuldgefühle zu empfinden oder psychischen Schaden zu nehmen. Solcher Schaden entsteht oft erst bei Entdeckung, wenn das Mädchen die Schande erfährt, die damit verbunden ist, oder wenn es von Sozialarbeitern, Psychiatern und Justiz zum »Problemfall« erklärt wird. Es mangelt an Beweisen, aber theoretisch würde man bei einem Mädchen weniger innere Konflikte erwarten als bei einem Jungen (S. 164).

---

[11] Fox spielt hier auf Westermarcks Indifferenztheorie an – oder besser auf seine Neuinterpretation dieser Theorie (siehe S. 36 f.) –, der zufolge sexueller Kontakt zwischen Bruder und Schwester in früher Kindheit über Frustration zu Inzestvermeidung führt, wie sie sich als Folge des Stillens auch zwischen Mutter und Sohn einstellt.

Sollte sich Fox nie gefragt haben, warum beim Thema Inzest heute so oft gerade Frauen auf die Barrikaden gehen?

Zu der Zeit, da Fox sein Buch schrieb, hätte er bereits wissen können, daß Töchter oft über Jahre schwer an den psychischen Folgen des sexuellen Mißbrauchs durch ihren Vater zu tragen haben, besonders dann, wenn sie über das Geschehene schweigen. Und sie schweigen oft. Sie schweigen seit Jahrhunderten, aus Angst, aus Scham, die Kehle zugeschnürt von all den Hemmungen und inneren Konflikten, die ihnen laut Fox kein Kopfzerbrechen machen.

Fox beginnt sein Buch mit einem Zitat aus dem Gedicht »Encore une fois sur le fleuve« von Jacques Prévert (1963). Prévert beschreibt in diesem Gedicht, was die Sonne sieht, als sie den Blick über Paris schweifen läßt. Das schlimmste, was sie an diesem Tag zu sehen bekommt, ist – Fox sagt es selbst – »der Selbstmord eines Mädchens, das von ihrem betrunkenen Vater vergewaltigt und geschwängert worden ist«. Ich finde es recht zynisch, daß Fox sein Buch mit einem Hinweis auf dieses Gedicht beginnt, um dann im selben Buch zu behaupten, Mädchen würden nur dann unter dem Vater-Tochter-Inzest leiden, wenn ihnen dieses Leiden von anderen eingeredet werde.

Was hat uns ein Jahrhundert Kulturanthropologie über den Inzest gelehrt? Ich fürchte wenig. Konkrete Fälle von Inzest, so häufig sie auch sein mögen, werden von den Anthropologen als gelegentliche Verletzung des Inzesttabus abgetan, was ihnen die Möglichkeit gibt, das Inzestproblem, wie es sich in der Praxis stellt, aus ihrer Theoriebildung auszublenden.

Wie wir gesehen haben, enthalten die oben beschriebenen Theorien durchaus fruchtbare Denkansätze, die aber dann in der Diskussion über Ursprung und Funktion des Inzesttabus versanden. Die Kulturanthropologie hält sich mit dieser Diskussion selbst in einem Circulus vitiosus gefangen. Ausgangspunkt ist die Existenz eines universalen Inzesttabus, das im großen und ganzen bestens funktioniere. Fragt man sich dann, warum ein solches Tabu notwendig ist, bekommt man unterschiedliche Antworten, die jedoch alle zum Ausgangspunkt zurückführen: zur universalen Regel des Inzesttabus. Keiner der hier vorgestellten Anthropologen macht die konkreten Inzestfälle, die ihm begegnen, zum Untersuchungsgegenstand. Sie werden als nebensächlich und nicht zum Thema gehörig vernachlässigt.

Das Inzesttabu ist Ablenkungsmanöver und dient zugleich als Bastion, hinter der sich der Denker verschanzt, wenn ihm auf seiner theoretischen Reise mulmig wird. Gleichzeitig entdecken Leser, die besonders darauf achten, in den Aussagen der Kulturanthropologen allerlei vereinzelte und fragmentarische Gedankengänge, die sich zu einer impliziten Sicht des Vater-Tochter-Inzests zusammenfügen lassen. Zwei wichtige Gedanken, die am deutlichsten bei Freud und Lévi-Strauss zutage treten, aber auch in den anderen Theorien eine Rolle spielen, sind die folgenden: a) Die Frau ist sexueller Besitz des Mannes, und Inzest ist ein Eigentumsdelikt, wobei die Frau das Corpus delicti und der Besitzer der Frau das Opfer ist; b) Mädchen sind sexuell keine Kinder, sondern Frauen und als solche begehrenswerte Objekte. Diese Gedankengänge haben einiges mit den Argumenten gemein, mit denen auch inzestuöse Väter immer wieder aufwarten: Zum einen behaupten sie, niemand habe das Recht, ihnen vorzuschreiben, wie sie ihre Töchter zu behandeln hätten, und zum anderen verweisen sie darauf, daß ihre Töchter nun einmal frühreif und sexuell nie Kind gewesen seien. Verallgemeinernd könnte man also sagen, daß die anthropologische Sicht des Vater-Tochter-Inzests – mehr oder weniger versteckt – diejenige des inzestuösen Vaters widerspiegelt und den Standpunkt der Tochter völlig außer acht läßt, so wie auch der inzestuöse Vater keine Rücksicht auf das Erleben seines Kindes nimmt. Der Vater betrachtet den sexuellen Mißbrauch seiner Tochter als sein natürliches Recht, und die Kulturanthropologie gibt ihm insgeheim recht.

Robin Fox ist unter den hier genannten Anthropologen der einzige, der das stereotype Inzest-Denkmodell der Kulturanthropologie verläßt. Er hält es nicht für nötig, die geringe Wirksamkeit der Vater-Tochter-Inzestschranke zu verheimlichen, sondern versucht, sie ganz ungeniert als etwas ganz Natürliches hinzustellen. Ich weiß nicht, wer mir – auf dem Papier zumindest – lieber sein soll: ein kultivierter, stets untadeliger Denker wie Lévi-Strauss, der sich immer wieder entzieht, oder ein sexistischer Dummkopf wie Fox. Fox zeigt immerhin sein wahres Gesicht.

Am Ende meines Streifzuges durch das Land der Anthropologen glaube ich, daß das Inzesttabu nicht nur bei uns, sondern auch in anderen Kulturen mit Füßen getreten wird. Man kann es auch anders ausdrücken und sagen, daß das Inzesttabu, seit einem Jahrhundert Paradepferd der Kulturanthropologie, überhaupt nicht existiert! Jedenfalls nicht als absolutes Verbot sexueller Beziehungen innerhalb der Familie und der näheren und weiteren Verwandtschaft. Es existiert ein Pakt zwischen männlichen Verwandten, daß einer des anderen Frau in Ruhe läßt. Und es existiert außerdem eine stillschweigende Übereinkunft, diskret wegzusehen, wenn es um solche Formen von Inzest geht, die nicht unter diesen Pakt fallen und deren Opfer Kinder – fast immer Mädchen – sind. Ob diese »conspiracy of silence« für alle Kulturen gilt oder ob sie ein westliches Produkt ist, bleibt noch zu untersuchen. Und untersucht werden muß auch, warum Anthropologen diese Verschwörung des Schweigens mitgetragen haben, warum sie sich keinen Deut um simple empirische Tatsachen scherten und ihre Leser mit Theorien über Ursachen und Funktionen eines Tabus überschütteten, von dem sie sich nicht einmal fragten, ob es überhaupt existierte. Welches Interesse hatten sie daran? Oder war es wissenschaftliche Unfähigkeit? Scheiterte ihre Argumentation an Vorurteilen über Mann-Frau-Beziehungen und Eltern-Kind-Beziehungen, deren sie sich nicht bewußt waren oder die sie lieber nicht unter die Lupe nahmen, aus Angst, wie Fox bei einem vereinfachenden Biologismus anzulangen? Identifizierten sie sich mit dem inzestuösen Vater und wagten das Ansehen des Mannes als Familienoberhaupt und Hüter seiner Kinder nicht aufs Spiel zu setzen? Fürchteten sie, die Familie als Eckpfeiler der Gesellschaft könnte einen Knacks bekommen? War es Selbstzensur? Selbstschutz? Ein Abwehrmechanismus aus Angst – Angst, der Realität ins Auge zu sehen, weil diese Realität unerträglich ist? Fragen dieser Art scheinen mir eine wahre Fundgrube für Anthropologen der jetzigen und der kommenden Generation.

Teil II
Die Psychoanalyse: ein Deckmantel

13. Sigmund Freuds Verrat

Hat die Kulturanthropologie schon einen ansehnlichen Beitrag zur Verschleierung des Vater-Tochter-Inzests geleistet, so schießt die Psychoanalyse den Vogel ab. Dabei sah es zunächst gar nicht so aus. Freud war der erste, der Inzestopfer ernst nahm, sie zu Wort kommen ließ und ihnen zuhörte. Er war der erste, der ihre Erfahrungen zum Ausgangspunkt einer Theorie machte. Schon bald aber verkehrte sich seine anfängliche Empathie in Verrat. Die Inzestopfer kamen auch weiterhin zu Wort, Freud hörte ihnen auch weiterhin zu, nun aber wurde alles, was sie sagten, gegen sie verwendet.

Freuds Einfluß wird heute oft unterschätzt. Es heißt, der Ödipuskomplex sei passé. Es heißt, die Psychoanalyse sei nicht bei Freud stehengeblieben. Es heißt, man sehe in Freuds Lehre heute nur noch eine Interpretation des Verhaltens österreichischer Bürger im Wien des vorigen Jahrhunderts. Ich selber glaube nicht daran, einfach deshalb, weil ich jeden Tag aufs neue feststelle, daß Freuds Ideen noch springlebendig sind. Sie sind nur mittlerweile so sehr mit unserer Kultur verwoben, daß ihr historischer Ursprung aus unserem Blickfeld entschwunden ist und sie abstrakten Wahrheitswert zu besitzen scheinen. Freudsches Gedankengut ist bis in die letzten Winkel unseres Lebens vorgedrungen. Nicht nur in den Humanwissenschaften, sondern auch in der Literatur. Nicht nur in der psychoanalytischen Praxis, sondern auch in anderen Therapieformen: Familientherapie, Partnertherapie, Gruppentherapie und so weiter. Es beeinflußt alle psychiatrischen und psychotherapeutischen Institutionen und das gesamte Fürsorgewesen. Das ist an sich nichts Negatives. Zweifellos hat Freud im Denken über die menschliche Psyche eine Revolution herbeigeführt. Er hat aber auch, vor allem, was unser Thema betrifft, manchen Unsinn verbreitet.

Seit Beginn unseres Jahrhunderts findet man – in unterschiedlichem Gewand – in den meisten Abhandlungen über den Vater-Tochter-Inzest mindestens eine der vier folgenden Freudschen Annahmen. Erstens: Das Mädchen lügt. Zweitens: Das Mädchen hat den Inzest selbst provoziert. Drittens: Die Mutter ist mitschuldig, wenn nicht gar die Hauptschuldige. Und viertens: Vater-Tochter-Inzest an sich ist nichts Schlimmes. Diese Annahmen sind mehr oder weniger zu Selbstverständlichkeiten geworden. Dabei wird ganz vergessen, wie sie entstanden sind; und vergessen wird auch, daß sie das genaue Gegenteil von früheren Erkenntnissen Freuds darstellen.

Es ist bitter, sich klarzumachen, daß es die Inzestopfer selbst waren, die ihrem Verräter und Widersacher in den Sattel halfen. Als Patientinnen haben sie Freud das Honorar bezahlt, mit dem er seinen Lebensunterhalt bestritt. Sie lieferten ihm Kindheitserlebnisse, aus denen er schließlich jene Theorien destillierte, die am Ende auf sie zurückfielen. Nun ist es an der Zeit, daß wir uns wehren. Nicht indem wir Freud einfach als Sexisten abtun und einen großen Bogen um ihn machen. Das hilft uns nicht weiter. Die beste Methode scheint mir, daß wir uns in Freuds Ausführungen vertiefen, an Freuds Hand durch seine Gedankenwelt wandern, ohne uns von seinem rhetorischen Stil manipulieren zu lassen, eher wie eigensinnige Kinder, die selbst bestimmen, wo sie auf dieser Wanderung Halt machen und was sie erforschen wollen.

Wir brauchen mit unserer Kritik an Freuds Ideen über den Inzest nicht am Nullpunkt anzufangen. So hartnäckig sich diese Ideen auch halten mögen – sie wurden von Anfang an mit einer gewissen Regelmäßigkeit dekuvriert, wenn auch zunächst nur in Form von Artikeln, die, in Fachzeitschriften versteckt, lediglich einen kleinen Kreis von Insidern erreichten. Erst in den letzten Jahren kamen Bücher auf den Markt, die entweder eine sehr gute Grundlage für eine Revision der Freudschen Inzesttheorien liefern oder diese Revision selbst leisten. Darüber hinaus befassen sich auch die meisten feministischen Inzestexperten mit dem, was Florence Rush (1980) »a Freudian cover-up«, ein Freudsches Vertuschungsmanöver nennt. Auf diese neueren Publikationen greife ich hier dankbar zurück.

Ohne den Eigensinn von Freuds Schülerin Marie Bonaparte, einer entfernten Nachfahrin Napoleons, wäre der Welt ein aufschlußreicher Blick in die Seele des Meisters versagt geblieben. In seiner Freud-Biographie berichtet Ernest Jones (1953/84, S. 337 f.), wie Marie Bonaparte auf spektakuläre Weise Freuds Briefe an Fließ rettete. Wilhelm Fließ war ein Berliner Hals-Nasen-Ohren-Arzt, mit dem Freud von 1887 bis 1902 befreundet war, in seinen produktivsten Jahren also, den Jahren, in denen er den Grundstein für die Psychoanalyse legte. Freud hegte die größte Bewunderung für den zwei Jahre jüngeren Fließ – der rückblickend betrachtet nicht viel mehr als ein Scharlatan gewesen zu sein scheint – und schrieb ihm nicht nur zahllose Briefe, sondern legte ihm auch wissenschaftliche Notizen und Manuskripte zur Beurteilung vor.

1902 kam es – hauptsächlich von Fließ ausgehend – zwischen den Freunden zum Bruch. Freud vernichtete die Briefe, die er von Fließ erhalten hatte, Fließ aber bewahrte Freuds Briefe auf.

Nach Fließ' Tod verkaufte seine Witwe die Briefe, Notizen und Manuskripte an den Berliner Buchhändler Reinhold Stahl, mit der Auflage, sie auf keinen Fall in Freuds Hände gelangen zu lassen, da dieser sie, wie sie wußte, vernichten würde. Unter den Nationalsozialisten floh Stahl nach Frankreich und bot die Briefe dort Marie Bonaparte an, die ihren Wert sofort erkannte und sie kaufte. Sie nahm sie mit nach Wien und versuchte Freud von ihrer wissenschaftlichen Bedeutung zu überzeugen, doch Freud reagierte ablehnend und ordnete an, sie zu vernichten. Marie Bonaparte widersetzte sich dieser Anordnung und deponierte das Paket mit den Briefen in einem Wiener Bankhaus. Als Hitler in Österreich einmarschierte, gerieten die Briefe erneut in Gefahr, doch Marie Bonaparte machte sich ihren Status als Prinzessin von Griechenland und Dänemark zunutze und nahm in Gegenwart der Gestapo den Inhalt ihres Safes an sich. Es gelang ihr, die Dokumente nach England zu schmuggeln, wo sie 1941, zwei Jahre nachdem Freud in London gestorben war, eintrafen.

1950 wurde ein Teil der Dokumente unter dem Titel *Aus den*

Anfängen der Psychoanalyse veröffentlicht. Die Herausgeber, Freuds Tochter Anna und Ernst Kris, erklärten, nur diejenigen Briefe weggelassen zu haben, die nicht von wissenschaftlichem Interesse gewesen seien.

In diesem Punkt gehen die Meinungen, wie wir noch sehen werden, auseinander. Stellen wir uns aber zunächst die Frage, warum Freuds Briefe an Fließ so wichtig sind. Sie sind es deshalb, weil sie genau jenen Zeitraum umfassen, in dem Freud seine ursprüngliche Theorie über die Ursachen der Hysterie – die »Verführungstheorie«, von der im folgenden die Rede sein wird – entwickelte und sie dann wieder aufgab oder, besser gesagt, völlig umkrempelte und daraus die Ödipustheorie machte. Die Briefe verdeutlichen, wie er dazu kam, diesen irrationalen Schritt zu tun. Einen Schritt, den Freuds Biographen und seine Anhänger später als seine bedeutendste Leistung hinstellen sollten, die die Entwicklung der Psychoanalyse überhaupt erst ermöglicht habe.

Die spektakuläre Geschichte der Freud-Fließ-Briefe erfuhr vor kurzem eine nicht minder spektakuläre Fortsetzung. In der zweiten Hälfte der siebziger Jahre erhielt Jeffrey Mousaieff Masson, ein Psychoanalytiker und ehemaliger Sanskritprofessor, die Erlaubnis zur Veröffentlichung einer Ausgabe sämtlicher Briefe Freuds. Masson gewann das Vertrauen von R. K. Eissler, dem Leiter des Sigmund-Freud-Archivs in New York, und wurde 1980 zu dessen Nachfolger ernannt. Außerdem sollte er nach Anna Freuds Tod als Bewohner und Konservator in Freuds Sterbehaus in London einziehen. Bei seinen Streifzügen durch das Archiv und durch das Freud-Haus in London, wo Anna Freud ihren Lebensabend verbrachte, stieß Masson auf Material, das seine Meinung über Freud und die Psychoanalyse radikal veränderte, und zwar im negativen Sinn. Zu Eisslers und Anna Freuds Enttäuschung war er nicht bereit, seine Entdeckungen für sich zu behalten, sondern veröffentlichte sie in zwei Artikeln, woraufhin er als Direktor des Freud-Archivs entlassen wurde. Die Affäre wurde in der amerikanischen Presse ausführlich behandelt, wobei mehr die Person als die Sache aufs Korn genommen wurde.[12]

Was hatte Masson Schreckliches entdeckt? Erstens, daß hinter den Weglassungen in der ersten Ausgabe der Freud-Fließ-Briefe System steckte. Zum einen waren all jene Briefe weggelassen worden, die sich auf die Eckstein-Affäre bezogen (Emma Eckstein war, wie wir später sehen werden, eine Patientin Freuds, die mit dessen Zustimmung von Fließ operiert worden war und an den Folgen dieser Operation fast gestorben wäre). Zum anderen fehlte alles, was Freud nach dem 21. September 1897 über die Verführungstheorie geschrieben hatte, dem Tag, an dem Freud, wie man glaubte, diese Theorie hatte fallenlassen. Zweitens entdeckte Masson unveröffentlichte Briefe Freuds an andere Persönlichkeiten der psychoanalytischen Gemeinde, Briefe, die laut Masson deutlich machen, daß Freud wie ein Despot regierte und selbst vor Intrigen nicht zurückschreckte, während er sich nach außen hin von seiner besten Seite zeigte. Eines seiner Opfer war Sándor Ferenczi, zwanzig Jahre lang einer seiner Lieblingsschüler, der aber am Ende seines Lebens gegen den Meister aufzubegehren wagte, indem er dessen Verführungstheorie wieder aus der Schublade hervorholte und weiterentwickelte. Unter Freuds Federführung entstand eine regelrechte Verschwörung mit dem Ziel, Ferenczis Publikationen zu verhindern oder sie, wo das nicht möglich war, dadurch ad absurdum zu führen, daß man den Autor als eine klägliche Figur hinstellte, deren einst so brillante Intelligenz in der Verwirrtheit des Paranoikers untergehe.

Dies alles beschreibt Masson in seinem Buch *Was hat man dir, du armes Kind, getan?* (1984), in dem er nicht nur für die Rehabilitierung der Verführungstheorie plädiert, sondern auch behauptet, Freud sei dieser Theorie im Grunde seines Herzens immer treu geblieben. Weltbewegend sind Massons Entdeckungen nicht. Freuds Veröffentlichungen nach der Preisgabe der Verführungstheorie enthalten noch genügend Anspielungen auf sie, aus denen man zumin-

---

[12] Ein deutliches Beispiel dafür sind die Artikel, die Janet Malcolm nach einwöchigem Kontakt mit Masson im *New Yorker* veröffentlichte und später unter dem Titel *In the Freud-Archives* (1984/86) zu einem Buch zusammenfaßte. In einem Interview mit der niederländischen Zeitung *Vrij Nederland* äußert Masson, dieses Buch sei »voller Lügen«, was man ihm gerne glaubt, wenn man das Buch gelesen hat und seinen maliziösen Ton kennt.

dest ein gewisses Zögern ablesen kann. Und was den Kern von Massons Erörterung anbelangt, die Behauptung nämlich, die orthodoxe Psychoanalyse sei eine Irrlehre, weil sie auf einem entscheidenden Denkfehler ihres Schöpfers beruhe, so bin ich dieser Behauptung bei feministischen Autorinnen wie Florence Rush, Alice Miller, Judith Herman und Louise Armstrong schon früher begegnet. Ja, ich kann mich des Eindrucks nicht erwehren, daß der Einfluß dieser Autorinnen auf Masson größer war, als die bloße Erwähnung ihrer Namen in seinem Buch vermuten läßt.

Was aber in der Tat erschütternd ist, das ist die Reaktion der psychoanalytischen Gemeinde, wenn eine solche Behauptung aus den eigenen Reihen kommt. Außenstehende und vor allem Feministinnen kann man ja noch mit einem Schulterzucken als Freudhasser abtun. Ein Psychoanalytiker aber, der die offizielle Lehrmeinung attackiert, muß zur Ordnung gerufen werden. Und die offizielle Lehrmeinung, das ist noch immer die Ödipustheorie, wie auch ein Brief Anna Freuds an Masson vom 10. September 1981 deutlich macht:

Wenn man die Verführungstheorie aufrechterhält, dann bedeutet das die Preisgabe des Ödipuskomplexes und damit der gesamten Bedeutung der bewußten wie der unbewußten Phantasien. Danach hätte es meines Erachtens keine Psychoanalyse mehr gegeben (Masson 1933/84, S. 135 f.).

Trotz seiner Entlassung als Direktor des Freud-Archivs setzte Masson seine Arbeit an den Freud-Fließ-Briefen fort. Die vollständige Ausgabe erschien 1985. Es ist ein faszinierendes Buch, das zeigt, wie Freuds anfängliche spontane Empörung über das Leid, das kleinen Mädchen von ihren nächsten Verwandten zugefügt wird, langsam, aber sicher Gefühlen des Unglaubens und der Verleugnung weicht, die in einen Abwehrmechanismus gegen die Wahrheit münden, der sich Generationen hindurch gehalten hat und bis auf den heutigen Tag fortlebt.

15. Die Verführungstheorie

Nach Abschluß seines Medizinstudiums befaßte sich Freud in Wien unter anderem mit der Neurophysiologie, doch wurde ihm bald klar, daß ihn die Wirkungsweise des menschlichen Geistes mehr interessierte als die der menschlichen Organe. 1885 erhielt er im Alter von neunundzwanzig Jahren ein Stipendium für eine Studienreise nach Paris, wo er ein halbes Jahr lang unter dem berühmten Neurologen Charcot am Krankenhaus La Salpêtrière arbeitete.

Nach seiner Rückkehr heiratete Freud Martha Bernays, mit der er sechs Kinder haben sollte, und ließ sich als Psychiater in Wien nieder. Seine Patienten waren fast durchweg an Hysterie leidende Frauen aus dem Großbürgertum. Hysterische Symptome wie Depressionen, Selbstmordversuche, Frigidität, Lähmungen, Magersucht, Halluzinationen, Sehstörungen und so weiter galten bis tief ins 19. Jahrhundert hinein als typische Frauenleiden (das Wort Hysterie kommt vom griechischen »hystera«, zu deutsch »Gebärmutter«). Charcot hatte festgestellt, daß Hysterie mitunter auch bei Männern vorkam, blieb jedoch bei seiner Auffassung, es handle sich um eine erbliche, also organische Erkrankung, die etwas mit den Geschlechtsorganen zu tun habe.

Es war Charcot gelungen, seine hysterischen Patienten durch Hypnose von ihren Symptomen zu heilen. Auch Freud wandte anfangs Hypnose an, ging aber schon bald zu einer anderen Behandlungsmethode über, und zwar zur Methode der freien Assoziation, bei der er seine Patienten in einer wertungs- und zensurfreien Atmosphäre über ihre Gefühle sprechen ließ. Er hörte ihnen aufmerksam zu und versuchte, in dem, was sie erzählten, verborgene Zusammenhänge zu entdecken. Auf diese Weise gelangte er allmählich zu der Erkenntnis, daß Hysterie kein körperliches, erbliches Leiden, sondern den Neurosen, also den psychischen Erkrankungen, zuzurechnen war. Alle Frauen, die bei ihm in Behandlung waren, hatten, wie er feststellte, in ihrer Kindheit ein psychisches Trauma erlitten, Folge sexueller Verführung[13] durch ein männliches

---

[13] Ein unglücklich gewähltes Wort, das eine Art Komplizenschaft des Kindes suggeriert, von Freud aber im Sinne von »Mißbrauch« und »Ausbeutung« gebraucht wird.

Familienmitglied, oft den eigenen Vater. In einem Brief an Fließ vom 6. Dezember 1896 formuliert er diese Erkenntnis kurz und prägnant so:

> Die Hysterie spitzt sich mir immer mehr zu als Folge von *Perversion* des Verführers; die Heredität *immer mehr* als Verführung durch den Vater (1887–1904/1986, S. 223).

Im selben Brief berichtet er von einer seiner Patientinnen, »in deren Geschichte der höchst perverse Vater die Hauptrolle spielt«. Und wenige Monate später schreibt er an seinen Freund:

> Leider ist mein eigener Vater einer von den Perversen gewesen und hat die Hysterie meines Bruders [...] und einiger jüngerer Schwestern verschuldet (S. 245).

Freuds offizielle, zur Publikation bestimmte Fassung der Verführungstheorie besteht aus drei Aufsätzen, von denen derjenige über die Ätiologie (Lehre von den Ursachen) der Hysterie (1896/1972) der differenzierteste ist.[14] Diesen Text präsentierte Freud vor seiner Veröffentlichung im April 1896 in einem Vortrag seinen Kollegen, die – nach einem Brief Freuds an Fließ vom 26. April 1896 zu schließen – alles andere als begeistert waren:

> Ein Vortrag über die Ätiologie der Hysterie [...] fand bei den Eseln eine eisige Aufnahme und von Krafft-Ebing die seltsame Beurteilung: Es klingt wie ein wissenschaftliches Märchen. Und dies, nachdem man ihnen die Lösung eines mehrtausendjährigen Problems, ein caput Nili aufgezeigt hat. Sie können mich alle gern haben, euphemistisch ausgedrückt (S. 193).[15]

In dem Aufsatz »Über die Ätiologie der Hysterie« berichtet Freud über die Schlußfolgerungen, die er aus der Behandlung von achtzehn Hysteriefällen gezogen hat. Er verwirft die Vererbungstheorie und führt die hysterischen Symptome auf ein sexuelles Erlebnis in der Kindheit zurück, »welches berechtigterweise ein hohes Maß an Ekel erzeugt hat«. Entsprechend der Herkunft der sexuellen Reizung teilt er seine Fälle in drei Gruppen ein:

---

[14] Die beiden anderen sind: »Weitere Bemerkungen über die Abwehr-Neuropsychosen« (1896) und – in französischer Sprache – »L'Hérédité et l'Étiologie des Névroses« (1896).

[15] Krafft-Ebing war ein prominenter Wiener Psychiatrieprofessor und Verfasser des damals berühmten Buches *Psychopathia Sexualis* (1896). Caput Nili = Quelle des Nil.

In der ersten Gruppe handelt es sich um Attentate, einmaligen oder doch vereinzelten Mißbrauch meist weiblicher Kinder von seiten erwachsener, fremder Individuen [...]. Eine zweite Gruppe bilden jene weit zahlreicheren Fälle, in denen eine das Kind wartende erwachsene Person – Kindermädchen, Kindsfrau, Gouvernante, Lehrer, leider auch allzu häufig ein naher Verwandter – das Kind in den sexuellen Verkehr einführte und ein – auch nach der seelischen Richtung ausgebildetes – förmliches Liebesverhältnis, oft durch Jahre, mit ihm unterhielt. In die dritte Gruppe endlich gehören [...] sexuelle Beziehungen zwischen zwei Kindern verschiedenen Geschlechtes, zumeist zwischen Geschwistern [...]. [...] Wo ein Verhältnis zwischen zwei Kindern vorlag, gelang nun einige Male der Nachweis, daß der Knabe – der auch hier die aggressive Rolle spielt – vorher von einer erwachsenen weiblichen Person verführt worden war [...]. [...] Ich bin daher geneigt anzunehmen, daß ohne vorherige Verführung Kinder den Weg zu Akten sexueller Aggression nicht zu finden vermögen. Der Grund zur Neurose würde demnach im Kindesalter immer von seiten Erwachsener gelegt [...] (1896/1972, S. 444f.).

Ungeachtet des irreführenden Ausdrucks »Liebesverhältnis« bedarf es für Freud keiner weiteren Erörterung, daß die sexuellen Erlebnisse für das Kind »arge Zumutungen« bedeuten. Er ist sich des enormen Machtgefälles zwischen Kindern und Erwachsenen vollauf bewußt und verhehlt nicht seine Empörung über Erwachsene, die diese Situation mißbrauchen:

Von Personen, die keine Bedenken tragen, ihre sexuellen Bedürfnisse an Kindern zu befriedigen, kann man nicht erwarten, daß sie an Nuancen in der Weise der Befriedigung Anstoß nehmen [...]. Alle die seltsamen Bedingungen, unter denen das ungleiche Paar sein Liebesverhältnis fortführt: der Erwachsene, der [...] mit aller Autorität und dem Rechte der Züchtigung ausgerüstet ist und zur ungehemmten Befriedigung seiner Launen die eine Rolle mit der anderen vertauscht; das Kind, dieser Willkür in seiner Hilflosigkeit preisgegeben [...] – alle diese grotesken und doch tragischen Mißverständnisse prägen sich in der ferneren Entwicklung des Individuums und seiner Neurose in einer Unzahl von Dauereffekten aus, die der eingehendsten Verfolgung würdig wären (S. 452).

Freud äußert in seinem Vortrag auch mit allem Nachdruck die Überzeugung, daß die Berichte seiner Patientinnen unmöglich erfunden sein können:

Zunächst ist das Benehmen der Kranken, während sie diese infantilen Erlebnisse reproduzieren, nach allen Richtungen hin unvereinbar mit der Annahme, die Szenen seien etwas anderes als [. . .] Realität. [. . .] sie leiden unter den heftigsten Sensationen, deren sie sich schämen und die sie zu verbergen trachten, während sie sich diese infantilen Erlebnisse ins Bewußtsein rufen, und noch, nachdem sie dieselben in so überzeugender Weise wieder durchgemacht haben, versuchen sie es, ihnen den Glauben zu versagen [. . .]. [. . .] Wozu sollten die Kranken mich so entschieden ihres Unglaubens versichern, wenn sie aus irgendeinem Motiv die Dinge, die sie entwerten wollen, selbst erfunden haben? [. . .] Es gibt aber noch eine ganze Reihe anderer Bürgschaften für die Realität der infantilen Sexualszenen. Zunächst deren Uniformität in gewissen Einzelheiten [. . .]. Sodann, daß die Kranken gelegentlich wie harmlos Vorgänge beschreiben, deren Bedeutung sie offenbar nicht verstehen, weil sie sonst entsetzt sein müßten [. . .]. [. . .] ein anderer und mächtigerer Beweis hierfür (entspringt) aus der Beziehung der Infantilszenen zum Inhalt der ganzen übrigen Krankengeschichte. Wie bei den Zusammenlegbildern der Kinder sich nach mancherlei Probieren schließlich eine absolute Sicherheit herausstellt, welches Stück in die freigelassene Lücke gehört [. . .] so erweisen sich die Infantilszenen inhaltlich als unabweisbare Ergänzungen für das assoziative und logische Gefüge der Neurose, nach deren Einfügung erst der Hergang verständlich wird [. . .] (S. 440 ff.).

Freud war also, wie diese Zitate zeigen, im Jahre 1896 davon überzeugt, daß Patienten, die ihm von sexuellem Mißbrauch in ihrer Kindheit berichteten, die Wahrheit sagten; daß die Verantwortung für den Mißbrauch voll und ganz beim erwachsenen Täter lag; daß der Mißbrauch für das Kind schädliche Folgen hatte, nicht nur kurzfristig, sondern auch in seinem späteren Leben. Bei näherem Hinsehen aber tritt bereits in diesem Aufsatz über die Ursachen der Hysterie ein sonderbarer Widerspruch zutage. Freuds Patienten waren größtenteils Frauen, und aus dem gesamten Text geht eindeutig hervor, daß Freud heterosexuelle Kontakte meint. Er erklärt ausdrücklich, sexueller Mißbrauch gehe fast immer von »einer das Kind wartenden erwachsenen Person« aus. Als er dann jedoch die Täter aufzählt, nennt er zuerst das »Kindermädchen« und die »Gouvernante«. Da nun die meisten Opfer Mädchen waren und es sich um heterosexuelle Kontakte handelte, wäre es logischer gewesen, er hätte seine Aufzählung mit dem »nahen Verwandten« begonnen, der aber an letzter Stelle steht. Auffallend ist auch, daß er diesen nahen Verwandten nicht näher benennt. Um sein Publikum nicht zu sehr zu schockieren? Denn dieses Publikum bestand natürlich größtenteils aus Männern und Vätern. Wie dem auch sei: Er erweckt den Eindruck, die Schuldigen seien vorwiegend unter der Dienstbotenschaft zu suchen, und verstärkt diesen Eindruck noch durch die Aussage, Brüder, die ihre Schwestern verführten, seien vorher selbst von »einer erwachsenen weiblichen Person« verführt worden. Damit verschleiert er den Kern seiner Entdeckung, die er in seinen Briefen an Fließ in Worte faßt. In diesen Briefen erklärt er – wie wir gesehen haben –, Ursache der hysterischen Symptome sei die »Verführung durch den Vater«.

Es gibt noch einen weiteren Hinweis darauf, daß ihm bei der »Vaterätiologie«, wie er seine Verführungstheorie in der Korrespondenz mit Fließ zweimal nennt (Briefe vom 28. April und 12. Dezember 1897), von Anfang an nicht wohl war. 1895, ein Jahr vor seinem Vortrag über die Ätiologie der Hysterie, veröffentlichte Freud gemeinsam mit Josef Breuer, mit dem er eine Zeitlang zusammengearbeitet hatte, ein Buch mit dem Titel *Studien über Hysterie*. Freud erzählt darin unter anderem die Krankengeschichte seiner an Angstzuständen leidenden Patientin Katharina, die seit ihrem vierzehnten Lebensjahr von einem Onkel immer wieder sexuell belästigt worden war. 1924 fügt Freud dieser Geschichte die folgende Fußnote hinzu:

Nach so vielen Jahren getraue ich mich, die damals beobachtete

Diskretion aufzuheben und anzugeben, daß Katharina nicht die Nichte, sondern die Tochter der Wirtin war, das Mädchen war also unter den sexuellen Versuchungen erkrankt, die vom eigenen Vater ausgingen (1895/1972, S. 195).

Die ebenfalls in dem Band enthaltene Krankengeschichte von Rosalia H. hatte Freud in gleicher Weise verfälscht, wie eine im selben Jahr hinzugefügte Fußnote verrät: »Auch hier war es in Wirklichkeit der Vater, nicht der Onkel« (S. 238).

Freud begründet diese Entstellungen mit dem Gebot der Diskretion, und das klingt nobel (wobei wir uns allerdings klarmachen müssen, daß es nicht so sehr die Opfer waren als vielmehr die Täter, die ein Interesse an dieser Diskretion hatten), aber es macht natürlich einen entscheidenden Unterschied – nicht nur für das Opfer, sondern auch für die Theorien, die sich unter anderem auf dessen Erlebnisse gründen –, ob es der Onkel oder der eigene Vater ist, der ein Mädchen mißbraucht. Darüber ist sich Freud auch im klaren, wie die zweite Hälfte seiner Fußnote zur Geschichte Katharinas zeigt:

Eine Entstellung wie die an diesem Falle von mir vorgenommene sollte in einer Krankengeschichte durchaus vermieden werden. Sie ist natürlich nicht so belanglos für das Verständnis wie etwa die Verlegung des Schauplatzes von einem Berge auf einen anderen (S. 195).

Gewiß, es gereicht Freud zur Ehre, daß er diese Fußnoten 1924 noch hinzugefügt hat, doch fiel ihm das reichlich spät ein, als nämlich die Verführungstheorie schon vollständig von der Ödipustheorie verdrängt worden war.

16. Freuds Kehrtwendung: Von der Verführungstheorie zum Ödipuskomplex

Am 21. September 1897 schreibt Freud an Fließ, er müsse ihm ein großes Geheimnis verraten, das sich ihm in den vergangenen Monaten allmählich offenbart habe: Er glaube nicht mehr an seine Verführungstheorie! Er nennt dafür drei Beweggründe:

Die fortgesetzten Enttäuschungen bei den Versuchen, eine Analyse zum wirklichen Abschluß zu bringen, [...] das Ausbleiben der vollen Erfolge, auf die ich gerechnet hatte, [...]. [...] dann die Überraschung, daß in sämtlichen Fällen der *Vater* als pervers beschuldigt werden mußte, mein eigener nicht ausgeschlossen, die Einsicht in die nicht erwartete Häufigkeit der Hysterie, [...] während doch solche Verbreitung der Perversion gegen Kinder wenig wahrscheinlich ist. [...] Dann drittens die sichere Einsicht, daß es im Unbewußten ein Realitätszeichen nicht gibt, so daß man die Wahrheit und die mit Affekt besetzte Fiktion nicht unterscheiden kann (S. 283 f.).

Die beiden ersten Beweggründe sprechen für sich; der dritte bedarf der Erläuterung, erstens, um zu verdeutlichen, was Freud meint, und zweitens, um zu zeigen, daß er hier in eine selbstgestellte Falle tappt. Im Verlauf seiner Forschungen entwickelte Freud die Hypothese, hysterische Symptome könnten nur dann entstehen, wenn die auslösenden Ereignisse selbst vergessen seien. In seinem Aufsatz »Über die Ätiologie der Hysterie« formuliert er diese Hypothese so:

Sie ersehen daraus, daß es auf die Existenz der infantilen Sexualerlebnisse allein nicht ankommt, sondern daß eine psychologische Bedingung noch dabei ist. Diese Szenen müssen als *unbewußte Erinnerungen* vorhanden sein; nur solange und insofern sie unbewußt sind, können sie hysterische Symptome erzeugen und unterhalten. Wovon es aber abhängt, ob diese Erlebnisse bewußte oder unbewußte Erinnerungen ergeben, ob die Bedingungen hierfür im Inhalt der Erlebnisse, in der Zeit, zu der sie vorfallen, oder in späteren Einflüssen liegen, dies ist ein neues Problem, dem wir behutsam aus dem Wege gehen wollen. Lassen Sie sich bloß daran mahnen, daß uns die Analyse als erstes Resultat den Satz gebracht hat: *Die hysterischen Symptome sind Abkömmlinge unbewußt wirkender Erinnerungen* (1896/1972, S. 448).

Später, als er das Phänomen der Verdrängung besser in den Griff bekommt, wird Freud als Bedingung für das Entstehen unbewußter Erinnerungen den Inhalt bestimmter Erlebnisse in den Vordergrund stellen. In dem Stadium aber, von dem hier die Rede ist und in dem er dem Problem zumindest in seiner Privatkorrespondenz keineswegs so behutsam aus dem Wege geht, wie er hier behauptet, geht es ihm vor allem um die Zeit, in der die Erlebnisse stattfinden. In seinen Briefen an Fließ äußert er, sie müßten »in [der] erste[n] Lebensepoche bis zu drei Jahren« liegen (Brief vom 3. Januar 1897) oder sogar in der »Vorzeit vor 1 ½ Jahren« (Brief vom 24. Januar 1897). Dabei stößt er allerdings auf das Problem, daß seine Patienten im allgemeinen einen anderen Zeitraum angeben und sich an die betreffenden Erlebnisse oft durchaus bewußt erinnern. Wie Freud dieses Problem löst, zeigt die Beschreibung einer Krankengeschichte in einem Brief an Fließ (28. April 1897):

[. . .] ein glücklicher Zufall [hat] mir heute Vormittag eine neue Bestätigung der paternellen Ätiologie zugeführt. Ich habe gestern eine neue Kur mit einer jungen Frau begonnen, die ich aus Zeitmangel eher abschrecken möchte. [. . .] Heute kommt sie und beichtet, daß sie viel an die Kur gedacht hat und ein Hindernis gefunden habe. Welches? – Mich selbst kann ich so schlecht machen, als es sein muß, aber andere Personen muß ich schonen. Sie müssen mir gestatten, keinen Namen zu nennen. – An Namen liegt es wohl nicht. Sie meinen die Beziehung zu Ihnen. Da wird sich wohl nichts verschweigen lassen. – [. . .] Also sprechen wir deutlich. In meinen Analysen sind es die Nächststehenden, Vater oder Bruder, die die Schuldigen sind. – Ich habe nichts mit einem Bruder. – Also mit dem Vater. Und nun kommt heraus, daß der angeblich sonst edle und achtenswerte Vater sie von 8–12 Jahren regelmäßig ins Bett genommen und äußerlich gebraucht (»naß gemacht«, nächtliche Besuche). Sie empfand dabei bereits Angst. Eine sechs Jahre ältere Schwester, mit der sie sich Jahre später ausgesprochen, gestand ihr, daß sie mit dem Vater die gleichen Erlebnisse gehabt. [...] *Natürlich konnte sie es nicht unglaublich finden, als ich ihr sagte, daß im frühesten Kindesalter ähnliche und ärgere Dinge vorgefallen sein müssen* (S. 251 f.); Hervorhebung J. R.).

Freud schiebt im Grunde also das, was der Patientin zwischen ihrem achten und zwölften Lebensjahr widerfahren ist und woran sie sich auch erinnert, als nicht so wichtig beiseite und redet ihr ein, Ähnliches müsse in ihrer frühesten Kindheit passiert sein, denn das ist nun einmal die Lebensperiode, die ihn im Hinblick auf seine Theorie über die Ätiologie der Hysterie interessiert. Als ihm später Zweifel an seiner Theorie kommen, vergißt er, was man ihm tatsächlich erzählt hat, und bedient sich statt dessen der *von ihm selbst in den Mittelpunkt gestellten Lebensperiode,* um zu beweisen, daß die Verführungstheorie nicht stimmt, weil »es im Unbewußten ein Realitätszeichen nicht gibt«.

Man könnte in diesem Zirkelschluß eine Vorwegnahme jenes großen, wirklich genialen Zirkelschlusses sehen, auf den Freud später kommen sollte, beziehungsweise den er unterdessen bereits ausbrütete. Denn die Demontage der Verführungstheorie bedeutet nicht, daß Freud seinen Glauben an den Beitrag der Sexualität zur Entstehung der Neurosen verloren hatte. Ganz im Gegenteil. Sie bedeutet zunächst vor allem, daß die sexuellen Erlebnisse seiner weiblichen Patienten ihn nicht mehr allzusehr interessierten und ihn statt dessen nun das Sexualleben kleiner Jungen und ganz besonders das des kleinen Jungen Sigmund Freud faszinierte. Freud hatte inzwischen mit seiner Selbstanalyse begonnen. Diese versetzte ihn zunächst in die Lage, seine Dienstbotenätiologie (die sich, wie wir auf S. 91 gesehen haben, schon früher in sein Denken eingeschlichen hatte) auf Kosten der Vaterätiologie noch einmal besonders zu betonen. In seinen Briefen an Fließ vom 3. und 4. Oktober 1897 schreibt er:

Ich kann nur andeuten, daß bei mir der Alte keine aktive Rolle spielt, [...] daß meine »Urheberin« ein häßliches, älteres aber kluges Weib war, das mir viel vom lieben Gott und von der Hölle erzählt und mir eine hohe Meinung von meinen eigenen Fähigkeiten beigebracht hat [...]. [...] Sie war meine Lehrerin in sexuellen Dingen und hat geschimpft, weil ich ungeschickt war, nichts gekonnt habe [...]. [...] Außerdem hat sie mich mit rötlichem Wasser gewaschen, in dem sie sich früher gewaschen hatte [...], und mich veranlaßt, »Zehner« [10-Kreuzer-Stücke] wegzunehmen, um sie ihr zu geben (S. 288 ff.).

Als Freud dies schreibt, ist er noch nicht sicher, ob seine Erinnerungen zutreffen und die alte Frau wirklich existiert hat. Am 15. Oktober aber schreibt er an Fließ, seine Mutter habe auf seine Frage, ob sie sich an die Kinderfrau erinnere, geantwortet:

»Natürlich, [...] eine ältliche Person, sehr gescheit, sie hat Dich in alle Kirchen getragen; wenn Du dann nach Hause gekommen bist, hast Du gepredigt und erzählt, wie der liebe Gott macht. Als ich im Wochenbett mit Anna war [2½ Jahre jünger], kam es heraus, daß sie eine Diebin war, und man hat alle blanken Kreuzer, Zehnerl und alles Spielzeug, das Dir geschenkt worden war, bei ihr gefunden. Dein Bruder Philipp ist selbst um den Polizeimann gegangen, sie hat dann 10 Monate Strafe bekommen« (S. 291).

Auf den ersten Blick mag es verwunderlich erscheinen, daß Freud gerade in dieser von seiner Mutter bestätigten Kindheitserinnerung nicht einen Beweis für die Richtigkeit seiner einige Monate zuvor verworfenen Verführungstheorie sieht. Vielleicht erhellen sich die Wege, die er wandelt, ein wenig, wenn meine Vermutung zutrifft, daß Freud nicht so sehr vor der Verführungstheorie als solcher die Flucht ergriff, vor der Feststellung also, daß Kinder sexuell mißbraucht werden und dieser Mißbrauch sich auf ihr späteres Leben schädlich auswirkt, als vielmehr vor der Entdeckung, daß in vielen Fällen der Vater der Mißbrauchende ist. Es scheint, daß Freud bei dieser Flucht auf zwei Pferde setzte oder, anders ausgedrückt, daß sein Denken zwei getrennten Wegen folgte, deren wichtigstes gemeinsames Merkmal darin besteht, daß sie von der Vaterätiologie wegführten. Diese Wege treffen erst dann wieder aufeinander, als der eine – der Weg der Dienstbotenätiologie – zur Beschuldigung der Mutter des sexuell mißbrauchten Kindes führt und der andere – der Weg des Ödipuskomplexes – zur Beschuldigung des Kindes selbst.

Folgen wir Freud zunächst auf dem zweiten Weg, dem des Ödipuskomplexes.

Am 31. Mai 1897, knapp vier Monate bevor er brieflich der Verführungstheorie abschwört, fügt Freud einem Brief an Fließ ein Manuskript bei, in dem es um die Aggressivität von Kindern gegenüber ihren Eltern geht statt umgekehrt:

> Die feindseligen Impulse gegen die Eltern (Wunsch, daß sie sterben mögen) sind gleichfalls ein integrierender Bestandteil der Neurose. [...] Es scheint, als ob dieser Todeswunsch bei den Söhnen sich gegen den Vater, bei den Töchtern gegen die Mutter kehren würde (S. 267).

Am 3. Oktober 1897, in demselben Brief, in dem Freud von der Verführung durch seine alte Kinderfrau berichtet, schreibt er,

> daß später (zwischen 2 und 2½ Jahren) meine Libido gegen matrem [Mutter] erwacht ist, und zwar aus Anlaß der Reise mit ihr von Leipzig nach Wien, auf welcher ein gemeinsames Übernachten und Gelegenheit sie nudam [nackt] zu sehen, vorgefallen sein muß (S. 288).

Knapp zwei Wochen später, am 15. Oktober 1897, schreibt er schließlich:

> Ich habe die Verliebtheit in die Mutter und die Eifersucht gegen den Vater auch bei mir gefunden und halte sie jetzt für ein allgemeines Ereignis früher Kindheit [...]. [...] Wenn das so ist, so versteht man die packende Macht des Königs Ödipus trotz aller Einwendungen, die der Verstand gegen die Fatumsvoraussetzung erhebt, [...]. [...] die griechische Sage greift einen Zwang auf, den jeder anerkennt, weil er dessen Existenz in sich verspürt hat. Jeder der Hörer war einmal im Keime und in der Phantasie ein solcher Ödipus, und vor der hier in die Realität gezogenen Traumerfüllung schaudert jeder zurück mit dem ganzen Betrag der Verdrängung, die seinen infantilen Zustand von seinem heutigen trennt (S. 293).

Diese Briefpassagen zeigen die ersten Konturen der Ödipustheorie und lassen auch bereits erkennen, daß Freud dabei ist, die Verführungstheorie kurzerhand umzudrehen. Schauplatz der sexuellen Kindheitserlebnisse ist nun nicht mehr die Wirklichkeit, sondern die

Phantasie, und die Initiative verlagert sich von der Elternperson auf das Kind.

Bevor wir uns der offiziellen, zur Publikation bestimmten Fassung der Ödipustheorie zuwenden, zunächst ein kurzer Abstecher auf den zweiten Gedankenweg, den der Dienstbotenätiologie. Ich hatte gesagt, dieser Weg führe letztlich zur Mutter hin, und wie wir sehen werden, stimmt diese Annahme. Offenbar aber verlief in Freuds Kopf nicht nur eine Verbindungslinie vom Dienstmädchen zur Mutter, sondern auch vom Dienstmädchen zur Tochter. Als Freud an Fließ schreibt, Töchter wünschten den Tod der Mutter, weil sie in den Vater verliebt seien, fügt er hinzu:

Ein dienendes Mädchen macht davon die Übertragung, daß sie der Dienstfrau den Tod wünscht, damit der Dienstherr sie heiraten kann (S. 267).

In einem Manuskript, das Freud einem früheren Brief beilegt (Manuskript L, Brief vom 2. Mai 1897), stellt Freud noch auf andere Weise eine Verbindung zwischen Tochter und Dienstmädchen her. Das Manuskript befaßt sich mit der Rolle des Dienstmädchens bei der Entstehung der Hysterie der Tochter des Hauses:

Durch die Identifizierung mit diesen Personen niedriger Moral, die als wertloses weibliches Material so häufig in sexuellen Beziehungen mit Vater und Bruder erinnert werden, wird eine Unzahl von Belastungen mit Vorwürfen (Diebstahl, Kindesabtreibung) ermöglicht, und infolge der Sublimierung dieser Mädchen in den Phantasien sind dann gegen andere Personen sehr unwahrscheinliche Anwürfe in diesen Phantasien enthalten. Auf die Dienstmädchen deutet noch die Prostitutionsangst (allein auf der Straße), die Furcht vor dem unter dem Bett versteckten Mann u. dgl. Es ist tragische Gerechtigkeit darin, daß die Herablassung des Hausherrn zur Dienstmagd durch die Selbsterniedrigung der Tochter gesühnt wird (S. 255 f.).

Damit sagt Freud im Grunde, daß das Dienstmädchen vom Vater oder dem Sohn des Hauses sexuell mißbraucht wird (was das für das Dienstmädchen bedeutet, fragt er sich selbstverständlich nicht), daß daraufhin die Tochter phantasiert, Vater oder Bruder würden mit ihr das gleiche tun, worauf sie aus Schuldgefühl und Selbstvorwürfen krank wird (das Dienstmädchen wird natürlich nicht krank, dazu hat es eine zu niedrige Moral) und als Symptom ihrer Krankheit den Papa oder Bruder zu Unrecht des sexuellen Mißbrauchs beschuldigt. Man könnte sagen, daß Ödipus und Dienstmädchen hier zusammentreffen und Freud auf dem Gedankenweg der Dienstbotenätiologie kurz verweilt, um zu überlegen, ob er dem Dienstmädchen nicht auch noch auf andere Weise die Schuld am Tun des Hausherrn zuschieben kann, indem er es nicht direkt der Verführung zeiht, sondern indirekt für die Anschuldigungen der Tochter gegen Vater oder Bruder verantwortlich macht.

Wir verlassen hier Freuds Gedankenflüge in den Briefen an Fließ und begeben uns auf das Terrain der für ein größeres Publikum bestimmten Abhandlungen. In seiner im Jahre 1900 erschienenen *Traumdeutung* gibt Freud zunächst die von Sophokles als Drama gestaltete Sage wieder, die für seine weitere Arbeit eine so wichtige Rolle spielen wird: die Sage von König Ödipus.

Ödipus, der Sohn des Laios, Königs von Theben, und der Jokaste, wird als Säugling ausgesetzt, weil ein Orakel dem Vater verkündet hatte, der noch ungeborene Sohn werde sein Mörder sein. Er wird gerettet und wächst als Königssohn an einem fremden Hofe auf, bis er, seiner Herkunft unsicher, selbst das Orakel befragt und von ihm den Rat erhält, die Heimat zu meiden, weil er der Mörder seines Vaters und der Ehegemahl seiner Mutter werden müßte. Auf dem Wege von seiner vermeintlichen Heimat weg trifft er mit König Laios zusammen und erschlägt ihn in rasch entbranntem Streit. Dann kommt er vor Theben, wo er die Rätsel der den Weg sperrenden Sphinx löst und zum Dank dafür von den Thebanern zum König gewählt und mit Jokastes Hand beschenkt wird. Er regiert lange Zeit in Frieden und Würde und zeugt mit der ihm unbekannten Mutter zwei Söhne und zwei Töchter, bis eine Pest ausbricht, welche eine neuerliche Befragung des Orakels von seiten der Thebaner veranlaßt. [...] Die Boten bringen den Bescheid, daß die Pest aufhören werde, wenn der Mörder des Laios aus dem Lande getrieben sei.

Die Tragödie des Sophokles setzt Freud zufolge an diesem Punkt ein und besteht in nichts anderem als in der schrittweise gesteigerten und kunstvoll verzögerten Enthüllung – der Arbeit einer Psychoanalyse vergleichbar –, daß Ödipus selbst der Mörder des Laios, aber auch der Sohn des Ermordeten und der Jokaste ist. Durch seine unwissentlich verübten Greuel erschüttert, blendet sich Ödipus und verläßt die Heimat. Der Orakelspruch ist erfüllt.

Dann spricht Freud davon, daß im Herzen jeder von uns ein kleiner Ödipus sei, daß das Schicksal des Helden uns deshalb ergreife, weil es auch uns hätte treffen können, weil das Orakel vor unserer Geburt über uns denselben Fluch verhängt habe. Wir alle haben – so Freud –

die erste sexuelle Regung auf die Mutter [gerichtet], den ersten Haß [...] gegen den Vater [...]. König Ödipus, der seinen Vater Laios erschlagen und seine Mutter Jokaste geheiratet hat, ist nur die Wunscherfüllung unserer Kindheit [1900/73, S. 267 ff.).

Aus dem Zusammenhang geht eindeutig hervor, daß das in diesem Zitat gebrauchte »wir« für den männlichen Menschen steht. Daß der ödipale Wunsch mutatis mutandis auch für sein weibliches Gegenstück gilt, scheint Freud in diesem Stadium seines Denkens noch für selbstverständlich zu halten. Er spricht es zwar nicht offen aus, aber es wird unter anderem daraus ersichtlich, daß er von einem vierjährigen Mädchen berichtet, es habe eines Tages gesagt: »Jetzt kann das Muatterl einmal fortgehen, dann muß das Vaterl mich heiraten, und ich will seine Frau sein«, oder von einem anderen Mädchen, es habe die Abwesenheit der Mutter bei Tisch dazu benutzt, deren Stelle einzunehmen und zu fragen, wer noch Gemüse möchte. Und es zeigt sich auch in einigen eher theoretischen Passagen, von denen die folgende als Beispiel dienen mag:

Man lernt hiebei, daß sehr frühzeitig die sexuellen Wünsche des Kindes erwachen [...] und daß die erste Neigung des Mädchens dem Vater, die ersten infantilen Begierden des Knaben der Mutter gelten. Der Vater wird somit für den Knaben, die Mutter für das Mädchen zum störenden Mitbewerber [...] (1900/73, S. 264).

Zwar fügt Freud hinzu, an dieser Wahl seien auch die Eltern nicht ganz unbeteiligt, da der Mann dazu neige, die Tochter zu verwöhnen, während die Mutter in der Regel den Sohn unterstütze, doch diese elterliche Bevorzugung *verstärkt* in seinen Augen nur die Bevorzugung des Kindes und ist nicht deren Ursache.

Nun war Freud zwar dank seiner Selbstanalyse, die ihm offenbart hatte, daß er früher in seine Mutter verliebt gewesen war, zu der beruhigenden Feststellung gelangt, daß die lästigen Vaterbeschuldigungen, die ihn in seiner Praxis geradezu verfolgten, allein der Phantasie des in seinen Vater verliebten Mädchens entsprangen, doch das erklärte noch nicht alles. Er muß gesehen haben – und wenn nicht, so haben ihn gewiß seine weiblichen Kollegen darauf aufmerksam gemacht –, daß sich seine eigenen kleinen Töchter, die sich ja naturgemäß ihm hätten zuwenden müssen, in den Armen seiner Frau recht wohl fühlten. Und vor allem muß er sich gefragt haben, warum, wenn der Ödipuskomplex für beide Geschlechter das gleiche bedeutete, besonders seine weiblichen Patienten über sexuellen Mißbrauch in der Kindheit klagten, während das bei Männern viel seltener der Fall war. Wo lag der Unterschied? Freud grübelte und grübelte, und eines schönen Tages – so stelle ich mir vor – sprang er von seinem Studierstuhl auf und jubelte: Habemus papam![16] Der Penis! Doch davon später.

Nach seiner Selbstanalyse und nach der Veröffentlichung der *Traumdeutung*, die, wie Freud im Vorwort zur zweiten Auflage selbst bemerkt, als Bericht dieser Analyse gelten kann, arbeitet Freud weiterhin an der Ödipustheorie, bis sie in drei Texten endgültig vorliegt: »Einige psychische Folgen des anatomischen Geschlechtsunterschiedes« (1925/55), »Über die weibliche Sexualität« (1931/55) und »Die Weiblichkeit« (1933/49). Diese Texte werden immer wieder als Beweis für Freuds Frauenhaß herangezogen, sie können aber auch als endgültige Abrechnung mit der Verführungstheorie angesehen werden. Meine Auffassung, daß die Suche nach einer Alternative zur Verführungstheorie eine der Triebfedern von Freuds Denkprozeß war, möchte ich damit begründen, daß er in seinen frühen Texten immer wieder an der Richtigkeit seiner Umorientierung zu zweifeln scheint, wie das folgende Zitat belegt:

---

[16] Wir haben einen Papst! Diesen Freudenruf gebraucht Freud in der Bedeutung von »Heureka!« in einem Brief an Fließ (S. 233).

Voran steht [bei der sexuellen Aktivität des Kindes] der Einfluß der Verführung, die das Kind vorzeitig als Sexualobjekt behandelt und es unter eindrucksvollen Umständen die Befriedigung von den Genitalzonen kennen lehrt [. . .]. Solche Beeinflussung kann von Erwachsenen oder anderen Kindern ausgehen; ich kann nicht zugestehen, daß ich in meiner Abhandlung 1896 »Über die Ätiologie der Hysterie« die Häufigkeit oder die Bedeutung derselben überschätzt habe, wenngleich ich damals noch nicht wußte, daß normal gebliebene Individuen in ihren Kinderjahren die nämlichen Erlebnisse gehabt haben können, und darum die Verführung höher wertete als die in der sexuellen Konstitution und Entwicklung gegebenen Faktoren. Es ist selbstverständlich, daß es der Verführung nicht bedarf, um das Sexualleben des Kindes zu wecken, daß solche Erweckung auch spontan aus inneren Ursachen vor sich gehen kann (1905/72, S. 91).

Erst in seinen späteren Texten, so etwa in der 1925 veröffentlichten »Selbstdarstellung«, bezeichnet Freud die Verführungstheorie rundheraus als einen Irrweg, den er zum Glück beizeiten verlassen habe:

Unter dem Drängen meines damaligen technischen Verfahrens reproduzierten die meisten meiner Patienten Szenen aus ihrer Kindheit, deren Inhalt die sexuelle Verführung durch einen Erwachsenen war. Bei den weiblichen Personen war die Rolle des Verführers fast immer dem Vater zugeteilt. Ich schenkte diesen Mitteilungen Glauben und nahm also an, daß ich in diesen Erlebnissen sexueller Verführung in der Kindheit die Quellen der späteren Neurose aufgefunden hatte. Einige Fälle, in denen sich solche Beziehungen zum Vater, Oheim oder älteren Bruder bis in die Jahre sicherer Erinnerung fortgesetzt hatten, bestärkten mich in meinem Zutrauen. [. . .] Als ich dann doch erkennen mußte, diese Verführungsszenen seien niemals vorgefallen, seien nur Phantasien, die meine Patienten erdichtet, die ich ihnen vielleicht selbst aufgedrängt hatte, war ich eine Zeitlang ratlos. [. . .] Als ich mich gefaßt hatte, zog ich aus meiner Erfahrung die richtigen Schlüsse, daß die neurotischen Symptome nicht direkt an wirkliche Erlebnisse anknüpften, sondern an Wunschphantasien, und daß für die Neurose die psychische Realität mehr bedeute als die materielle. Ich glaube auch heute nicht, daß ich meinen Patienten jene Verführungsphantasien aufgedrängt, »suggeriert« habe. Ich war da zum erstenmal mit dem Ödipuskomplex zusammengetroffen, der späterhin eine so überragende Bedeutung gewinnen sollte, den ich aber in solch phantastischer Verkleidung noch nicht erkannte (1925/55, S. 59f.).

Es würde zu weit führen, die Entwicklung von Freuds Denken in dieser Richtung Schritt für Schritt wiederzugeben. Ich beschränke mich deshalb im folgenden auf eine Zusammenfassung von Freuds Ideen zum Ödipuskomplex in ihrer endgültigen Form.

Wie wir gesehen haben, betrachtete Freud den weiblichen Ödipuskomplex anfänglich einfach als ein Spiegelbild des männlichen.

Wenn wir die ersten psychischen Gestaltungen des Sexuallebens beim Kinde untersuchten, nahmen wir regelmäßig das männliche Kind, den kleinen Knaben, zum Objekt. Beim kleinen Mädchen, meinten wir, müsse es ähnlich zugehen, aber doch in irgendeiner Weise anders (1925/55, S. 21).

Später hat er den Eindruck,

daß unsere Aussagen über den Ödipuskomplex in voller Strenge nur für das männliche Kind passen [. . .] (1931/55, S. 521).

Freud hat inzwischen die sogenannte präödipale Phase entdeckt, in der sich Jungen und Mädchen – wie er annimmt – sexuell noch kaum voneinander unterscheiden. Beide seien von Anfang an sexuell aktiv; als Säuglinge masturbierten sie, danach verlagerten sich die Lustgefühle auf Mund (orale Phase) und After (anale Phase), um dann wieder zu den Genitalien zurückzukehren. Diese Rückkehr leite die phallische Phase ein, und zwar nicht nur beim Jungen, sondern auch beim Mädchen, denn die Lustgefühle des Mädchens, die sich – wie Freud meint – später auf die Vagina verlagern, seien in diesem Stadium noch in der Klitoris angesiedelt, und diese verkörpert in seinen Augen einen kleinen Miniphallus. Von da an entwikkelten sich Junge und Mädchen in unterschiedliche Richtungen.

Die phallische Phase fällt – so Freud – beim Jungen mit der ödipalen Phase zusammen. Er richte seine Liebesgefühle weiterhin auf sein bisheriges Liebesobjekt, die Mutter, wolle sie nun aber auch besitzen, und dabei sei ihm der Vater im Wege. Unterdessen masturbiere er trotz Verbots munter drauflos. Bis er eines Tages seine Schwester oder Cousine beim Urinieren beobachte und feststelle, daß sie keinen Penis hat. Er entsinne sich der Drohung, er werde seinen Penis verlieren, wenn er weiter masturbiere. Diese Gefahr besteht also, so erscheine es ihm, wirklich. Die Angst um seinen edelsten Körperteil fahre ihm in die Glieder oder, mit anderen Worten, er werde vom Kastrationskomplex erfaßt. Obendrein entdecke er bald, daß auch seine Mutter ein »penisloses Wesen« ist, wodurch sie in seiner Wertschätzung erheblich sinke. Er liebe sie zwar weiterhin, müsse sie aber nicht mehr unbedingt besitzen. Das komme erst später wieder, wenn er wie sein Vater eine eigene Frau habe.

Jetzt aber müsse er erst einmal zusehen, daß er wie Papa seinen Penis behalte. Nicht mehr masturbieren also. Von jetzt an laute die Parole: sublimieren! Der Junge gebe seine inzestuösen Wünsche auf, der Ödipuskomplex werde vom Über-Ich, dem Gewissen, abgelöst. Die sublimierten Sexualwünsche würden umgesetzt in andere Aktivitäten, die dazu führen sollten, daß der Junge später, wenn er ein Mann geworden sei, auf soziokulturellem Gebiet Bedeutendes leisten könne. Und so gehe der kleine Junge dank des Kastrationskomplexes einer vielversprechenden Zukunft entgegen.

Beim Mädchen liegen die Dinge laut Freud anders. Auch für das Mädchen sei die Mutter das erste Liebesobjekt. Das Mädchen betrachte den Vater ebenfalls anfänglich als Rivalen, wenn es ihm auch weit weniger feindselig gegenüberstehe als der Junge. Was, so fragt sich Freud, veranlaßt das Mädchen nun, sich von seinem ersten Liebesobjekt abzuwenden und dem Vater zuzuwenden? Freuds Antwort: der Haß, den es in der präödipalen Phase gegen die Mutter entwickle. Die feindseligen Gefühle gegen den gleichgeschlechtlichen Elternteil beruhten also beim Mädchen, anders als beim Jungen, nicht auf Rivalität; sie seien nicht *Folge*, sondern *Ursache* des Ödipuskomplexes. Das Mädchen werfe der Mutter unter anderem vor, daß sie ihm nicht genug Milch gegeben und ihm das Masturbieren verboten habe. Diese Gründe könnten aber nicht von allzugroßer Bedeutung sein, denn sie würden auch für den Jungen gelten. Wir müssen daher, so folgert Freud, etwas finden, was für das Mädchen spezifisch ist, beim Knaben nicht oder nicht so vorkommt (1933/49, S. 133).

Und Freud wäre nicht Freud gewesen, wenn er dieses Etwas nicht gefunden hätte. Des Rätsels Lösung ist für ihn der Kastrationskomplex, der – wie wir gesehen haben – in Gestalt der Kastrationsangst der Motor der soziokulturellen Entwicklung des Jungen sei, beim Mädchen dagegen etwas ganz anderes beinhalte und soziokulturell eher bremsend wirke:

> Auch der Kastrationskomplex des Mädchens wird durch den Anblick des anderen Genitales eröffnet. Es merkt sofort den Unterschied und – man muß es zugestehen – auch seine Bedeutung. Es fühlt sich schwer beeinträchtigt, äußert oft, es möchte »auch so etwas haben« und verfällt nun dem Penisneid (1933/49, S. 133 f.).

Dieser Penisneid verderbe dem Mädchen den bisherigen Spaß an seiner Klitoris und die Liebe zur Mutter.

> Durch den Vergleich mit dem so viel besser ausgestatteten Knaben in seiner Selbstliebe gekränkt, verzichtet es auf die masturbatorische Befriedigung an seiner Klitoris, verwirft seine Liebe zur Mutter [...]. [...] Ihre Liebe hatte der phallischen Mutter gegolten; mit der Entdeckung, daß die Mutter kastriert ist, wird es möglich, sie als Liebesobjekt fallen zu lassen, so daß die lange angesammelten Motive zur Feindseligkeit die Oberhand gewinnen. Das heißt also, daß durch die Entdeckung der Penislosigkeit das Weib dem Mädchen ebenso entwertet wird wie dem Knaben und später vielleicht dem Manne (1933/49, S. 135 f.).

Das Mädchen wende sich – voll Feindseligkeit und Haß, wie Freud nicht müde wird zu betonen – von seiner Mutter ab, seine Sexualität sei nun nicht mehr aktiv, sondern passiv, und es hoffe, vom Vater zu bekommen, was ihm die Mutter vorenthalten habe, nämlich einen Penis. Schon bald verwandle sich der Wunsch nach einem eigenen Penis in den Wunsch nach einem Kind vom Vater:

> Mit der Übertragung des Kind-Penis-Wunsches ist das Mädchen in die Situation des Ödipuskomplexes eingetreten. Die Feindseligkeit gegen die Mutter, die nicht erst neu geschaffen zu werden brauchte, erfährt jetzt eine große Verstärkung, denn sie wird zur

Rivalin, die vom Vater all das erhält, was das Mädchen von ihm begehrt. (1933/49, S. 138).

Den entscheidenden Unterschied zwischen männlichem und weiblichem Ödipuskomplex und somit zwischen Jungen und Mädchen, zwischen Mann und Frau faßt Freud schließlich so zusammen:

> Der Ödipuskomplex des Knaben, in dem er seine Mutter begehrt und seinen Vater als Rivalen beseitigen möchte [. . .], [wird] unter dem Eindruck der Gefahr, den Penis zu verlieren, verlassen, verdrängt, im normalsten Falle gründlich zerstört, und als sein Erbe ein strenges Über-Ich eingesetzt. Was beim Mädchen geschieht, ist beinahe das Gegenteil. Der Kastrationskomplex bereitet den Ödipuskomplex vor anstatt ihn zu zerstören, durch den Einfluß des Penisneides wird das Mädchen aus der Mutterbindung vertrieben und läuft in die Ödipussituation wie in einen Hafen ein. Mit dem Wegfall der Kastrationsangst entfällt das Hauptmotiv, das den Knaben gedrängt hatte, den Ödipuskomplex zu überwinden. Das Mädchen verbleibt in ihm unbestimmt lange, baut ihn nur spät und dann unvollkommen ab. Die Bildung des Über-Ichs muß unter diesen Verhältnissen leiden, es kann nicht die Stärke und die Unabhängigkeit erreichen, die ihm seine kulturelle Bedeutung verleihen und – Feministen hören es nicht gerne, wenn man auf die Auswirkungen dieses Moments für den durchschnittlichen weiblichen Charakter hinweist (1933/49, S. 138f.).

Da haben wir es. Gründe über Gründe, warum Jungen von ihren Müttern nicht sexuell mißbraucht werden, Mädchen von ihren Vätern aber wohl oder, besser, warum sie das angeblich so gerne wollen und deshalb darüber phantasieren. Der kleine Junge gibt seine ödipalen Wünsche artig auf und wird ein nützliches Glied der Gemeinschaft, beim Mädchen aber klappt das nicht so recht. Sie sehnt sich weiterhin nach dem Penis des Vaters, und weil sie am Ödipuskomplex festhält, bleibt auch kein Raum für ein starkes Über-Ich. Das kümmerliche Über-Ich, das sie entwickelt, dieses unstete Gewissen bestärkt sie noch in ihren sündhaften Phantasien und bewirkt natürlich auch, daß sie mitunter die Grenze zwischen Phantasie und Wirklichkeit aus dem Auge verliert. Und das traurige ist, daß das alles biologisch bedingt sein soll und somit nicht zu ändern ist. Letztlich kommt alles daher, daß das Mädchen keinen Penis hat.

Es ist vielleicht sinnvoll, den einen oder anderen Sachverhalt unter Verwendung des Begriffs »Inzest« noch einmal anders zu formulieren. Alle Kinder, Jungen wie Mädchen, neigen nach Freud von Natur aus zum (heterosexuellen) Inzest; Jungen möchten die Mutter besitzen, Mädchen den Vater. Das Kind muß lernen, daß dieser Inzestwunsch nicht erfüllt werden kann. Im Zuge der Sozialisation lernt es die Inzestschranke kennen und soll sie verinnerlichen. Unter dem Einfluß des Kastrationskomplexes (der Angst, kastriert zu werden) gelingt das beim Jungen ganz vortrefflich: Er gibt seine inzestuösen Wünsche auf und entwickelt statt dessen Gewissen und Moral. Beim Mädchen dagegen hat der Kastrationskomplex (die Wut darüber, kastriert zu sein) die entgegengesetzte Wirkung: Es wendet sich voll Feindseligkeit von der Mutter ab und entwickelt eine positiv-zärtliche, von Inzestwünschen gefärbte Beziehung zum Vater. Diese Beziehung dauert auf ungewisse Zeit fort, oder, anders gesagt, das Mädchen gibt seine inzestuösen Wünsche nie ganz auf.

Den Lesern wird nicht entgangen sein, daß man den Kern dieser Argumentation in der Theorie des Soziobiologen Robin Fox wiederfindet (siehe Kapitel 11). Auch er behauptet entgegen allen Erfahrungswerten, das weibliche Geschlecht gehe mit einem nur rudimentär entwickelten Gewissen durchs Leben und kenne daher, was den Inzest anbelangt, wenig Hemmungen. Nur daß Fox diesen Unterschied nicht einer realisierten oder nicht realisierten Kastration zuschreibt, sondern dem männlichen Charakter der »Ausgleichsfähigkeit«.

Nun ist ja der Penisneid und alles, was damit zusammenhängt, in Freuds Augen Teil der normalen Entwicklung des Mädchens zur Frau. Es bleibt die Frage, warum manche Frauen neurotisch werden und andere nicht; wenn alle Mädchen ein Kind von ihrem Vater wollen, warum werfen dann manche Frauen ihrem Vater sexuellen Mißbrauch vor und andere nicht? Diese Frage bringt uns auf die

Mutter. Ich hatte oben gesagt, daß Freud auf zwei Wegen von der Vaterätiologie wegstrebte: dem Weg der Ödipustheorie und dem der Dienstbotenätiologie. Frischen wir unser Gedächtnis auf: Bereits in seinem Vortrag über die Ätiologie der Hysterie, als er noch uneingeschränkt hinter der Verführungstheorie stand, suggerierte Freud, die Hauptschuldigen seien die Dienstmädchen; später fand er ein solches Dienstmädchen auch in seiner eigenen Lebensgeschichte, so daß er die frühere Anschuldigung gegen seinen Vater zurücknehmen konnte. Sehen wir nun, wohin dieser zweite gedankliche Weg führt.

Ist Freud in einer bestimmten Phase seiner Theoriebildung noch der Meinung, Kinder masturbierten aus eigenem Antrieb, so findet er schon bald einen äußeren Faktor, der diese sexuelle Aktivität seiner Ansicht nach in Gang setzt, nämlich die körperliche Pflege des Kindes durch Dienstmädchen, Kinderfrau oder Mutter. Als er zu verstehen gibt, daß diese Pflege in »Verführung« übergehen kann, formuliert er das zunächst noch so, daß sich der Blick vor allem auf das Dienstmädchen richtet. Bald jedoch kommt auch die Mutter nicht mehr ungeschoren davon:

Der Verkehr des Kindes mit seiner Pflegeperson ist für dasselbe eine unaufhörlich fließende Quelle sexueller Erregung und Befriedigung von erogenen Zonen aus, zumal da letztere – in der Regel doch die Mutter – das Kind selbst mit Gefühlen bedenkt, die aus ihrem Sexualleben stammen, es streichelt, küßt und wiegt und ganz deutlich zum Ersatz für ein vollgültiges Sexualobjekt nimmt.

Doch das sei sogar gut so:

Sie erfüllt nur ihre Aufgabe, wenn sie das Kind lieben lehrt; es soll ja ein tüchtiger Mensch mit energischem Sexualbedürfnis werden und in seinem Leben all das vollbringen, wozu der Trieb den Menschen drängt.

Die Mutter muß sich aber auch in acht nehmen, denn:

Ein Zuviel an elterlicher Zärtlichkeit wird freilich schädlich werden, indem es die sexuelle Reifung beschleunigt, auch dadurch, daß es das Kind »verwöhnt«, es unfähig macht, im späteren Leben auf Liebe zeitweilig zu verzichten oder sich mit einem geringeren Maß davon zu begnügen (1905/72, S. 124 f.).

In diesem Stadium – wir schreiben das Jahr 1905 – stellt Freud noch keinen Zusammenhang zwischen mütterlicher Pflege und väterlicher Verführung her. Später aber, 1931, weist er darauf hin, daß das Mädchen »die ersten oder doch die stärksten genitalen Empfindungen bei den Vornahmen der Reinigung und Körperpflege durch die Mutter [...] verspüren mußte«, und fährt dann fort:

> Ich mache die Tatsache, daß die Mutter dem Kind so unvermeidlich die phallische Phase eröffnet, dafür verantwortlich, daß in den Phantasien späterer Jahre so regelmäßig der Vater als der sexuelle Verführer erscheint (1931/55, S. 532).

Ein Jahr später hat sich dieser Gedanke noch klarer herauskristallisiert:

> Sie erinnern sich an eine interessante Episode aus der Geschichte der analytischen Forschung, die mir viele peinliche Stunden verursacht hat. In der Zeit, da das Hauptinteresse auf die Aufdeckung sexueller Kindheitstraumen gerichtet war, erzählten mir fast alle meine weiblichen Patienten, daß sie vom Vater verführt worden waren. Ich mußte endlich zur Einsicht kommen, daß diese Berichte unwahr seien, und lernte es verstehen, daß die hysterischen Symptome sich von Phantasien, nicht von realen Begebenheiten ableiten. Später erst konnte ich in dieser Phantasie von der Verführung durch den Vater den Ausdruck des typischen Ödipuskomplexes beim Weibe erkennen. Und nun findet man in der präödipalen Vorgeschichte der Mädchen die Verführungsphantasie wieder, aber die Verführerin ist regelmäßig die Mutter. Hier aber berührt die Phantasie den Boden der Wirklichkeit, denn es war wirklich die Mutter, die bei den Verrichtungen der Körperpflege Lustempfindungen am Genitale hervorrufen, vielleicht sogar zuerst erwecken mußte (1933/49, S. 128 f.).

Der Schritt zur Mutter hin ist getan, aber noch immer ist nicht recht klar, warum manche Frauen hysterisch werden und ihren Vater des sexuellen Mißbrauchs beschuldigen und andere nicht. Nun: Hysterie findet sich nach Freud vor allem bei solchen Frauen, die sich unnormal stark mit dem Vater verbunden fühlen. Diese Vaterbindung komme nicht aus heiterem Himmel, sie sei durch die Mutterbindung vorgeformt. Angenommen, die Mutter habe das Mädchen durch ein »Zuviel an elterlicher Zärtlichkeit« »verwöhnt«, so werde das Mädchen vom Vater das gleiche zu erlangen suchen. Zugleich werde das Mädchen von der Mutter um so enttäuschter sein, je stärker es sich mit ihr verbunden gefühlt habe, so daß es nur noch mehr in die Arme des Vaters getrieben werde. Die starke Abhängigkeit der Frau von ihrem Vater ist laut Freud das Erbe einer starken Mutterbindung, die »eine besonders intime Beziehung zur Ätiologie der Hysterie« vermuten läßt. Diese Einsicht veranlaßt ihn auch,

> die Allgemeinheit des Satzes, der Ödipuskomplex sei der Kern der Neurose, zurückzunehmen (1931/55, S. 518).

Diese Aussage gilt nur für den Jungen; beim Mädchen sind nach Freud die Würfel schon in der präödipalen Phase gefallen. Ob ein Mädchen gesund bleibe oder neurotisch werde, hänge nicht von ihrem Verhältnis zum Vater, sondern von dem zur Mutter ab, womit die Frage, ob der Vater seine Tochter tatsächlich verführt oder ob sie das nur erfunden habe, im Grunde gar nicht soviel zur Sache tue, denn

> es ist uns bis heute nicht gelungen, einen Unterschied in den Folgen nachzuweisen, wenn die Phantasie oder die Realität den größeren Anteil an diesen Kinderbegebenheiten hat (1917/48, S. 385).

Und dies ist der logische Schluß aus Freuds Umwertung aller Werte: Weiblichen Patienten, die unter den Folgen sexuellen Mißbrauchs durch den Vater litten, konnten Psychoanalytiker fortan erzählen, a) es handle sich um Wunschphantasien, um etwas, das sie sich gewünscht hätten, das in Wirklichkeit aber nie geschehen sei, und b) unabhängig davon, ob der Vater sie nun mißbraucht – oder wie Freud suggeriert: ihren Wünschen nachgegeben – habe oder nicht, könne dies keinesfalls die eigentliche Ursache ihrer Probleme sein, denn diese Ursache sei nicht beim Vater, sondern bei der Mutter zu suchen.

Nach dieser Übung in Freudschem Gedankenflug ist die Lösung des Rätsels, warum manche Frauen nicht ihren Vater, sondern einen Bruder oder Onkel beschuldigen, natürlich ein Kinderspiel. In einem solchen Fall hat man es eben mit Verschiebung zu tun: Der ödipale Wunsch richtet sich – aus welchen Gründen auch immer –

nicht auf das eigentliche Objekt, den Vater, sondern auf ein Ersatzobjekt.

Auch die Frage, warum sich zwischen all den hysterischen Frauen hin und wieder auch ein Mann findet, der die gleichen Klagen vorbringt und die gleichen Beschuldigungen an die Adresse seines Vaters richtet, wirft in Freuds Gedankengebäude keine unüberwindlichen Probleme auf. Die Menschen sind nach seiner Überzeugung bisexuell: Bei manchen Männern überwögen die weiblichen Anteile, und diese Männer nähmen dann dem Vater gegenüber eine weibliche Haltung ein.

Da wir nun gesehen haben, daß die Ödipustheorie im Grunde nichts anderes ist als eine Umkehrung der Verführungstheorie, bleibt die Frage, warum Freud geradezu panikartig die Flucht vor seiner ersten Theorie ergriff, einer Theorie, mit der er doch, wie er am 21. September 1897 an Fließ schreibt, »ewigen Nachruhm, [...] sicheren Reichtum, volle Unabhängigkeit« zu erlangen hoffte (S. 285). Warum hat er sein »caput Nili«, seine Quelle des Nil, auf die er anfangs so stolz war, selbst wieder zugeschüttet?

Jeffrey M. Masson (1984) bringt die Verleugnung der Verführungs-theorie mit Freuds Bewunderung für Wilhelm Fließ in Verbindung sowie mit einem kapitalen Kunstfehler, der Fließ bei der Behandlung Emma Ecksteins unterlief.

Emma Eckstein war eine der ersten Patientinnen Freuds. Sie litt an hysterischen Symptomen, und Masson nimmt an, daß sie es war, durch die Freud zu seiner Verführungstheorie gelangte.

Wie Freud glaubte auch Fließ, daß sexuelle Probleme bei der Entstehung neurotischer Störungen – im Sinne einer Verschiebung – eine Schlüsselrolle spielen. Für Freud war diese Verschiebung psychischer Natur: Der Patient verlagere Angstgefühle vom eigentlichen Problem auf ein harmloses Ersatzobjekt, so daß jeder Zusammenhang mit der wahren Quelle der Angst ausgelöscht werde. Fließ dagegen hielt die Störungen für rein physisch: Nach seiner Überzeugung verlagerte sich das Problem von der Vagina auf die Nase.

Freud dachte hierüber zwar anders, war aber von Fließ' absonderlicher Argumentation offenbar doch fasziniert, denn er gab seine Zustimmung, daß sein Freund Emma Eckstein an der Nase operierte. Nach der Operation wollte sich Emma lange nicht erholen, bis ein von Freud hinzugezogener Arzt feststellte, daß in der Wunde ein halber Meter Gaze zurückgeblieben war. Auch nach dieser Entdeckung litt Emma noch monatelang an Nasenbluten. Anfangs steht für Freud außer Frage, daß diese Blutungen auf den Operationsfehler zurückzuführen sind und daß Fließ und er selbst an Emmas Elend schuld sind. Im Lauf der Zeit aber entwickelt er eine neue Theorie, der zufolge die Blutungen hysterischer Natur sind und nicht auf einen unfähigen Chirurgen, sondern auf verdrängte Sexualwünsche zurückgehen.

Laut Masson nun besteht ein enger Zusammenhang zwischen den Nachwehen von Emmas Operation und dem Schicksal der Verführungstheorie. Freud habe vor der Wahl gestanden, entweder öffentlich zuzugeben, daß die Operation, die Emma um ein Haar zum Verhängnis geworden wäre, unnötig gewesen war, oder aber Fließ in Schutz zu nehmen und das Geschehene zu beschönigen.

Dieses war jedoch nur möglich, wenn es gelang, das Trauma der Operation ungeschehen zu machen, und zu diesem Zweck wiederum mußte eine Theorie über die Lügen von Hysterikern konstruiert werden, der zufolge die von der Patientin erlittenen äußerlich verursachten Traumen sich nicht wirklich ereignet hatten, sondern Produkte der Phantasietätigkeit waren. Wenn jedoch Emma Ecksteins Symptome (ihre Blutungen) nichts mit der Realität (Fließ' Operation) zu tun hatten, dann war möglicherweise auch die Verführung erfunden, die sie in der Analyse geschildert hatte (Masson 1984, S. 121).

Und umgekehrt: Wenn ihre Verführungsberichte Einbildung waren, dann waren ihre Blutungen es ebenfalls. Das führt Masson zu der Schlußfolgerung, Freuds Verleugnung der Verführungstheorie sei als »loyales Verhalten gegenüber Fließ« aufzufassen (S. 121 f.).

Massons Argumentation hat etwas vom geradlinigen Vorgehen eines Detektivs, und zwar sowohl, was ihren Reiz als auch, was ihre Grenzen anbelangt. Nach der Darlegung seiner Eckstein-Hypothese führt er für Freuds Abkehr von der Verführungstheorie noch einen weiteren Grund an, mit dem er die genannte Hypothese eigentlich selbst wieder in Frage stellt. Dieser Grund ist Freuds wissenschaftliche Isolation, vor allem nach seinem Vortrag über die Ätiologie der Hysterie; seine Kollegen wollten mit der Verführungstheorie nichts zu tun haben. So gesehen gibt Freud seine Theorie deshalb auf, weil er nicht die Courage besitzt, gegen den Strom zu schwimmen. Wäre es ihm jedoch um Sympathie, Anerkennung und Beifall möglichst vieler Kollegen zu tun gewesen, dann hätte er Fließ fallenlassen müssen, denn dieser war nach der Eckstein-Affäre bei vielen Kollegen nicht mehr besonders angesehen. Mit anderen Worten: Massons Hypothese von der fehlenden Zivilcourage stellt seine Hypothese von der Loyalität gegenüber Fließ in Frage und umgekehrt.

Marianne Krüll bringt in ihrem Buch *Freud und sein Vater* (1979) Freuds Kehrtwendung in einen unmittelbaren Zusammenhang mit dem Tod seines Vaters, Jakob Freud. Dieses Ereignis hatte Freud tief erschüttert. Am 2. November 1896 schreibt er an Fließ, der Tod seines Vaters habe ihn »sehr ergriffen« und er habe nun »ein recht entwurzeltes Gefühl« (S. 212 f.). In demselben Brief gibt Freud einen Traum wieder, den er später in veränderter Form auch in seine *Traumdeutung* aufnimmt (1900/73, S. 322 f.). In der Nacht nach dem Begräbnis seines Vaters träumt er von einem Lokal, in dem eine Tafel mit folgender Aufschrift hängt: »Es wird gebeten, die Augen zuzudrücken«. Krüll sieht in diesem Traum den Schlüssel zum Verständnis dessen, was sie »die Krise in Freuds Leben und Denken« nennt. Nach Krülls Darstellung fühlte Freud sich von seinem Vater aufgerufen, nicht nur *ihm* nach seinem Tod die Augen zu schließen, sondern auch *selbst* vor bestimmten Geschehnissen der Vergangenheit die Augen zuzumachen.

Freuds Lebenskrise, die dem Tod des Vaters folgte und fast ein Jahr währte, bestand [. . .] in seinem Kampf gegen diesen Auftrag des »Alten«, nicht in seiner Vergangenheit zu forschen, ihn nicht zu kompromittieren. Es war dies das große Tabu Jakobs, das Freud wenige Monate später zwang, die Verführungstheorie aufzugeben (1979, S. 59).

Krüll lokalisiert den Ursprung dieses Tabus in Jakobs eigener Kindheit in einem traditionellen jüdischen Milieu: Der Junge mußte erstens danach streben, ein großer (Tora-)Gelehrter zu werden, schuldete zweitens dem Vater absoluten Gehorsam und äußerste Pietät und hatte sich drittens an strenge sexuelle Verbote zu halten. Sexualität war nur im Dienste der Fortpflanzung erlaubt. Außereheliche Sexualität, aber auch jegliche Form der Selbstbefriedigung galten als schwere Sünde. Jakob, der schon in jungen Jahren das elterliche Milieu gegen ein Dasein als reisender Händler eingetauscht hatte, war nicht nur ein wenig erfolgreicher Geschäftsmann, sondern hat wohl auch so manches Mal gegen das Gebot des Gehorsams und der sexuellen Selbstbeherrschung gesündigt. So meint jedenfalls Krüll, die daraus folgert,

daß die beiden zentralen Themen, die Freuds theoretische und therapeutische Arbeit beherrschten – nämlich das Thema der Sexualität [. . .] und das Thema der Schuld der Söhne dem Vater gegenüber [. . .] – sich mit den Bereichen deckten, in denen sich Jakob Freud schuldig fühlte (1979, S. 128).

Das bedeutet also, daß Vater Jakob seine Schuldgefühle auf die eine oder andere Weise an seinen Sohn Sigmund weitergegeben haben muß. Nach Krülls Auffassung vollzog sich dieser Prozeß in Sigmunds frühester Kindheit. Kurz vor seiner Geburt starb Schlomo Freud, der Vater Jakobs, was dessen Schuldgefühle noch verstärkt haben muß. Als er wenig später selbst einen Sohn bekam, muß er die Hoffnung gefaßt haben, über diesen Sohn seine Schuld wiedergutzumachen. Sohn Sigmund habe tun müssen, was Vater Jakob nicht geschafft hatte: seinen Vater bedingungslos respektieren und ein großer Gelehrter werden.

Die Vorzeichen seien günstig gewesen, denn Sigmund habe sich von einem intelligenten kleinen Jungen zu einem musterhaften Sohn entwickelt, der sein Bestes tat, um den zweifachen Auftrag seines Vaters zu erfüllen. Bis er in seinem Streben nach Ruhm den ersten Meilenstein erreicht habe: die Verführungstheorie. Diese Theorie habe einen Wendepunkt in seiner Haltung dem Vater gegenüber markiert, denn sie enthielt eine Beschuldigung des Vaters durch den Sohn, eine Beschuldigung aller Väter, aber auch ganz konkret eine Beschuldigung Vater Jakobs. Das scheint Freud zunächst nicht weiter belastet zu haben. Dann aber starb sein Vater. Freud erlebte seinen Tod, so Krüll, unbewußt als Strafe für seinen Ungehorsam und seinen Mangel an Respekt, was zur Folge gehabt habe, daß er in eine Sackgasse geriet. Der einzige Weg, der aus dieser Sackgasse herausführte, habe darin bestanden, die beiden Aufträge seines Vaters – werde ein Gelehrter, aber schone deinen Vater – miteinander zu versöhnen. Und genau das habe er getan, als er die Verführungstheorie durch den Ödipuskomplex ersetzte. Damit stand ein für allemal fest, daß nicht der Vater der Schuldige war, sondern das Kind. Erst nachdem dies klar war, konnte sich Freud unbesorgt seiner Selbstanalyse widmen, die die Grundlage seines weiteren Werkes bildete und als erstes die *Traumdeutung* erbrachte, den Durchbruch zum Erfolg. Freuds Selbstanalyse aber ist nach Krülls Meinung auf Treibsand gebaut, weil Freud mit der Ödipustheorie eine Zensurinstanz in seinem Kopf installiert habe, die ihn daran hinderte, zu den tatsächlichen Begebenheiten seiner Kindheit vorzudringen.

Was immer Freuds persönliche Motive für die Preisgabe der Verführungstheorie gewesen sein mögen – das Eckstein-Drama, die Angst vor wissenschaftlicher Isolation oder Vater Jakobs Tabu: Der von ihm entwickelte Abwehrmechanismus in Gestalt der Ödipustheorie fungierte und fungiert noch heute als ein gigantischer Abwehrmechanismus der Gesellschaft. Masson meint, Freud selbst habe im Innersten nie aufgehört, an die Verführungstheorie zu glauben. Ein anderer amerikanischer Psychoanalytiker, J. J. Peters, hat diese Auffassung schon früher vertreten (1976, S. 401 f.). Und es ist wahr, daß Freuds Werk neben der kategorischen Verleugnung der Verführungstheorie auch eine ganze Reihe von Passagen enthält, die darauf hindeuten, daß er diese Theorie nie ganz verworfen hat. An solche Passagen hätten die Psychoanalytiker nach Freud ohne weiteres anknüpfen können, um zu Freuds ursprünglichen Ideen zurückzukehren. Daß sie es vorziehen, diese Passagen zu ignorieren und statt dessen die Ödipustheorie ins Scheinwerferlicht zu rücken, rührt laut Peters daher, daß diese Theorie die Angst des Therapeuten mildert. Der Gedanke an konkreten sexuellen Mißbrauch von Kindern ist, so Peters, für Erwachsene so abstoßend und bedrohlich, daß Psychotherapeuten nur zu gern die Möglichkeit wahrnehmen, ihn zu verdrängen und durch das Konzept der ödipalen Phantasie zu ersetzen. Zudem enthebe die Überzeugung, Phantasien seien ebenso bedeutsam wie reale Geschehnisse, den Therapeuten der Verantwortung, nachzuprüfen, ob der von ihren Patienten berichtete sexuelle Mißbrauch tatsächlich stattgefunden hat. So könnten sie in aller Ruhe ihre Arbeit tun, ohne befürchten zu müssen, daß sie in ein Gerichtsverfahren verwickelt würden, und ohne sich mit Widerwärtigkeiten abgeben zu müssen, die ein normal funktionierendes menschliches Gewissen auf die Barrikaden treiben würden. Diesen von Peters beschriebenen Selbstschutz trifft man meiner Meinung nach nicht nur in der Praxis des Psychoanalytikers an, sondern auch an anderen Stellen der Gesellschaft. Es ist so, wie Penthesilea in Heinrich von Kleists gleichnamigem Stück sagt:

Doch alles schüttelt, was ihm unerträglich,
Der Mensch von seinen Schultern sträubend ab;
Den Druck nur mäß'ger Leiden duldet er.

18. Eine Neuinterpretation des Freudschen Familienromans: Der Antiochuskomplex

Am 31. Mai 1897 – Freuds älteste Tochter Mathilde ist neun Jahre alt – schreibt Freud in einem Brief an Fließ:

> Unlängst träumte ich von überzärtlichen Gefühlen für Mathilde [. . .]. [. . .] Der Traum zeigt natürlich meinen Wunsch erfüllt, einen pater [Vater] als Urheber der Neurose zu ertappen (S. 266).

Wahrlich ein gehirnakrobatisches Meisterstück. Angenommen, Freud hätte – was viel naheliegender gewesen wäre – in diesem Traum die Erfüllung eines anderen Wunsches gesehen, nämlich eines inzestuösen Verlangens nach seiner Tochter; angenommen, er hätte darüber nachgedacht, ob er mit diesem Traum nicht auf einen unbewußten Wunsch gestoßen war, den möglicherweise alle Väter hegen und der dem Vatersein, wie wir es kennen, in irgendeiner Weise innewohnt. Vielleicht wären ihm dann auch die schmählichen Experimente wieder eingefallen, die Fließ und er mit Emma Ecksteins Nase angestellt hatten, also – nach Fließ' Theorie – mit dem Sexualorgan einer jungen Frau, die Freud besonders schätzte und die dem Alter nach seine Tochter hätte sein können. Kurzum: Hätte Freud etwas länger bei seinem Mathilde-Traum verweilt und ihn aus einem anderen Blickwinkel betrachtet, dann hätte er die Verführungstheorie vielleicht nicht aufgegeben, sondern im Gegenteil weiterentwickelt und wäre statt auf Ödipus möglicherweise auf eine ganz andere Sagengestalt gekommen. Auf Antiochus beispielsweise, der uns in Otto Ranks faszinierendem Buch *Das Inzest-Motiv in Dichtung und Sage* (1912/26) begegnet.

Antiochus ist eine der Hauptfiguren in der Sage des Königs *Apollonius von Tyrus* (Rank, S. 347 f.), seinem Ursprung nach ein griechischer Roman, der im Mittelalter in viele Sprachen übersetzt wurde und sich großer Beliebtheit erfreute. Shakespeare verarbeitete den Stoff in seinem Stück *Perikles*.

König Antiochus regiert in der Stadt Antiochia. Als seine schöne Tochter ins heiratsfähige Alter kommt, stirbt seine Frau. Während sich nun zahlreiche Freier um die Hand der Tochter bemühen, verliebt sich der Vater selbst so leidenschaftlich in sie, daß er sie eines Tages zwingt, mit ihm zu schlafen. Danach sinnt er auf eine Möglichkeit, die jungen Männer loszuwerden, die seiner Tochter den Hof machen, damit er sie ungestört für sich behalten kann. Jeder Freier muß zum Beweis dafür, daß er genug Weisheit besitzt, um nach dem Tod des Königs dessen Nachfolger zu werden, ein Rätsel lösen. In Shakespeares Bearbeitung lautet das Rätsel:

> Er Vater, Sohn ist und Gemahl,
> Ich Mutter, Weib und Kind zumal.
> Wie das geschieht, da zwei wir sind,
> Wollt ihr nicht sterben, sagt geschwind.

Auf diese Weise treibt Antiochus viele tapfere Königssöhne in den Tod, denn er läßt nicht nur jene köpfen, die die Lösung nicht finden, sondern auch die anderen, die ihm erst recht gefährlich werden, weil sie durch die Lösung des Rätsels beweisen, daß sie um die Blutschande wissen, deren Antiochus sich schuldig macht.

Apollonius ist einer der Jünglinge, die sich um die Hand von Antiochus' Tochter bewerben. Er überlistet den Henker und entflieht. Nach einem Schiffbruch gelangt er an einen fremden Hof und heiratet Lucina, die Tochter des Königs. Nach einiger Zeit – Lucina ist schwanger – bringt ein Schiff die Nachricht, Antiochus und seine Tochter seien vom Blitz erschlagen worden, und die Stadt Antochia habe Apollonius zum König gewählt. Auf dem Weg nach Antiochia gerät das Schiff in einen Sturm; Lucina bringt ihr Kind zu früh zur Welt und bleibt wie tot liegen. Nach altem Brauch wird ihr Leichnam in einem wasserdichten Sarg über Bord gelassen. Vor der Weiterreise bringt Apollonius seine neugeborene Tochter in der Stadt Tarsus bei Pflegeeltern unter; er nennt sie Tarsia und läßt eine Amme bei ihr zurück, die sie später über ihre Abkunft aufklären soll. Als junges Mädchen wird Tarsia von Seeräubern entführt und nach Mytilene gebracht, wo der mächtige König Athanagoras regiert. Tarsia wird auf dem Markt feilgeboten, und der König will sie kaufen, aber ein Bordellbesitzer bietet mehr. Der König ist der erste, der im Bordell zu ihr kommt, sie aber fleht ihn an, sie zu verschonen, und erzählt ihm ihre Geschichte. »Ich habe Mitleid mit dir, meiner eigenen Tochter könnte es ähnlich ergehen«, sagt er, gibt ihr Geld und rührt sie nicht an. Die nächsten Besucher weiß sie sich auf die gleiche Weise vom Leibe zu halten.

Unterdessen ist Apollonius nach Tarsus gekommen, um seine inzwischen erwachsene Tochter zu holen. Als er sie nicht findet, tritt er voll Kummer und Verzweiflung die Heimreise an. Wiederum erleidet er Schiffbruch und gelangt nach Mytilene. König Athanagoras nimmt sich seiner an und schickt Tarsia zu ihm, um ihn aufzuheitern. Tarsia erzählt ihm ihre Lebensgeschichte, und Apollonius erkennt in ihr seine Tochter.

Athanagoras bittet unter Berufung darauf, daß sie durch ihn Jungfrau geblieben sei und er Vater und Tochter zusammengeführt habe, um ihre Hand. Apollonius willigt ein und wird durch einen Traum ermahnt, seine Gemahlin Lucina, die nur scheintot war, im Tempel der Diana in Ephesus aufzusuchen. Lucina, die all die Jahre Diana, der Schutzgöttin des Frauenlebens, gedient hat, ist keinen Tag älter geworden und noch ebenso frisch und schön wie achtzehn Jahre zuvor.

Obwohl Apollonius im Gegensatz zu Antiochus den Inzest nicht vollzieht, wird nach Rank auch er von einem Tochterkomplex getrieben. Wie sonst wäre es zu erklären, fragt sich Rank, daß

Apollonius erst nach 18 Jahren, als seine Tochter eben mannbar geworden ist, nach ihr auszieht, genau wie es in der Antiochus-Vorgeschichte heißt, daß seine Frau starb, als die Tochter eben mannbar war. Wir merken hier [...] die aufdringliche väterliche Tendenz, nur den Zeitpunkt der Mannbarkeit der Tochter abzuwarten, um sie dann gegen die alt und reizlos gewordene Mutter auszutauschen (1912/26, S. 249).

Rank sieht in Apollonius also einen verkleideten Antiochus, was ihm zufolge auch daraus ersichtlich wird, daß er seine Tochter zwar nicht selbst mißbraucht, sie aber einer Art Doppelgänger überläßt, einer zweiten Vaterfigur, nämlich Athanagoras, der Tarsia im Bordell bereits mit seiner eigenen Tochter verglichen hat. Auch bekommt Apollonius zur Belohnung schließlich doch noch eine Frau im Alter seiner Tochter, denn Lucina ist ja in all den Jahren keinen Tag älter geworden (S. 350).

Freud war ein belesener Mann, er muß die Antiochus-Apollonius-Sage oder eine der anderen von Rank gesammelten Erzählungen von Vätern, die ihre Töchter bedrängen, gekannt haben. Und wenn nicht, so hätte Rank ganz sicher mit ihm darüber gesprochen, denn er war zu der Zeit, da er *Das Inzest-Motiv in Dichtung und Sage* schrieb, einer von Freuds engsten Vertrauten und glühendsten Anhängern.

Was hielt Freud von diesen Geschichten, die so eindeutig in die Richtung der Verführungstheorie wiesen und nicht in das Schema des weiblichen Ödipuskomplexes paßten? Rank beließ es ja nicht beim Erzählen, er interpretierte auch, wie etwa in der folgenden Passage:

Wie die erotische Neigung des Sohnes zur Mutter, so gehören auch die Liebesbeziehungen zwischen Vater und Tochter zu den typischen, allgemein menschlichen Regungen, die im Laufe der Kulturentwicklung dem gleichen Verdrängungsprozeß unterworfen waren [...]. Aber wie die Phantasiebildungen des Mutterkomplexes vom eifersüchtigen Sohn ausgehen [...], so gehen die phantastischen Ersatzbildungen des Vater-Tochter-Komplexes nicht, wie man erwarten sollte, auch vom jungen Kind, der Tochter, aus, sondern [...] vom [Vater]. [...] Auch aus den wenigen mythischen Überlieferungen, in denen die Liebesleidenschaft von der Tochter auszugehen scheint, gewinnt man den Eindruck, daß dies nur eine Rechtfertigung für die anstößigen Begierden des Vaters darstellt, der so die Schuld der Verführung auf die Tochter abzuwälzen sucht (S. 337).

Zwar spricht Rank als guter Freudianer (er rückte erst nach 1920 von der klassischen Psychoanalyse ab) nur über inzestuöse Phantasien, doch gehen sie bei ihm nicht von der Tochter aus, sondern vom Vater, und das stimmt, milde ausgedrückt, nicht mit Freuds Standpunkt überein.

Ranks Buch war 1906 praktisch vollendet, erschien jedoch erst 1912. Im Vorwort der ersten Auflage führt Rank diese Verzögerung auf »mehr innere Hemmungen als äußere Schwierigkeiten« zurück. Die Ergebnisse seiner Untersuchung waren, wie er schreibt, so überraschend und zum Teil auch so befremdend, daß eine gründliche psychologische Vorarbeit erwünscht schien, bevor sie veröffentlicht werden konnten. Vielleicht war es diese Vorarbeit, die Rank dazu brachte, seinen Erkenntnissen eine Wendung zu geben, die ihm wieder den Anschluß an die offizielle Lehrmeinung verschaffte. Nachdem er festgestellt hatte, daß in Sagen und Märchen die Initiative zum Inzest vom Vater ausging, meinte er, dies bedeutete nicht, daß es sich auch tatsächlich um eine einseitige Neigung handele. Im Gegenteil

> ist die Psychoanalyse auf diese Dinge erst aufmerksam geworden, als sie bei der Behandlung neurotischer Frauen die verdrängte infantile Liebesneigung zum Vater mit der entsprechenden Eifersuchtseinstellung gegen die Mutter als ätiologisch bedeutsamen Faktor erkannte (S. 337).

Es ist unverkennbar, wer hier aus Ranks Worten spricht. Aber was ist dann mit den Sagen und Märchen? Auch dafür hat Rank eine Erklärung. Daß in ihnen der Vater als Täter erscheint, komme daher, daß sie von Männern geschrieben sind. Männer verfügten nämlich im Gegensatz zu Frauen über die sublime Fähigkeit zur Sublimierung und seien daher in der Lage, ihre Phantasien in Kunst umzusetzen, während Frauen als einziges Ventil die Neurose besäßen. Womit Rank treu und brav Freuds Theorie bestätigt, die besagt, daß Freuds weibliche Patienten wegen ihrer Inzestphantasien mit dem Vater krank geworden seien.

Das paradoxe ist nun, daß Rank trotz allem am Ende seines Kapitels über die Beziehungen zwischen Vater und Tochter eine kleine Kasuistik vorstellt, die – nach seinen eigenen Worten – verdeutlicht, daß Fälle von Vater-Tochter-Inzest in der Praxis sehr häufig vorkommen müssen, »wenn sie in so relativ großer Zahl in die Öffentlichkeit zu dringen vermögen« (S. 378). Er beginnt seine Kasuistik mit Molière, dem berühmten Dichter des 17. Jahrhunderts, der im Jahre 1622 als Vierzigjähriger aller Wahrscheinlichkeit nach seine neunzehnjährige Tochter Armande heiratete und dabei von den hohen Herren seiner Zeit gedeckt wurde. »Seine Ehe mit Armande war übrigens sehr unglücklich«, schreibt Rank.

Molière liebte sie zwar leidenschaftlich, aber sie soll leichtsinnig und treulos gewesen sein (S. 379).

Kein Wunder, scheint mir. Rank führt seine Kasuistik mit zweiundzwanzig Zeitungsberichten seiner Zeit fort. In den meisten Fällen handelt es sich um Vater-Tochter-Inzest in Verbindung mit Mord. Träfe nun Freuds Theorie über den weiblichen Ödipuskomplex zu, so müßte doch eher die Tochter ihrer Mutter, die ja dann ihre Rivalin wäre, nach dem Leben trachten. Davon ist jedoch nicht die Rede. In einem Fall ermordet die Mutter den Vater, in drei Fällen ermordet die Tochter das von ihrem Vater gezeugte Kind, in zwei Fällen begeht die Tochter Selbstmord, in einem Fall ermordet der Vater den Freund der Tochter, und in mindestens acht Fällen ermordet der Vater die Tochter: aus Eifersucht, weil sie sich gegen ihn zur Wehr setzt oder weil sie ihm ein für allemal zu entkommen sucht. Alle Fälle zeigen darüber hinaus ganz deutlich, daß die Initiative vom Vater ausgeht und die Tochter von seinen sexuellen Annäherungen nichts wissen will. Und doch nimmt Rank diese Kasuistik nicht zum Anlaß, sich die Frage zu stellen, ob die von ihm gesammelten Sagen und Märchen nicht auch die Wirklichkeit widerspiegeln und ob neurotische Patienten nicht doch die Wahrheit sagen, wenn sie von sexuellem Mißbrauch durch den Vater berichten. Sofern Rank sich überhaupt in Widerspruch zu Freud begibt, tut er es durch die Hintertür.

Ein Gedanke, den ich schon fast beängstigend finde, ist der, daß Freud die gleichen Zeitungen gelesen haben muß wie Rank. Das bedeutet, daß er auch in der Presse gleichsam über Beispiele stolpern mußte, die dem weiblichen Ödipuskomplex zuwiderliefen. Beispiele, die zeigten, daß eher bei Vätern ein Tochterkomplex existiert als bei Töchtern ein Vaterkomplex; daß nicht die Tochter den Vater, sondern der Vater die Tochter besitzen will; und daß Inzest in der Praxis mehr mit dem Verbrechen des Antiochus zu tun hat, der wissentlich die eigene Tochter zur Befriedigung seiner sexuellen Bedürfnisse benutzt, als mit dem Verbrechen des Ödipus, der als Erwachsener unwissentlich seine Mutter heiratet. Das war zu Zeiten Freuds und Ranks so, und das ist noch heute so. Deshalb wird es Zeit, daß wir den Ödipuskomplex, oder zumindest dessen weibliche Variante, durch ein treffenderes Konzept ersetzen, ein Konzept, das wir den »Antiochuskomplex« nennen könnten.

Es stellt sich auch die Frage, wie verbreitet dieser Komplex ist. Neben den antiochalen Vätern gibt es zum Beispiel auch jene, die sich eher wie Apollonius verhalten; Rank meint allerdings, Apollonius werde von dem gleichen Tochterkomplex getrieben wie Antiochus. Judith Herman differenziert in ihrem Buch *Father-Daughter Incest* (1981) zwischen realem und latentem Inzest. Zur zweiten Form rechnet sie das Verhalten von Vätern, das deutlich sexuell motiviert ist, jedoch weder Körperkontakt noch Geheimhaltungsversuche einschließt. Wie Rank sieht auch Herman keinen wesentlichen Unterschied zwischen realem und latentem Inzest. Realer Inzest ist für sie

> die extremste Form eines traditionellen Familienmodells. [...].
> [...] der Endpunkt eines Kontinuums – eine Überspitzung patriarchalischer Familiennormen, nicht aber eine Abweichung von diesen Normen (1981, S. 109 f.).

Aus Hermans Sicht ist also der Antiochuskomplex in einer patriarchalischen Gesellschaft familieninhärent und kann bei jedem »Familienoberhaupt« mit Töchtern zum Vorschein kommen. Ich würde hier sogar noch einen Schritt weitergehen als Herman. Mir fällt immer wieder auf, daß die Argumente, mit denen Inzesttäter sich rechtfertigen (das ist nicht wahr, sie lügt, sie hat es selbst gewollt, was ist denn schon dabei, ihre Mutter ist schuld), ein Spiegelbild der Erklärungen vieler Experten sind. So gesehen, könnte man sagen, daß die herrschenden Auffassungen über den Inzest – sie verändern sich allmählich, die Vorurteile lassen sich jedoch nicht von heute auf morgen aus der Welt schaffen – ebensosehr Teil des Antiochuskomplexes sind wie der Inzest selbst. Im weitesten Sinn kann man den Antiochuskomplex daher als ein Gift ansehen, das sich in der gesamten Gesellschaft ausgebreitet hat. Mitunter sickert es sogar in das Verhalten der Inzestopfer selbst durch, zum Beispiel wenn sie fortwährend den Vater zu entschuldigen suchen und für den Inzest sich selbst oder die Mutter verantwortlich machen.

Woher kommt diese Nachsicht mit den Vätern? Wenn der Antiochuskomplex der patriarchalischen Gesellschaft innewohnt, wie entsteht er dann? Wie reproduziert er sich? Und warum sucht der eine Vater tatsächlich sexuellen Kontakt zu seiner Tochter, während das dem anderen niemals in den Sinn käme? Es wird wohl noch eine Weile dauern, bis wir diese und ähnliche Fragen, die bis jetzt noch nicht einmal klar und deutlich gestellt worden sind, befriedigend beantworten können. Ich will im folgenden einen ersten Versuch wagen und bewege mich dabei auch weiterhin auf dem Terrain der Psychoanalyse.

19. Über die Ursachen des Antiochuskomplexes oder Was bewegt die Väter?

Freud richtete in seiner Darstellung der kindlichen Entwicklung das Hauptaugenmerk auf die ödipale Phase (das Lebensalter von etwa zwei bis fünf Jahren), was ihn aber, wie wir gesehen haben, nicht hinderte, mit anklagend erhobenem Finger auf die Mutter der vorangehenden Lebensphase des Kindes zu weisen, wann immer er – wie es scheint – einen Sündenbock brauchte. Nach Freud hat sich die Psychoanalyse zunehmend der frühesten Mutter-Kind-Beziehung, der sogenannten präödipalen Phase, zugewandt. Dabei kommt die Mutter nicht immer gut weg. Wir alle kennen die Geschichte vom armen Vergewaltiger, der sich an seiner lieblosen Mutter rächt, jene fadenscheinige Theorie, die immer wieder dreist als das Ei des Kolumbus präsentiert wird.

Zwei weibliche Theoretiker eröffneten Ende der siebziger Jahre eine andere Perspektive. Auch Dorothy Dinnerstein (1977/79) und Nancy Chodorow (1978) messen der frühen Kindheit zentrale Bedeutung bei, verknüpfen aber den Einfluß dieser Phase auf die spätere Entwicklung nicht mit der *Qualität* der ersten Bezugsperson des Kindes, sondern mit der Tatsache, daß diese erste Bezugsperson fast durchweg eine Frau ist. Damit geben sie auch zu verstehen, daß sie das ausschließliche »Bemuttern« durch Frauen nicht als naturgegeben ansehen, sondern als Produkt einer historischen Entwicklung.

Ungeachtet der großen Unterschiede, die zwischen den Theorien der beiden Autorinnen bestehen, läßt sich die folgende übereinstimmende Argumentation nachvollziehen: Während der präödipalen oder symbiotischen Phase erlebt der Säugling sich nicht als ein getrenntes »Ich«, sondern fühlt sich symbiotisch mit der Außenwelt verbunden, deren wichtigste Repräsentantin die Mutter ist. Um sich zu einem Individuum entwickeln zu können, müsse das Kind sich aus dieser Symbiose lösen. Traditionelle Psychoanalytiker weisen dabei dem Vater eine bedeutsame Rolle zu, der als nicht-versorgender Elternteil erst später in das Leben des Kindes eintrete und aufgrund seiner häufigen Abwesenheit und seiner außerhäuslichen

Aktivitäten eine ganz andere Welt repräsentiere. Sein Anderssein locke das Kind sozusagen von Mutters Rockzipfel weg. Im Gegensatz dazu gehen Dinnerstein und Chodorow davon aus, daß das Kind sich dank seines körperlichen Wachstums, seiner zunehmenden Kompetenz und des Erwerbs kognitiver Fähigkeiten sehr wohl aus der symbiotischen Phase zu lösen vermag und daß die Existenz des Vaters als einer zweiten, deutlich anderen Elternperson das Kind gerade in die Lage versetzt, bei dieser Entwicklung eine wichtige Stufe zu überspringen. Dieser Schritt betrifft die Korrektur des Phantasiebildes, das sich das Kind in der symbiotischen Phase von der Mutter mache. Wie es sich selbst nicht als getrenntes »Ich« erlebe, so erlebe das Kind in dieser Phase auch die Mutter nicht als getrenntes Wesen mit eigenen Bedürfnissen und Grenzen, sondern als eine allmächtige Existenz, die es vollkommen glücklich machen könne, dies aber nicht immer tue (selbst die perfekteste Mutter kann nicht immer verhindern, daß ihr Baby auch einmal unter Bauchschmerzen leidet, Hunger hat oder friert), also auch launenhaft und unzuverlässig sei. Wenn Väter ihr Kind ebenfalls versorgten und gleichfalls mit diesem prärationalen Bild der symbiotischen Phase assoziiert würden, werde das Kind dieses Bild später korrigieren und einsehen müssen, daß der erste Elternteil in der symbiotischen Phase nicht mehr und nicht weniger gewesen sei als ein Mitmensch. Unter den gegenwärtigen Bedingungen projiziere das Kind das Bild, das es sich von einem Menschen mache – das Bild eines rational handelnden Wesens mit all seinen Schwächen und Unzulänglichkeiten –, auf den Vater, während die Mutter ein Quasi-Mensch bleibe, kein »Ich«, sondern ein »Es«, ausgestattet mit übermenschlichen Kräften im Guten wie im Bösen. So sei also die traditionelle Rollenverteilung zwischen den Geschlechtern der Grund für die menschliche Illusion, es gäbe ein Wesen, das uns vollkommen glücklich machen könnte, wenn es nur wollte. Man könnte diese Illusion den Traum von der Idealmutter nennen, einer Mutter, die mit ihren guten Gaben, ihrer übermenschlichen Liebe und ihrem Verständnis jederzeit verfügbar sei, zugleich aber nicht die Macht besitze, »nein« zu sagen, zu verletzen oder zu behindern. Diese Illusion hegten beide Geschlechter gleichermaßen und brächten sie in ihre späteren Beziehungen ein, wobei Frauen allerdings rasch merkten, daß sie in der Beziehung zum Mann hierin den kürzeren zögen. Das gelte nicht zuletzt auch für den Bereich der Sexualität, der am unmittelbarsten die Wiederbelebung jener Leidenschaften ermögliche, die erstmals in der Säuglingszeit durch die körperliche Berührung mit der primären Bezugsperson entstünden. Solange diese Person ausschließlich eine Frau sei, gebe es bei dieser Wiederbelebung der Leidenschaften kein Gleichgewicht zwischen Männern und Frauen. Die Rollenverteilung sei von vornherein festgelegt. Da Frauen demselben Geschlecht angehörten wie die frühe Mutter, würden sie mit ihr identifiziert. Sexualität werde zu einer Art natürlichen Reichtums, den die Frauen im Überfluß besäßen und aus dem die Männer schöpften, etwas, das Frauen »gäben« und Männer »nähmen«, und nicht etwas, das sich zwischen Frauen und Männern ereigne.

Stellten wir uns nun vor dem Hintergrund dieser Theorie in Abwandlung des vielzitierten Freudschen Ausrufs die Frage: Was will der Mann?, so könnte die Antwort lauten: Der Mann will uneingeschränkten Zugang zum Körper einer Frau. Dieser Körper müsse einem Wesen gehören, das keine Person mit eigenem Willen, eigenen Bedürfnissen und Gefühlen sei, sondern als eine unerschöpfliche Quelle des Guten stets verfügbar sei, und nicht die Macht besitze, Leid zuzufügen. Wir hätten es hier mit einer Neigung der männlichen Psyche zu tun, die einem primitiven, unvernünftigen Wunsch entspringe, un-vernünftig im wahrsten Sinne des Wortes, das heißt, nicht durch die Vernunft beeinflußt. Diese Neigung trete nicht bei allen Männern in gleichem Maße zutage und sie könne sich in verschiedenen Formen äußern, worauf ich hier jedoch nicht näher eingehen werde. Wichtig für uns ist vor allem, daß der Antiochuskomplex (der Wunsch nach Zugang zum Körper der Tochter) - so Chodorow und Dinnerstein - eine Extremform dieser Neigung zu sein scheint oder besser deren reinste Kristallisation, beziehungsweise, um mit Herman zu sprechen, »der Endpunkt eines Kontinuums« (1981, S. 110). Erwachsene Frauen, so untergeordnet und machtlos sie auch sein mögen, zeigten natürlich immer eine gewisse Autonomie, und sei es nur, weil sie Kinder bekämen, die ihre Aufmerksamkeit in Anspruch nähmen, oder weil sie krank würden, ganz zu schweigen von eventuellen außerfamiliären Interessen. So werde die Tochter häufig mehr Merkmale der Idealmutter aufweisen als die Ehefrau. Die Tochter sei immer da, und ihre Macht sei gleich Null. Zudem werde sie sich vor allem anfangs über das Interesse ihres Vaters freuen und seine sexuellen Annäherungen ohne allzuviel offenen Protest über sich ergehen lassen, so daß der inzestuöse Vater sich einreden könne, seine Tochter sei nur dazu da – und wolle nur dazu da sein –, ihn glücklich zu machen. Und zugleich könne er sich auch einreden, er sei der einzige, der sie glücklich machen könne. Mit anderen Worten: Der inzestuöse Vater stelle – natürlich nur aus seiner Perspektive und nur, solange es währe – mit seiner Tochter die Symbiose her, die er als Säugling mit seiner Mutter gewollt habe. Ich mache dich glücklich, und du machst mich glücklich, und niemand kann je zwischen uns treten. Oder: Niemand, auch du selbst nicht, kann dich mir je wegnehmen.

So gesehen ist der Antiochuskomplex – und somit letztlich auch der Vater-Tochter-Inzest – ein Produkt der Arbeitsteilung zwischen den Geschlechtern, der Tatsache, daß Männer von der primären Verantwortung für kleine Kinder und Frauen von Aufgaben in der »großen, weiten Welt« ausgeschlossen sind.

Natürlich beantwortet diese Hypothese Chodorows und Dinnersteins über die Ursache des Antiochuskomplexes nicht alle Fragen zum Vater-Tochter-Inzest. Sie kann uns aber helfen, verschiedene Phänomene zu erklären, die in der Inzestliteratur immer wieder auftauchen.

Einige dieser Phänomene haben mit dem zu tun, was man zusammenfassend das Motiv der abwesenden Mutter nennen könnte. In vielen Fällen von Vater-Tochter-Inzest arbeitet die Mutter außer Hause oder ist aus anderen Gründen regelmäßig abwesend. Das wird von Fachleuten oft geradezu begierig hervorgehoben, als ob diese Abwesenheit die *Ursache* des Inzests wäre. Ihre Argumentation erinnert an Sprichwörter wie »Ist die Katze aus dem Haus, tanzen die Mäuse auf dem Tisch« oder »Gelegenheit macht Diebe«. Auf diese Weise wird der Mutter implizit die Aufgabe eines Wachhundes zugewiesen, was meiner Meinung nach ein gar zu trauriges

Bild des männlichen Menschen ergibt. Ich meine daher, wir müssen die Abwesenheit der Mutter unter einem anderen Aspekt sehen. Nicht so sehr die Abwesenheit an sich als vielmehr die Autonomie und Selbstbestimmung, die dahinterstehen, erzeugen bei bestimmten Männern Angst und Groll: Angst, den Zugang zu einem tröstenden Frauenkörper zu verlieren, und Groll, weil die Frau, in der sie zumindest bis zu einem gewissen Grad die Idealmutter zu finden hofften, sich ihnen entzieht. Diese Angst und dieser Groll können dazu beitragen, daß ein Vater sich seiner Tochter zuwendet.

Eine Rolle kann auch spielen, daß die Ehefrau sich in der Außenwelt besser zu behaupten weiß als der Mann und er sie deshalb als bedrohlich erlebt. In der Fachliteratur ist dann beispielsweise zu lesen:

> In einem anderen Fall kam es zum Inzest, als der Patient keine Arbeit finden konnte und seine Frau, die den Unterhalt der Familie bestritt, den Ehemann zum Babysitten degradiert hatte (Cavallin 1966, S. 1134).

Als Mann den Babysitter spielen müssen – da ist es kein Wunder, wenn einer verrückte Dinge tut.

Abwesenheit der Mutter muß nicht unbedingt bedeuten, daß sie berufstätig ist. Sie kann auch gestorben sein. Inzestuöse Witwer finden in der Inzestliteratur allemal Verständnis. Oder die Mutter ist krank. Oder sie wird durch ein neues Baby mit Beschlag belegt. Oder ihre Kinder nehmen sie überhaupt mehr in Anspruch, als dem Ehemann lieb ist (das könnte erklären, warum Inzest in großen Familien vergleichsweise häufiger vorkommt).

> In allen Gesellschaften gibt es das Phänomen der Knappheit, [...] ich betrachte Zuneigung als knappes Gut. In jeder Familie besteht eine Nachfrage nach *mehr* Zuneigung. Kinder fühlen sich zu kurz gekommen, weil sie die vorhandene Menge an Zuneigung mit ihren Geschwistern teilen müssen. Der Mann fühlt sich zurückgesetzt, weil er die Liebe seiner Frau mit seinen Kindern teilen muß (*Vrij Nederland* 1985, S. 21).

So der niederländische Anthropologe Thoden van Velzen in einem Interview. Das Bedürfnis der Frau nach Zuneigung erwähnt er nicht. Auch Thoden van Velzen geht stillschweigend davon aus, daß in der Familie sie diejenige ist, die Zuneigung spendet, der Quell, aus dem die anderen schöpfen.

Was ich über die »abwesende« Mutter gesagt habe, hat zwei Dimensionen. Zum einen sind dies die Umstände, die beim Vater-Tochter-Inzest häufig im Spiel sind und deshalb in der Literatur zur Sprache kommen. Zum anderen gebrauchen viele Fachleute diese Umstände aber als Erklärung, wenn nicht gar als Entschuldigung für das inzestuöse Verhalten des Vaters und übersehen dabei, daß dieses Verhalten immer, unabhängig von den jeweiligen Umständen, dem primitiven, irrationalen Wunsch entspringt, einen anderen Menschen ganz in den Dienst der eigenen Bedürfnisse zu stellen. Und weil dieser Wunsch so primitiv und irrational ist, führt er rasch zu Fixierung, blinder Tyrannei und zu einer Art Versklavung. Manche Väter können eines Tages ihre Töchter einfach nicht mehr loslassen, selbst wenn sie es wollten. Sie fühlen sich verraten, wenn ihre Tochter Dritte ins Vertrauen zieht, und es gibt Väter, die, wenn es der Tochter gelungen ist, ihnen endgültig zu entkommen, krank werden oder psychisch zusammenbrechen wie ein von der Mutter im Stich gelassenes Kind. Ein hervorragendes Beispiel hierfür ist der Roman *Lolita* von Vladimir Nabokov (1955), der einen besseren Einblick in die Dynamik einer Inzestbeziehung vermittelt als jede wissenschaftliche Arbeit. Die Hauptperson, Humbert Humbert, hält seine Stieftochter zwei Jahre lang wie eine Gefangene und mißbraucht sie sexuell. Eines Tages läuft Lolita weg. Nach Jahren findet er sie wieder. Sie ist inzwischen verheiratet und erwartet ein Kind. Trotzdem fleht Humbert Humbert sie an, alles im Stich zu lassen und für immer zu ihm zurückzukehren. Lolita sagt, sie habe ihn damals gehaßt, aber das scheint nicht zu ihm durchzudringen. Als Lolita sich weigert, mit ihm zu gehen, bricht er in Tränen aus und tötet den Mann, der sie ihm in seinen Augen weggenommen hat. Den Gedanken, daß es Lolita selbst war, die von ihm fort wollte, kann er offenbar nicht ertragen.

Bis hierher habe ich die Theorien von Dinnerstein und Chodorow über die psychischen Folgen der Arbeitsteilung zwischen den Geschlechtern – ich habe diese Folgen stark vereinfacht auf den gemeinsamen Nenner des »Traums von der Idealmutter« gebracht – dazu verwendet, Einsicht in die Grundlagen des Antiochuskomplexes und die Triebfedern des Verhaltens inzestuöser Väter zu erlangen. Es gibt eine weitere recht merkwürdige Erscheinung, die jedoch im Rahmen dieser Theorie erklärlicher wird. Gemeint ist die Tatsache, daß nicht wenige Opfer des Vater-Tochter-Inzests sich mehr von der Mutter im Stich gelassen fühlen als vom Vater. Das wird erst dann begreiflich, wenn wir uns klarmachen, daß auch Inzestopfer von Frauen großgezogen wurden und daher irreale Erwartungen an die Mutter haben. Auch sie assoziieren die Mutter weiterhin mit der Phantasiemutter der Säuglingszeit, der Allwissenden und Allsehenden, die wie der liebe Gott ihr Kind vor allem Bösen schützen könnte, wenn sie nur wollte.

Dinnerstein und Chodorow kommen zu dem Schluß, daß die Mann-Frau-Beziehung nicht nur ökonomisch, sondern auch psychisch gesünder werden könnte, wenn die Arbeitsteilung der Geschlechter verändert würde, wenn Väter an den Funktionen der Mütter und Mütter an den Funktionen der Väter teilhaben würden, wenn Mütter also gleichermaßen zu Repräsentanten der neuen, interessanten Welt würden, die das Kind nach der Babyzeit kennenlernt. Das ist nur möglich, wenn Frauen in diese Welt aufgenommen werden, das heißt systematisch Zugang zum Arbeitsmarkt haben. Erst dann werden auch Frauen von Anfang an als Personen mit menschlichen Bedürfnissen und Grenzen wahrgenommen werden und nicht mehr als unerschöpfliche Quelle der Zuneigung.

Dinnersteins und Chodorows Denkweise macht es möglich, den Vater-Tochter-Inzest in einem größeren Zusammenhang zu sehen. Vater-Tochter-Inzest hat etwas mit der Stellung der Frau in Familie und Gesellschaft zu tun, mit dem Frauen- und Mädchenbild unserer Kultur. Eine solche Sichtweise hat politische Konsequenzen. Sie macht deutlich, daß es nicht ausreicht, Auffangmöglichkeiten für Inzestopfer zu finanzieren. Wenn sich an der sexuellen Ausbeutung von Frauen und Mädchen, einer Form von Ausbeutung, die im Vater-Tochter-Inzest ihren absoluten Tiefpunkt erreicht, strukturell etwas ändern soll, dann muß sich auch an den Strukturen von Familie und Gesellschaft etwas ändern.

Jeffrey Masson wie auch Marianne Krüll interessierten sich vor allem für die Frage, warum Freud die Verführungstheorie aufgab. Andere machen den Versuch, die Ideen des jungen Freud wiederzubeleben, indem sie sie in eine neue Form gießen.

Weithin bekannt ist hier vor allem die Schweizer Psychoanalytikerin Alice Miller. Sie veröffentlichte kurz nacheinander drei Bücher, die nicht nur in der Fachwelt, sondern auch in den Massenmedien viel Beachtung fanden und mancherlei Kontroversen auslösten. Dennoch ist Miller weniger revolutionär als vielfach angenommen. In komprimierter Form finden wir ihre Ideen beispielsweise auch bei Sándor Ferenczi, dem einzigen Vertrauten Freuds, der noch zu dessen Lebzeiten der Verführungstheorie wieder Geltung verschaffte, und zwar in einem Artikel aus dem Jahre 1933, den Masson als Anhang in sein Buch *Was hat man dir, du armes Kind, getan?* aufgenommen hat.

Sowohl Ferenczi als auch Miller sehen eine Parallele zwischen der Analytiker-Patient-Beziehung und der Beziehung zwischen Vater und Kind oder Mutter und Kind. Diese Parallele hänge nicht nur mit der pädagogischen Haltung des Analytikers zusammen, sondern auch mit der Haltung des Patienten, besonders wenn er als Kind sexuell mißbraucht worden sei. Ferenczi stellte in seiner Praxis fest, daß diese Patienten

ein überaus verfeinertes Gefühl für die Wünsche, Tendenzen, Launen, Sym- und Antipathien des Analytikers haben, [...]. [...] [Sie] verraten ein merkwürdiges, fast clairvoyantes Wissen um Gedanken und Emotionen, die im Analytiker vorgehen (in: Masson: 1933/84, S. 319, 322).

Obwohl die Patienten, wie Ferenczi meint, »insgeheim Haß- und Wutregungen« hatten und die »berufliche Hypokrisie« des Analytikers vollkommen durchschauten, gaben sie sich gefügig und unterwürfig und erlaubten sich keinerlei Kritik. Anstatt dem Analytiker zu widersprechen, identifizierten sie sich mit ihm (1933/84, S. 318ff.). Diese Haltung versteht Ferenczi als Spiegelbild jener Haltung, die die Patienten früher als sexuell mißbrauchte Kinder notgedrungen einnahmen, um zu überleben. Sexuell mißbrauchte Kinder sind, so Ferenczi,

> durch eine ungeheure Angst paralysiert. Die Kinder fühlen sich körperlich und moralisch hilflos, ihre Persönlichkeit ist noch zu wenig konsolidiert, um auch nur in Gedanken protestieren zu können, die überwältigende Kraft und Autorität des Erwachsenen macht sie stumm [. . .]. *Doch dieselbe Angst [. . .] zwingt sie automatisch, sich dem Willen des Angreifers unterzuordnen, jede seiner Wunschregungen zu erraten und zu befolgen, sich selbst ganz vergessend, sich mit dem Angreifer vollauf zu identifizieren* (S. 324).

Eine Analyse, bei der der Patient sich in den Analytiker hineinversetzt, statt der Analytiker in den Patienten, ist nach Ferenczis Meinung sinnlos.

> Die analytische Situation: die reservierte Kühle, die berufliche Hypokrisie und die dahinter versteckte Antipathie gegen den Patienten, die dieser in allen Gliedern fühlte, war nicht wesentlich verschieden von jener Sachlage, die seinerzeit – ich meine in der Kindheit – krankmachend wirkte. Indem wir bei diesem Stande der analytischen Situation dem Patienten auch noch die Traumareproduktion nahelegten, schufen wir eine unerträgliche Sachlage; kein Wunder, daß sie nicht andere und bessere Folgen haben konnte, als das Urtrauma selbst (S. 321).

Mit anderen Worten: Die Wiederbelebung des ursprünglichen Traumas führe auf diese Weise zu einer sinnlosen Wiederholung früherer Leiden und mache den Patienten nicht gesünder, sondern nur noch kränker. Ferenczi erklärt, er habe seinen Patienten erst dann wirklich helfen können, als er die Haltung des allwissenden, unfehlbaren Analytikers, die Tendenz, »auf gewissen theoretischen Konstruktionen zu beharren«, abgelegt und sich ganz in das vertieft habe, was im Leben des Patienten tatsächlich geschehen war. Erst dann sei er zu der Einsicht gelangt, daß

> das Trauma, speziell das Sexualtrauma, als krankmachendes Agens nicht hoch genug angeschlagen werden kann [. . .] (S. 322).

Dieses »Bekenntnis« Ferenczis erinnert mich an eine Äußerung des

niederländischen Psychoanalytikers Louis Tas bei einer Podiums-
diskussion in Amsterdam. Die Beobachtung, daß man in der psychoanalytischen Praxis relativ wenigen Frauen mit Inzesterfahrung
begegnet, erklärte Tas damit, daß es sich um »technisch« schwierige
Patientinnen handle, die das Vertrauen in andere Menschen verloren
hätten und nicht über ihre Erlebnisse sprechen wollten. Eine Frau
aus dem Publikum erklärte, dies sei heute längst nicht mehr so, die
Stellen, die sogenannte »alternative« oder »unbürokratische« Hilfe
anböten, bekämen täglich Frauen zu sehen, die schon im ersten
Gespräch von sich aus über ihre Inzesterlebnisse berichteten. Man
müsse also befürchten, daß die angeblich so geringe Häufigkeit von
Inzestfällen in der psychoanalytischen Praxis weniger mit der Wirklichkeit zu tun habe als mit dem von Ferenczi beschriebenen »Rollentausch« zwischen Analytiker und Patient.

Alice Miller stellt die Ähnlichkeiten im Verhältnis zwischen Psychoanalytiker und Patient einerseits und Vater und Kind oder Mutter und Kind andererseits in einen größeren Zusammenhang. Ihr
zufolge ist die gesamte westliche Kultur vom vierten Gebot geprägt,
von dem Gebot, Vater und Mutter zu ehren. Das erklärt in ihren
Augen den großen Erfolg der Triebtheorie (die von der Existenz
angeborener sexueller Triebe ausgeht) und der mit ihr zusammenhängenden Ödipustheorie, die beide statt der Eltern das Kind be-
schuldigten. Das vierte Gebot ist nach Millers Auffassung eines der
Hauptgesetze der von ihr so genannten »Schwarzen Pädagogik«.
Darunter versteht sie die Grausamkeiten, die Kindern unter dem
Deckmantel der Erziehung angetan werden.

Alice Miller bezeichnet sich als »Anwalt des Kindes«. Das bedeutet jedoch nicht, daß sie die Eltern an den Pranger stellen will. Auch
Eltern seien schließlich erzogen worden. Sie wiederholten an ihren
Kindern nur, was ihnen früher selbst zugefügt worden sei, sie seien
also Opfer desselben Systems. Den einzigen Weg, diesen Teufelskreis zu durchbrechen, sieht Miller darin, daß Menschen die Möglichkeit erhalten, sich im Rahmen einer Psychoanalyse mit den
Eltern der Kindheit zu konfrontieren. Durch die Übertragung – bei
der der Analytiker sich stellvertretend als Vater oder Mutter zur
Verfügung stellt – könne man nachträglich die Wut, die Aggressio-

nen und den Kummer ausleben, den man früher aus Angst vor Liebesverlust und anderen Sanktionen nicht zu fühlen, geschweige denn zu äußern wagte. Der Analytiker dürfe sich dabei nicht als allwissende Autorität geben, sondern müsse ein Begleiter sein oder besser ein Anwalt; er oder sie müsse die unbewußte Identifikation mit dem Erzieher, die heute in der Psychoanalyse so verbreitet sei, aufgeben und sich bewußt mit dem Kind im Patienten identifizieren. Was dem Kind angetan worden sei, könne nicht mehr ungeschehen gemacht werden. Nach Miller sind es indessen nicht die Grausamkeiten als solche, die Erwachsene später krankmachen und sie unbewußt dazu bringen, die eigenen Kinder ebenso zu behandeln, wie man sie selbst einst behandelt hat, sondern die Tatsache, daß sie die damit verbundenen Gefühle immer wegschieben mußten und den Eltern nie einen Vorwurf machen konnten. Ziel der Analyse sei, daß der Patient oder die Patientin erkenne, was für Menschen die Eltern wirklich gewesen seien, und daß er um die verlorene Illusion von den guten Eltern trauern könne.

Die so häufige unfruchtbare Wiederholung der Eltern-Kind-Beziehung in der Analyse hängt wie gesagt auch mit dem Einfühlungsvermögen des Patienten zusammen oder besser mit seinem Ursprung, dem Einfühlungsvermögen des sexuell mißbrauchten Kindes. Bei Miller finden wir einen ähnlichen Gedanken. Ihr erstes Buch hieß: *Das Drama des begabten Kindes*. Mit »begabt« meint sie eine Mischung aus Folgsamkeit, Einfühlungsvermögen, Sensibilität und Intelligenz. Obwohl sie es an keiner Stelle explizit ausspricht, gibt Miller doch zu verstehen, daß Kinder, die in diesem Sinne des Wortes begabt sind, besonders anfällig für die Ausbeutung durch einen Erwachsenen sind. Ob diese »Begabung« angeboren ist oder nicht, läßt sie dahingestellt sein. Ferenczi drückt sich in dieser Hinsicht deutlicher aus und kommt meiner Ansicht nach der Realität näher. Was Miller »Begabung« nennt, entspricht dem, was Ferenczi als »Frühreife« bezeichnet. Und er läßt keinen Zweifel daran, daß diese Frühreife nicht Ursache, sondern Folge der Ausbeutung durch den Erwachsenen ist:

Höchste Not [. . .] scheint die Macht zu haben, latente Dispositionen, die, noch unbesetzt, in tiefer Ruhe auf das Heranreifen warteten, plötzlich zu erwecken und in Tätigkeit zu versetzen. Das sexuell angegriffene Kind kann die in ihm virtuell vorgebildeten zukünftigen Fähigkeiten [...] unter dem Druck der traumatischen Notwendigkeit plötzlich zur Entfaltung bringen. Man darf da getrost [...] von *traumatischer* (pathologischer) *Progression oder Frühreife* sprechen. [...] Nicht nur emotionell, auch *intellektuell* kann der Schock einen Teil der Person plötzlich heranreifen lassen. [...] Die Angst vor dem hemmungslosen [...] Erwachsenen macht das Kind sozusagen zum Psychiater, und um das zu werden und sich vor den Gefahren seitens Personen ohne Selbstkontrolle zu schützen, muß es sich mit ihnen zunächst vollkommen zu identifizieren wissen (1933/84, S. 327).

Was Ferenczi Frühreife nennt, hat keine positive Bedeutung. Es ist eine Reife, die von anderen aktiviert wird, von der andere profitieren, eine Reife, die das sexuell mißbrauchte Kind zwar überleben läßt, zugleich aber auch zum Spielball macht, eine Reife, die Selbstachtung und Selbstvertrauen erstickt, Eigenschaften, die jeder Mensch braucht, um sich im Umgang mit anderen behaupten zu können.

Das überentwickelte Einfühlungsvermögen des sexuell mißbrauchten Kindes ist *ein* Aspekt dessen, was beim Inzest eine Rolle spielt. Darüber hinaus versuchen Ferenczi wie auch Miller, der Frage auf den Grund zu gehen, was in psychischer Hinsicht nicht in Ordnung ist, wenn Eltern ihr Kind ihren eigenen Bedürfnissen unterwerfen. Ferenczis Schlüsselwort in diesem Zusammenhang lautet »Sprachverwirrung«. Der Aufsatz, auf den ich mich hier beziehe, trägt den Titel: »Sprachverwirrung zwischen dem Erwachsenen und dem Kind (Die Sprache der Zärtlichkeit und die Sprache der Leidenschaft)«. Ein Erwachsener, der die zärtliche Sprache des Kindes in Leidenschaft übersetze, interpretiere die Absichten des Kindes völlig falsch. Diese Sprachverwirrung ist nach Ferenczi kennzeichnend dafür, auf welche Weise es zu inzestuösem Mißbrauch kommt:

Ein Erwachsener und ein Kind lieben sich; das Kind hat die spielerische Phantasie, mit dem Erwachsenen die Mutterrolle zu spielen. Dieses Spiel mag auch erotische Formen annehmen, bleibt aber nach wie vor auf dem Zärtlichkeitsniveau. Nicht so bei pathologisch veranlagten Erwachsenen [...]. Sie verwechseln die Spielereien der Kinder mit den Wünschen einer sexuell reifen Person [...] (S. 322).

Ferenczi verwirft zwar nicht Freuds Ideen über die ödipalen Wünsche des Kindes, stellt diese Wünsche jedoch auf eine ganz andere Ebene. Kinder spielen nach seinen Worten fast ausnahmslos

mit der Idee, die Stelle des gleichgeschlechtlichen Elternteils einzunehmen, um das Ehegemahl des gegengeschlechtlichen zu werden. Doch wohlgemerkt, bloß in der Phantasie; in der Realität möchten sie, ja können sie die Zärtlichkeit [...] nicht missen. Wird Kindern in der Zärtlichkeitsphase *mehr Liebe* aufgezwungen oder Liebe anderer Art, als sie sich wünschen, so mag das ebenso pathogene Folgen nach sich ziehen wie die bisher fast immer herangezogene *Liebesversagung* (S. 325 f.).

Ferenczi läßt im folgenden keinen Zweifel daran, daß »die vorzeitige Aufpfropfung leidenschaftlicher und mit Schuldgefühlen gespickter Arten des Liebens auf ein noch unreifes, schuldloses Wesen« tiefe Narben in der Psyche des Kindes hinterläßt und zu schweren Neurosen führen kann (S. 326).

Was Ferenczi als »Sprachverwirrung« bezeichnet, ist mit dem vergleichbar, was Miller die »narzißtische Besetzung« des Kindes durch einen Elternteil nennt. Damit meint sie, daß Vater oder Mutter im Umgang mit dem Kind ihre eigenen Bedürfnisse in den Vordergrund stellen und sie auf das Kind projizieren. Ein Kind sei durch die mächtige Elternperson so leicht zu manipulieren, daß es im Tausch für die Liebe und Zuwendung, die es zum Überleben brauche, bereit sei, die eigenen Bedürfnisse hinter die von Vater oder Mutter zurückzustellen.

Der Begriff »narzißtische Besetzung« ist bei Miller im Prinzip nicht negativ. In einer gesunden Eltern-Kind-Beziehung sei eine solche Besetzung sogar unerläßlich, solange die Rollen zwischen Vater und Kind oder Mutter und Kind nicht vertauscht würden. Gute Eltern sind für Miller Eltern, die dem Kind »dienen«, anstatt es zu erziehen, und erziehen heißt für sie, »das wahre Selbst« des Kindes in einem Korsett von Normen, Regeln und Geboten zu ersticken. Gute Eltern verstünden das Kind, respektierten es und ließen sich von ihm als »Spiegel« gebrauchen; sehe das Kind in diesen Spiegel, erblicke es sich selbst und nicht Vater oder Mutter. Um sich zu einer Person entwickeln zu können, die mit beiden Beinen im Leben steht und nicht von Neurosen beherrscht wird, brauche jedes Kind eine Elternperson, die es »narzißtisch besetzen« könne. In der Praxis aber, so Miller, ist es nur allzuoft umgekehrt: Nicht das Kind besetzt die Elternperson, sondern die Elternperson besetzt das Kind.

Das narzißtisch besetzte Kind wird vom Erwachsenen als ein Teil seines Selbst erlebt. Darum kann sich dieser kaum vorstellen, daß das, was ihm Lustgefühle bereitet, für das Kind eine andere Bedeutung haben könnte (1981, S. 13).

Ferenczi und Miller sind in meinen Augen Pflichtlektüre für jeden, der sich mit dem Inzestproblem befaßt. Das bedeutet jedoch nicht, daß ich Millers Werk nicht auch kritisch betrachten würde. Wir haben gesehen, daß Freud die von ihm selbst zunächst hervorgehobene Bedeutung der frühen Kindheit später in den Dienst seiner Behauptung stellte, der sexuelle Mißbrauch müsse ein Produkt der Phantasie sein, weil »es im Unbewußten ein Realitätszeichen nicht gibt«. Er ignorierte dabei die Berichte weiblicher Patienten, die *nach* ihrer frühen Kindheit – *nach* ihren ersten Lebensjahren also, die nicht erinnert werden und daher nur im Unbewußten fortleben – vom Vater mißbraucht worden waren und sich dieses Mißbrauchs genau entsannen. Alice Miller geht ähnlich vor. Zwar gibt es im Unbewußten ihrer Überzeugung nach durchaus Erinnerungen an reale Ereignisse, doch richtet auch sie ihr Hauptaugenmerk auf die unverarbeiteten Erlebnisse der ödipalen Phase, an die jede bewußte Erinnerung fehle. Das führt dazu, daß sie spätere Erlebnisse vernachlässigt, wie die folgende Passage zeigt, in der sie nach Freuds Vorbild zwischen der ödipalen Phase und der Pubertät eine Latenzphase ansiedelt:

Die Abnahme des Interesses für die Sexualität in der Latenzzeit führt Freud auf die Verdrängung des Ödipuskomplexes zurück. [...] Wenn man das kleine Kind nicht als Subjekt [...], sondern als das Objekt der Sexualwünsche des Erwachsenen sieht, dann drängen sich nämlich noch andere Überlegungen auf: Das kleine Kind ist den Berührungen des Erwachsenen viel mehr ausgesetzt als das größere. Es lebt viel näher mit seinen Eltern zusammen, oft teilt es mit ihnen das Schlafzimmer. Es ist auch in der ersten Lebenszeit viel anziehender und erregender als zur Zeit des Zahnwechsels und in der Schulzeit. Außerdem kann man sich besser auf die Diskretion eines kleinen als auf die eines größeren Kindes verlassen [. . .] (1981, S. 155).

Hier verknüpft Miller sexuellen Mißbrauch mit der notwendigen Berührung durch Erwachsene im Rahmen der Körperpflege. Wir erinnern uns, daß auch Freud diese beiden Dinge miteinander vermengte und so über die Dienstbotenätiologie zur Beschuldigung der Mutter kam. Des weiteren bringt Miller sexuellen Mißbrauch mit dem Charme des Kindes in Verbindung. Die Kombination dieser Faktoren – Reiz des Kindes einerseits und implizite Beschuldigung der Mutter andererseits – findet sich auch in der folgenden Passage wieder:

Es ist ganz natürlich, daß das Kind im Erwachsenen Sexualbedürfnisse weckt, weil es schön, anschmiegsam, zärtlich ist und weil es den Erwachsenen so bewundert [. . .]. Wenn ein Erwachsener mit seinem gleichaltrigen Partner ein befriedigendes Sexualleben führt, wird er sich die Befriedigung seiner beim Kind aufgetauchten Wünsche versagen können, ohne sie abzuwehren. Wenn er sich aber bei seinem Partner erniedrigt und nicht ernstgenommen fühlt [. . .], dann wird dieser Erwachsene besonders stark dazu neigen, an sein Kind seine sexuellen Bedürfnisse heranzutragen [. . .] (1981, S. 155 f.).

Eine andere Passage, in der Miller als treue Freudianerin im Zusammenhang mit dem Inzestproblem nur Augen für die ödipale Phase hat, ist diese:

Mit dem Wort »ödipal« sind verschiedene Assoziationen verbunden. [. . .] Die Eifersucht, die Ohnmacht, die aussichtslose Rivalität mit dem Großen, der einen die Machtunterschiede spüren läßt [. . .], alles das gehört zur sog. »ödipalen Phase«, im Alter von drei bis fünf Jahren, zu einer Zeit, in der das Kind in der Blüte seiner Schönheit steht und oft das bevorzugte sexuelle Objekt des Erwachsenen und älterer Geschwister ist. Es hat gerade gelernt, deutlich zu sprechen, bewegt sich mit Grazie, bewundert seine

Eltern, ist ihnen ergeben, zeigt noch kein Mißtrauen, keine Kritik, ist ein ideales, verfügbares Objekt (1981, S. 190).

Miller behauptet also, sexueller Mißbrauch von Kindern durch einen Elternteil finde vor allem im Alter bis zu fünf Jahren statt, während Kinder in der Latenzzeit gleichsam außer Gefahr seien, da sie dann ihre Anziehungskraft größtenteils verloren hätten. Das steht nun allerdings in krassem Widerspruch zur Realität. Sexueller Mißbrauch hat nichts mit dem besonderen Reiz eines bestimmten Kindes oder mit dem Reiz eines Kindes in einem bestimmten Lebensalter zu tun. Gerade in der sogenannten Latenzzeit werden viele Mädchen Opfer ihrer Väter. In sehr vielen Fällen setzt der Mißbrauch ein, wenn das Mädchen acht bis zehn Jahre alt ist. Zudem ist es häufig die älteste Tochter, die vom Vater mißbraucht wird, auch wenn es in der Familie ein anderes Kind im anziehenden ödipalen Alter gibt. Miller sollte das eigentlich auch wissen, denn sie schreibt:

Es ist bekannt, daß Väter manchmal ihre Töchter vergewaltigen, und in der letzten Zeit sind solche Berichte zugänglicher, weil die Töchter mehr Chancen haben, Verborgenes preiszugeben, sofern sich das Trauma im späteren, *erinnerbaren Alter* abspielt (1981, S. 159; Hervorhebung J. R.).

Eine solche Feststellung bleibt dann allerdings in der Luft hängen; Miller versucht nicht, sie in ihre Erörterung zu integrieren. Im Grunde interessiert sie sich ebensowenig wie Freud für Dinge, die sich im erinnerbaren Alter ereignen.

Die frühe Kindheit, um die Millers Denken kreist, bestimmt auch ihre Wahrnehmungen. Wie wir gesehen haben, ist sie der Meinung, ein kleines Kind sei leichter zu mißbrauchen, weil es besser schweigen könne. Ich frage mich aber, ob es sich beim Inzest nicht eher umgekehrt verhält. Ein älteres Kind beispielsweise kann der Erwachsene so manipulieren, daß es sich schuldig und mitverantwortlich fühlt und schon allein deshalb Stillschweigen bewahrt. Außerdem ist ein älteres Kind besser in der Lage, Dinge zu verheimlichen, die ein kleines Kind vielleicht spontan ausplaudern würde.

Das Dogma der frühen Kindheit führt Miller immer wieder zurück zur Mutter als derjenigen, die letztlich für alles verantwortlich sei, was im Leben des Kindes schiefgehe. In ihrem ersten Buch

Das Drama des begabten Kindes macht Miller kein Hehl daraus, daß die Mutter-Kind-Beziehung in ihren Augen die Quelle allen Glücks, aber auch allen Elends ist:

> Jedes Kind hat das legitime, narzißtische Bedürfnis, von der Mutter gesehen, verstanden, ernstgenommen und respektiert zu werden. Es ist darauf angewiesen, in den ersten Lebenswochen und Monaten über die Mutter verfügen zu können, sie zu gebrauchen, von ihr gespiegelt zu werden. [. . .] Hat ein Kind das Glück, bei einer spiegelnden Mutter aufzuwachsen, die sich narzißtisch besetzen läßt, die verfügbar ist, d. h. sich zur Funktion der narzißtischen Entwicklung des Kindes »nutzbar machen« läßt [. . .], so kann im heranwachsenden Kind allmählich das gesunde Selbstgefühl entstehen (1979, S. 59f.).

Ihre einseitige Ausrichtung auf die Mutter hat Miller von feministischer Seite viel Kritik eingetragen, und auf den ersten Blick scheint es, als habe sie sich diese Kritik zu Herzen genommen, denn in ihrem dritten Buch, *Du sollst nicht merken,* ersetzt sie »die Mutter« durch »die Eltern«. Für mich ist das allerdings kein Fortschritt, denn die Eltern werden nun als eine undifferenzierte Zweieinigkeit dargestellt, und das verwischt die Konturen. Beim Lesen fragt man sich, ob Miller, wenn sie von »den Eltern« spricht, nicht doch nur die Mutter meint. Dieser Eindruck wird noch dadurch verstärkt, daß sie immer wieder – oft nebenbei, als sei es eine Selbstverständlichkeit – auf die Mutter verweist. Henry Miller, Baudelaire, Beckett, Don Juan – sie alle seien bei ihrer Mutter zu kurz gekommen. Und über Kafka schreibt Miller:

> Das Leiden des kleinen Kindes an seiner Mutter, die das Kind nicht verstehen und nicht einmal sehen konnte, bleibt dem Menschen Franz Kafka emotional unzugänglich, während die Schwierigkeiten mit dem Vater, die in eine spätere Zeit gehören, für ihn viel greifbarer und besser artikulierbar waren (1981, S. 334).

Implizit wird also auch hier (genau wie bei Freud) zu verstehen gegeben, daß letzlich die Mutter die Wurzel allen Übels sei. In bezug auf sexuellen Mißbrauch bedeutet das: Wer als kleines Kind eine spiegelnde Mutter gehabt hat, bei dem kann ein vergewaltigender Vater später nicht mehr so viel Unheil anrichten.

Miller lenkt die Aufmerksamkeit vom Vater ab, und im Grunde tut sie es auf die gleiche Art wie Freud. Durch ihr Insistieren auf der Bedeutung der frühen Kindheit erweckt sie den Eindruck, daß, auch wenn das Kind vom Vater sexuell mißbraucht wird, die Mutter diejenige sei, die das Kind dafür empfänglich gemacht habe, weil sie ihm in seinen ersten Lebensjahren nicht die Möglichkeit gegeben habe, »ein gesundes Selbstgefühl« zu entwickeln. Dieses »gesunde Selbstgefühl« fehle auch dem inzestuösen Vater, der wiederum seine eigene Mutter verantwortlich machen könne.

Trotz der genannten Einwände gegen Millers Werk bilden ihre und Ferenczis Ideen meiner Meinung nach eine ausgezeichnete Grundlage für die Rehabilitierung und Aktualisierung der Freudschen Verführungstheorie. Das Bild von der Sprachverwirrung zwischen den Erwachsenen und dem Kind, einer Verwirrung der Sprache der Zärtlichkeit und der Sprache der Leidenschaft, zeigt ebenso wie das Bild von der narzißtischen Besetzung des Kindes durch eine Elternperson in aller Deutlichkeit, daß erstens inzestuöser Mißbrauch *nicht* als Phantasie abgetan werden kann und zweitens inzestuöse Beziehungen *niemals* vom Kind ausgehen. Auch lassen beide Autoren keinen Zweifel daran, daß Inzest dem Kind Schaden zufügt und tiefe Wunden in seiner Psyche hinterläßt.

Eine Frage, auf die Ferenczi und Miller nicht eingehen, ist die Frage, weshalb in den meisten Inzestfällen der Täter ein Mann ist, auch wenn – was weniger oft vorkommt – das Opfer ein Junge ist. Wir haben gesehen, daß Miller von einer Art »Weitergabemechanismus« ausgeht: Eltern, die ihre Kinder mißhandeln oder ausbeuten, sind, wie sie meint, früher ebenso behandelt worden und benutzen ihr Kind als Ventil für die eigenen unverarbeiteten Frustrationen. Das erklärt jedoch nicht, warum so viele Väter ihre Frustrationen in sexuellen Mißbrauch umsetzen, Mütter dagegen kaum jemals. Im Zusammenhang mit diesem Phänomen habe ich den Begriff »Antiochuskomplex« eingeführt, der im Gegensatz zum »Ödipuskomplex« die Dinge beim Namen nennt, anstatt sie zu verschleiern, und der deshalb zum Kernbegriff einer neuen Psychoanalyse werden kann, einer Psychoanalyse, die zurückkehrt zu ihrem fast hundert Jahre alten Ursprung: zur Verführungstheorie.

Teil III
Inzest und Gesellschaft

21. *Sozialpsychologische Theorien über die Ursachen des Inzests*

In den soziologischen und psychologischen Theorien über die Ursachen des Inzests hat im Laufe des 20. Jahrhunderts eine Akzentverschiebung stattgefunden, die sowohl mit den wissenschaftstheoretischen Hintergründen als auch mit der Beschaffenheit der empirischen Daten zusammenhängt. Darüber hinaus hat auch der (manchmal versteckte) Einfluß der Psychoanalyse – nach einer gewissen Inkubationszeit – vor allem in der zweiten Hälfte unseres Jahrhunderts stark zugenommen.

Anfangs konzentrierte sich die Inzestforschung im wesentlichen auf die Person des Täters, dessen Verhalten sie auf eine angeborene oder erworbene Störung zurückzuführen suchte. Manche Autoren hielten den Inzesttäter für geistesgestört, andere sahen die Inzestursache in einem übersteigerten Geschlechtstrieb (Hypersexualität), wieder andere in mangelnder Intelligenz des Täters. Ein weiterer Erklärungsversuch brachte Inzest mit dem sozialen Milieu in Verbindung, mit Armut, Alkoholmißbrauch und moralischer Abstumpfung in den unteren Gesellschaftsschichten.

Daß man sich darauf beschränkte, nach einer einzigen – vorzugsweise biologischen oder sonstigen objektiv nachweisbaren – Ursache zu suchen, hing mit dem damaligen Stand der Human- und Sozialwissenschaften zusammen, die noch größtenteils dem Positivismus des 19. Jahrhunderts verpflichtet waren. Darüber hinaus war die Forschung auch durch die Art und Weise geprägt, wie man zu seinem Untersuchungsmaterial gelangte. Die meisten Veröffentlichungen bezogen sich auf Inzestfälle mit strafrechtlichen Konsequenzen, bei denen also auf Antrag der Justizbehörden ein Ermittlungsverfahren eingeleitet worden war. Diese forensischen Studien ergaben ein verzerrtes Bild des Inzests, da sie nur jene Fälle erfaßten, in denen Anzeige erstattet worden war, was besonders früher selten geschah. Eine der Folgen war, daß unter dem Einfluß der Klassenjustiz automatisch die unteren Gesellschaftsschichten ins Blickfeld rückten. Des weiteren war die Forschung dadurch bestimmt, daß der Zugang zum Inzestproblem über Verhalten und Erleben des *Täters* erfolgte. Das brachte unter anderem die Gefahr mit sich, daß Argumente, mit denen der Täter sich reinzuwaschen suchte (zum Beispiel das Argument der frigiden Ehefrau), Ursachenstatus erlangten. Auch für diejenigen unter den Wissenschaftlern (zum Beispiel van der Kwast und Maisch), die auch mit der sexuell mißbrauchten Tochter und der Mutter Gespräche führten, blieb der Täter direkt oder indirekt (über Polizeiberichte oder sonstiges Aktenmaterial) wichtigster »Informant«.

Seit den fünfziger Jahren etwa beschränkt sich die Inzestforschung nicht mehr auf die forensische Psychiatrie, sondern umfaßt auch klinische Untersuchungen, deren Ausgangsdaten der psychiatrischen und psychologischen Praxis entstammen. Zwar werden auch diese Untersuchungen an ausgewählten Gruppen durchgeführt, da den Beratungsstellen nur ein Bruchteil der Fälle bekannt wird; anders als im Justizbereich aber wird hier der Täter nicht in erster Linie als Delinquent angesehen und tritt auch nicht als einziger oder Hauptinformant auf. Nicht zuletzt dadurch kam es zu einer Ausweitung und Vertiefung der Inzestforschung. Man hörte auf, nach einer einzigen Ursache zu suchen, und ging zu einer »mehrdimensionalen Betrachtungsweise« über (Maisch 1968, S. 69). Dabei rückte die Familiensituation immer mehr in den Vordergrund. Man interessierte sich nun für Verhalten und Persönlichkeit nicht mehr nur des Täters, sondern auch des Opfers und seiner Mutter. Die Interaktion zwischen den Familienmitgliedern wurde zu einem Faktor von entscheidender Bedeutung. Das bedeutet allerdings nicht, daß die anderen Erklärungsansätze nicht mehr existierten. Sie bestehen neben der augenblicklich populärsten Theorie, die ich die Theorie der zerrütteten Familie nenne, weiterhin fort. Auf den ersten Blick erscheint diese Theorie als ein Fortschritt gegenüber dem doch recht fatalistischen Versuch, inzestuösen Mißbrauch auf eine Abnormität des Täters zurückzuführen. Dennoch hat auch diese Theorie äußerst gravierende Nachteile: Nur allzuoft artet sie in eine Verurteilung des Opfers und der Mutter und ein Plädoyer für den Vater aus.

In diesem Zusammenhang sollte nicht unerwähnt bleiben, daß ein großer Teil der klinischen Literatur aus Artikeln in Fachzeitschriften besteht, die auf einer sehr begrenzten Zahl von Fällen (manchmal nicht mehr als drei oder vier) aus einer einzigen Arztpraxis basieren. Der Leser dieser Artikel vermag kaum zu beurteilen, inwieweit die darin verkündeten Inzesttheorien überhaupt von den konkreten Fällen des jeweiligen Arztes empirisch untermauert werden. Anders gesagt: Inwieweit wird das, was bewiesen werden soll, implizit bereits vorausgesetzt? Und doch enthalten gerade diese Artikel Thesen, die sich mittlerweile verselbständigt haben und von vielen Fachleuten als unumstößliche Wahrheiten angenommen werden, ohne daß noch jemand nach ihrem Ursprung fragen würde. Typisch hierfür ist ein Artikel von Kaufman, Peck und Tagiuri (1954) über eine Untersuchung an elf sexuell mißbrauchten Töchtern, ein Paradebeispiel für den Freispruch des Vaters. Ich werde darauf zurückkommen.

Trotz unterschiedlicher Untersuchungsmethoden und verschiedener wissenschaftstheoretischer Hintergründe weisen die genannten nichtfeministischen Theorien über die Ursachen des Inzests einige grundlegende Gemeinsamkeiten auf. Da ist zunächst die Tatsache, daß sie in schöner Eintracht mit der Kulturanthropologie (siehe Teil I) leichtfertig über die einseitige Verletzung des Inzesttabus hinweggehen. Die meisten Autoren vermitteln den Eindruck, alle Inzestformen träten gleich häufig auf, obwohl die Statistiken, mit denen einige von ihnen ihre Ausführungen zu untermauern suchen, das Gegenteil beweisen. Manche vermerken zwar am Rande – und auch das ist uns aus der Kulturanthropologie wohlbekannt –, Vater-Tochter-Inzest sei am weitesten verbreitet (Bruder-Schwester-Inzest wird noch immer weitgehend ignoriert), um es dann aber bei dieser Feststellung zu belassen, so als hätte sie keinerlei Bedeutung.

Ein weiteres gemeinsames Merkmal der Theorien nicht-feministischer Autoren ist der angestrengte Versuch, den Inzest als eine Randerscheinung der Gesellschaft darzustellen, die mit dem »normalen« Leben nichts zu tun habe. Diese Auffassung wird in dem Bild des Inzesttäters als einem abnormen Wesen deutlich: der Täter als Psychopath, Geisteskranker, Sexbesessener oder Alkoholiker. Der arme Tropf gehört ebenso hierher wie die zerrüttete Familie, die in der neueren Literatur so hoch im Kurs steht. In gewissem Sinne kann die zerrüttete Familie als Nachfolgerin der asozialen Familie gelten. Auch das Bild der zerrütteten Familie beruht auf dem Gedanken, die Familie als Eckpfeiler der Gesellschaft sei ihrem Wesen nach gesund und gegen verderbliches Verhalten wie den Inzest immun. Konkrete Inzestfälle werden als gelegentliche Entgleisungen dargestellt, als Auswüchse pathologischer Verhältnisse, die mit der »normalen« Gesellschaft nicht das geringste zu tun hätten.

Im vergangenen Jahrzehnt hat man in feministischen Kreisen begonnen, Inzest aus einem neuen Blickwinkel zu betrachten. Ein Hauptmerkmal feministischer Untersuchungen allgemein besteht darin, daß sie grundsätzlich die Kategorie »Geschlecht« mit berücksichtigen. Das gilt auch für die feministische Inzestforschung. Im Gegensatz zu ihren Kollegen und Kolleginnen, die es vorziehen, diese Tatsache zu ignorieren, messen feministische Autorinnen der einseitigen Übertretung des Inzesttabus fundamentale Bedeutung bei, das heißt also dem Umstand, daß der Inzesttäter fast durchweg ein erwachsener oder nahezu erwachsener Mann und das Opfer ein Mädchen ist. Und sie stellen einen Zusammenhang zwischen Inzest und anderen Formen sexueller Gewalt gegen Frauen her. In den siebziger Jahren brachte die Frauenbewegung ans Licht, daß bei der Vergewaltigung von Frauen der Täter meist im Bekanntenkreis des Opfers zu suchen und daß Vergewaltigung in der Ehe keine Seltenheit ist. In den achtziger Jahren nun stellt sich heraus, daß auch weibliche Kinder immer wieder Opfer sexueller Übergriffe von seiten Erwachsener werden, die sie kennen und denen sie vertrauen. Das hat unter anderem zur Folge, daß die Ideologie von der Familie als einem sicheren Hafen in einer Welt voller Gefahren zumindest einiger Korrektur bedarf. Für Frauen ist die Familie nicht selten ein Gefängnis. Das gilt in besonderem Maße und im wahrsten Sinne des Wortes für die sexuell mißbrauchte Tochter. Die Familie als Institution birgt die Möglichkeit extremer Ausbeutung eines extrem abhängigen Menschenkindes in sich, und die Gesellschaft verschließt vor dieser Ausbeutung beide Augen, oder aber sie ist blind dafür, was letztlich auf das gleiche hinausläuft.

Nachdem ich nun mit Siebenmeilenstiefeln durch die jüngere Geschichte der Inzestforschung geeilt bin, will ich an dieser Stelle kehrtmachen und in den folgenden Kapiteln ausführlicher auf die Theorien eingehen, die ich bisher nur kurz gestreift habe.

In Jacques Préverts Gedicht »Encore une fois sur le fleuve« (1963) nimmt sich ein fünfzehnjähriges Mädchen das Leben, weil es von seinem Vater ein Kind erwartet. Von den Umständen der Vergewaltigung zeichnet Prévert folgendes Bild: In einer trostlosen Arbeiterbehausung liegt das Mädchen inmitten seiner Geschwister auf einer nackten Matratze und schläft. Die zu Tode erschöpfte Mutter hat sich laut schnarchend zur Wand gedreht. Der Vater, ein ehemaliger Soldat, der in den Tropen gedient hat, dann aber wegen Debilität ausgemustert wurde, ist auf dem Nachhauseweg von seiner Nachtschicht in den Hallen, dem 1968 abgerissenen Großmarkt im Herzen von Paris. Das fahle Blau seiner Augen ist vom Wein getrübt. Unterwegs steuert er ein Bordell an und stellt mit einem Seufzer des Bedauerns fest, daß es geschlossen ist. Zu Hause angekommen, vergreift er sich an seiner Tochter.

Prévert schildert hier eine Szene, wie sie vor nicht allzu langer Zeit in der Fachwelt wie in der öffentlichen Meinung mit Inzest assoziiert wurde: Ein armer Schlucker, für einen Hungerlohn schwer arbeitend, vom Alkohol benommen, gewohnt, seine Sexualbedürfnisse unmittelbar zu befriedigen, Ernährer einer abgearbeiteten Frau mit einem Stall voller Kinder, macht sich wie ein Tier über seine Tochter her. Vor allem der Hinweis auf die miserablen Wohnverhältnisse der Unterschicht fehlte in der ersten Hälfte unseres Jahrhunderts in kaum einer Untersuchung über den Inzest. Wo Eltern und Kinder eng zusammengedrängt in einem einzigen Raum lebten und alles voneinander mitbekamen, konnte »tierisches« Verhalten (und als solches betrachtete man auch den Inzest) kaum ausbleiben, hieß es. Ein Soziologe formulierte diesen Gedanken um die Jahrhundertwende so:

[. . .] in den Elendsvierteln der Großstädte, wo die Familien wie Schweine zusammengepfercht leben, herrscht eine erschreckende Gleichgültigkeit gegenüber jeglicher Form von Inzest bei Erwachsenen wie bei Kindern (in: Weinberg 1955/76, S. 55).

Mit steigendem Wohlstand und der Verbesserung der Wohnbedingungen der Unterschicht verlor das Argument von den beengten

Wohnverhältnissen als einer der Inzestursachen seinen Platz in der Fachliteratur, zumal man sich zunehmend darüber klar wurde, daß ein Wesensmerkmal des Inzests in der Geheimhaltung besteht und daß Geheimhaltung nur dort möglich ist, wo der Täter sich mit dem Opfer zurückziehen kann. In der heutigen Inzestliteratur werden ungünstige Wohnbedingungen allenfalls noch als Ursache psychischer Spannungen erwähnt (wobei man inzestuösen Mißbrauch als Ventil für diese Spannungen sieht).

Der allgemeinen, also nicht speziell an die Wohnraumbeschaffenheit gebundenen Verknüpfung von Inzest und Asozialität war ein längeres Leben beschieden, und im Grunde ist diese Auffassung noch heute in der öffentlichen Meinung fest verankert. In der Fachliteratur dagegen entstand nach und nach ein differenzierteres Bild, und zwar aufgrund der relativ neuen Erkenntnis, daß sexueller Mißbrauch in gehobenen Kreisen leichter geheimzuhalten ist.[17] Angehörige der unteren Schichten kommen häufiger mit Polizei, Justiz und Behörden wie dem Jugendamt in Berührung, so daß Fälle von Inzest hier eher aufgedeckt werden. Außerdem werden Unterschichttäter häufiger verurteilt, während bei Tätern aus den oberen sozialen Schichten ein Verfahren eher einmal eingestellt wird (Klassenjustiz). Untersuchungen, die einen Zusammenhang zwischen Inzest und sozioökonomischer Schichtzugehörigkeit aufzeigen, werden meist an verurteilten Inzestdelinquenten durchgeführt; es findet also schon von vornherein eine Auswahl in Richtung der unteren Sozialschichten statt (siehe Draijer 1985, S. 55f.).

Meiner Meinung nach darf gleichfalls nicht übersehen werden, daß die Verknüpfung von Inzest und Asozialität lange Zeit dazu beitrug, daß Töchter und ganz gewiß auch Mütter (denen es seit eh und je angelastet wird, wenn eine Familie »nichts taugt«) Inzestvorkommnisse geheimhielten. Wenn es Inzest nur bei den »Asozialen«

---

[17] Erinnern wir uns, daß auch Freuds weibliche Patienten der Oberschicht entstammten. Manche sehen darin sogar den Grund für Freuds Abkehr von der Verführungstheorie. Hätte er an dieser Theorie festgehalten, hätte er die Creme der Wiener Väter anklagen müssen, während er doch andererseits in seinem Streben nach Ruhm auf sie angewiesen war. Und auf das Proletariat konnte Freud das Inzestproblem schlecht abwälzen, denn in seinem Wartezimmer fand er den lebenden Beweis des Gegenteils.

gab, dann hätte die Mittelschichtfamilie ja bei Bekanntwerden erheblich an Sozialprestige verloren, ebenso wie im übrigen die anständige Arbeiterfamilie, denn auch in den Vorstellungen der Arbeiterklasse gab – und gibt – es einen hierarchischen Unterschied zwischen »arm, aber ordentlich« und den »echten Asozialen«. Diese Geheimhaltung wiederum festigte die Vorstellung, Vater-Tochter-Inzest komme in »anständigen« Familien nicht vor.

Herbert Maisch untersuchte in den sechziger Jahren achtundsiebzig Fälle von Vater-Tochter-Inzest, die vor deutschen Gerichten verhandelt wurden (sechzig Täter wurden verurteilt). 91 Prozent der Familien, die die empirischen Daten für seine Untersuchung lieferten, gehörten den beiden »untersten« sozialen Schichten an, das heißt, der Vater/Ehemann war Facharbeiter oder ungelernter Arbeiter. Die Mittelschicht (Beamte, Angestellte, kleine Selbständige) war mit 9 Prozent nur spärlich vertreten, die Oberschicht überhaupt nicht. Allerdings meint Maisch selbst, dies lasse nicht unbedingt den Schluß zu, »daß [. . .] der Vater-Tochter/Stiefvater-Stieftochter-Inzest auch tatsächlich am häufigsten in den Bevölkerungsschichten mit dem geringsten Sozialprestige vorkommt«. Er vermutet, daß eine sehr große Zahl von Fällen nicht bekannt wird, und empfiehlt »Zurückhaltung gegenüber verallgemeinernden Schlüssen« (1968, S. 84).

Von den vierzig Opfern des Vater-Tochter-Inzests, die die amerikanische Autorin Judith Lewis Herman zwischen 1975 und 1980 befragte, entstammte nicht weniger als die Hälfte der Mittelschicht, die anderen fünfzig Prozent kamen aus Arbeiterfamilien. Wahrscheinlich ist ihr eine Verzerrung in umgekehrter Richtung unterlaufen, denn sie befragte ausschließlich Frauen, die sich Jahre nach Beendigung der Mißbrauchsbeziehung aus eigenem Antrieb in Therapie begaben. Den Weg zum Therapeuten finden Mittelschichtfrauen im allgemeinen leichter als Frauen aus der Arbeiterklasse. Zudem hat sich Herman ganz bewußt auf weiße Frauen beschränkt,

um von vornherein mit Sicherheit auszuschließen, daß unsere Ergebnisse sinnlosen Spekulationen über Rassenunterschiede Vorschub leisten könnten (1981, S. 67).

Da es mit der sozioökonomischen Lage der Schwarzen in den USA im allgemeinen nicht zum besten steht, hätte Herman bei Einbeziehung schwarzer Frauen in ihre Untersuchung vermutlich einen höheren Anteil an Arbeiterkindern ermittelt.

Der amerikanische Wissenschaftler David Finkelhor veröffentlichte 1979 die Ergebnisse einer Untersuchung an einer Stichprobe von 796 Collegestudenten, davon 530 Mädchen. Hier waren Mädchen aus Familien in den unteren Einkommensgruppen anderthalbmal häufiger Opfer inzestuösen Mißbrauchs geworden als Mädchen gehobener Schichten. Das bedeutet laut Finkelhor jedoch nicht, daß Inzest in höheren Kreisen nicht vorkomme, ganz im Gegenteil. Eine der Schlußfolgerungen , die er aus seiner Untersuchung zieht, lautet, daß Inzest in der Mittelschicht sehr viel verbreiteter ist, als man gemeinhin annimmt, daß Inzest sich also mit Sicherheit nicht auf die Unterschicht beschränkt. Nur ist die Inzesthäufigkeit, so Finkelhor, bei den Armen noch höher als in den besser situierten Schichten (1979, S. 116).

Seltsamerweise kommt Diana Russell einige Jahre später zu einem ganz anderen Ergebnis. Auch sie bezieht sich auf eine Stichprobe, in diesem Fall 930 Frauen aus der Bevölkerung San Franciscos. In ihrer Untersuchung sind gerade Töchter aus Familien in den höheren Einkommensgruppen überrepräsentiert (1986, S. 107). Russell zeigt sich von diesem Befund selbst überrascht und hat keine Erklärung dafür. Vielleicht liegt es daran, daß Mittelschichtfrauen heute eher bereit sind, mit Fremden über ihre Inzesterlebnisse zu sprechen (Russell arbeitete mit Interviews, Finkelhor mit anonymen Fragebogen), weil sie über die sich wandelnden Inzestauffassungen besser informiert sind als Frauen der Unterschicht.

Die niederländischen Autoren Bram van Stolk und Jos Frenken veröffentlichten vor einiger Zeit eine Analyse des sozialen Umfelds dreier Männer, die sich wegen des Verdachts sexueller Kontakte mit Kindern vor einem niederländischen Gericht zu verantworten hatten. Die beiden Wissenschaftler waren einem weitläufigen Netz inzestuöser Beziehungen auf die Spur gekommen, und zwar innerhalb einer Gruppe von Menschen, die sie als »sozial unangepaßt« bezeichneten, die jedoch bis vor kurzem noch unumwunden als

»Asoziale« abgestempelt worden wären. Aus dieser Untersuchung dürfe nicht der Schluß gezogen werden, so erklären die Autoren ausdrücklich, Inzest sei ausschließlich eine Angelegenheit »sozial Unangepaßter«.

Inzest und Pädosexualität gibt es in allen Schichten und Gruppierungen der Gesellschaft, und wir meinen, daß auch solche netzartigen Beziehungen über die gesamte Gesellschaft verbreitet sind (van Stolk und Frenken 1986, S. 721).

Es ist bemerkenswert, daß gerade diese Untersuchung in den Medien auf lebhaftes Interesse stieß und durch die Art, wie sie dort besprochen wurde, dem offenkundigen Bedürfnis des Publikums entgegenkam, Inzest den Außenseitern der Gesellschaft zuzuordnen.

Diese Beispiele zeigen, daß Forschungsergebnisse über den Zusammenhang zwischen Inzest und sozialem Umfeld von der Auswahl der befragten Personen und möglicherweise auch von der Untersuchungsmethode beeinflußt werden. Die Resultate widersprechen einander in der Beantwortung der Frage, ob Inzest bei den Armen noch weiter verbreitet ist als bei den Reichen, widerlegen aber mehr oder weniger übereinstimmend die Auffassung, diese Form sexuellen Mißbrauchs gedeihe ausschließlich in Armut und Elend. Natürlich ist dies noch keine hinreichende Erklärung des Inzests, denn es bleibt immer noch herauszufinden, warum die Täter Männer und die Opfer Mädchen sind.

Ein weiteres Element in der Diskussion über Inzest und soziales Umfeld, eines, das mir besonders am Herzen liegt, ist der Gedanke, Inzest habe in den unteren Gesellschaftsschichten für die Betroffenen eine andere Bedeutung, weil sie einem *anderen Menschenschlag* angehörten. Gemeint ist damit in der Regel ein primitiver Menschenschlag, der gegen Leid und Elend besser gewappnet sei und Greuel, an denen der empfindsame Bürger physisch oder psychisch zugrunde gehen würde, als unvermeidliche Unbilden des Lebens hinnehme. Ein Autor, der sich mit dem Thema Gewalt gegen Kinder befaßt, hat diesen Gedanken so formuliert:

Da die meisten der von uns untersuchten Fälle durch die Polizei oder andere öffentliche Instanzen bekanntgeworden sind, repräsentieren sie eine ökonomisch benachteiligte Gruppe der Bevölkerung. Möglicherweise sind die Folgen für Opfer aus der von uns untersuchten Gruppe im Vergleich zu Opfern aus den höheren sozioökonomischen Schichten weniger vielschichtig und langfristig weniger gravierend, weil vor dem Hintergrund der bereits bestehenden sozialen und wirtschaftlichen Benachteiligung persönliches Mißtrauen, Feindseligkeit und Demütigung zum gewohnten Erwartungshorizont der Kinder gehören (in: Ward 1984, S. 86).

Auch im Fall des aus einem Elendsviertel der irischen Stadt Belfast stammenden Mädchens Noreen Winchester, die 1976 als Siebzehnjährige ihren Vater erstach, der sie von ihrem elften Lebensjahr an sexuell mißbraucht hatte, wurde behauptet, daß

die Winchesterkinder sich mit Gewalt und Inzest abgefunden hatten [...], daß inzestuöser Mißbrauch der »kulturellen Norm solcher Wohnbezirke« entsprach, daß die Bewohner über Inzest anders dachten als andere Menschen und durch ihn nicht notwendigerweise Schaden nahmen (Möller 1978, S. 84).

Und weil man davon ausging, daß Noreen unter dem Mißbrauch nicht gelitten hatte, verurteilte man sie zu sieben Jahren Gefängnis (zwei Jahre später wurde sie begnadigt). Die Richter ignorierten ihre Aussage, das Verhalten des Vaters sei entsetzlich für sie gewesen, und sie blieben offenbar auch unbeeindruckt von dem erschütternden Umstand, daß Noreen ihren Vater an einem Samstagabend getötet hatte, weil der Sonntag vor der Tür stand.

Der Sonntag war, um mit Noreen zu sprechen, »sein Tag«. Sonntags verlangte er sechs- oder siebenmal Geschlechtsverkehr (genital, oral und anal) (Möller 1978, S. 108).

Das Bild des Arbeiterkindes als eines gegen Schmerz unempfindlicheren Wesens findet sich auch bei manchen Psychoanalytikern wieder. Bei Alice Miller beispielsweise, die wir ja bereits kennengelernt haben. Ich gehe auf diesen Aspekt von Millers Theorie deshalb ein, weil sie sich zum »Anwalt des Kindes« aufwirft und deshalb gerade auch bei Inzestopfern Sympathie und Vertrauen erweckt. Gewiß nicht zu Unrecht, nur frage ich mich, ob sie nicht eher ein Anwalt des Mittelschichtkindes ist als ein Anwalt des Kindes schlechthin. Alice Miller meint, sexueller Mißbrauch führe in den unteren Gesellschaftsschichten seltener zu Neurosen, weil

die sozial höheren Schichten dank ihrer Bildung und der oft einseitig intellektuellen Entwicklung mehr Abwehrmöglichkeiten gegen das Trauma haben, und es ist ja gerade die *Abwehr des Traumas* (wie z.B. Verdrängung, Abspaltung des Gefühls vom erinnerten Inhalt, Verleugnung mit Hilfe der Idealisierung), die die Neurose verursacht (1981, S. 139).

Diese Argumentation legt eine recht eigenartige Schlußfolgerung nahe, die Miller möglicherweise übersehen hat. An verschiedenen Stellen in ihren Büchern erklärt sie, nur Eltern, die von frühen Kindheitserlebnissen eine Neurose zurückbehalten hätten, gäben diese Erlebnisse an ihre eigenen Kinder weiter und behandelten sie so, wie sie selbst behandelt worden seien. Träfe nun Millers Behauptung zu, die unteren Schichten hätten weniger unter Neurosen zu leiden, so hieße das, daß Unterschichtkinder strukturell besser behandelt würden als Kinder der oberen Schichten. Das scheint mir die unteren Schichten doch in einem allzu rosigen Licht darzustellen.

Was Menschen krankmacht, ist laut Miller nicht das, was man ihnen in ihrer Kindheit angetan hat, sondern vielmehr die Tatsache, daß sie Trauer und Wut darüber nie leben und ausdrücken konnten. Sollte Miller wirklich glauben, in der Arbeiterklasse wäre das anders? Sollte sie etwa an das Klischee vom unverbildeten Kind aus dem Volke glauben, das von der Kultur weniger verdorben ist und der Natur nähersteht, das Emotionen nicht in sich verschließt, sondern spontan äußert und daher gegen Grausamkeit und Elend besser gewappnet ist als der verkrampfte Intellektuelle? Ich sehe das anders. Neuerdings wird bekannt, daß auffallend viele Prostituierte als Kinder innerhalb der engeren oder weiteren Familie sexuell mißbraucht worden sind. Viele dieser Prostituierten entstammen den unteren Schichten. Es würde mich nicht wundern, wenn der Hauptunterschied zwischen Inzestopfern aus den unteren und den oberen sozialen Schichten darin bestünde, daß erstere auf dem Strich landen (oder im Gefängnis wie Noreen Winchester) und letztere beim Psychiater.[18]

Alice Millers Darstellung hat Tradition. Es ist die alte Geschichte, die die herrschende Klasse (oder die herrschende Rasse) seit eh und je über die unterdrückte Klasse (oder die unterdrückte Rasse) erzählt. Diese Geschichte hat seit eh und je zwei Seiten, die den beiden Interpretationen des Begriffs »Kultur« entsprechen: Kultur als »sittliche Entwicklung und Moral« auf der einen und Kultur als »verlorene Authentizität« auf der anderen Seite. Die erste Interpretation entspricht der Erniedrigung der Unterdrückten zu einem minderwertigen Menschenschlag, die zweite ihrer Idealisierung zu einem besonders spontanen Menschenschlag. Beide Einstellungen sind gleichermaßen diskriminierend und arrogant.

Kaum jemand würde es wagen, öffentlich zu behaupten, Arbeiterkinder äußerten sich spontaner oder seien abgehärteter und litten daher weniger unter Mißbrauch und Ausbeutung als Kinder gutsituierter Eltern. Dieser Gedanke lebt latent jedoch ungehindert fort. Wie mir scheint, macht sich als Reaktion auf die klischeehafte Verknüpfung von Inzest und Asozialität neuerdings vor allem unter aktiven Streitern gegen sexuelle Gewalt eine Tendenz bemerkbar, bei jeder passenden und unpassenden Gelegenheit darauf hinzuweisen, daß Inzest wirklich und wahrhaftig in allen Bevölkerungsschichten vorkommt. Das verursacht mir mitunter ein gewisses Unbehagen. Gewiß, lange Zeit hat man Inzest nicht ernst genommen, weil das Problem angeblich nur die unteren Schichten betraf. Wer aber die Ernsthaftigkeit des Inzestproblems damit zu beweisen sucht, daß Inzest auch in höheren Kreisen vorkommt, argumentiert auf derselben Ebene wie der Gegner. In beiden Fällen steht dahinter der Gedanke, Inzest sei in den unteren Schichten der Gesellschaft mehr oder weniger akzeptabel oder zumindest weniger schlimm.

[18] Natürlich bergen generalisierende Aussagen wie diese die Gefahr neuer Dogmen in sich. Ich werde auf den Zusammenhang zwischen Inzest und Prostitution später noch eingehen, doch erscheint es mir sinnvoll, bereits an dieser Stelle darauf hinzuweisen, daß keineswegs alle Inzestopfer aus der Arbeiterklasse später Prostituierte werden (und daß im übrigen auch längst nicht alle Prostituierten als Kinder sexuell mißhandelt worden sind), ebensowenig wie alle Inzestopfer der oberen Schichten beim Psychiater landen.

Seit einiger Zeit wird vor allem in der klinischen Inzestforschung psychologischen Faktoren mehr Bedeutung beigemessen als den sozioökonomischen Bedingungen und/oder dem kulturellen Umfeld. Anders als in den forensischen Untersuchungen vom Beginn des Jahrhunderts steht dabei nicht die Person des Täters im Mittelpunkt, sondern die Familiensituation, wie sie sich vor Inzestbeginn entwickelt hat. Der Zustand der Familie wird als Inzestursache angesehen, als das »eigentliche« Problem, mit dem die Familie konfrontiert ist. Aus dieser Sicht ist Inzest ein pathologisches Symptom, ein Anzeichen dafür, daß eine Familie »krank« ist. Theoretiker bezeichnen eine solche Familie als »dysfunktional«, »desorganisiert« oder »zerrüttet«.[19] In ihren Augen ist Vater-Tochter-Inzest ein Überlebensmechanismus der gesamten Familie, ein Weg, die familiären Spannungen abzureagieren, ohne sich den Konflikten, die diesen Spannungen zugrunde liegen, stellen zu müssen. Dies steht in krassem Widerspruch zu den Auffassungen einiger Kulturanthropologen, die wir im ersten Teil dieses Buches kennengelernt haben. In der Kulturanthropologie herrscht der Gedanke vor, daß Inzest tabu ist (und daher nicht vorkommt), weil sonst die Familie zerstört würde. Kernstück des familiendynamischen Ansatzes dagegen ist die These, daß eine Familie, in der es zum Inzest kommt, bereits zerstört, den einzelnen Familienmitgliedern jedoch alles daran gelegen ist, die Trümmer beisammen zu halten, wobei der Inzest als eine Art Bindemittel fungiert.

Der familiendynamische Ansatz ist Teil einer umfassenderen Theorie, der Systemtheorie. Die Systemtheorie und die auf ihr basierende System- oder Familientherapie wurden in den fünfziger und sechziger Jahren in den USA entwickelt. Der Kerngedanke des systemtheoretischen Ansatzes besagt kurz, daß abweichendes Verhalten nicht auf Faktoren im Innern des Individuums zurückzuführen sei, sondern aus einem interpersonalen Kontext heraus entstehe,

---

[19] Siehe unter anderem Lustig u.a. 1966; Mzarek und Bentovim 1981; Frenken 1983; Alexander 1985.

einem Netz von Beziehungen, in dem Menschen aus der Bahn gerieten. Als ein solches Netzwerk wird die Familie angesehen.

Die dem Systemansatz zugrundeliegenden Intentionen sind durchaus respektabel. Man will sich aus der Zwangsjacke der geradlinigen Bezüge befreien und herausfinden, was in der Interaktion, der Kommunikation zwischen den Menschen, nicht stimmt. Mit dieser Denkweise untrennbar verbunden ist die Abschaffung der Schuldfrage. Die Verantwortung wird auf alle Betroffenen gleichmäßig verteilt; sie alle hätten die Situation »vergiftet«, ob sie nun »Täter« oder »Opfer« seien (zwei Begriffe, die innerhalb des Systemdenkens ihre Bedeutung verlieren). Untrennbar verknüpft mit diesem Ansatz ist aber auch die Tatsache, daß die Machtverhältnisse innerhalb bestimmter Systeme ganz aus dem Blickfeld verschwinden. Beim Vater-Tochter-Inzest wird eine Konstellation dreier gleichgestellter Familienmitglieder – Vater, Mutter und Tochter – angenommen, die angeblich über ein gleiches Maß an Wissen und Macht verfügen und sich stillschweigend auf eine Regelung einigten, die zwar gegen Norm und Gesetz verstoße, an der sie andererseits aber unter den gegebenen Umständen ein gleich starkes Interesse hätten. Dabei wird außer acht gelassen, daß das Verhalten von Mutter und Tochter zumindest in traditionellen Familien (unter anderem) durch die Macht des Vaters bestimmt wird.

Es ist ein bekanntes Phänomen, daß neue Denkmuster nach einiger Zeit zu Klischees werden können. Das scheint auch für die Theorie zu gelten, die die zerrüttete Familie als Verursacherin aller möglichen Probleme versteht. Ich kann mich jedenfalls des Eindrucks nicht erwehren, daß Psychologen und Sozialarbeiter immer schnell mit der zerrütteten Familie als einer Art Deus ex machina bei der Hand sind, wenn sie bei einem Problem nicht weiterwissen. So findet man zumindest in der Literatur verblüffende Ähnlichkeiten zwischen der »Inzestfamilie« und der Familie eines drogenabhängigen Kindes.[20] Wenn wir den Theoretikern glauben dürfen, handelt es sich in beiden Fällen um »geschlossene« Familien, deren Mitglieder wie Kletten aneinanderhängen und wenig Kontakte zur Außen-

[20] Zur systemtheoretischen Sicht der Drogenabhängigkeit siehe Stanton und Todd 1982.

welt unterhalten. Wie der Inzest bringe auch die Drogenabhängigkeit zwar viel Unglück über die Familie, erfülle andererseits aber auch eine stützende Funktion insofern, als sie das Familiengleichgewicht wahren helfe und verhindere, daß die Familie auseinanderfällt. Wie der Inzest sei auch die Drogenabhängigkeit nicht das »eigentliche« Problem, sondern nur ein Ventil, das es den Mitgliedern der Familie ermögliche, vor dem tieferliegenden »wahren« Problem die Augen zu verschließen. Diese Argumentation erweckt den Eindruck, Inzest und Drogenabhängigkeit seien beliebig austauschbare Rettungsbojen und es sei mehr oder weniger Zufall, an welche Boje die Familie sich klammere.

Um beim Thema zu bleiben: Daß in Familien, in denen der Vater seine Tochter sexuell mißbraucht, etwas nicht stimmt, versteht sich meiner Ansicht nach von selbst. Aber: Was ist zuerst da – der sexuelle Mißbrauch oder die Probleme in der Familie? Die familiendynamische Theorie versteht sich als eine Theorie über die *Ursachen* des Vater-Tochter-Inzests, vermittelt in Wirklichkeit aber Einsicht in dessen *Folgen*. Sie glaubt die Frage zu beantworten, wie es zum Vater-Tochter-Inzest kommt, zeigt aber in Wirklichkeit nur, was Vater-Tochter-Inzest in einer Familie bewirkt und in welcher Weise das Verhalten der verschiedenen Familienmitglieder und ihre Beziehungen zueinander davon beeinflußt werden. Betrachten wir beispielsweise die »Geschlossenheit« oder, anders ausgedrückt, die soziale Isolation der Familie. Ein inzestuöser Vater hat erstens etwas zu verbergen und ist zweitens oft krankhaft eifersüchtig auf jeglichen Kontakt seiner Tochter zu anderen Personen. Das kann einer der Gründe dafür sein, daß er auf Kontakte zur Außenwelt nicht eben versessen ist. Auch die Spannungen und Streitigkeiten, die Systemtheoretiker zu den Merkmalen der »Inzestfamilie« rechnen, können mit dem Besitzanspruch des Vaters zusammenhängen und treten oft erst dann auf, wenn die Tochter flügge wird und sich der Tyrannei des Vaters zu entziehen sucht. Diese Spannungen sind also in vielen Fällen nicht Ursache, sondern Folge des Inzests.

Mein Haupteinwand gegen die gängige systemtheoretische Behandlung des Vater-Tochter-Inzests richtet sich nicht gegen das Allerweltsargument der zerrütteten Familie oder gegen die Verwechslung von Ursache und Wirkung. Ich wende mich vielmehr gegen das Bestreben, die Schuldfrage durch die Hintertür wieder einzuschmuggeln und statt des Vaters die Mutter auf die Anklagebank zu setzen, nicht selten in Gesellschaft ihrer sexuell mißbrauchten Tochter. Die betreffenden Theoretiker führen den Inzest auf das emotionale Klima in der Familie zurück und sehen in der Mutter/Ehefrau diejenige, die dieses Klima geschaffen hat, die »stille Teilhaberin« (Forward und Buck 1978/81, S. 37), die hinter der Bühne die Fäden in der Hand hält. In manchen Darstellungen des Vater-Tochter-Inzests verschwindet der inzestuöse Vater ganz von der Bildfläche, und die Scheinwerfer richten sich fast ausschließlich auf Mutter und Tochter. Die Autoren sprechen dann von gestörten Familienbeziehungen, meinen jedoch gestörte Mutter-Tochter-Beziehungen. Sie sprechen von dysfunktionalen Familien, meinen jedoch dysfunktionale Mütter und Töchter. Im Grunde machen sie genau wie Freud den Vater-Tochter-Inzest zum Frauenproblem. Wini Breines und Linda Gordon drücken diesen Sachverhalt so aus:

Im Grunde genommen sprechen die nicht-feministische und die Populärliteratur den Vater frei. Er ist nicht weiter von Bedeutung und spielt nur eine Nebenrolle in dem Szenario, dessen Mittelpunkt Mutter und Tochter bilden. Bei der Lektüre solcher Texte könnte man schlicht vergessen, daß es der Vater ist, der das Kind belästigt hat, daß er der Erwachsene, der Aggressor ist. Niemand scheint sich für ihn zu interessieren, sein Verhalten ist nur Reaktion auf Frau und Tochter. Verantwortlich für sein Tun sind sie, nicht er (1983, S. 524).

Nicht alle nichtfeministischen Theoretiker sprechen den Vater frei, wohl aber halten alle Vertreter des systemtheoretischen Ansatzes die Mutter zumindest für mitverantwortlich und oft auch für die Anstifterin des Mißbrauchs. Es besteht eine Art Konsens über die Annahme, sie verschließe die Augen oder schaue weg, weil ihr der Inzest zwischen Vater und Tochter im Grunde ganz gelegen komme. Doch wie ist es nun wirklich: Weiß die Mutter immer Bescheid? Greift sie bewußt nicht ein? Welches Interesse hat sie daran, daß ihr Mann ihre Tochter sexuell mißbraucht? Diese Fragen sollen uns in den beiden folgenden Kapiteln beschäftigen.

Bevor ich das Tagebuch meiner Tochter fand, hielt ich mich für die glücklichste Frau des Dorfes,
erzählte mir die Mutter eines Inzestopfers.

Ich hatte fünf gesunde Kinder und einen schwer arbeitenden Mann – sicher, es gab auch hin und wieder Streit, aber das hat nie lang gedauert.
Ob sie denn nie etwas bemerkt habe?

Nein, ich kannte das Wort Inzest ja nicht einmal; gut, man hörte schon ab und zu, daß ein Mädchen ein Kind von seinem Vater bekam, aber das war etwas so Unvorstellbares – man wäre nie auf die Idee gekommen, so etwas könnte in der eigenen Familie passieren. Erst hinterher sah manches auf einmal ganz anders aus. Erst hinterher fiel mir alles mögliche wieder ein, und ich dachte: Ach so, deshalb hat er das getan, also war die Sache damals schon im Gange.
Auf die Frage, ob sie ein Beispiel nennen könne, antwortete sie:

Im Zimmer meiner Tochter stand ein Schrank, in dem mein Mann sein Handwerkszeug aufbewahrte. Da mußte er sich abends regelmäßig etwas holen. Ich habe ihn ein paarmal gefragt, ob er die Sachen nicht in seinem Schuppen unterbringen könnte – nicht, weil ich einen Verdacht gehabt hätte; ich hätte den Schrank einfach gut gebrauchen können. Das wollte er aber nicht. Die Sachen seien da gut aufgehoben. Später wurde mir klar, daß er damit einen idealen Vorwand hatte, abends nach oben zu gehen. Aber damals habe ich das nicht gesehen.
Nach kurzem Schweigen fuhr sie fort:

Es gab so vieles, wissen Sie. Immer fällt mir noch etwas ein, und dann könnte ich mir an den Kopf fassen, daß ich so blind gewesen bin. Wir hatten zum Beispiel schon sehr früh einen Fernseher, als einzige in der ganzen Gegend, und über den bestimmte mein Mann. Und meine Tochter wurde immer zu ihm in den Schuppen geschickt, um zu fragen, ob wir fernsehen durften. Von den anderen Kindern, aber auch von mir. Wie hätte ich wissen sollen, daß er Gegenleistungen von ihr verlangte? Ich dachte einfach, er ist vernarrt in sie, als Vater, meine ich. Ich habe sogar vor anderen damit geprahlt. Wenn ich daran denke, könnte ich vor Scham in den Boden versinken.

Als diese Mutter entdeckte, daß ihr Mann ihre vierzehnjährige Tochter sexuell mißbrauchte, brach die Welt für sie zusammen. Und doch könnten Theoretiker auch von dieser Mutter sagen, sie hätte wissen können, was sich da abspielte, sie habe sogar von der Situation profitiert, indem sie die Tochter als Vermittlerin eingeschaltet habe, wenn sie oder andere Familienmitglieder etwas vom Vater wollten.

Ein noch anschaulicheres Beispiel finden wir in einem Buch von Christel Dorpat, in dem sie ihre Erfahrungen als Mutter eines Inzestopfers schildert. Sie wußte, schreibt sie, daß ihr Mann Freddy, wenn er abends nach Hause kam, immer gleich ins Kinderzimmer ging. Das hatte er schon getan, als die Kinder noch klein waren.

Immer, wenn er vom Spätdienst gekommen war, hatte er die Kinder hochgenommen und aufs Töpfchen gesetzt [...]. Als die Kinder dann größer geworden waren, hatte er sie zugedeckt, und ich hatte es sogar rührend gefunden, daß er sich das nicht abgewöhnen konnte (Dorpat 1982, S. 126).

Was Christel Dorpat nicht wußte, war, daß ihr Mann die älteste Tochter Irene beim Zudecken sexuell mißbrauchte. Anders als die zuvor zitierte Mutter erfährt sie es erst, als die Tochter bereits aus dem Haus ist und sie anruft, um ihr mitzuteilen, daß sie sich in Therapie begeben wolle. Ihre jüngere Tochter Karla klärt sie über die Gründe auf:

Am nächsten Tag saß ich wieder auf dem Sofa, als Karla [...] nach Hause kam [...].

»Was ist mit dir?« fragte sie.

»Ich grüble. Vielleicht braucht Irene wirklich eine Therapie? Einmal, als er betrunken war, war Freddy bei ihr im Zimmer. Ich habe ihn rausgeholt, er hatte die Hände unter ihrer Bettdecke. Am nächsten Tag habe ich mit ihm darüber gesprochen.«

Mir fiel das Reden schwer, Karla war erst sechzehn.

»Nicht einmal«, sagte sie, »Jahre, Mutti« (Dorpat 1982, S. 86).

Auch für Christel Dorpat stand, wie sie selbst schreibt, in diesem

Augenblick die Welt still, auch für sie war die Aufdeckung des Inzests ein schwerer Schlag. Dabei hatte sie ihren Mann praktisch auf frischer Tat ertappt. Heißt das nun, daß sie zu den Müttern gehört, von denen Fachleute behaupten, sie steckten den Kopf in den Sand, weil ihnen der Inzest zwischen Vater und Tochter eigentlich ganz gelegen komme? Dorpat gibt selbst die Antwort:

Nun, da die Grenzen meiner Gedankenwelt zusammengekracht waren, fiel es mir nicht schwer, ein Mosaiksteinchen zum ånderen zu setzen. Erschreckende Szenen fielen mir ein, sie bekamen im Nachhinein einen mich zutiefst demütigenden Sinn, das Schlimmste daran war mir, daß mir alles geplant erschien. [...]. [...] ein doppelbödigeres Spiel hätte niemand treiben können, und gutgläubiger, naiver als ich hätte niemand sein können. Ich konnte es nicht fassen. Hätte ich solche Szenen in anderen Familien erlebt, wäre mir unweigerlich ein Licht aufgegangen, aber so hatte ich nichts gesehen (S. 88 f.).

Dorpat berührt hier einen wichtigen Punkt. Vater-Tochter-Inzest ist nicht sexueller Mißbrauch, der zufällig in der Familie stattfindet, sondern sexueller Mißbrauch, der durch den Familienverband überhaupt erst ermöglicht wird. Im Gegensatz zum Fremden, der ein Kind mißbraucht, verfügt der Vater als Insider über Kenntnisse und Informationen, die es ihm ermöglichen, behutsam und mit Bedacht vorzugehen. Er kennt den täglichen Ablauf in der Familie und kann ihn in gewissem Umfang unmerklich nach seinen Wünschen steuern. Er sorgt dafür, daß seine Frau nichts merkt. Er kennt seine Tochter und weiß, wie er sie dazu bringt, Stillschweigen zu bewahren. Und er hat unbegrenzt Zeit und Gelegenheit, das Mädchen ganz allmählich in ein Netz einzuspinnen, aus dem es kein Entrinnen mehr zu geben scheint. Bezeichnenderweise können sich viele Inzestopfer nicht daran erinnern, wie und wann der sexuelle Mißbrauch angefangen hat. Das kann Verdrängung sein, hängt meiner Ansicht nach aber auch mit dem raffinierten Vorgehen des Vaters zusammen. Gerade die schleichende Entwicklung des Inzests läßt innerhalb der Familie Beziehungsmuster entstehen, die bei einem Außenstehenden vielleicht Argwohn erwecken würden, die für die Mitglieder der Familie einschließlich der Mutter aber selbstverständlich werden.

Und oft sind diese Muster an sich ganz harmlos, wie im Fall einer Frau, die folgendes erzählt:

Ich war erst zwölf und mußte froh sein, daß ich ein eigenes Zimmer bekommen hatte, fanden alle, also war ich froh und schob meine Angst beiseite. Es gab ja auch niemanden, der diese Angst verstanden hätte. Ich habe sie damals selber nicht so recht verstanden. Erst heute ist mir klar, daß mein Vater unter dem Deckmantel väterlicher Fürsorge freies Spiel hatte. Es kam ihm sehr gelegen, daß ich ein eigenes Zimmer brauchte, »um in Ruhe Hausaufgaben machen zu können«. Und das war nicht das einzige. Ich durfte zum Beispiel mit ihm in die Ferien fahren, weil ich das wegen der schweren Folgen meines Verkehrsunfalles so dringend brauchte. Ich durfte mit ihm in die Ferien fahren, weil alle außer mir verreist waren und ich es auch nötig hatte. Alles geschah nur »zu meinem Besten«. Es gab kein Entrinnen, ich mußte es schön finden, ich mußte froh sein. Ich konnte niemandem erzählen, daß ich das alles gar nicht wollte, denn niemand wußte, was sich zwischen mir und meinem Vater abspielte (V.S.K. 1983, S. 52).

Der Vater hat nicht nur die Möglichkeit, den Inzest ganz allmählich in das Familienleben zu integrieren, er weiß sich auch durch seine Position als Vater geschützt. Aufgrund seines Vaterseins ist er für alle anderen über jeden Verdacht erhaben, auch für die Mutter. Vater-Tochter-Inzest liegt einfach außerhalb ihres Horizonts. Wer nicht Chinesisch gelernt hat, kann ein Gespräch in dieser Sprache nicht verstehen. Wer nie etwas von Inzest gehört hat, ist blind und taub für Hinweise darauf. Zudem werden solche Hinweise meist augenblicklich absorbiert und unschädlich gemacht durch das Erwartungsmuster, das Frauen in bezug auf Ehe, Mutterschaft und eine glückliche Familie mit auf den Weg gegeben wird: die Familie, in der Vater und Mutter Partner sind und in der die Eltern automatisch für ihre Kinder nur das Beste wollen. In diesem Erwartungsmuster fehlt nicht nur die Information, daß es unter Umständen nötig werden kann, die eigene Tochter vor dem Ehemann zu schützen, es enthält auch eine ganze Reihe von Begriffen und Kategorien, mit denen sich männliches Verhalten, das in Wirklichkeit inzestuös und schlecht ist, als väterlich und gut einordnen läßt. Nehmen wir beispielsweise Eifersucht und Besitzanspruch vieler inzestuöser Väter gegenüber ihren Töchtern. Die meisten Mütter werden diese Eigenschaften für väterliche Liebe und Fürsorge halten, denn das sind Begriffe, die sie kennen und die ihrem Erwartungsmuster entsprechen. Und wer würde ihnen eine solche Mißdeutung verargen, solange man bei den Experten (die sich ja fachlich mit Inzest befassen und es eigentlich besser wissen müßten) Aussagen wie die folgende findet:

> Vielfach verbot er [der Vater] ihr [der Tochter] jeglichen Umgang mit Jungen, erlaubte ihr nicht, in die Tanzstunde oder auf Schulfeste zu gehen und folgte mitunter seinen Töchtern auf der Straße, um zu sehen, ob sie sich an seine Anordnungen hielten. In einem Fall nahm das so extreme Formen an, daß der Mann nach der Rückkehr der Tochter ihre Kleider auf Grashalme und Tannennadeln inspizierte, um zu sehen, ob sie im Gras oder im Wald gelegen hatte, oder daß er ihre Unterwäsche auf Spermaspuren hin untersuchte. Oftmals erwies sich seine möglicherweise als Rationalisierung aufzufassende Besorgnis als unbegründet, *mindestens ebenso häufig aber gab das Verhalten des Mädchens mehr als genug Anlaß zur Sorge, und die Beschränkungen, die er ihr auferlegte, erschienen durchaus gerechtfertigt* (van der Kwast 1963, S. 117f.; Hervorhebung J. R.).

Mütter können geradezu quälend naiv sein. Christel Dorpat berichtet, oft hätten ihr, wenn sie abends das Zimmer ihrer Töchter betreten wollte, Pappkartons den Weg versperrt. Dieses Hindernis hatte ihre Tochter Karla aufgebaut, um ihre Schwestern vor dem Vater zu schützen. Karla hatte auch versucht, ihrer Mutter mitzuteilen, was sich zwischen Vater und ältester Schwester abspielte.

> Sie hatte wohl einige Male gesagt, daß Irene nachts schrecklich weine, aber ich hatte nicht begriffen, was sie hatte sagen wollen, und Irene hatte es abgestritten oder bagatellisiert (1982, S. 100).

»Mensch«, schrieb ich vor einiger Zeit bei dieser Passage wütend an den Rand, »warum hast du denn nicht weitergefragt?« Aber Christel Dorpat hatte fünf Kinder, ihr Mann unterstützte sie in keiner Weise und kam regelmäßig betrunken nach Hause. Sie war froh, wenn sie einigermaßen über die Runden kam.

Inzestexperten weisen gern darauf hin – und würden das gewiß auch in Christel Dorpats Fall tun –, daß manche Mütter, wenn auch vielleicht nicht bewußt, so doch zweifellos unbewußt, über den Inzest im Bilde seien. Wo aber liegt in der Praxis der Unterschied zwischen nicht wissen und unbewußt wissen? Wenn jemand mir erzählt, bei Nachbarn, die in Urlaub gefahren sind, sei eingebrochen worden, und ich erinnere mich plötzlich, das Geräusch einer zuschlagenden Tür gehört zu haben, bedeutet das dann, daß ich unbewußt von dem Einbruch wußte? Im Grunde wollen diese Experten sagen, daß es sich für eine gute Mutter *gehört*, zu wissen, was in ihrer Familie vorgeht. So gesehen ist die Auffassung, die Mutter müsse »es gewußt haben«, Teil des in Kapitel 19 besprochenen Traums von der allwissenden, allmächtigen Idealmutter, deren gottähnlichem Auge nichts entgeht. Als

emotionaler Mittelpunkt der Familie, der [. . .] für die Regulierung der emotionalen Beziehungen unter den Familienmitgliedern sorgt (van der Kwast 1963, S. 177),

habe sie in der Familie allgegenwärtig zu sein, alle Probleme und Konflikte sogleich zu überblicken und im Keim zu ersticken, auch wenn sie systematisch vor ihr verborgen würden. Weinberg geht schlicht davon aus, die Mutter habe im Falle von Vater-Tochter-Inzest als »restraining agent« (1955/76, S. 67), frei übersetzt etwa als »Schutzmann«, aufzutreten. Karin Meiselman hakt hier ein:

[. . .] die Gesellschaft erwartet von der Mutter, daß sie ihre Kinder gegen jeglichen Mißbrauch schützt, selbst wenn diese Beschützerrolle ihr ein Verhalten abverlangt, das zu ihrer Rolle als passive, fügsame weibliche Partnerin in einer männlich dominierten »patriarchalischen« Familie im Widerspruch steht (1978, S. 113).

Nicht selten teilen Inzestopfer die Überzeugung der Familientheoretiker von der latenten Mitschuld der Mutter. Aber man findet auch Aussagen wie die folgende:

Ich bin ganz sicher, daß sie nichts davon wußte. Ich habe Leute sagen hören: »Wie kann eine Mutter nichts davon merken?« Aber was Sex betrifft, ist meine Mutter [. . .] so verklemmt, daß es ihr niemals in den Sinn gekommen wäre, daß jemand so etwas auch nur denken kann (Armstrong 1978/85, S. 70).

Immerhin stößt man in vielen autobiographischen Berichten und Falldarstellungen auf Bemerkungen wie diese: Sie bestreitet es zwar, aber ich habe das Gefühl, meine Mutter wußte Bescheid, sie muß es gewußt haben. Katherine Brady schreibt:

Was ich ihr gegenüber wirklich empfand, waren Wut und das Gefühl, verraten worden zu sein. Ich wollte so sehr, daß sie merkte, was los war, aber sie weigerte sich. Sie setzte ihr Talent wegzusehen voll ein. Unbewußt hatte sie beschlossen, nicht an die Dinge zu rühren [. . .]. [. . .] Sie würde mich nicht vor ihm schützen (1979, S. 67).

Der Amerikaner David Finkelhor meint, Kliniker und Wissenschaftler hätten das Bild der Mutter von den Opfern übernommen (1979, S. 212). Man könnte sich allerdings fragen, ob die Beeinflussung nicht ebenso häufig in umgekehrter Richtung erfolgt. Irene Dorpat beschuldigte ihre Mutter erst dann des heimlichen Einverständnisses, als sie von ihrem Psychotherapeuten gehört hatte, das sei beim Vater-Tochter-Inzest immer der Fall (Dorpat 1982, S. 124). Eine andere Frau bringt die von ihr vermutete Mitwisserschaft ihrer Mutter mit der Inzestliteratur in Verbindung, in der ja nicht umsonst immer wieder zu lesen sei, »die meisten Mütter seien ›insgeheim‹ am Vater-Tochter-Inzest mitbeteiligt« (V.S.K. 1983, S. 102). Gewiß, Inzestforscher, Sozialarbeiter und Therapeuten müssen die Gefühle sexuell mißbrauchter Töchter gegenüber ihren Müttern respektieren, sie sollten sich aber auch fragen, wie diese Gefühle entstanden sind. Auch Inzestopfer unterliegen dem Einfluß unserer Kultur, die Müttern das Unmögliche abverlangt, nämlich alles zu hören, alles zu sehen und ihre Kinder vor allem Übel zu bewahren. Ein Inzestopfer schreibt:

Ich war böse auf sie, weil sie mich nicht beschützte. Als ich älter wurde, wurde mir klar, daß sie es [. . .] nicht konnte, aber ich bin mir immer noch nicht sicher. [. . .] ich denke, es hat etwas damit zu tun, daß man früher einfach sicher war, die Mutter würde einen vor allem Bösen beschützen, wenn man sich verletzt fühlte oder sich wehgetan hatte und sich an niemanden wenden konnte. Wenn man als Kind Schmerzen hat oder weint, läuft man normalerweise zur Mutter. Und wenn sie nicht da ist, dann vielleicht zum Vater. Aber wenn der Vater die Ursache des Kummers ist, dann ist die Mutter die einzige, zu der man noch gehen kann, und wenn sie dann nicht reagiert [...], wird man wirklich sehr böse [...] (Finkelhor 1979, S. 204).

Ich bin fest überzeugt, daß ein Familienmitglied ein anderes über Jahre hinweg sexuell mißbrauchen kann, ohne daß außer dem Täter und dem Opfer jemand etwas davon erfährt. Diese Überzeugung wird, was den Vater-Tochter-Inzest anbelangt, durch die Aussage einer Sozialarbeiterin in Louise Armstrongs Buch bestätigt:

Offen gesagt, es ist immer dieselbe alte Geschichte. Den Müttern wird immer die Schuld für alles gegeben. [...] Nach unseren klinischen Erfahrungen läßt sich das nicht aufrechterhalten. Wir hatten in den letzten Jahren über hundert Fälle. Und es stimmt einfach nicht, daß die Mütter davon wußten. Die meisten Kinder erzählen uns, daß sie verhindern wollten, daß die Mütter es herausfanden (Armstrong 1978/85, S. 63).

Ein Grundirrtum der Theorien über den Vater-Tochter-Inzest besteht darin, daß die Mißbrauchsbeziehung meist als etwas Statisches betrachtet wird und nicht als ein Prozeß mit verschiedenen Phasen. Ich werde auf diesen Punkt in Kapitel 28 näher eingehen; dort wird – aus der Perspektive der Tochter – von drei Phasen die Rede sein. Was die angebliche Mitwisserschaft der Mutter anbelangt, so sind dabei nach meiner Auffassung *zwei Phasen* zu unterscheiden.

Die erste Phase ist bei allen Müttern gleich: Sie wissen nichts, und sie ahnen auch nichts. Die Mutter ist ja nicht dabei, wenn sich der Vater seiner Tochter sexuell nähert. Im Gegenteil, der inzestuöse Vater ist, wie schon gesagt, sorgsam darauf bedacht, daß seine Frau nichts merkt. Als erstes schärft er seiner Tochter ein, sie dürfe auf keinen Fall Mama davon erzählen. Dies allein ist Beweis genug, daß der Vater sehr genau weiß, daß seine Frau unter keinen Umständen – weder offen noch insgeheim – mit der inzestuösen Beziehung einverstanden wäre. Von außen betrachtet, kann die Mutter in dieser Phase tatsächlich Verhaltensweisen an den Tag legen, die der Tochter das Gefühl vermitteln, sie sei ihrem Vater ausgeliefert, wie etwa im Fall jener Mutter, die ihre Tochter als Vermittlerin zum Vater schickte. Die Mutter tut das jedoch völlig arglos. Sie hat keine

Ahnung, was sich hinter der Willfährigkeit des Vaters gegenüber seiner Tochter verbirgt.

In die zweite Phase treten viele Mütter gar nicht erst ein. Sie wissen nichts, sie haben nie etwas gewußt, und sie werden nie etwas wissen. Oder sie werden erst viel später durch die Tochter aufgeklärt, nachdem diese das Elternhaus längst verlassen hat.

In anderen Fällen (Zahlen kann ich hierzu nicht nennen, weil Unterschiede, wie sie hier angesprochen werden, in der empirischen Forschung bislang nicht berücksichtigt werden) findet die Mutter irgendwann heraus, was vor sich geht. Manchmal (wie mir scheint, geschieht das relativ selten) ertappt sie ihren Mann auf frischer Tat, meist aber wird sie durch die Tochter selbst ins Bild gesetzt, und zwar entweder direkt oder aber indirekt, indem die Tochter einen Außenstehenden – beispielsweise eine Verwandte – ins Vertrauen zieht, die dann die Mutter informiert. Die Reaktion der Mutter läßt sich grob in drei Kategorien einteilen: 1. Die Mutter greift nicht ein und überläßt die Tochter ihrem Schicksal. 2. Die Mutter greift ein, tut das aber auf unangemessene Weise. 3. Die Mutter greift auf angemessene Weise ein und erzielt damit die gewünschte Wirkung, nämlich die Beendigung der Mißbrauchsbeziehung.

Zur *ersten Kategorie* gehören jene Mütter, die sagen, ihr Kind lüge. Oder die überhaupt nichts sagen. Im belgischen Fernsehen berichtete eine Frau, die von ihrem achten Lebensjahr an von ihrem Vater sexuell mißbraucht worden war, wie sie sich eines Tages hilfesuchend an den Hausarzt wandte:

[...] dann hat er meine Mutter informiert, und obwohl meine Mutter alles andere als die liebevolle Mutter war, die sie hätte sein sollen, hatte ich bis dahin doch noch Vertrauen zu ihr. Aber was ist passiert? Wir sind abends nach Hause gekommen, und sie hat auf dem Sofa übernachtet und geweint und gesagt: Was hast du mir angetan? Am nächsten Tag sind der Pfarrer und der Vikar gekommen, und niemand, auch meine Mutter nicht, hat gefragt: Hast du es verarbeitet, hat es dir psychisch geschadet, war es schlimm, und ich weiß nicht was. [...] Sie hat gar nichts gemacht, sie hat nie wieder davon geredet [...], das habe ich ihr nie verziehen (B.R.T. 1985).

In diesem Fall setzte sich der sexuelle Mißbrauch fort, bis das Mädchen achtzehn war. Als erwachsene Frau haßte sie ihre Mutter mehr als den Vater, der für sie »gestorben« war.

Der Grund, warum eine Mutter nichts unternimmt, kann darin liegen, daß sie durch die eigene Not abgestumpft ist. Außerdem können natürlich auch jene Motive eine Rolle spielen, die ich im folgenden der zweiten Kategorie von Müttern zuordne.

Zu der *zweiten Kategorie* gehören Mütter, die bei Aufdeckung des Inzests zwar für ihre Tochter in die Bresche springen, dabei aber die »Schande« um jeden Preis geheimhalten wollen. Sie hoffen, daß es genügt, mit dem Vater zu reden. Innerhalb der eigenen vier Wände sind sie vielleicht zu allem bereit, um die Tochter zu schützen, es darf nur nichts nach außen dringen. Ein Motiv kann dabei sein, daß sie sich um den Ruf der Tochter sorgen. »Kind«, sagte die Mutter eines Inzestopfers zu ihrer Tochter, »erzähl das keinem Menschen, sonst gibt man dir die Schuld.«

Ein weiteres Motiv besteht darin, daß die Mutter möglicherweise den Schein der harmonischen Familie wahren möchte. Dabei kann Eigennutz eine Rolle spielen, aber auch die Sorge um ihre anderen Kinder. Ein Inzestopfer sagte mir einmal, ihre Mutter habe sich deshalb nicht um Hilfe von außen bemüht, weil sie keine Schande über die Familie bringen wollte; die Tochter hatte darum das Gefühl, ihre Mutter habe ihr Wohl dem der anderen Kinder geopfert.

Ein wichtiges Motiv (das einzige in der Fachliteratur halbwegs anerkannte), das die Mutter davon abhalten kann, die Behörden einzuschalten, ist ihre wirtschaftliche und finanzielle Abhängigkeit vom Ehemann und nicht nur ihre, sondern auch die ihrer Kinder. Zerbricht die Familie, droht der Gang zum Sozialamt oder Schlimmeres. Vor allem, wenn der Vater sich fleißig um den Lebensunterhalt kümmert, und das tun auffallend viele inzestuöse Väter, ist das keine sehr verlockende Aussicht. Die Sorge um das materielle Wohl der Kinder kann für eine Mutter sogar Grund genug sein, sich mehr oder weniger widerstandslos mit dem Inzest abzufinden. In seinem Kommentar zur Lebensgeschichte Barbaras schreibt David Finkelhor über die Mütter von Inzestopfern:

[...] wie so viele Frauen in unserer Gesellschaft sind sie Gefangene ihrer wirtschaftlichen und sozialen Lage. Was kann eine Mutter von sechs Kindern und ohne eigenes Einkommen schon gegen den Ernährer ausrichten? Barbara berichtet, ihre Mutter habe das Wohl der Kinder im Auge gehabt, wenn auch auf unangemessene Weise. Sie wußte, daß sie ohne ihren Mann niemals für die Familie würde aufkommen können, und so entschied sie, daß ihre Kinder den sexuellen Mißbrauch hinzunehmen hätten, als Preis dafür, daß sie einen Vater und genug zu essen hatten (1979, S. 212).

Nicht nur wirtschaftliche Abhängigkeit oder die Angst vor Schande können die Reaktion der Mutter auf die Aufdeckung des Inzests beeinflussen, sondern auch die Liebe zu ihrem Mann oder ihre emotionale Verbundenheit mit ihm. Ein Beispiel dafür ist Sylvias Geschichte:

[. . .] verstehen Sie mich recht, ich sage nicht, daß es richtig war, was Tommy getan hat, ich will ihn nicht entschuldigen. Aber ich muß auch an mich selbst denken. Wer soll für mich und die Kinder sorgen, wenn ich ihn ins Gefängnis schicke? Wer wird mir schon Arbeit geben? Mir, einer dicken, ausgelaugten, kaputten Frau, die nichts gelernt hat? Was soll ich machen? Dienstmädchen werden wie meine Mutter? Als ich von zu Hause fortging, habe ich mir geschworen, niemals anderer Leute Dienstmädchen zu sein, und daran hat sich absolut nichts geändert. [. . .] Und Tommy hat es früher auch nicht leicht gehabt. [. . .] Sie müssen verstehen, Tommy ist alles, was ich habe. Ich weiß, es ist schlimm, was er getan hat, aber er ist mein Mann, und ich will nicht, daß er ins Gefängnis kommt (Butler 1978, S. 122).

Außenstehende, die eine Mutter sogleich als Rabenmutter bezeichnen, wenn sie nicht automatisch für ihr Kind eintritt, machen es sich zu leicht. Zudem gibt es immer auch andere, die der Meinung sind, eine Frau habe sich unter allen Umständen ihrem Ehemann gegenüber loyal zu verhalten. Wenn der Begriff der Double-bind-Situation auf irgend jemanden zutrifft, dann auf die Frau, die in ihrer Familie mit dem Problem des Vater-Tochter-Inzests konfrontiert wird; sie sieht sich vor einander widersprechende Anforderungen gestellt, die sich unmöglich miteinander vereinbaren lassen.

Eine Mutter, die den Inzest um jeden Preis vor der Außenwelt verbergen will, kann protestieren, soviel sie will: Sie hat gegenüber ihrem Mann natürlich eine besonders schwache Position. Wenn es ihm paßt, kann er den sexuellen Mißbrauch einfach fortsetzen, und das ist auch oft der Fall, wenn das Kind bei Aufdeckung des Inzests durch die Mutter noch jünger ist. Meist aber wendet sich die sexuell mißbrauchte Tochter ohnehin erst dann an die Mutter, wenn sie etwas älter ist (um die vierzehn). Selbst eine Mutter, die nicht bereit ist, die Polizei oder eine andere außerfamiliäre Instanz einzuschalten, kann ihrer Tochter in dieser Phase bis zu einem gewissen Grad helfen. Eine Tochter:

Nach einiger Zeit begann er, mich auch körperlich wieder zu belästigen. Es gab dann für mich zwei Möglichkeiten: Entweder ich schrie das ganze Haus zusammen, dann kam meine Mutter garantiert angelaufen, um sich notfalls zwischen uns zu werfen. Das bedeutete dann aber wochenlange Streitereien mit den gemeinsten Schikanen seinerseits. Oder aber ich konnte ihn um des lieben Friedens willen ein Stück weit gewähren lassen und nur dann schreien, wenn es ganz schlimm wurde. So konnte er mich jedenfalls nie mehr vergewaltigen.

Häufig ist es auch so, daß die konkrete sexuelle Belästigung durch den Vater aufhört, sobald die Mutter von der Tochter eingeweiht worden ist, daß aber seine inzestuöse Haltung fortbesteht und er die Tochter kontrolliert, sie in ihrer Freiheit aufs äußerste einzuschränken sucht und ihr den Umgang mit Gleichaltrigen verbietet. Die Mutter kann dann im Kampf der Tochter um die Teilnahme an ihrem Alter entsprechenden Beschäftigungen als Verbündete auftreten.

Zur *dritten Kategorie* von Müttern gehören jene, die nach der Enthüllung des Inzests entschlossen reagieren und nicht zögern, sich an außerfamiliäre Instanzen zu wenden. Was übrigens zumindest noch vor einiger Zeit durchaus nicht immer von Erfolg gekrönt war. Frauen, die den Hausarzt oder einen Geistlichen ins Vertrauen zogen, wurden nicht selten schmählich im Stich gelassen (siehe u.a. van der Kwast 1963, S. 146). Und selbst heutzutage können Mütter noch an Helfer geraten, die ihnen nichts anderes raten als das, was Mütter der zweiten Kategorie auch ohne Einschaltung der Behörden seit jeher tun. An einen Nervenarzt wie K. Hoogduin zum Beispiel, der in einem kürzlich erschienenen Buch über den Inzest, einer für Sozialarbeiter bestimmten Einführung in diese komplizierte Materie, von einer Art behavioristischem Stimulus-Respons-Modell ausgeht. Er spricht von einer »Kette von Gedanken und Ereignissen, die zum Inzest führt«, und gibt dafür folgendes Beispiel:

Der Vater trinkt Bier → er hört seine Tochter im Bad rumoren → erotische Phantasien über seine Tochter kommen in ihm auf → er wird sexuell erregt → es entsteht der Wunsch nach sexuellem Kontakt → er steht auf → er geht nach oben → er überredet seine Tochter zum sexuellen Kontakt → Inzest (Hoogduin 1984, S. 210).

Um dem inzestuösen Mißbrauch Einhalt zu gebieten, reiche es aus, die Kette zu durchbrechen. Das müsse der Helfer mit der Familie absprechen. Einige Interventionsmöglichkeiten seien folgende:

Die Tochter geht nicht ins Bad, wenn der Vater getrunken hat; sie bleibt stets in der Nähe der Mutter und schläft evtl. auch bei ihr. [. . .] Mit dem Vater kann verabredet werden, daß er sich, wenn er sexuell erregt ist, zurückzieht, z. B. ins Schlafzimmer, um zu onanieren. [. . .] Sollte der Vater dennoch nach oben gehen, kann die Mutter mitgehen oder die Tochter kann versuchen hinunterzugehen. [. . .] Stellt sich heraus, daß keine der Absprachen eingehalten wird und die Tochter doch wieder sexuell mißbraucht zu werden droht, muß auch für diesen Fall ein Szenario entworfen werden, z. B. Lärm schlagen, Parfumflakons zerschmettern, evtl. mit einem Aschenbecher eine Fensterscheibe einwerfen, um Hilfe rufen etc. (Hoogduin 1984, S. 79 ff.).

Mit Ratschlägen dieser Art ist einer Mutter natürlich nicht wirklich gedient, erstens, weil es für sie nicht ganz einfach wäre, ihre über zehn Jahre alte Tochter im Tragetuch mit sich herumzuschleppen, und zweitens, weil inzestuöse Väter es nicht sonderlich schätzen, wenn die Mutter den Polizisten spielt, und dann nicht selten aggressiv reagieren. Die Mutter kennt diese Reaktion und wird, um sie zu verhindern, eben doch nicht jedesmal mit nach oben gehen. Die Tochter kennt diese Reaktion und wird, um sie zu verhindern, eben doch nicht jedesmal um Hilfe rufen oder mit Aschenbechern werfen. Und manchmal werden Mutter und Tochter aus Angst vor dieser Reaktion dem Helfer, der das Problem gelöst zu haben glaubt, nichts von der Fortsetzung des sexuellen Mißbrauchs sagen.

Manche Mütter der dritten Verhaltenskategorie gehen zur Polizei. Autoren, die Müttern von Inzestopfern ihr Nichteingreifen zum Vorwurf machen, müßten ein solches Vorgehen eigentlich begrüßen. Merkwürdigerweise tun sie das aber nicht. Vielmehr diskreditieren sie die Mütter mit Bemerkungen wie dieser:

> In einzelnen Fällen ist es natürlich die Mutter, die den Inzest anzeigt und ihm ein Ende setzt, häufig dann, wenn sie sich für andere Dinge, die sie dem Mann vorwirft, rächen will (Justice und Justice 1980, S. 102).

Auch van der Kwast gibt zu verstehen, daß diese Mütter aus unlauteren Motiven handeln: »In vielen Fällen hat das Motiv, das zur Anzeige führt, mit dem Inzest selbst wenig oder gar nichts zu tun«, schreibt er, um sich dann über »eheliche Unzufriedenheit« als eigentliches Motiv zu verbreiten (1963, S. 146). Einer Frau, die ihren Mann immer geliebt und nie Probleme mit ihm gehabt hat, wird es selbstverständlich schwerer fallen, Anzeige zu erstatten, als einer Frau, für die die Aufdeckung des Inzests der sprichwörtliche Tropfen ist, der das Faß zum Überlaufen bringt. Das heißt jedoch nicht, daß sie sich über diese Aufdeckung freuen und dankbar die Gelegenheit beim Schopfe packen würde, um ihren Mann loszuwerden. Van der Kwast illustriert seine Darstellung mit dem Beispiel einer Frau, die ihm gegenüber »zugab [. . .], daß es höchstwahrscheinlich genügt hätte, wenn sie mit ihrem Mann darüber gesprochen hätte« (1963, S. 146). Genau das aber tun viele Mütter, nachdem sie von dem Mißbrauch erfahren haben: Sie sprechen mit ihrem Mann darüber. Und genau das ist die Methode, die in den meisten Fällen versagt.

Die Lebensgeschichten von Inzestopfern vermitteln den Eindruck, daß die zweite Kategorie – die der Mütter, die sich mehr schlecht als recht durchlavieren – die größte ist. Für alle drei Kategorien gilt, daß Mutterschaft keine Garantie für vollkommene Uneigennützigkeit sein kann. Bei manchen Müttern mögen in die *Reaktion* auf den Vater-Tochter-Inzest auch eigene Interessen einfließen. Das bedeutet jedoch nicht, daß sie den Inzest von Anfang an insgeheim gebilligt hätten.

Eine ganze Reihe von Autoren wirft der Mutter nicht nur vor, sie schütze ihr Kind nicht ausreichend, sondern sogar, sie provoziere den Vater-Tochter-Inzest geradezu. Manche erklären sie ganz unverblümt zur Hauptschuldigen. Sie sprechen von der »entscheidenden Rolle des nicht-partizipierenden Familienmitgliedes« (Machotka u. a. 1967, S. 115) oder bezeichnen die Mutter unumwunden als den »Eckpfeiler des pathologischen Familiensystems« (Lustig u. a. 1966, S. 39). Sie behaupten, die Mutter »spiele eine Schlüsselrolle in dem Geschehen zwischen Vater und Tochter« (Justice und Justice 1980, S. 61) oder es komme zum Inzest, wenn

> der letzte Anstoß durch die Ehefrau [erfolgt], die Situationen arrangiert, in denen Vater und Tochter ungestört sind (Kempe und Kempe 1978/84, S. 69).

Der Amsterdamer Psychiater und Psychiatrieprofessor H. Musaph schreibt, daß

> in Familien mit einer inzestuösen Vater-Tochter-Beziehung die Mutter diese Beziehung mehr oder weniger bewußt provoziert, sanktioniert und akzeptiert (1984, S. 56).

Kempe und Kempe finden es sogar ungerecht, daß nur der Vater sich strafbar macht:

> Aussagen von Müttern, sie könnten »gar nicht überraschter sein«, darf man generell nur teilweise glauben; uns ist noch kein einziger Fall von seit langem praktiziertem Inzest vorgekommen, in dem die Mutter unschuldig war – obschon sie der Strafe entgeht, die ihrem Gatten wahrscheinlich auferlegt werden wird (1978/84, S. 69f.).

Was macht nun nach Ansicht dieser Autoren den Vater-Tochter-Inzest für eine Mutter so attraktiv? In erster Linie offenbar, daß sie nicht willens oder in der Lage sei, ihre Pflichten als Ehefrau und Mutter zu erfüllen. Deshalb schiebe sie ihre Tochter als Stellvertreterin vor.

Sie sucht mit ihrer Tochter die Rollen zu tauschen. Die Mutter will Kind sein, das Kind soll Mutter sein. Dieser symbiotische Grundzug kennzeichnet fast durchgängig das Wesen jener Mütter, deren Ehemann und Tochter eine Inzestbeziehung eingehen. [...] Sie fordert die Tochter auf, ihre Rolle zu übernehmen, und meint damit auch die Rolle als Sexualpartnerin des Mannes (Justice und Justice 1980, S. 97).

Es wimmelt in der Inzestliteratur nur so von Aussagen dieser Art, die den Vater-Tochter-Inzest auf einen »Rollentausch« zwischen Mutter und Tochter und auf die Pflichtvergessenheit der Mutter zurückführen. Der Mutter werden dabei drei Formen des Rückzugs zur Last gelegt: *physischer Rückzug, sexueller Rückzug* und *emotionaler Rückzug.* Diese drei Formen überschneiden sich in der Literatur, werden von mir jedoch der Übersichtlichkeit halber getrennt behandelt. Ich lege dabei jeweils zwei Fragen zugrunde: 1. Inwieweit treten die beschriebenen Umstände beim Vater-Tochter-Inzest tatsächlich auf? Und 2. Sind sie als *Ursache* des Vater-Tochter-Inzests anzusehen?

Physischer Rückzug liegt unter anderem dann vor, wenn die Mutter stirbt, ins Krankenhaus kommt oder aus anderen Gründen abwesend ist. Der Literatur zufolge gehört auch Schwangerschaft dazu (siehe zum Beispiel Maisch 1968, S. 132). Der niederländische Kinderpsychiater De Levita meinte in Sonja Barends Fernseh-Talkshow:

Am stärksten gefährdet sind hier Familien, in denen die Mutter ausfällt, lange Zeit krank ist, von einer attraktiven Tochter vertreten wird und – ja, und dann geht das eben weiter als beabsichtigt.

Die Unterstellung, eine Tochter könne sich nichts Schöneres vorstellen, als in Mutters Fußstapfen zu treten, geht auf sein Konto.

In der Tat scheint zwischen Vater-Tochter-Inzest und Krankheit oder Tod der Mutter eine gewisse Korrelation zu bestehen. In diesem Zusammenhang wird häufig auf die Untersuchung Maischs verwiesen, in der er achtundsiebzig Fälle von Vater-Tochter-Inzest erfaßt und zu dem Ergebnis kommt, daß in 19 Prozent der Fälle die Mutter bei Inzestbeginn an einer ernsten Erkrankung litt (1968, S. 102). Mit den Schlußfolgerungen, die wir daraus ziehen, sollten wir jedoch vorsichtig sein. Maisch ist nämlich andererseits der Auffassung, daß die Opfer bei Beginn des Vater-Tochter-Inzests bevorzugt in einer Lebensphase stehen, in der die sexuelle Reife des jungen Mädchens beginnt oder bereits in vollem Gange ist (S. 75).

In 78 Prozent der Fälle wurde das Verhalten des Täters, das erstmalige Durchbrechen des Inzest-Tabus, von der biologischen Reife des Opfers beeinflußt, das heißt, die sich entwickelnde oder bereits entwickelte weibliche Körperform [...] wurde zum *Anreiz* für den Täter (S. 133).

Inzwischen weiß man, daß die sexuelle Annäherung von seiten des Vaters vielfach schon früher einsetzt, in einer Phase also, in der von »biologischer Reife« des Mädchens noch keine Rede sein kann. Zu fragen wäre daher, ob sich unter den von Maisch genannten 19 Prozent nicht auch Väter befinden, die ihre Tochter bereits vor der Krankheit ihrer Frau sexuell mißbrauchten und die Abwesenheit der Mutter zu verstärktem Mißbrauch nutzten (wie schon gesagt, kommt der sexuelle Mißbrauch meist ganz subtil in Gang; viele Opfer können sich nicht erinnern, wann es genau begonnen hat).

Aber nehmen wir einmal an, es gebe einen Zusammenhang zwischen Vater-Tochter-Inzest und Krankheit oder Tod der Mutter. Worin könnte dieser Zusammenhang bestehen? Van der Kwast erklärt es uns:

Das Ausfallen eines Elternteils hat zur Folge, daß in der Rollenbesetzung ein Platz frei wird, der nicht frei bleiben kann, wenn das, was von der Familie übrigbleibt, befriedigend funktionieren soll.

Und er fügt hinzu:

Möglicherweise ist dies einer der Hauptgründe für die relativ größere Inzesthäufigkeit bei Witwern und auch dafür, daß diese Form des Inzests gewöhnlich milder beurteilt wird (1963, S. 179).

Das mißliche an dieser Erklärung ist, daß sie nur neue Fragen aufwirft. Die Aussage über die Witwer macht deutlich, daß van der Kwast mit »einem Elternteil« die Mutter meint. Warum kann ihr Platz nicht frei bleiben? Gibt es nicht genug Familien, in denen der Platz des Vaters frei ist, ohne daß es deshalb gleich zum Inzest zwischen Mutter und Sohn käme? Und wenn der Platz der Mutter schon nicht frei bleiben kann, warum sollte ihn dann die älteste

Tochter ausfüllen? Wäre es nicht viel naheliegender, der Vater als zweiter Elternteil würde das tun? Und wenn die älteste Tochter notgedrungen die häuslichen Pflichten ihrer kranken Mutter übernimmt, bedeutet das dann, daß sie auch als Sexualobjekt verfügbar sein muß? Daß die Mutter dies sogar von ihr verlangt? Wir dürfen nicht vergessen, daß die gesundheitlichen Probleme der Mutter als ein Beweis für ihren Beitrag zum Vater-Tochter-Inzest angeführt werden. Es wird suggeriert, sie werde absichtlich krank, um den Inzest zu ermöglichen:

[...] Mütter werden krank, kommen ins Krankenhaus und schaffen damit letztlich die Voraussetzungen für den Inzest. [...] andere Mütter entfernen sich nicht real, sondern eher im übertragenen Sinne. Sie gehen nicht [...] ins Krankenhaus, sind aber zu Hause zu nichts mehr fähig. Sie können hochschwanger sein, oder sie ziehen sich mit chronischer Erschöpfung oder einem anderen Leiden auf ihr Zimmer zurück und überlassen es der Tochter, »Frau des Hauses« und Partnerin des Mannes zu werden (Justice und Justice 1980, S. 120).

Für die meisten Autoren liegen die Dinge im Falle des Witwers und des durch eine kranke Ehefrau »im Stich gelassenen« Mannes denkbar einfach. Für sie handeln diese Männer aus »sexueller Not«:

Die chronische Erkrankung der Ehefrau, verbunden mit einem Krankenhausaufenthalt, [...] kann für den Täter zur sexuellen Abstinenzsituation werden und somit den ersten Durchbruch der Inzestschranke [...] begünstigen (Maisch 1968, S. 133).

Das heißt mit anderen Worten: Kaum ist die Ehefrau fort, verspürt der Mann das unbezwingbare Bedürfnis, sich anderweitig sexuell abzureagieren, und wirft – verständlicherweise – ein Auge auf die Tochter.

Damit kommen wir zur zweiten Form des Rückzugs, der der Mutter in einer Familie, in der Inzest stattfindet, angelastet wird: dem sexuellen Rückzug. Es ist für die Theoretiker nur ein kleiner Schritt vom Witwer, der unter sexueller Deprivation leidet, zum Ehemann mit einer lebenden und gesunden, aber »sexuell frustrierten« Frau. Van der Kwast tut diesen Schritt mit einem einzigen Satz:

Der Schluß liegt nahe, daß der Witwer aus einer Zwangslage heraus zum Inzest gelangt, und dieser Schluß wird noch zwingender durch die Erkenntnis, daß viele der verheirateten Inzesttäter sich in ähnlicher Lage befanden, weil sie aufgrund von Abwesenheit, Krankheit oder Verweigerung der Ehefrau auf die eheliche sexuelle Befriedigung verzichten mußten (1963, S. 54).

Die unwillige Ehefrau. Die prüde Ehefrau. Die frigide Ehefrau. Fürwahr ein Hit in der Inzestliteratur! »When Sex Stops between Father and Mother« überschreiben Justice und Justice drohend ein Kapitel ihres Buches (1980, S. 109). Den Satz dürfen wir einstweilen selbst ergänzen: Wenn Vater und Mutter nicht mehr miteinander schlafen, ist Vater-Tochter-Inzest beinahe unausweichlich. Mit Maischs Worten:

> Fast ein Drittel [...] der *Ehefrauen verhielt sich dem Ehemann gegenüber abweisend.* Entweder sie verweigerten die sexuellen Beziehungen gänzlich, entzogen sich dem Mann und zeigten sich sexuell uninteressiert oder sie waren äußerst zurückhaltend [...] (1968, S. 109).

Maisch räumt zwar ein, daß viele Frauen »ihren Ehemann wegen seiner alkoholischen Exzesse und brutalen Verhaltensweisen ablehnten«, vermutet aber doch, daß »daneben auch andere Motive wie zum Beispiel Frigidität, Anorgasmie etc.« eine Rolle spielen könnten (S. 109). Lustig u.a. formulieren es noch etwas schärfer:

> Bei diesen Frauen fand sich eine lange Vorgeschichte der Herabsetzung und sexuellen Zurückweisung des Ehemannes, wobei sie nach außen aber den Schein der gebührenden Erfüllung ihrer Frauenrolle wahrten. [...] Indem sie sich dem Mann sexuell verweigerten, erzeugten sie in ihm eine erhebliche sexuelle Frustration und Spannung und dirigierten so die sexuelle Energie des Mannes in die Richtung der Tochter (1966, S. 34).

Selbst Sandra Butler, die im Gegensatz zu vielen anderen nicht nur mit den Inzestopfern, sondern ganz gewiß auch mit deren Müttern sympathisiert, geht schlicht davon aus, daß

> in Inzestfamilien [...] die sexuellen Beziehungen zwischen Mann und Frau entweder gespannt oder inexistent sind [...] (1978, S. 115).

Die These, ein Vater mißbrauche seine Tochter deshalb, weil seine Frau nicht mit ihm schlafen wolle, findet in der öffentlichen Meinung großen Anklang. Oder vielleicht ist es auch umgekehrt, und die öffentliche Meinung findet großen Anklang in der Wissenschaft. Aber entspricht diese These der Wahrheit? Erfahrungsberichte von Inzestopfern sind hier als Informationsquelle wenig ergiebig, denn die meisten Kinder wissen nichts über das Sexualleben ihrer Eltern. Eine weitere Schwierigkeit liegt darin, daß über die Mütter zwar alles mögliche behauptet wird, spezifische Untersuchungen über Mütter, in denen sie selbst die Informanten sind, jedoch kaum vorliegen. Und doch sickern in Falldarstellungen oder in den widersprüchlichen Aussagen der Autoren genügend Informationen durch, die auf das Gegenteil schließen lassen. Armstrong führt das Beispiel einer Familie an, in der der Vater seine Tochter sexuell mißbrauchte, obwohl seine Frau wie auch er selbst der Meinung waren, »ihr Sexualleben sei sehr gut gewesen« (1978/85, S. 64). Maisch kommt zwar zu dem Ergebnis, daß es in 41 Prozent der von ihm untersuchten Fälle zwischen Mann und Frau »nicht regelmäßig zu sexuellen Beziehungen gekommen war« (1968, S. 108), in den übrigen 59 Prozent aber existierte diese Beziehung offenbar sehr wohl. Bemerkenswerterweise widersprechen manche Autoren in diesem Punkt nicht nur einander, sondern auch sich selbst. Als Beispiel sei hier van der Kwast genannt, der es, wie wir gesehen haben, zumindest plausibel findet, daß es dann zum Vater-Tochter-Inzest kommt, wenn Männer auf den ehelichen Sexualverkehr verzichten müssen. Nichtsdestoweniger schreibt er am Ende seines Buches in der zusammenfassenden Erörterung seiner eigenen Untersuchungsergebnisse:

Fälle, in denen sich die Frau auf Dauer ihrem Mann verweigerte, waren in unserer Untersuchung nicht vertreten. Die überwiegende Mehrheit hatte zum Zeitpunkt des Inzests nicht nur Gelegenheit zu legitimer Kohabitation, sondern machte davon auch Gebrauch. Im allgemeinen bestand deshalb kein Anlaß, die Möglichkeit schwerwiegender sexueller Not im banalen Sinne des Wortes in Betracht zu ziehen, und bei den wenigen Ausnahmen waren die sonstigen Umstände in keinem Fall so gelagert, daß eine solche Not nur durch Inzest hätte gelindert werden können. Wir meinen daher, an dem Konzept des Inzests als Folge unfreiwilliger Abstinenz ernste Zweifel anmelden zu müssen und vermuten darin eher eine theoretische Konstruktion als eine auf genauer Untersuchung der tatsächlichen Inzestursachen basierende Erklärung (1963, S. 194f.).

Ein klares Wort! Schade nur, daß van der Kwast mit dieser Erkenntnis erst am Ende seines Buches herauskommt und in den vorangehenden Kapiteln die besagte theoretische Konstruktion eher untermauert als widerlegt. Van der Kwasts Schlußfolgerung, Inzest könne nicht mit »sexueller Not« erklärt werden, bestätigen auch andere Autoren:

Die eingehende Befragung von Inzesttätern [...] ergibt, daß selbst in erheblich gestörten Ehen der Vater im allgemeinen Sex von seiner Frau verlangen kann. Kein Vater wird wegen fehlenden sexuellen Zugangs zu seiner Ehefrau zum Inzest getrieben. Nicholas Groth, ein Psychologe mit reicher Erfahrung in der Behandlung von Sexualtätern, berichtet über eine ganze Reihe inzestuöser Väter: »Die Männer hatten sexuelle Beziehungen zu Tochter oder Sohn zusätzlich zum ehelichen Sexualverkehr und nicht an dessen Stelle. Täter, die ihre sexuellen Aktivitäten auf Kinder beschränkten, taten das aus freien Stücken. Für keinen von ihnen hätte es nicht auch andere Möglichkeiten sexueller Befriedigung gegeben« (Herman 1981, S. 43).

Nun wissen wir zwar, daß es mit der »sexuellen Verweigerung« der Mutter des Inzestopfers nicht weit her ist, doch hat damit die Geschichte von der sexuellen Vernachlässigung des Ehemannes noch kein Ende. Will eine Mutter ihre Tochter vor sexueller Ausbeutung durch den Vater schützen, genügt es anscheinend nicht, daß sie sexuell verfügbar ist: Sie muß auch leidenschaftlich sein. Besonders heutzutage, denn

da in unserer Gesellschaft die sexuelle Reaktionsfähigkeit der Frau immer mehr in den Vordergrund rückt [...], ist eine Frau, die lediglich ihren »ehelichen Pflichten« genügt, indem sie den sexuellen Kontakt duldet, zweifellos unbefriedigender für ihren Mann, als sie es früher gewesen wäre (Meiselman 1978, S. 125).

Frigidität (laut Duden: »Gefühlskälte, geschlechtliche Empfindungs-losigkeit der Frau«) ist offensichtlich ein zentrales Element jener Theorien, die die Mutter für den Vater-Tochter-Inzest verantwortlich machen, und auch inzestuöse Väter berufen sich gern auf dieses »Frauenleiden«, um ihr Verhalten zu rechtfertigen. Sind Mütter von Inzestopfern alle frigide, wie Justice und Justice (1980, S. 97) und viele andere behaupten? Und kann die vermeintliche Frigidität der Mutter als Ursache des Vater-Tochter-Inzests gelten?

Christel Dorpat wird wütend, als ihre Tochter Irene sie in dem folgenden von Irene begonnenen Gespräch mit dieser Theorie konfrontiert:

»Das ist so, mein Psychiater sagt das auch, es fällt mir schwer auszusprechen, aber ich muß es dir sagen. Du hast es gewußt, und da du frigide bist, war es dir nur recht so. Du warst sicherlich froh, daß er dich in Ruhe ließ.«

»Was hat er?« fragte ich nach einer geraumen Weile [...].

»Dich in Ruhe gelassen.«

»Aha«, sagte ich, »der weiß es, der war dabei, und du weißt es wohl auch. [...] Aber ich muß dir sagen, daß mir diese Tatsache ganz neu ist, ich bin nicht frigide, auch wenn ihr beide es noch so gern hättet und es in allen Büchern steht. Und ich bin es nie gewesen« (Dorpat 1982, S. 123 f.).

Verbittert schreibt sie:

Ich mußte im nachhinein meine Weiblichkeit beweisen. Niemand verlangte so etwas von Freddy, für ihn waren die Kinder immer ein Beweis seiner Potenz gewesen. Nein, ich sollte beweisen, daß ich Vergnügen an der Sexualität gehabt hatte (S. 110).

Die vermeintliche Frigidität der Frauen erscheint in einem anderen Licht, wenn wir sehen, wie sich ihre Männer ihnen gegenüber sexuell verhalten. Manchmal sind es sogar sie selbst, die Männer, die den ehelichen Verkehr verweigern. Selbst Justice und Justice, obwohl entschiedene Verfechter der Frigiditätstheorie, bringen das Beispiel eines Mannes, der seine Frau sexuell vernachlässigt (1980, S. 64). Ein ähnliches Beispiel finden wir bei van der Kwast:

Das Sexualleben wurde immer unbefriedigender. Die Frau [...] kam vor allem im letzten Jahr oft zu kurz, weil der Mann – nach eigenem Bekunden aus Dickköpfigkeit – nicht bereit war, auf ihre Annäherungsversuche einzugehen. [...] Immer häufiger suchte er seine Zuflucht in der Selbstbefriedigung, manchmal in Gegenwart seiner Frau, um sie, wie er sagte, zu schikanieren (1963, S. 108).

Wer verletzt in diesen Fällen seine »ehelichen Pflichten«? Und wer ist sexuell empfindungslos in jenen Fällen, in denen Frauen »ihren Ehemann wegen seiner alkoholischen Exzesse und brutalen Verhaltensweisen ablehnten« (Maisch 1968, S. 109) oder in denen Ehemänner »beim Geschlechtsverkehr keinerlei Zärtlichkeit zeigen, grob und nur auf die eigene Befriedigung bedacht sind« (van der Kwast 1963, S. 110)? Wer versagt im folgenden Fall?

Der Mann stellte hinsichtlich der Häufigkeit des Verkehrs übersteigerte Ansprüche; er war in den vorangegangenen Jahren impotent gewesen und überforderte in dem Versuch, seine Impotenz zu überwinden, sich selbst und seine Frau, so daß der Koitus zur Qual wurde (van der Kwast 1963, S. 108).

Wir können mit Fug und Recht behaupten, daß die Klagen inzestuöser Väter über die Passivität oder Frigidität ihrer Ehefrauen in vielen Fällen entweder ihren eigenen sexuellen Problemen oder ihrem Rechtfertigungsdrang entspringen. Und wir können mit dem gleichen Recht erklären, daß Autoren, die diese Klagen übernehmen und ihre Theorien über die Entstehung des Vater-Tochter-Inzests darauf aufbauen, entweder zu leichtgläubig oder zu bequem sind.[21] Und dumm sind sie obendrein. Denn die vermeintliche oder reale Frigidität der Mutter/Ehefrau kann natürlich keinesfalls Ursache des Vater-Tochter-Inzests sein. Ein Vater, der seine Tochter belästigt, weil ihm seine Frau nicht leidenschaftlich genug ist, kommt ja vom Regen in die Traufe. Wenn es überhaupt ein weibliches Wesen gibt,

---

[21] Das gilt natürlich auch für Ärzte, Therapeuten und Sozialarbeiter. Aus dem Bericht eines Inzest-Symposiums: »›Letztes Jahr kam eine Frau zu mir‹, berichtete ein stämmiger, braunäugiger Sozialarbeiter, ›die den Verdacht hatte, daß ihr Mann mit ihrer Tochter schlief. Ich fragte sie ganz unschuldig: Kommt Ihr Mann bei Ihnen denn auf seine Kosten? Kürzlich traf ich die Frau wieder. Sie sah blühend aus und sagte: Vielen Dank für den Tip. Sehen Sie, so kann einem auch geholfen werden.‹ Der Sozialarbeiter hatte die Lacher auf seiner Seite« (*Jeugdwerk Nu*, 13. Jahrgang, Nr. 9, 18. Mai 1981).

das frigide im Sinne von passiv und dem aufgezwungenen Sexualkontakt abgeneigt ist, dann ist es die sexuell mißbrauchte Tochter.
Auffallend viele Inzestopfer berichten, daß sie sich schlafend stellten,
wenn der Vater sie belästigte. Andere ließen seine Handlungen völlig
passiv über sich ergehen. Und die wenigen Mädchen, die körperlich
reagierten, empfanden das ausschließlich als widerwärtig und erniedrigend und versuchten, es beim nächstenmal zu verhindern.
Von einer befriedigenden sexuellen Beziehung, die zwei Menschen
genießen und an der beide aktiv beteiligt sind, kann beim Vater-
Tochter-Inzest jedenfalls keine Rede sein, und es ist deshalb auch
töricht, zu behaupten – was ja den Kern der Frigiditätstheorie
ausmacht –, der Vater finde sexuell bei seiner Tochter, was seine
Frau ihm vorenthalte.

Manchmal werden Mütter von Inzestopfern geschildert als
»frigide« in jeder Beziehung, also feindselig und lieblos in sexuellen wie in nicht-sexuellen Situationen (Meiselman 1978, S. 125).
Damit kommen wir zur dritten Form des Rückzugs, der Müttern
zur Last gelegt wird: der *emotionale Rückzug.*
    Es kennzeichnet die stille Teilhaberin, daß sie zu keinerlei fürsorg-
licher, liebevoller Beziehung fähig ist, weder zu ihrem Mann noch
zu ihrer Tochter. Diese emotionale Vernachlässigung der Familie
ist oft der Grund, warum Ehemann und Tochter Zuflucht beiein-
ander suchen (Forward und Buck 1981, S. 38).
Hier drängt sich natürlich sogleich die Frage auf, warum diese
Familiensituation nicht möglich sein sollte, warum ein Vater nicht in
der Lage sein sollte, fürsorglich zu sein, ohne dies mit Sexualität zu
verknüpfen. Davon abgesehen, bezweifle ich, daß das Bild einer aus
Enttäuschung geborenen Frontenbildung zwischen Vater und Tochter auf der einen und der Mutter auf der anderen Seite der Wirklichkeit entspricht.
    Anstatt zu sagen, die Mutter eines Inzestopfers vernachlässige
ihren Mann emotional, können wir natürlich auch sagen, der Mann
fühle sich vernachlässigt. Diese Formulierung verändert die Perspektive. Sie verlagert das Problem von der Mutter dorthin, wo es
meines Erachtens hingehört: zum inzestuösen Vater. Ich werde auf

diesen Punkt deshalb erst später eingehen, in den Kapiteln, die sich hauptsächlich mit dem Vater befassen.

Was die Beziehung zwischen Mutter und Tochter anbelangt, so wird die Mutter bald als gleichgültig beschrieben (Justice und Justice 1980, S. 99) oder als unfähig, »die affektiven Bedürfnisse ihrer Tochter zu befriedigen« (van der Kwast 1963, S. 204), bald bleibt dahingestellt, wem – der Mutter oder der Tochter – »die negative, bisweilen offen feindselige Beziehung des Opfers zur Mutter« (Maisch 1968, S. 128) zuzuschreiben ist. Die meisten Anhänger der systemtheoretischen Sicht des Inzestproblems scheinen jedoch mit van der Kwast einig, wenn er schreibt:

Die Frage [. . .], ob die Ursache des Inzests nicht [auch] in der gestörten Mutter-Tochter-Beziehung zu suchen ist [. . .], muß bejaht werden (1963, S. 204).

Es ist zweifellos wahr, daß manche Inzestopfer sich negativ über ihre Mutter äußern. Bei Licht besehen, erweist sich die »schlechte« Beziehung zwischen Mutter und Tochter allerdings häufig eher als Folge denn als Ursache des Inzests. Es ist der Vater, der einen Keil zwischen Mutter und Tochter treibt. Manche Väter tun das ganz direkt, wie jener Vater, der Mutter und Tochter vorwarf, sich gegen ihn zu verbünden und sich auf seine Kosten ein schönes Leben zu machen.

Schon als Kleinkind suchte er seine leibliche Tochter (das spätere Opfer) der Mutter zu entfremden (Maisch 1968, S. 107).

Oder wie ein anderer Vater, der, wenn er den Eindruck hatte, Mutter und Tochter waren miteinander vergnügt,

immer einen Anlaß fand, mit einer von beiden Streit anzufangen und ihr gemütliches Beisammensein zu beenden (Justice und Justice 1980, S. 79).

Die meisten inzestuösen Väter aber führen auf indirekte Weise eine Entfremdung zwischen Mutter und Tochter herbei. Sie zwingen das Mädchen, über den Inzest Stillschweigen zu bewahren, und erreichen damit, daß es der Mutter nicht mehr so unbefangen gegenübertreten kann wie bisher. Wie wir gesehen haben, entwickeln viele Mädchen im Laufe der Zeit Haßgefühle gegen ihre Mutter, weil diese nicht von selbst darauf kommt, was vor sich geht, und weil sie nicht eingreift. Auch diese Gefühle ruft der Vater durch sein Verhalten hervor.

Ein Vater zwingt seine Tochter zur Geheimhaltung, indem er beispielsweise droht, er werde sie umbringen, wenn sie den Mund aufmache. Oft genügt aber auch ein eindringliches »Wenn du es Mama sagst, machst du sie sehr traurig.« In diesem Fall spekuliert er nicht auf Groll oder Feindseligkeit, sondern im Gegenteil auf die Liebe des Mädchens zu seiner Mutter. In den Lebensgeschichten von Inzestopfern wird auffallend häufig berichtet, daß die Mädchen den Mißbrauch vor der Mutter geheimhielten, um ihr Kummer zu ersparen:

[...] eines Morgens sah meine Mutter, wie er [...] mich durch meine Kleider hindurch betastete. Sie wurde sofort hysterisch und sagte: »Wenn das noch einmal vorkommt, mußt du es mir sofort sagen – das darf auf keinen Fall passieren.« Und dabei war damals schon viel mehr passiert. Ich konnte es ihr einfach nicht sagen. [...] Ich vergötterte meine Mutter [...]: es gibt Fotos von mir, auf denen ich geradezu anbetungsvoll zu ihr aufschaue. [...] Es war mir schrecklich, ihr wehzutun (Ward 1984, S. 25).

Ich hatte [...] das Gefühl, es war ein Geheimnis, das ich wirklich hüten mußte. Denn ich wußte, es würde meine Mutter töten, wenn sie es herausfände. Ich war nicht froh über mein Geheimnis, aber mir lag sehr viel daran, meine Mutter zu schützen (Armstrong 1978/85, S. 70).

Als mein Vater anfing, diese sexuellen Dinge mit mir zu machen, konnte ich es ihr einfach nicht sagen. Es hätte sie umgebracht. Ich hatte das Gefühl, ich müßte sie schützen, weil sie ohnehin schon genug zu ertragen hatte (Butler 1978, S. 110).

Keine Spur von Feindseligkeit also. Und auch der Vorwurf, die Mutter habe es auf einen »Rollentausch« mit der Tochter abgesehen, wird durch diese Aussagen entkräftet. Ein »Rollentausch« findet zwar statt, denn nicht das Kind sollte die Mutter schützen, sondern die Mutter das Kind; Regisseur dieses Rollentauschs ist jedoch nicht die Mutter, sondern der Vater.

Als Beweis für eine unbefriedigende Beziehung zwischen Mutter und Tochter und für den von der Mutter inszenierten Rollentausch gilt vielfach die Mithilfe der ältesten Tochter bei der Versorgung von Haushalt und Geschwistern.

> Ist ein Teil der mütterlichen Aufgaben erst einmal übertragen, folgt der Rest – die sexuellen Pflichten – oft unvermeidlich nach. (Forward und Buck 1978/81, S. 38).

Meiselman gehört zu den wenigen Autoren, die objektiv genug sind, sich zumindest zu fragen, ob die häusliche Mitarbeit der ältesten Tochter ein typisches Merkmal der Familie ist, in der Vater-Tochter-Inzest stattfindet:

> [. . .] es ist in unserer Gesellschaft durchaus üblich, daß die älteste Tochter häusliche Pflichten übernimmt und sich um ihre jüngeren Geschwister kümmert. Man wird deshalb in einer Stichprobe inzestuöser Töchter einen gewissen Anteil an »kleinen Müttern« finden, ohne daß diese Rolle etwas mit der Inzestgenese zu tun hätte.

Diese Erkenntnis stellt Meiselman allerdings dadurch wieder in Frage, daß sie hinzufügt, die Rolle des »Mütterchens« werde zum Symptom einer desorganisierten Familienverfassung,

> wenn die wirkliche Mutter ihre Autorität als weibliches Familienoberhaupt preisgibt und Dinge tut, die die Inzestgefahr erhöhen (1978, S. 129).

Nach meiner Auffassung wird die Rolle des »Mütterchens« erst dann zum Symptom, wenn der Vater seine Tochter sexuell mißbraucht. Mit anderen Worten: Jeder findet es normal, wenn Töchter im Haushalt mithelfen; erst wenn es in einer Familie zum Vater-Tochter-Inzest kommt, muß dieser Umstand plötzlich als Argument herhalten, um der Mutter die Schuld am Fehlverhalten des Vaters in die Schuhe schieben zu können. Ich kenne viele Frauen, die als Kinder zu Hause tüchtig mit anpacken mußten und das durchaus nicht immer gern taten, dabei aber nie das Gefühl hatten, außer Schuheputzen und ähnlichem gehöre auch Sex zu ihren Pflichten.

Alles in allem findet die Auffassung, die Mutter habe bereits lange vor Inzestbeginn eine konfliktgeladene Beziehung zu ihrer Tochter und diese Beziehung sei eine der Ursachen des Vater-Tochter-

Inzests, in den autobiographischen Berichten sexuell mißbrauchter Töchter wenig Bestätigung. Das gilt auch für die ähnlich gelagerte Auffassung, der Vater entwickle zu seiner Tochter bereits lange vor Inzestbeginn eine harmonische Beziehung, die auf gegenseitiger Anziehung beruhe und die Mutter ausschließe. Das Bild des Inzests als einer unreinen Begleiterscheinung reiner Liebe, einer unerlaubten, aber gutgemeinten und willkommenen Bekundung der Zuneigung, gehört ins Reich romantischer Phantasien.

Der Begriff »emotionale Vernachlässigung« (der Familie durch die Mutter des Inzestopfers) ist in der Fachliteratur seit einiger Zeit zu einem Allgemeinplatz für Entwicklungen geworden, die den Autoren offenbar ein Dorn im Auge sind und allein deshalb zur Ursache des Vater-Tochter-Inzests erklärt werden. Vor allem in der neueren nichtfeministischen Inzestliteratur werden Mütter, die neben ihren familiären Pflichten anderen Interessen nachgehen – Berufstätigkeit, Studium oder ähnliches –, als egoistische, irrationale, unverantwortliche Frauen dargestellt, die ihren Mann geradezu in den Inzest treiben.

Häufig zieht sich die stille Teilhaberin von ihrer Familie zurück und versucht, sich ihrer emotionalen Pflichten zu entledigen. Oft ist sie von ihrem Mann enttäuscht und langweilt sich mit ihm; ihre Ehe empfindet sie nur noch als Gewohnheit. Durch die Erkenntnis, daß sie nicht mehr so jung und attraktiv ist wie einst, fühlt sie sich niedergeschlagen, und vielleicht neidet und verübelt sie ihrer Tochter deren Jugend und erwachende Sexualität. Ihre Träume vom ehelichen Glück lösen sich in Nichts auf. Enttäuschung ist ihr ständiger Begleiter. Da sie sich zu Hause nicht ausgefüllt sieht, kann sie sich anderen Dingen zuwenden und neue Interessen entwickeln – ehrenamtliche Tätigkeiten, eine Ausbildung, Berufstätigkeit, soziale Verpflichtungen –, die ihr eine *Fluchtmöglichkeit* bieten (Hervorhebung J. R.).

Einen Moment lang sieht es so aus, als kämen den Autoren Zweifel an ihrer Erklärung der Inzestursachen, denn sie fügen hinzu:

Die allgemeine Desillusionierung der stillen Teilhaberin – und die daraus resultierende emotionale Vernachlässigung der Familie –

[. . .] unterscheidet sich kaum von der allgemeinen Desillusionierung, unter der heute sehr viele verheiratete Frauen zu leiden scheinen.

Doch dann retten sie ihre Theorie wieder:

Was die stille Teilhaberin kennzeichnet, ist die Tendenz, ihre Probleme auf die Tochter abzuwälzen. Sie entledigt sich unbewußt ihrer Mutterrolle, indem sie nach und nach alle Pflichten, die ihr unangenehm geworden sind, abschiebt – von der Hausarbeit bis hin zum Sex (Forward und Buck, 1978/81, S. 38; siehe auch Summit und Kryso 1978, S. 243).

Wie soll eine berufstätige Mutter beweisen, daß sie zwar ihre älteste Tochter bittet, die anderen Kinder nach der Schule zu versorgen, weil es keine Kindertagesstätte gibt, und daß sie sie auch hin und wieder auffordert, die Kartoffeln zu schälen, daß sie dabei aber wirklich nicht beabsichtigt, ihre Mutterrolle aufzugeben, daß ihr diese Rolle sogar mehr Spaß macht, seit sie sie mit anderen Aktivitäten verbindet, und daß sie nie auf den Gedanken gekommen ist, ihr Mann könnte ihre Abwesenheit ausnützen, um ihre Tochter zu belästigen?

Ich muß gestehen, ich würde mich den Gegnern der Frauenemanzipation anschließen, wenn Vater-Tochter-Inzest der Preis wäre, den wir für die Emanzipation zu zahlen hätten. Den Lebensberichten von Opfern ist jedoch zu entnehmen, daß auffallend viele, vor allem Angehörige der vorigen Generation, vom Vater mißbraucht wurden, während die Mutter in der Kirche war. Andere wurden und werden mißbraucht, während die Mutter schläft. Wenn wir also Müttern verbieten, außer Haus zu arbeiten, dann müssen wir sie konsequenterweise auch von nicht minder gefährlichen Aktivitäten wie Kirchgang und Nachtruhe abhalten.

Nun wissen wir also, wie Mütter nach Meinung von Inzestforschern durch physischen, sexuellen und emotionalen Rückzug einen aktiven Beitrag zur Entstehung des Vater-Tochter-Inzests leisten. Vergessen wir für einen Moment die von mir vorgebrachten Gegenargumente und tun so, als hätten diese Autoren recht. Wir müßten dann aus ihren Ergebnissen den Schluß ziehen, daß die

»beste« Mutter, das heißt die Mutter, die den wirksamsten Schutz gegen Vater-Tochter-Inzest bietet, eine Frau ist, die keinen Fuß vor die Tür setzt, für ihren Mann jederzeit sexuell verfügbar und ihm auch sonst ganz zu Willen ist. Aber ach, auch das ist nicht das richtige, denn eine Mutter, die sich ihrem Ehemann völlig unterordnet,

> hat Angst, sich gegen ihn durchzusetzen, selbst wenn es darum geht, ihn vom sexuellen Kontakt mit der Tochter abzuhalten (Justice und Justice 1980, S. 98).

Justice und Justice stellen eine Verbindung her zwischen der Unterwürfigkeit der Mutter und ihrer wirtschaftlichen und emotionalen Abhängigkeit. Andere sehen in ihrer Gefügigkeit eine psychische Störung, die sie veranlasse, durch das Inszenieren des Vater-Tochter-Inzests ihre eigenen krankhaften Bedürfnisse versteckt zu befriedigen. Weinberg bezeichnet diese Störung als passiven Masochismus und emotionale Unreife (1955/76, S. 106). Von den dreißig Müttern in Meiselmans Stichprobe wurden dreizehn für »passiv-abhängig und potentiell masochistisch« befunden. »Passivität, Abhängigkeit und Masochismus« sind laut Meiselman Persönlichkeitsmerkmale, die man bei Müttern von Inzestopfern häufig findet. In diesem Zusammenhang merkt sie an, »Passivität und Gefügigkeit« seien bei einer Frau ganz normal, wenn ihr Mann »auf gutartige Weise dominierend ist und ihr finanzielle und emotionale Sicherheit bietet«. In Inzestfamilien aber grenze das Verhalten des Mannes vielfach an »offenen Sadismus«, und eine Frau, die einen solchen Mann nicht verlasse, beweise damit ihre Unreife,

> da ihr Abhängigkeitsbedürfnis die Erwachsenennorm, selbst die der Frauen, überschreitet.

Der Begriff Masochismus trifft Meiselman zufolge deshalb zu, weil die Frau die körperlichen und emotionalen Qualen, die ihr Mann ihr bereite, zu genießen scheine (1978, S. 118ff.).

Kaufman u. a. beschreiben in ihrer Untersuchung die Mutter als eine Frau, die ständig mit Minderwertigkeitsgefühlen zu kämpfen habe und mit »masochistischen Methoden« versuche, ihr extremes Bedürfnis nach Zuwendung und Zuneigung zu befriedigen. Sie sei eine schlechte Hausfrau, unfähig, Verantwortung zu übernehmen und »– oberflächlich betrachtet – zufrieden damit, in ungeordneten, ärmlichen Verhältnissen zu leben« (1954, S. 269f.).

In van der Kwasts Untersuchung dagegen
> wurde eine relativ große Zahl von Frauen als energisch, antriebs-reich und herrschsüchtig beurteilt und eine ungefähr ebenso große Zahl als dumm, schwach, abhängig und in einem Maße unter-würfig, daß man schon von Hörigkeit sprechen konnte. [...]
> Was den Haushalt und die materielle Versorgung der Kinder anbelangt, waren die meisten Frauen ihrer Aufgabe gewachsen.

Dennoch hatte auch van der Kwast den Eindruck,
> daß die Ehefrau kaum jemals als psychisch gesund zu bezeichnen war (1963, S. 104f.).

Abwesenheit oder Krankheit, Frigidität, Lieblosigkeit, Egoismus, Unterwürfigkeit, Masochismus – wer glaubt, damit sei die unter schreibenden Psychiatern und Psychologen kursierende Liste müt-terlicher Beiträge zum Vater-Tochter-Inzest erschöpft, der irrt.

Sehr beliebt ist beispielsweise auch das Thema der promiskuitiven Mutter.[22] Manche meinen,
> die promiskuitive Mutter [...] gibt ihrer Tochter ein schlechtes Beispiel und trägt zu einem sexuellen Klima in der Familie bei, in dem normale Grenzen nicht mehr eingehalten werden (Justice und Justice 1980, S. 99).

Andere – die meisten – scheinen der Auffassung zuzuneigen, bei Promiskuität der Mutter tue der inzestuöse Vater nichts anderes, als den Ehebruch seiner Frau in gleicher Münze heimzuzahlen. Sie vergessen dabei, daß sexueller Mißbrauch des eigenen Kindes im-mer noch etwas anderes ist als »Ehebruch« mit einem Erwachsenen. Dummerweise machen die Inzestforscher in der Regel nicht klar, was sie unter Promiskuität verstehen. In den etwas älteren Untersu-chungen scheint der tadelnswerte sexuelle Lebenswandel der Mut-ter oft einzig und allein darin zu bestehen, daß sie vor der Ehe mit verschiedenen Männern geschlafen hat.

---

[22] Siehe unter anderem Maisch 1968, S. 101; Meiselman 1978, S. 121f.; Justice und Justice 1980, S. 99; Kaufman 1954, S. 270; Lukianowicz 1972, S. 306.

Unmittelbar vom Ödipusmythos hergeleitet ist die Anschauung, Mütter von Inzestopfern identifizierten sich mit ihren Töchtern und befriedigten auf diese Weise in der Phantasie nachträglich die inzestuösen Wünsche, die sie als Kind ihrem Vater gegenüber gehegt hätten (siehe Nelson 1982, S. 57).

Neben der promiskuitiven Mutter und der Mutter mit dem ungelösten Ödipuskomplex darf natürlich auch die latent homosexuelle Mutter nicht fehlen. Lustig u. a. fanden in den von ihnen untersuchten Vater-Tochter-Inzestfällen bei den Müttern vielfältige Hinweise auf

> unbewußte homosexuelle Strebungen [...], und es ist durchaus möglich, daß der Vater als Vehikel für die unbewußten homosexuellen Impulse der Mutter gegenüber ihrer Tochter fungierte (1966, S. 34).

Bemerkenswerten Anklang findet in der Inzestliteratur eine 1954 von Kaufman u. a. eingeführte Theorie, die man als »Mehrgenerationentheorie« bezeichnen könnte. Kaufman u. a. machen für den Vater-Tochter-Inzest die Mutter der Mutter verantwortlich. Sie schildern die Großmütter mütterlicherseits als »strenge, anspruchsvolle, beherrschende, kühle und außerordentlich abweisende Frauen«, die von ihrem Mann im Stich gelassen worden seien und sich dann eine Tochter herausgegriffen hätten, an der sie ihre Kränkung abreagierten. Diese Tochter könne es ihrer Mutter nie recht machen, bemühe sich aber noch als Erwachsene um deren Liebe und Anerkennung. Werde sie dann selbst Mutter, greife sie sich ihrerseits wieder eine Tochter heraus, mit der sie in besonderer Weise umgehe, und zwar so, daß diese Tochter zum »Ebenbild der Großmutter mütterlicherseits« werde. Sie zwinge die Tochter, ihre Vertraute und Ratgeberin zu werden, und übertrage ihr nach und nach alle Verantwortung, bis sie selbst zur Tochter und die Tochter zur Mutter geworden sei. Gleichzeitig verlagere sie die feindseligen Gefühle, die sie für die eigene Mutter empfunden habe, auf die Tochter.

Das führe schließlich dazu, daß sie ihren Mann vernachlässige, worauf dieser eine inzestuöse Beziehung mit der Tochter eingehe (1954, S. 269 ff.).

Kaufman u. a. entwickeln dies alles zwar viel ausführlicher, aber wir haben hier die Quintessenz ihrer Theorie. Und wie ich schon sagte, genießt diese Sicht der Dinge große Popularität. Manche übernehmen sie fast wörtlich,[23] andere in etwas veränderter Form. Es ist bedauerlich, daß man die Mehrgenerationentheorie auch bei Autoren findet, die den Müttern von Inzestopfern im allgemeinen durchaus wohlgesonnen sind, wie zum Beispiel Sandra Butler:

Viele Mütter von Inzestopfern waren als Kinder selbst Opfer körperlichen oder sexuellen Mißbrauchs. Wenn sie in ihrer Kindheit niemals die mütterliche Zuwendung erfahren haben, die sie gebraucht hätten, wird es ihnen möglicherweise auch selbst an der nötigen Fähigkeit und Erfahrung fehlen, um ihren eigenen Kindern Liebe und Sicherheit zu geben (1978, S. 114).

Zunächst scheint es, als würde die Mutter des Inzestopfers durch die Mehrgenerationentheorie entlastet. Schließlich kann sie nichts dafür, daß sie von ihrer eigenen Mutter so schlecht behandelt worden ist. Unterdessen wird sie auf Umwegen aber doch wieder zur Anstifterin erklärt, und letzten Endes wird für den Vater-Tochter-Inzest doch wieder eine Frau verantwortlich gemacht, wenn auch in diesem Fall die Großmutter.

Eine relativ junge, mir unheimliche Ausprägung der Mehrgenerationentheorie stellt einen unmittelbaren Zusammmenhang zwischen den Inzesterlebnissen der Mutter und denen der Tochter her. Der Grundgedanke dabei ist, daß die Tochter eines Inzestopfers auch ihrerseits Opfer inzestuösen Mißbrauchs werde, wofür die Mutter, vom Wiederholungszwang getrieben, gleichsam die Gewähr biete. Goodwin u. a. widmen den »Inzesterfahrungen bei Müttern sexuell mißbrauchter Kinder« einen ganzen Artikel, in dem sie schreiben:

Die verdrängten Erinnerungen der Mutter an ihre eigenen Mißbrauchserlebnisse leben wieder auf, wenn sie unbewußt für ihr eigenes Kind eine ähnliche Situation schafft und sich selbst damit noch einmal eine Chance gibt, ihre verdrängten Konflikte zu lösen.

---

[23] Lustig u. a. 1966, S. 34, Justice und Justice 1980, S. 147; Meiselman 1978, S. 140; Rist 1979, S. 687.

Als »Beweis« für dieses Verhaltensmuster führen Goodwin u. a. Fallberichte an, in denen das Kind im gleichen Alter sexuell mißbraucht wird wie einst die Mutter (1981, S. 92).

Da viele Inzestopfer ein und derselben Altersgruppe angehören, ist das natürlich kein sehr überzeugender Beweis. Mitunter wird auch behauptet, sexuell mißbrauchte Töchter suchten schon bei der Eheschließung ihren Partner gleichsam aufgrund seiner inzestuösen Neigungen aus. Es heißt dann, sie wählten »unbewußt« Männer, »die die unverarbeiteten Konflikte wiederbeleben könnten« (Musaph 1984, S. 56).

Die Mehrgenerationentheorie erweckt die Vorstellung, Vater-Tochter-Inzest sei eine durch Frauen verbreitete »Krankheit«, ein Erbleiden, das von Generation zu Generation weitergegeben werde und dessen Ansteckungsherd Frauen (als Mütter) seien. Ein Mann könne durch seine Frau »krank«gemacht werden und dann Inzest begehen, doch seien es Frauen und nicht Männer, die den Inzestvirus in sich trügen und verbreiteten. In der Literatur werden sie hier und da wörtlich als »incest carriers«, Inzestüberträgerinnen, bezeichnet.

Eine solche Vorstellung ist nicht nur absurd, sie führt auch zur Stigmatisierung des Inzestopfers, was schlimme Folgen haben kann. Wenn in der Ehe einer dieser Frauen tatsächlich Probleme auftreten, dann trifft den Ehemann von vornherein kein Vorwurf, der Ärmste ist ja mit einem Inzestopfer verheiratet. (Es sind bereits Fälle bekannt, in denen bei Ehescheidungen die Kinder dem Mann zugesprochen wurden, weil man die Frau als Inzestopfer für ungeeignet befand, sie zu versorgen.) Es hat schlimme Folgen für das (Selbst-) Vertrauen, mit dem ein Inzestopfer nach einer verpfuschten Kindheit in die Zukunft blickt. Natürlich gibt es Frauen, die zuerst von ihrem Vater sexuell mißbraucht und später in der Ehe vergewaltigt und mißhandelt werden, und es gibt auch Frauen, die zuerst mit einem inzestuösen Vater und später mit einem inzestuösen Ehemann konfrontiert sind. Dem stehen jedoch ebenso viele Beispiele von Inzestopfern gegenüber, denen es gerade durch das Verständnis und Mitgefühl ihres Ehemanns oder Freundes gelang, die Erlebnisse des sexuellen Mißbrauchs in ihrer Kindheit zu überwinden und zu glücklichen Erwachsenen zu werden. Für viele der von Judith Herman befragten Töchter erwies sich die Heirat als Passierschein in die Freiheit. Für manche war der Ehemann oder Verlobte der erste, mit dem sie über ihre Erlebnisse sprechen konnten, und eine ganze Reihe dieser Männer reagierte äußerst liebevoll und einfühlsam (1981, S. 94). Herman interviewte vierzig Opfer des Vater-Tochter-Inzests. Zwanzig von ihnen waren verheiratet und hatten Kinder. Nur eine dieser zwanzig Frauen war mit einem Mann verheiratet, der sich des sexuellen Mißbrauchs schuldig machte. Anstatt Wiederholungen zu inszenieren, waren die von Herman befragten Frauen im Gegenteil darauf bedacht, sie zu vermeiden; sie vertrauten ihren Männern nicht bedingungslos und behielten ihre Töchter besonders aufmerksam im Auge (1981, S. 107).

Das Problem all dieser Theorien ist nicht, daß ihre Aussagen über die Mütter von Inzestopfern nicht wahr wären oder daß bestimmte Eigenschaften, Verhaltensweisen oder Umstände nicht auf bestimmte Mütter zuträfen; *das Problem ist, daß der Mutter des Inzestopfers praktisch alles, was sie ist oder nicht ist, was sie tut oder unterläßt, im nachhinein als bewußter oder unbewußter, aktiver oder passiver Beitrag zur Entstehung des Vater-Tochter-Inzests ausgelegt wird.* Sie darf nicht sterben, sie darf keine psychischen Probleme haben, nicht krank und auch nicht schwanger werden; sie darf das Haus nicht verlassen, schon gar nicht zu ihrem eigenen Vergnügen, sie hat aber andererseits die Familie vor sozialer Isolierung zu bewahren; sie darf nicht unterwürfig sein, aber auch nicht dominieren, nicht frigide, aber auch nicht allzu leidenschaftlich, nicht prüde, aber auch nicht promiskuitiv, und so weiter, und so weiter. Ihre Lage läßt sich am ehesten mit der des Hundes in dem Sprichwort vergleichen: Einen Hund zu schlagen, find't sich bald ein Stock.

So wie gemeinhin angenommen wird, die Mutter müsse »es« gewußt haben, so glaubt man auch, die Tochter müsse »es« gewollt haben. Jedenfalls bis zu einem gewissen Grad. Denn wie hätte die »Beziehung« mit dem Vater sonst so lange dauern können? Warum hat sie nie etwas gesagt? Und daß sie sich hinterher schämt und schuldig fühlt, ist das nicht auch ein Beweis für ihre Mitverantwortung? Wir müssen endlich Abschied nehmen, sagt der großzügige Geist, vom Mythos des unschuldigen, asexuellen Kindes. »Und, war's schön?« fragt denn auch der von der eigenen Toleranz überzeugte Helfer das Inzestopfer, während es nach Worten ringt, um auszudrücken, was ihm widerfahren ist.

Wie so oft, wenn es um Inzest geht, stimmen auch hier die Auffassungen des Laien im großen und ganzen mit denen vieler Fachleute überein, die sich geradezu begierig auf die Beteiligung der Tochter stürzen. Die Frage, wie weit diese Beteiligung geht, wird in der Inzestliteratur unterschiedlich beantwortet. Manche Autoren lassen vor ihren Lesern das Szenario eines unschuldigen Vaters erstehen, der sich in den Netzen seiner raffinierten Tochter verfängt. Andere befinden sich eher auf der Linie van der Kwasts, der schreibt:

> Die beteiligte Tochter ist zwar trotz ihres möglicherweise recht weitgehenden Entgegenkommens in jedem Fall als Opfer zu bezeichnen, wenn nicht als Opfer väterlicher Verführung, so doch als Opfer ihres sozialen Umfeldes und der Familiensituation, die sie für diese Verführung empfänglich machten; dennoch ist deutlich, daß sie auf ihre Weise zum Durchbrechen der Inzestschranke beiträgt (1963, S. 204).

Seit etwa zehn Jahren macht sich in der Inzestliteratur eine neue Tendenz bemerkbar. Diese Entwicklung hängt zum einen mit dem Einfluß der Frauenbewegung zusammen und zum anderen damit, daß Inzestopfer sich mehr und mehr selbst an der Diskussion beteiligen. Während die Perspektive der Mütter – die sich im Gegensatz zu den Töchtern bislang kaum zu Wort gemeldet haben – noch weitgehend unbeachtet bleibt, bekundet auch die nichtfeministische Literatur zunehmend Interesse für die Perspektive der Tochter.

Man bezeichnet sie nicht mehr automatisch als »Partnerin« oder »Beteiligte« in der Inzestbeziehung, sondern als Opfer sexuellen Mißbrauchs in der Familie. Damit ist allerdings nicht gesagt, daß sich Mythen und Vorurteile über die Bereitwilligkeit der Tochter in Nichts aufgelöst hätten. Sie halten sich hartnäckig, wie ich zu meiner Verwunderung immer wieder feststelle, sogar in Gesprächen mit emanzipierten Freunden und Freundinnen. Bei jeder Gelegenheit taucht in solchen Gesprächen das Wort »ödipal« auf, und auch das Wort »Liebe« ist immer mit von der Partie, denn »wenn so ein Vater und seine Tochter sich nun wirklich lieben?« Besonders Männer verbreiten sich gern über die Anziehungskraft dreizehnjähriger Mädchen. So scheint der Kampf gegen die Verknüpfung von Inzest mit der Vorstellung von der verführerischen Tochter ein aussichtsloses Unterfangen zu sein – aber wir lassen uns nicht entmutigen.

Ein berühmtes Zitat, das als Beweis für das verführerische Verhalten der sexuell mißbrauchten Tochter in einer ganzen Reihe von Untersuchungen auftaucht, stammt von Bender und Blau:

Zweifellos tragen nicht alle diese Kinder den Mantel der Unschuld, den ihnen Moralprediger, Systemveränderer und Gesetzgeber umhängen, zu Recht. In unseren Fällen machte der Verlauf der Beziehung deutlich, daß das Kind jedenfalls bis zu einem gewissen Grad zu dem Geschehen beigetragen hatte; in einigen Fällen war die Initiative vom Kind selbst ausgegangen. [. . .] Zwar beriefen sich viele der Kinder zu ihrer Verteidigung auf Angst, physische Gewalt oder Verführung durch Geschenke, doch waren das unverkennbar sekundäre Faktoren. Selbst wenn der Erwachsene möglicherweise tatsächlich physische Gewalt angewandt hatte, bot dies noch keine Erklärung für die häufige Wiederholung. [. . .] Die indifferente Haltung der meisten Kinder war zudem ein Hinweis darauf, daß ihnen die Beziehung eine gewisse fundamentale Befriedigung verschaffte. [. . .] Besonders auffallend war schließlich, daß diese Kinder sich durch ungewöhnlichen Charme und ein anziehendes Äußeres auszeichneten. So war es für uns naheliegend, auch die Möglichkeit in Betracht zu ziehen, daß das Kind selbst die Verführerin und nicht die unschuldig Verführte war (1937, S. 514).

Die Untersuchung von Bender und Blau stammt aus dem Jahr 1937, das Bild der Tochter als Verführerin taucht ganz unverhüllt aber auch in der neueren Literatur auf, so zum Beispiel in einem 1975 erschienenen psychiatrischen Handbuch aus den USA, das auch in den Niederlanden viel verwendet wird:

Beim Vater-Tochter-Inzest beispielsweise reagiert der Vater auf die bewußte oder unbewußte Verführung durch seine Tochter. [...] In der inzestuösen Beziehung macht die Tochter mit ihm gemeinsame Sache; sie spielt eine aktive Rolle und ergreift sogar die Initiative bei der Gestaltung eines Verhaltensmusters. [...] Ebensowenig wie ihre Mutter wird die inzestuöse Tochter anfangs das Verhältnis preisgeben oder dagegen protestieren. Tut sie es schließlich doch, so eher deshalb, weil sie aus anderen Gründen auf ihren Vater böse oder weil sie auf seine Beziehung mit einer anderen Frau eifersüchtig ist, als aus wirklicher Abneigung gegen sein inzestuöses Verhalten (Henderson 1975, S. 1533 ff.).

Judith Hermans Kommentar: Protestiert die Tochter nicht, beweist sie ihre Mitschuld; protestiert sie, so ist das ihrer Eifersucht oder »anderen Gründen« zuzuschreiben, nicht aber dem Inzest – den hat sie in jedem Fall gewollt (1981, S. 40). Wir können hinzufügen: und wenn sie auf ihrer Unschuld beharrt, kann der Psychiater immer noch auf den Begriff der »unbewußten Verführung« zurückgreifen, um sie vom Gegenteil zu überzeugen.

Der große Inspirator jener Theorien, in denen die Tochter den Vater verführt, ist natürlich Freud. Wie wir gesehen haben, träumt nach seiner Überzeugung jedes Kind von einer sexuellen Beziehung mit dem gegengeschlechtlichen Elternteil (Ödipuskomplex). Der Junge überwindet den Ödipuskomplex, weil er Angst hat, vom Vater kastriert zu werden, beim Mädchen fehlt dieses Druckmittel. Freud ging es darum, zu beweisen, daß Mädchen phantasieren, wenn sie ihren Vater des Inzests beschuldigen. Seine These bietet jedoch auch genügend Anknüpfungspunkte für Theorien, die die sexuell mißbrauchte Tochter nicht der Lüge bezichtigen, sondern sie statt dessen für den Inzest (mit-)verantwortlich machen:

Sie vergöttert ihren Vater: dadurch ist sie besonders empfänglich für Avancen seinerseits und wird leichter ihren eigenen sexuellen Impulsen folgen und die Initiative zum sexuellen Kontakt ergreifen. Dies hängt mit dem »ödipalen (oder Elektra-)Komplex« zusammen, mit der Fixierung auf den gegengeschlechtlichen Elternteil (Justice und Justice 1980, S. 95).

Über den Druck, der auf das Mädchen ausgeübt wird, schreibt van der Kwast:

Schließlich ist stets die Möglichkeit [. . .] in Betracht zu ziehen, daß das Mädchen nur scheinbar dem ausgeübten Druck nachgibt, in Wirklichkeit aber diesen Druck zum Vorwand nimmt, um ihre eigenen inzestuösen Wünsche ausleben zu können (1963, S. 135).

Besonders bunt treiben es Lustig u. a. mit der Bemerkung:

In unseren Fällen hatte das Vorspiel, das dem Sexualkontakt zwischen Vater und Tochter voranging, viel mit den Phantasien des Mädchens über die Einverleibung des väterlichen Penis' zu tun. Dies schien Ausdruck des Penisneides und Reaktion auf die eigene Penislosigkeit zu sein (1966, S. 36).

Manche Leser werden bei solcherart freudianischen Auswüchsen nur die Schultern zucken und sich fragen, ob wir auf diesen Unsinn überhaupt eingehen müssen. Ja, das müssen wir. Zumindest solange der Ödipusmythos noch so fest in der Populärpsychologie verankert ist. In der nüchternsten Zeitung der Niederlande las ich in einem Artikel, den Rita Kohnstamm aus Anlaß des Vatertages geschrieben hatte, daß

man bei Töchtern im allgemeinen der Ansicht ist, es komme ihrer sexuellen Identität zugute, wenn ihr Vater positiv auf ihre erwachenden Weiblichkeit in der Pubertät reagiert. [. . .] Er wird zur Zwischenstation auf dem Weg zu ihren späteren Beziehungen zu Männern. Papa zu heiraten ist der Wunschtraum vieler kleiner Mädchen, und dieser Wunsch repräsentiert eine wichtige Phase ihrer sexuellen Entwicklung, denn hier beginnt die Übung im Umgang mit dem anderen Geschlecht. Von der Mutter schaut die Tochter ab, wie sie sich weiblich im allgemeinen zu verhalten hat und im besonderen gegenüber Männern; mit dem Vater übt sie diese Rolle schon ein wenig ein. So ein kokettes kleines Mädchen kann allerhand erotische Gefühle wachrufen. Für den Vater ist es zudem das einzige weibliche Wesen, das »ihm gehört«, mehr als seine Frau. Die Anschmiegsamkeit des Kindes kann ihm schmeicheln, und je mehr er bei seiner Frau vermißt, desto stärker werden solche Gefühle. Hier lauert der Inzest. Dies zu leugnen wäre töricht, aber genau das geschieht. [. . .] Der Abgrund des Inzests, der sich in jüngster Zeit auftut, zeigt uns, wie schlimm es ist, wenn menschliche Realitäten totgeschwiegen werden. Und die erotische Anziehungskraft der Tochter auf ihren Vater ist eine solche Realität.

Wo haben wir das schon einmal gehört? Richtig. Bei den Anthropologen Seligman und Mead und den Sexualwissenschaftlern Masters und Pomeroy, die auch schon der Meinung waren, Töchter übten auf ihre Väter eine starke sexuelle Anziehungskraft aus, und die Töchter müßten eben lernen, damit zu leben. Kohnstamm möchte sogar, daß sie den Vätern etwas mehr Verständnis entgegenbringen:

Seine Erregbarkeit, sein Jähzorn, seine Vorschriften, was den Zeitpunkt des Nachhausekommens anbelangt – das alles sind Nachhutgefechte, um die Tochter noch ein wenig länger bei sich zu behalten. Die Tochter begreift das selten. Sie macht Szenen. Sie durchschaut nicht, daß er auf diese Weise nur versucht, mit seiner Eifersucht fertigzuwerden (Kohnstamm 1986).

Mir scheint es eine gesunde Sache, wenn Töchter unter diesen Umständen gegen den Vater rebellieren und ihm »Szenen machen«. Schließlich findet er sie anziehend und nicht sie ihn, auch wenn Kohnstamm das Gegenteil suggeriert und auch wenn sie meint, für die Entwicklung von Weiblichkeit und heterosexueller Identität sei es erforderlich, daß das Mädchen ihren Charme am Vater ausprobiert. (Warum immer diese doppelte Moral? Jungen werden doch auch zu Männern, ohne daß sie auf Geheiß von Psychologen und Pädagogen ihren Charme an ihrer Mutter ausprobieren müßten!)

Weil mich das Thema interessiert, habe ich mich mit vielen Frauen, vor allem auch mit Frauen, die nicht Opfer von Inzest geworden sind, über ihren Vater unterhalten. Keine der Frauen, die sich positiv über ihn äußerten, meinte, er habe sie besonders in ihrer

Weiblichkeit bestärkt.[24] Ganz im Gegenteil. Sie liebten ihn gerade deshalb, weil er sie zu Aktivitäten anregte, die außerhalb des typisch weiblichen Bereichs lagen, oder weil sie gut mit ihm reden konnten, auf alle Fälle deshalb, weil er sie als Person behandelte und nicht als »Weibchen«. Mädchen brauchen ihren Vater nicht als »Zwischenstation auf dem Weg zu anderen Männern«. Gerade das nicht. Van der Kwast, der in seinen Aussagen ja nicht immer übermäßig konsequent ist, sagt es selbst, trotz seines Flirts mit Freud:

Für das Kind gibt es keine kritischeren Augen als die der Eltern. Sie sind für das Kind Repräsentanten der normgebenden Gewalt schlechthin und damit auch *die letzten, an die es seine sexuellen Wünsche herantragen wird* (1963, S. 188; Hervorhebung J. R.).

In dem Artikel von Rita Kohnstamm klingt noch ein weiteres hartnäckiges und weitverbreitetes, gleichfalls von Freud inspiriertes Mißverständnis an. Sie sagt es zwar nicht explizit, gibt aber indirekt zu verstehen, daß vor allem kleine Mädchen und Mädchen in der Pubertät ihren Vätern den Kopf verdrehten. Damit hält sie sich brav an die klassische Freudsche Dreiteilung in eine ödipale Phase, eine Latenzperiode (in der das Kind seine sexuellen Wünsche bis auf weiteres auf Eis legt) und die Wiederbelebung der ödipalen Wünsche in der Pubertät. Wir haben in Kapitel 20 gesehen, daß auch Miller ihre Theorie auf diese Dreiteilung aufbaut. Miller betont vor allem die Anziehungskraft des Kindes in der ödipalen Phase. Andere – es sind wohl die meisten, sowohl Laien als auch Experten – bringen inzestuösen Mißbrauch mit den sich entwickelnden Körperformen des Mädchens in Verbindung. Dahinter steht der Gedanke, daß die erwachende Weiblichkeit der Tochter für den Vater einen Reiz darstelle, der unwiderstehlich werden könne und dann zum Inzest führe. »Töchter können einen Vater aber auch ganz schön verrückt machen«, meinte vor einiger Zeit ein Teilnehmer eines niederländischen Inzest-Kongresses. Die Praxis zeigt jedoch, daß nicht nur ödipale Kleinkinder und herausfordernde Teenager zu Opfern des Vater-Tochter-Inzests werden, sondern Mädchen

---

[24] Auch konnten sich bei weitem nicht alle erinnern, daß sie ihn als Kinder hätten heiraten wollen. Die meisten wollten damals einen Jungen aus der Nachbarschaft heiraten.

aller Altersstufen. Sogar Babys. Ich zitiere aus dem *NRC Handelsblad* vom 11. Juni 1986:

> Unvorstellbar. So nannte Staatsanwalt I. Klopper am Dienstag vor dem Haager Gericht den Bericht eines Kinderpsychiaters über ein ihm anvertrautes Kleinkind. Das Mädchen wird im Juli erst drei Jahre alt, hat den Psychiater aber bereits jetzt bitter nötig. Die kleine Patientin ist nach Aussagen ihres Arztes eindeutig Opfer inzestuösen Mißbrauchs. Sie ißt nicht, ist noch nicht sauber, wagt kaum, zu urinieren, erstarrt, wenn man sich ihr nähert, gerät in Panik, wenn man ihre Temperatur messen will. [...] Ihr eigener Vater soll sie bereits von ihren ersten Lebenstagen an mißbraucht haben.

Die meisten sexuell mißbrauchten Töchter befinden sich bei der ersten sexuellen Annäherung des Vaters in der von Freud so genannten Latenzzeit, also etwa im Alter zwischen sechs und zehn Jahren. Herman ermittelt ein Durchschnittsalter von neun Jahren bei Beginn der Mißbrauchsbeziehung (1981, S. 83). Finkelhor ermittelte die größte Inzesthäufigkeit im achten und zwischen dem zehnten und zwölften Lebensjahr (1979, S. 60). Demnach kann bei weitaus den meisten Mädchen bei Inzestbeginn noch keine Rede sein von den sich entwickelnden sekundären Geschlechtsmerkmalen, die den Vater angeblich so reizen.

Wären Mädchen in der Pubertät tatsächlich inzestanfälliger, so wäre eine merkliche Zunahme der Inzestfälle in der Altersgruppe zwischen dreizehn und sechzehn Jahren zu erwarten (Finkelhor 1979, S. 61).

Und das ist nicht der Fall. Im Gegenteil. Gerade zwischen dem dreizehnten und dem sechzehnten Lebensjahr des Mädchens kommt es auf dessen Initiative oft zur Beendigung der Mißbrauchsbeziehung.

Die Tatsache, daß der sexuelle Mißbrauch meist vor der Pubertät des Mädchens einsetzt, wirft auch ein anderes Licht auf die Beobachtung, daß beim Vater-Tochter-Inzest meist kein Geschlechtsverkehr stattfindet und der sexuelle Kontakt sich auf Betasten, Masturbation und orale Praktiken »beschränkt«. Dieser Umstand wird von Inzesttätern und ihren Verteidigern gern ins Feld geführt, um inzestuöses Verhalten zu beschönigen, etwa in dem Sinn: Solange der Vater seine Tochter nicht vaginal vergewaltigt, ist es nicht so schlimm. Manche Experten vertreten die Auffassung, inzestuöse Väter strebten nicht den Koitus an, sondern bevorzugten »alternativen« – oder in einem anderen Jargon ausgedrückt – »perversen« Sex. Das kann stimmen, ich meine aber, hier spielt noch etwas anderes eine Rolle. Eine Achtjährige ist körperlich noch so unentwickelt, daß sie nicht ohne brutale Gewalt und nicht ohne Verletzungen vergewaltigt werden kann. Es gibt Väter, die auch davor nicht zurückschrecken, die meisten aber warten lieber, bis die Tochter größer geworden ist. Manche geben sich mit der ersten Menstruation der Tochter grünes Licht. Maggie, von ihrem siebten Lebensjahr an vom Vater sexuell mißbraucht, erzählt:

[...] als ich elf war, hatte ich Geschlechtsverkehr mit meinem Vater. Meine Periode hatte damals gerade begonnen. [...] [...] er sagte: Jetzt bist du bereit dafür, oder nicht? Und ich hatte nur Panik. Panik.

Ungefähr eine Woche später war ich allein mit ihm. Er zog einen Kondom heraus [...]. Jetzt war es also soweit.

Ich erinnere mich, wie er langsam in mich eindrang – wie ich auf dem Bett lag – nur zitterte und dachte: »O Gott, was macht er« (Armstrong 1978/85, S. 108f.).

Dieses Mädchen war erschreckend jung. Ist die Tochter zu dem Zeitpunkt, da der Vater zum Geschlechtsverkehr übergehen will, schon älter, besitzt sie vielleicht schon genug Überredungskunst, um ihn wenigstens von diesem Schritt abzuhalten. Auch kann der Geschlechtsverkehr oder dessen Androhung neben anderen Faktoren für das Mädchen zum Wendepunkt werden, an dem es in seiner Verzweiflung den Mut findet, etwas zu unternehmen. Manche Mädchen laufen weg, andere ziehen die Mutter oder eine außenstehende Person ins Vertrauen, wieder andere fühlen sich stark genug, unmittelbar gegen den Vater vorzugehen. Wenn es dem Mädchen in dieser Phase nicht gelingt, Unterstützung zu finden oder dem Vater auf andere Weise zu entkommen und die »Beziehung« sich bis weit in die Pubertät hinein fortsetzt, ist der Mißbrauch vielfach mit Geschlechtsverkehr verbunden.

Die These, es sei die biologische Reifung der heranwachsenden Tochter, die den Vater zum Inzest treibe, spricht nicht nur den »gesunden Menschenverstand« an (für Männer sei junges »Fleisch« nun einmal unwiderstehlich), sondern scheint auf den ersten Blick auch in älteren Untersuchungen Bestätigung zu finden. Das liegt vermutlich daran, daß diese Arbeiten, so etwa die von Maisch aus dem Jahre 1968, oft auf forensischem Material basieren, während neuere Untersuchungen wie die von Herman aus dem Jahre 1981 vielfach von klinischen Fällen ausgehen oder von Stichproben, wie zum Beispiel die 1979 entstandene Arbeit Finkelhors. Inzesttäter werden nur in Fällen, die als »schwer« angesehen werden,[25] vor Gericht gebracht, also dann, wenn es zum Geschlechtsverkehr gekommen und/oder das Kind vom Vater geschwängert worden ist. In Maischs Untersuchung war dies bei dreizehn der sechsundsechzig Mädchen der Fall. Maisch ermittelt daher einen weit höheren Anteil (77 Prozent) koitaler Beziehungen als Herman und Finkelhor und ein höheres Durchschnittsalter der Mädchen bei Inzestbeginn (12,3 Jahre, mit dem Häufigkeitsgipfel bei vollendetem 13. Lebensjahr – 1968, S. 74). Diese Daten lassen vermuten, daß für Maisch der Mißbrauch beim ersten Koitus beginnt und alles, was davor geschehen ist, unberücksichtigt bleibt. Nur so kann er aus seiner Untersuchung den Schluß ziehen, daß »die sich entwickelnde oder bereits entwickelte weibliche Körperform [. . .] zum *Anreiz* für den Täter« wird und daß die »biologische Reife der Tochter« zu den auslösenden Faktoren des Vater-Tochter-Inzests gehört (S. 133). Übrigens kann er die inzestuösen Väter gut verstehen, denn

die *Verwischung der Generationsgrenzen* durch die Erwachsenen-Niveau und zugleich »Jugendlichkeit« dokumentierenden modischen Stilformen der Kleidung und Aufmachung junger Mädchen [ist] nicht ohne Einfluß auf die Wechselwirkung [sic!] heterosexueller Anziehung geblieben. Die Attraktivität des weiblichen Geschlechts hat sich für den Mann auf junge Mädchen erweitert,

---

[25] Von anderen, nicht von mir. Für mich gibt es eine ganze Skala sexueller Handlungen, die nicht weniger intim, nicht weniger gravierend und für das Inzestopfer nicht weniger traumatisch sind.

die früher an altersspezifischer Kleidung und Aufmachung zu erkennen waren und die noch nicht den »Reiz« ausübten, der heute zu den [. . .] Verhaltens- und Aufmachungsattributen pubertierender Mädchen gehört (S. 111).

Wie so viele seiner Kollegen suggeriert also auch Maisch, das Mädchen fordere den Inzest geradezu heraus. Und der inzestuöse Vater ist der gleichen Meinung. Auch der Vorwurf, seine Tochter sei erst sechs oder acht gewesen, als er sich ihr zum erstenmal sexuell genähert habe, braucht ihn nicht aus der Fassung zu bringen. Er sagt einfach, sie sei frühreif gewesen, sie habe von klein auf eine auffallende sexuelle Neugier an den Tag gelegt und sei in dieser Hinsicht im Grunde nie ein Kind gewesen.

Gegen solcherlei Bezichtigungen ist kein Kraut gewachsen, denn sie entspringen nicht dem Verhalten des Mädchens, sondern den Phantasien des Vaters.

Wenn wir sagen, eine erwachsene Frau verhalte sich *verführerisch*, so beinhaltet dieser Begriff, daß sie es bewußt tut und die Konsequenzen absehen kann. Setzt sich eine achtzehnjährige Tochter im Bikini auf den Schoß ihres Vaters, könnten wir sie vielleicht zu Recht mit dem Etikett *verführerisch* versehen. Aber wie, wenn eine achtjährige Tochter genau das gleiche tut? Ist es wirklich richtig, ihr Verhalten verführerisch zu nennen, oder sind wir »adultomorphisch« (schreiben wir kindlichem Verhalten erwachsene Motive zu), wenn wir das tun? (Meiselman 1978, S. 165)

Meiselman trifft den Nagel auf den Kopf. Die sexuelle »Anziehungskraft« eines Kindes oder seine sexuelle »Neugier« haben mit seinem Wesen oder Verhalten nichts zu tun; sie sind reine *Projektionen Erwachsener*. Das zeigt allein schon die Tatsache, daß Mädchen die ihnen aufgezwungenen sexuellen Handlungen ausschließlich widerwärtig finden, wie sämtlichen bisher veröffentlichten Erfahrungsberichten zu entnehmen ist. Das ist auch der Fall, wenn – was hin und wieder passiert – ein Mädchen körperliche Lust erlebt. Katherine Brady berichtet, daß sie eine Zeitlang trotz ihres Abscheus immer wieder erregt wurde und sich deshalb nicht nur von ihrem Vater, sondern auch von ihrem eigenen Körper verraten fühlte. Eines Tages beschloß sie, ihre Gefühle zu verdrängen und an andere Dinge zu denken, um wenigstens nicht das triumphierende Grinsen ihres Vaters sehen zu müssen, um wenigstens nicht von ihm hören zu müssen: Siehst du, du hast es gewollt, siehst du, du bist genauso geil wie ich (1979, S. 55 f.).

Die meisten Väter kümmern sich gar nicht darum, wie ihre Tochter den Kontakt erlebt. Andere versuchen bewußt zu erreichen, daß ihr Körper reagiert, um ein Gefühl der Mitschuld in ihr zu erzeugen, oder vielleicht auch, um ihr eigenes Gewissen zu beruhigen, indem sie sich einreden, sie wolle das gleiche wie er.

»Sag mir, daß es gut ist.«
»Es ist gut.«
»Nein, sag es richtig, nicht nur so dahin.«
»Es ist gut.«
»Nein, sag es mir, wie du es wirklich findest. Ich will es hören.«
Ich erinnere mich, wie sehr ich mich schämte und wie sehr ich ihn haßte (Armstrong 1978/85, S. 102 f.).

Sexuell mißbrauchte Töchter werden nicht nur verdächtigt, den Inzest aus *sexuellen Motiven* zu provozieren oder zu akzeptieren, man unterstellt ihnen auch *materielle Motive.*

Manches Mädchen läßt sich wegen der damit verbundenen Geschenke und Privilegien auf den Inzest ein (Justice und Justice 1980, S. 94).

An die Stelle des Bildes der *sexy Verführerin* tritt hier das der *berechnenden Hure*, die ihre sexuelle Gunst für schmählichen Gewinn verkauft.

Ein anschauliches Beispiel ist in diesem Zusammenhang wieder der Roman *Lolita* von Vladimir Nabokov. Daß Lolita allgemein als Prototyp der schamlosen Teenager-Verführerin gilt, die wehrlose Männer ins Verderben stürzt, liegt Florence Rush zufolge daran, daß die meisten Leser nie über den ersten Teil des Buches hinausgelangt sind.

Den meisten von uns ist weisgemacht worden, Lolita habe Humbert verführt, doch nur vier Seiten nach der Verführungsszene ist Humbert hell entzückt, als sein »Liebling« ihn einen Kindesvergewaltiger schimpft und zu ihrer Mutter will. Als sie erfährt, daß ihre Mutter tot ist, kommt sie weinend zu Humbert, aber er weiß sehr wohl, daß sie es nur tut, weil sie »ja auch sonst nirgends hingekonnt« hätte (Rush 1980/84, S. 203 f.).

Im zweiten Teil des Buches ist Lolita zwei Jahre lang, von ihrem zwölften bis zu ihrem vierzehnten Lebensjahr, »in einer Geschichte des Grauens Humberts Gefangene« (Rush 1980/84, S. 204). Lolita, die ihren Abscheu vor den sexuellen Handlungen ihres Stiefvaters nicht verhehlt, läßt sich während dieser zwei Jahre von ihm bezahlen, ein Verhalten, das Humbert »Lolitas entschieden sinkende Moral« nennt, da sie

dauernd alle möglichen kleinen Geschenke von mir bekam und bei der geringsten Bitte auch alles nur erdenkliche an Süßigkeiten und Kinobesuchen – obgleich ich natürlich gern einen Zusatzkuß oder sogar eine ganze Kette von Liebkosungen dafür forderte, wenn ich wußte, daß es sie nach dem einen oder dem anderen jugendlichen Vergnügen ganz besonders gelüstete. [...]. [...] sie ließ grausam mit sich handeln [...]. [...] [es] gelang [...] ihr – während eines einzigen Schuljahres! –, den Bonuspreis für eine dieser besonderen Umarmungen auf drei oder sogar vier Dollar zu erhöhen (Nabokov, 1955/76, S. 257 f.).

Zu seiner Erleichterung gelingt es Humbert nach einiger Zeit, die Preise drastisch zu senken. Lolitas sehnlichster Wunsch ist es, an einer Theateraufführung ihrer Schule teilzunehmen. Die elterliche Erlaubnis, die sie dazu benötigt, muß sie sich bei ihrem Stiefvater »verdienen«. Was Humbert Sorgen macht, ist indessen weder Lolitas »sinkende Moral« noch die Angst, sie könnte ihn finanziell ruinieren, sondern das Bewußtsein, daß sie nur deshalb möglichst viel Geld sparen will, um weglaufen zu können.

Bestechung mit Geschenken und Privilegien ist eine bekannte Taktik inzestuöser Väter, um das Kind in die Falle der Mitschuld zu locken. Ein Kind findet es schön, beschenkt und verwöhnt zu werden. Vielleicht fühlt es sich anderen Kindern gegenüber bevorzugt. Papa muß es schon sehr liebhaben. Das sagen ja auch alle. Durchschaut die Tochter dann allmählich den Zusammenhang zwischen Papas Geschenken und seinen heimlichen Besuchen in ihrem Zimmer, ist es schon zu spät. Sie fühlt sich bereits mitschuldig. Immerhin hat sie sich bevorzugen und verwöhnen lassen.

Oft ist es so, daß das Kind nach und nach für alles, was es erhält oder darf, mit Sex bezahlen muß, auch für Dinge, die andere Kinder normalerweise »gratis« bekommen. Lolita hat – ihr Stiefvater sagt es selbst – für jedes »jugendliche Vergnügen« eine Gegenleistung zu erbringen, vor allem wenn es sich um etwas handelt, das sie sich besonders wünscht. Das vom Vater eingeführte Tauschprinzip artet mitunter in die absurdesten Verhandlungen aus, wenn das Mädchen sich von der Familie zu lösen beginnt und mit Gleichaltrigen ausgehen möchte. Katherine Brady gibt ein Beispiel. Sie macht ihrem Vater klar, daß sie ihren Freund Roger gern hat und ab und zu mit ihm ausgehen will. Darauf entspinnt sich folgender Dialog:

»Ich will nicht, daß du so viel Zeit mit ihm verbringst, Katy. Ich will nicht, daß du in Schwierigkeiten kommst.«

»Bestimmt nicht. Ich will ihn ja auch nur ein paarmal in der Woche sehen.«

»Nun, das hängt von dir ab . . . wenn du lieb bist . . .«

»Schon gut, Daddy [. . .] du wirst sehen.«

Wir verstanden einander vollkommen. Der Handel war perfekt (Brady 1979, S. 62).

Inzestforscher gehen meiner Meinung nach viel zu leichtfertig über entwürdigende Situationen dieser Art hinweg. So auch van der Kwast, wenn er schreibt, daß

der Druck, der das Verhalten des Mädchens bestimmte [. . .] oft nichts anderes war als schlechte Laune oder das Verbot, ins Kino oder in die Tanzstunde zu gehen (1963, S. 204).

Es ist für jedes Kind lebensnotwendig, sich eines Tages von der Familie zu lösen. Das gilt für die sexuell mißbrauchte Tochter doppelt und dreifach, nicht nur weil sie sich im Umgang mit Gleichaltrigen wenigstens noch annähernd »normal« fühlen kann, sondern auch deshalb, weil diese Kontakte oft die Brücke zu ihrer Befreiung bilden (der Vater weiß das, und er läßt seine Tochter teuer dafür bezahlen).

Ein anderes Szenario, in dem die sexuell mißbrauchte Tochter die Rolle der »Hure« spielt, die Sex als Tauschmittel einsetzt, finden wir im folgenden Kapitel bei den Vertretern einer systemtheoretischen Behandlung der Inzestfrage.

Wie wir gesehen haben, neigen Systemtheoretiker dazu, die Mutter als Hauptschuldige im Inzestdrama zu betrachten. Sie werde ihrer Aufgabe nicht gerecht, so daß die Familie zu zerbrechen drohe, wenn nicht die älteste Tochter bereitstünde, um einzuspringen und die Rolle der Mutter zu übernehmen.

Und warum treten sexuell mißbrauchte Töchter angeblich so bereitwillig in die Fußstapfen ihrer Mütter? Sexuelle Motive und materielle Vorteile werden zwar auch von Systemtheoretikern genannt, der Akzent liegt bei ihnen jedoch auf anderen Faktoren. So heißt es etwa, das Mädchen versuche, vom Vater die Liebe und emotionale Zuwendung zu erlangen, die es eigentlich von der Mutter bekommen müßte. In Kapitel 25 haben wir gesehen, daß die Vorstellung, das Verhältnis zwischen Mutter und Tochter sei bereits lange vor Inzestbeginn gestört gewesen, durchaus nicht immer zutrifft. Die meisten Mädchen lieben einfach Vater *und* Mutter, manche haben eine stärkere Bindung an die Mutter als an den Vater. Andere sind in der Tat von klein auf Papas Liebling und fühlen sich stärker mit ihm als mit der Mutter verbunden. Das bedeutet jedoch nicht, daß sie bewußt bereit wären, die väterliche Liebe mit Sex zu bezahlen. Allenfalls fühlen sie sich später – mehr noch als andere Inzestopfer – verraten, wenn sie erkennen, an welche Bedingungen diese Liebe geknüpft war. Justice und Justice glauben zu wissen, daß

dem Kind eine inzestuöse Beziehung [...] immer noch lieber zu sein scheint als gar keine Beziehung (1980, S. 170).

Und van der Kwast meint,

die Furcht, eine Geborgenheit zu verlieren, die eher der Vater spendet als die Mutter, [zwinge das Mädchen] zu anfänglicher Bereitwilligkeit oder einer aktiveren Rolle (1963, S. 138).

Daß das Mädchen sich auch anders verhalten könnte, folgert van der Kwast aus der Beobachtung, daß manche Inzesttäter nicht nur eine ihrer Töchter, sondern in der Reihenfolge ihres Alters nach und nach auch die anderen mißbrauchen, dabei aber mitunter die eine oder andere unbehelligt lassen.

Solche Fälle lieferten uns bedeutsame Hinweise darauf, daß es sehr stark von der Haltung des Mädchens abhing, ob es zu einer sexuellen Annäherung zwischen Vater und Tochter kam oder nicht. Die Vermutung, die nicht betroffenen Mädchen seien aufgrund ihres resoluten Auftretens verschont geblieben, hat sich in allen diesen Fällen bestätigt (1963, S. 138).

Zur Illustration folgt dann das Beispiel eines Mannes, der »nur« die älteste und die jüngste seiner drei Stieftöchter sexuell mißbrauchte. Der inzestuöse Stiefvater erklärt das so:

Annie ist ganz anders als die beiden anderen. Sie ist viel ernsthafter und interessiert sich überhaupt nicht für Jungen. [...] Die anderen beiden sind richtig mannstoll, deshalb muß ich sie kürzer halten [sic!] als Annie. Würde ich Annie anrühren, würde sie mir ins Gesicht schlagen; sie ist nicht der Typ für so etwas (1963, S. 138f.).

Auch wenn es sicher nicht in van der Kwasts Absicht liegt, sind dies doch genau die Argumente, die die ohnehin vorhandenen Schuldgefühle des Inzestopfers noch verstärken. Katherine Brady war acht Jahre alt, als sie eines Nachts während eines heftigen Sturms erwachte und voller Angst ins Schlafzimmer ihrer Eltern lief. Die Mutter war nicht da. Katherine kroch zu ihrem Vater ins Bett, kuschelte sich an ihn und fühlte, wie ihre Angst vor dem heulenden Wind nachließ. Ihr Vater streichelte sie.

»Wenn du Angst hast, kannst du jederzeit kommen und bei mir schlafen, Kathy«, sagte er, und seine Stimme klang plötzlich so seltsam, anders, als ich sie je gehört hatte. Ich drehte mich um, so daß ich ihm den Rücken zukehrte. Ich zog die Decke über mich, um zu signalisieren, daß ich schlafen wollte. Ich mochte diese neue Stimme nicht.

[...]

»Und, Kathy«, gurrte er, »sag Ma nichts davon, daß wir hier im Bett gelegen und uns unterhalten haben.«

Ich haßte seine Stimme, aber seine Hände beruhigten mich.

»Warum denn nicht, Dad?«

»Darum. Darum eben« (Brady 1979, S. 19f.).

Später wird Katherines Vater behaupten, sie habe den sexuellen Kontakt selbst gewollt, denn sie sei aus eigenem Antrieb zu ihm ins

Bett gekommen. Gewiß, es wäre großartig gewesen, wenn die achtjährige Kathy damals aufgesprungen wäre und entschlossen ausgeru-
fen hätte: »Nein, Dad, so will ich nicht beruhigt werden!« Es gibt
viele Inzestopfer, die sich als Erwachsene im nachhinein ausmalen,
was passiert wäre, wenn sie in dieser Weise reagiert hätten. Aber
das schlimme ist ja gerade, daß sie das als Kind nicht konnten.

Manche Mädchen stehen ihrem Vater schon vor Beginn des
Mißbrauchs nicht sehr nahe und hassen ihn danach aus tiefstem
Herzen. Andere lieben ihn zuvor sehr, hassen und verachten ihn
dann aber als Folge des Mißbrauchs ebenfalls. Und es gibt Mädchen,
die ihn trotz allem nach wie vor lieben. Mir ist allerdings keine Frau
begegnet, weder in Büchern noch persönlich, die gesagt hätte: »Ja,
stimmt, ich habe mich als Kind dafür entschieden. Ich dachte, besser
inzestuöse Liebe als gar keine Liebe. Das war es mir wert.«

Van der Kwast stellt Mutterliebe, inzestuöse »Vaterliebe« und die
Liebe eines Gleichaltrigen mehr oder weniger auf eine Stufe, etwa in
dem Sinne: Irgendeine Liebe braucht jedes Kind; Variante zwei sei
am wenigsten erstrebenswert, aber akzeptabel, solange sich nichts
Besseres biete. Sobald das Mädchen einen Freund hat, schreibt van
der Kwast, nimmt ihr Widerstand rasch zu, denn dann

> wird ihre Abhängigkeit vom Vater geringer, weil es nun jemand
> anderen gibt, der ihre affektiven Bedürfnisse befriedigt und dessen
> Zuwendung vorbehaltloser und damit vollwertiger ist als die des
> Vaters. Der Freund befriedigt – wenn auch in gewissem Sinn zu
> spät – ein Bedürfnis, das von der Mutter nicht befriedigt wurde
> und das die Tochter für die inzestuöse Annäherung empfänglich
> machte (1963, S. 138).

Und wenn es dann mit dem Freund aus ist, wirft sie sich in
Ermangelung einer Alternative wieder in die Arme ihres Vaters?
Hier irrt van der Kwast. In dem Alter, da die sexuell mißbrauchte
Tochter sich von der Familie zu lösen beginnt, will sie meist nichts
mehr vom Vater wissen, ob sie nun einen Freund hat oder nicht.

Manchmal wird behauptet, die Tochter suche nicht nur aufgrund
der fehlenden Mutterliebe Trost beim Vater, sondern auch, weil sie
häßlich sei. Minderwertigkeitskomplexe wegen ihres Aussehens
machten sie anfällig für den Inzest. Das steht nun allerdings in

krassem Widerspruch zu dem Befund von Bender und Blau, sexuell mißbrauchte Kinder seien in der Regel hübsch und reizvoll. Nach van der Kwast hat der Inzest für das »häßliche« Mädchen eine »deutlich narzißtische Erlebnisqualität«, es erfahre ihn als »Beweis seiner erotischen Anziehungskraft« (1963, S. 137). Die Aussage eines Inzestopfers möchte ich dem entgegenhalten:

Aber dann war da mein Vater, der mir sagte, [...] wie schön er mich fände. Wie er mir nicht widerstehen könne. Das Ergebnis war, daß ich mir sehr häßlich vorkam. Weil ich nicht wollte, daß sich mein Vater von mir angezogen fühlte. Und wenn er mir sagte, ich wäre schön, dann wollte ich nicht schön sein [...]. Jahrelang hatte ich dann ein total negatives Selbstbild.

Eine Zeitlang war ich sehr dick, so daß ich mir überhaupt nicht vorstellen konnte, daß irgend jemand mich schön finden könnte. Manchmal denke ich heute, ich habe das mit Absicht herbeigeführt. Vielleicht wollte ich mich damit verteidigen. [...]. [...] ich glaube, weil er mich attraktiv fand, wollte ich häßlich sein (Armstrong 1978/85, S. 54f.).

Van der Kwast ist nicht der einzige, der das reizlose Äußere eines Mädchens als Risikofaktor für den Inzest wertet. Er teilt diese Auffassung mit zwei hundertfünfzigprozentigen Vertretern der Systemtheorie (im Vergleich zu denen van der Kwast als ein Muster an Differenziertheit gelten kann), die fein säuberlich der Reihe nach aufzählen, worin der Beitrag der sexuell mißbrauchten Tochter bestehe. Da ich nicht weiß, wie ich diese Klarheit übertreffen könnte, erlaube ich mir im folgenden einige längere Zitate. Justice und Justice machen uns mit Barbara bekannt, in ihren Augen der Prototyp des Inzestopfers. Barbara sei als Baby ziemlich klein, häßlich und kränklich gewesen. Sie sei infolgedessen mit starken Minderwertigkeitsgefühlen aufgewachsen, die dazu geführt hätten, daß sie

nach Zuneigung und Anerkennung hungerte. Sie suchte die Liebe ihrer Mutter zu gewinnen, spürte jedoch, daß ihr das nie gelingen würde. Oft wollte sie der Mutter beim Bügeln helfen, wurde aber von ihr fortgeschickt. Die Mutter schien nie Zeit für sie zu haben und sich nicht für sie zu interessieren.

Von ihrem Vater bekam sie Zuneigung und Anerkennung in

Form von Sexualität. Mit der Beaufsichtigung der anderen Kinder übernahm sie die Rolle der Mutter. Sie wurde zur Frau des Hauses, auch als Sexualpartnerin ihres Vaters. Sie sah, daß er sie brauchte, und begann, ihre »sexuelle Gunst« zu benutzen, um sich Geschenke und Vorteile zu verschaffen [. . .]. Sie erpreßte ihn aus einer Machtposition heraus, in der sie die Fäden in der Hand hielt (Justice und Justice 1980, S. 93 f.).

Barbara habe das sexuelle Interesse ihres Vaters also bewußt auf sich gezogen und dann davon profitiert. Laut Justice und Justice ist das bei den meisten Inzestopfern der Fall:

Ein geringer Prozentsatz wird zum sexuellen Kontakt mit dem Vater gezwungen und unterwirft sich niemals, auch nicht passiv. In etwa neunzig Prozent der Fälle aber erübrigt sich Gewalt. [. . .] Viele lassen den Kontakt passiv über sich ergehen; andere finden heraus, daß sie davon profitieren können, und leisten keinen Widerstand; manche fordern ihn versteckt heraus (1980, S. 94).

Aus Barbaras Fall leiten Justice und Justice die folgenden allgemeinen Merkmale von Inzestopfern ab:

1. Ihre Beziehung zur Mutter ist schlecht [. . .]. 2. Die Tochter hat ein geringes Selbstwertgefühl. Sie hält sich für reizlos, unbeliebt, unfähig. Sie versucht, ihr negatives Selbstbild durch frühreifes, erwachsenes, selbständiges Verhalten zu kompensieren. 3. Sie sucht Zuneigung und Anerkennung. [. . .] Sie verliebt sich leicht in ihren Vater, von dem sie Geschenke und Privilegien erhält. 4. In Verhalten und Aussehen gibt sie sich verführerisch, um auf sich aufmerksam zu machen. [. . .]. Sie ist vernarrt in ihren Vater [. . .]. Das hängt mit dem »Ödipus- (oder Elektra-)Komplex« zusammen [. . .]. 6. Sie versucht, als »Retterin« des Vaters aufzutreten, wenn sie spürt, daß er unglücklich ist oder jemanden braucht, der sich um ihn kümmert und für ihn sorgt. Mitunter wirft sie sich auch zur »Retterin« der ganzen Familie auf, weil sie die einzige zu sein glaubt, die die Familie zusammenhalten kann. Daß sie zur »Frau des Hauses« wird, kann ebenso dem Wunsch enspringen, als »Retterin« der Familie aufzutreten, wie dem Verlangen, ihre eigenen Bedürfnisse nach Zuneigung und Anerkennung zu be-

friedigen. Ihre Rettermission kann so weit gehen, daß sie dem Vater Sex anbietet, um ihn zu besänftigen [...].

[...] Sie wird alles daransetzen, die Familie, die bereits in ihren Grundfesten erschüttert ist, zusammenzuhalten. [...] und alles erdenkliche tun, um zu erreichen, daß Vater und Mutter zusammenbleiben (1980, S. 93ff.).

Eine anschauliche Vorstellung. Und doch eine lächerliche Karikatur.

Einige der Punkte sind in diesem Buch bereits angesprochen worden: das angeblich gestörte Verhältnis zur Mutter etwa, die angebliche Verliebtheit in den Vater aufgrund ödipaler Wünsche und der angebliche Tausch von Sex gegen Geschenke. Ich beschränke meinen Kommentar deshalb auf die These vom negativen Selbstbild der Tochter, auf ihre vermeintliche Macht, den Vater zu erpressen, und auf ihre Rolle als rettender Engel.

Über das Aussehen sexuell mißbrauchter Mädchen ist nicht viel zu sagen: Man betrachte hundert Inzestopfer, und man wird sehen, daß unter ihnen große und kleine, dicke und dünne, attraktive und unscheinbare, schöne und häßliche zu finden sind. Richtig ist allerdings, daß Inzestopfer gewöhnlich kein ausgeprägtes Selbstbewußtsein haben und sich häufig für häßlich halten. Aber das ist nicht *Ursache*, sondern *Folge* des sexuellen Mißbrauchs durch den Vater.

Von einem gravierenden Mangel an Einfühlungsvermögen in die Welt des Kindes zeugt die Auffassung, die Tochter befinde sich in einer Machtposition, weil der Vater im Hinblick auf den begehrten sexuellen Kontakt von ihr abhängig sei und sie ihn durch Enthüllung des »Geheimnisses« in Schwierigkeiten bringen könnte. Rein theoretisch könnte sie ihn natürlich erpressen, nur wäre das das letzte, was einem kleinen Kind in den Sinn käme. Ein Kind kommt gar nicht auf die Idee. Allenfalls ein älteres Mädchen könnte vielleicht denken: Wenn ich mich schon nicht wehren kann, dann will ich wenigstens etwas davon haben.

Auch die Macht, die es über den Vater hat, weil es ihn »verraten« könnte, ist dem Mädchen nicht bewußt. Der Gedanke, Papa könnte ins Gefängnis kommen, ist für ein kleines Kind eine schreckliche Vorstellung. Und das weiß der Vater genau. Selbst wenn die Tochter alt genug ist, um zu begreifen, daß sie mit der Möglichkeit, ihn anzuzeigen, eine Waffe in der Hand hält, dann hat sie meist viel zu viel Angst vor ihm, um diese Waffe zu gebrauchen. Es gibt Männer, die von ihrer väterlichen Unantastbarkeit so überzeugt sind, daß die Drohung mit der Polizei sie unbeeindruckt läßt. Mancher Vater schaltet sogar selbst die Polizei ein, wenn seine Tochter von zu Hause wegläuft. Er ist sicher, daß die Tochter schweigen wird oder daß die Behörden auf seiner Seite stehen. Und das war zumindest bis vor kurzem leider auch allzuoft der Fall.

Die Vorstellung, die Tochter verfüge über genug Wissen und Macht, um den Vater zu erpressen, verkennt die kindliche Perspektive ebenso wie die Vorstellung, sie verfüge über genug Wissen, Macht und Fähigkeiten, um die Scherben einer zerbrochenen Familie wieder zusammenzufügen. Wie wir gehört haben, empfanden Inzestopfer, die als Kind im Haushalt mithelfen mußten, teils heftige Abneigung gegen diese Aufgabe, teils genossen sie die Anerkennung, die sie dadurch erlangten, und/oder entwickelten ein starkes Verantwortungsgefühl für das Wohlergehen der Familie. Die Kombination von Hausarbeit, Verantwortungsgefühl für die Familie und sexueller Verfügbarkeit für das »Familienoberhaupt«, ist indessen nicht in unseren Genen angelegt. Sie beruht vielmehr auf Codes, kulturellen Regeln (ob diese Regeln vorbildlich sind, mag dahingestellt bleiben), die von Beginn der Pubertät an nach und nach erlernt werden, von denen kleine Kinder jedoch noch keine Ahnung haben. Daß ein Kind in der Rolle des Hausmütterchens auch bereit sei, »sexuelle Aufgaben« zu übernehmen, um die Familie vor dem Untergang zu bewahren, ist – wiederum – eine Projektion Erwachsener. Die Angst, die Familie könnte durch *das Bekanntwerden des Inzests* zerbrechen, kann in der Tat ein Grund dafür sein, daß die Tochter *Stillschweigen bewahrt*. Das ist jedoch etwas anderes, als wenn man sagt, sie *provoziere* den Inzest aus der *Überzeugung* heraus, auf diese Weise eine zerrüttete Familie wieder glücklich vereinen zu können. Das Problem des systemtheoretischen Ansatzes ist also immer wieder die Verwechslung von Ursache und Wirkung. So auch, wenn berichtet wird, manche Mädchen ließen den Vater gewähren, um die Familie vor seiner Übellaunigkeit oder seinen Aggressionsausbrüchen zu bewahren, oder sie knüpften an den sexuellen Kontakt die Bedingung, daß er die jüngeren Schwestern in Ruhe lasse. In diesem Fall haben die Mädchen Sorgen und Verantwortlichkeiten, an denen auch ein Erwachsener schwer zu tragen hätte. Um diese Verantwortlichkeiten haben sie indessen nicht *gebeten*. Der Vater selbst hat das Mädchen »gelehrt«, sich und die anderen Familienmitglieder vor seinen Schikanen und Gewalttätigkeiten zu schützen. Inzestforscher aber folgern aus solch »erwachsenem« Verhalten, die »Frühreife« des Mädchens – nicht allein die sexuelle, sondern auch die Reife in bezug auf Verantwortungsbewußtsein und Fürsorge für andere – sei eine der Ursachen des Vater-Tochter-Inzests. Als ob diese Mädchen frühreif geboren wären!

Ein großer Mangel der Systemtheorie und im übrigen auch anderer Theorien des Vater-Tochter-Inzests liegt darin, daß sie sich wenig dafür interessieren, auf welche Weise die Mißbrauchsbeziehung beendet wird. Kaum jemals zieht der Vater freiwillig einen Schlußstrich, fast immer ergreift die Tochter die Initiative. Früher wurde sie Krankenschwester oder stürzte sich Hals über Kopf in eine Ehe mit dem nächstbesten Mann, heute laufen die Mädchen von zu Hause fort. Manche fangen eines Tages an, mit aller Entschiedenheit gegen den sexuellen Mißbrauch aufzubegehren, bleiben aber weiterhin zu Hause wohnen. Was in der Literatur die »inzestuöse Eifersucht« des Vaters genannt wird, das Nachspionieren und Schikanieren, setzt sich dann oft unvermindert fort oder verstärkt sich sogar noch.

Würden sich die Inzestforscher etwas mehr mit der letzten Phase der Mißbrauchsbeziehung befassen, mit den Risiken, die Töchter auf sich nehmen, um der sexuellen Annäherung des Vaters ein für allemal ein Ende zu setzen, dann würde die angeblich mitverantwortliche Beteiligung der Tochter in einem ganz anderen Licht erscheinen. In der Öffentlichkeit ist man noch viel zu sehr überzeugt – und wird darin auch durch die Literatur bestärkt –, Vater-Tochter-Inzest sei eine Aneinanderreihung gleichartiger Handlungen, ein wiederholtes Geschehen, an dem Vater und Tochter stets auf die gleiche Weise beteiligt seien. Vater-Tochter-Inzest aber ist ein Prozeß mit einer *ganz bestimmten Dynamik*. Was es mit dieser Dynamik auf sich hat, soll im folgenden Kapitel erörtert werden.

Van der Kwast gehört zu den wenigen Experten, die den Prozeßcharakter des Vater-Tochter-Inzests klar erkennen. Mit seiner Beschreibung dieses Prozesses bin ich allerdings nicht einverstanden.

Van der Kwast unterscheidet beim Vater-Tochter-Inzest »drei
allmählich ineinander übergehende Phasen«. Die erste Phase sei
»durch ein hohes Maß an Nachgiebigkeit oder Fügsamkeit« des
Kindes gekennzeichnet. Die sexuellen Handlungen beschränkten
sich in diesem Stadium auf »über Berührungen nicht hinausgehende
Intimitäten«, die das Kind nicht weiter beunruhigten. In der zweiten
Phase zeige die »mitverantwortliche Tochter« laut van der Kwast
»eine bereitwillige Haltung«, und die Intimitäten »gipfeln vielfach
im Koitus(-versuch)«. Charakteristisch für die dritte und gewöhnlich längste Phase sei

> eine allmählich stärker werdende Abwehr der Tochter, die zu
> diesem Zeitpunkt in der Regel vierzehn bis sechzehn Jahre oder
> älter ist. Sie zwingt den Vater, von ihr abzulassen, oder sie befreit
> sich, indem sie Dritte um Hilfe bittet oder Anzeige erstattet.

»Natürlich«, fügt van der Kwast hinzu,

> beschränkt sich die eventuelle Ausübung von Zwang oder Ein-
> schüchterung auf diese Phase. Es handelt sich dabei um typisch
> terminale Erscheinungen, die das nahende Ende ankündigen
> (1968, S. 40 f.).

Meine Einwände gegen die These von der angeblich »bereitwilligen
Haltung« der Tochter in der zweiten Phase habe ich bereits vorgebracht. Auf zwei andere Punkte in van der Kwasts Beschreibung
möchte ich ausführlicher eingehen, weil sie bisher nur indirekt zur
Sprache gekommen sind, obwohl es sich dabei um weitverbreitete
Auffassungen handelt, wie man sie auch bei jenen Autoren findet,
die den Vater-Tochter-Inzest als eine Kette gleichrangiger Vor-
kommnisse betrachten. Gemeint sind die Punkte »Zwang oder
Einschüchterung« und »Nachgiebigkeit oder Fügsamkeit«.

Früher wurde Inzest mehr als heute mit körperlicher Gewalt und
physischem Zwang assoziiert. Später erkannte man, daß der Vater
gegenüber seiner Tochter genug Autorität besitzt, um seinen Willen

nicht mit Gewalt durchsetzen zu müssen. Heute nun scheint das Pendel mitunter allzu weit zur anderen Seite hin auszuschlagen, und es entsteht der Eindruck, Inzest sei per definitionem niemals mit Gewalt verknüpft. Es gibt jedoch sehr wohl Väter, die Gewalt anwenden oder aggressiv reagieren, wenn das Kind sich wehrt. So auch der Vater von Marloes:

Wenn ich versuchte, mich zu wehren, wurde mein Vater aggressiv. Er stopfte mir ein Taschentuch in den Mund, und manchmal fesselte er mich ans Bett. Er schlug mich auch heftig, wenn ich mir anmerken ließ, daß ich nicht wollte. Dreimal mußte ich deswegen ins Krankenhaus (V.S.K. 1983, S. 35).

Kennzeichnend für den Prozeßcharakter des Vater-Tochter-Inzests ist, daß Gewalt und Aggression beim Vater in der Regel eskalieren, wenn die Tochter ihm zu entgleiten droht oder ihr Widerstand geschickter und entschlossener wird. Im allgemeinen also ist das Ausmaß der Gewalt oder der Androhung von Gewalt in der letzten Phase am größten. Es ist jedoch unsinnig, zu behaupten, daß »Zwang oder Einschüchterung sich auf diese Phase beschränken« und in den vorangehenden Phasen lediglich

die verschiedensten Formen und Abstufungen von Zwang [auftreten] sowie Reaktionen auf die Gegenwehr der Tochter, die von ihr als Zwang erlebt werden, es aber nicht sind (van der Kwast 1963, S. 135).

Wenn ein Mädchen etwas als Zwang erlebt, dann ist es Zwang.

Stichhaltiger erscheint dagegen zunächst van der Kwasts Anmerkung, Vater und Tochter machten vor Gericht deshalb voneinander abweichende Aussagen, weil

der Mann stark dazu neigte, sich vor allem über den Beginn der Inzestbeziehung zu verbreiten, während die Tochter im allgemeinen mehr über die der Verhaftung unmittelbar vorangegangene Periode sprach, die Phase also, die normalerweise vom wachsenden Widerstand des Mädchens gekennzeichnet ist (1963, S. 136).

Nach van der Kwast betont die Tochter ihre Gegenwehr deshalb besonders, weil sie Schuldgefühle wegen ihrer anfänglichen »Nachgiebigkeit oder gar Bereitwilligkeit« empfinde. Und in der Tat liegt die ganze Crux des Inzestproblems genau in dieser Frage des Mitschuldgefühls beim Mädchen. Ich bin ja freiwillig mit meinem Vater im Auto mitgefahren, denkt das Mädchen, also war es meine Schuld. Es dauert Jahre, bis es diese Mechanismen ganz durchschaut. Wie soll eine Sechzehnjährige in Worte fassen, was sie selbst nicht begreift? Noch dazu einem Erwachsenen gegenüber, der darauf brennt, sie der Mitverantwortung bezichtigen zu können. So gesehen, ist es kein Wunder, daß sie ihren späteren konkreten Widerstand besonders hervorhebt.

Damit kommen wir zum zweiten Punkt, auf den ich in van der Kwasts Beschreibung des Vater-Tochter-Inzests als Prozeß näher eingehen möchte: die angebliche »Nachgiebigkeit oder Fügsamkeit« der Tochter in der ersten Phase der Mißbrauchsbeziehung. Tatsächlich verhalten sich die Mädchen anfangs in der Regel insofern passiv, als sie weder um sich schlagen noch treten, kratzen oder beißen und im allgemeinen auch nicht klar und deutlich sagen: Nein, das will ich nicht. In meinen Augen ist es jedoch falsch, diese aus Unwissenheit, Angst und Gehorsam geborene Passivität als Bereitwilligkeit zu interpretieren. Bei sorgfältiger Lektüre der Lebensgeschichten von Inzestopfern zeigt sich, daß sie auch in der ersten Phase durchaus ihren Unwillen bekunden, wenn auch in kindlicher Form, der einzigen, die ihnen zu Gebote steht. Sehr viele Mädchen stellen sich schlafend, wenn sie ihren Vater kommen hören, in der Hoffnung, er werde wieder weggehen. Sie legen sich auf den Bauch, um ihm die Annäherung zu erschweren, oder sie ziehen sich die Bettdecke bis über den Kopf. Andere versuchen, ihm so weit wie möglich aus dem Wege zu gehen, oder ersinnen alle möglichen Ausflüchte. So auch Sandy, die auf die Frage ihres Vaters, warum sie nicht bei ihm im Bett schlafen wolle, antwortet:

»Nein. Ich will nicht. Weil unser Hund Harry nicht in deinem Bett schlafen darf.«

Er sagte, »Na gut, heute darf er drin schlafen.«

Und ich sagte, »O nein. Nein. Mom würde sich ärgern. Harry kann in meinem Bett schlafen.«

Und dann sagte er, »Na, dann schlafe ich mit dir in deinem Bett.«

Ich sagte, »Nein. Nein. Ich will allein schlafen. Für mehr als Harry und mich ist kein Platz« (Armstrong 1985, S. 69).

Wenn ich so etwas lese, frage ich mich, was ein acht- oder zehnjähriges Mädchen noch alles tun muß, damit die Signale seines Widerstands ernst genommen und nicht im nachhinein vom inzestuösen Vater – und in der Folge auch von Inzestforschern, Therapeuten und der Öffentlichkeit – als Zeichen der Zustimmung und Bereitwilligkeit interpretiert werden.

Wie bereits angedeutet, tut van der Kwast mit seiner These, Vater-Tochter-Inzest sei als Prozeß anzusehen, einen Schritt in die richtige Richtung. Vater-Tochter-Inzest ist ein dynamisches Geschehen, dessen Motor das unausbleibliche Wachstum und die Entwicklung des Kindes bilden. Der inzestuöse Vater hat alle Vorteile auf seiner Seite, bis auf einen, und das ist die *Zeit*. Die Zeit arbeitet für das Mädchen. Jedes Kind denkt einmal: »Wenn ich groß bin ...« Für die sexuell mißbrauchte Tochter ist das Wissen, daß sie eines Tages groß sein wird, ein unverzichtbarer Trost, und oft ist dieser Gedanke, wie ich glaube, überhaupt das einzige, was sie aufrecht hält. Irgendwann muß der Vater von ihr ablassen, das ist vom Beginn des Inzests an vorbestimmt. Den Prozeß, der bis dahin abläuft, könnte man in der Tat in drei allmählich ineinander übergehende Phasen einteilen, die jedoch anders gekennzeichnet werden müssen, als van der Kwast das tut. Ich will einen Versuch wagen, muß allerdings gleich dazusagen, daß ich stark verallgemeinere und die zahlreichen Ausnahmen unberücksichtigt lasse.

In der *ersten* Phase ist die Haltung der Tochter von Verwirrung, Bestürzung und dem Unvermögen, das Verhalten des Vaters einzuordnen, bestimmt. Sie fühlt sich – wenn auch nur wegen der damit verbundenen Fremdheit und Geheimniskrämerei – bei seiner sexuellen Annäherung unwohl, tut aber, was er sagt, weil sie ihm vertraut und ihn liebt. Ihr Widerstand beschränkt sich in diesem Stadium auf kindlich-unbeholfene Signale des Unwillens.

Im Verlauf der *zweiten* Phase nehmen Angst und Widerwillen der Tochter zu. Sie hat das Gefühl, nicht mehr zurückzukönnen, sich nicht mehr an die Mutter wenden zu können, denn wie sollte sie ihr erklären, daß sie sich erst so spät dazu entschließt? Sie führt ein Doppelleben, spielt nach außen hin Theater und behält ihre wahren Gefühle für sich. Abscheu vor dem Mißbrauch und Angst vor dem, was noch kommen wird, beherrschen ihr Leben mehr und mehr. Mit wachsendem Geschick und Erfindungsreichtum versucht sie, ihrem Vater zu entkommen. Je stärker ihr Widerstand jedoch wird, desto stärker wird auch der vom Vater ausgeübte Druck. Der Vater dehnt die sexuellen Handlungen, die sich in der ersten Phase vielfach auf Berührungen und Masturbation des Kindes beschränken, in dieser Periode oft auf oralen Sex aus und/oder zwingt das Mädchen, ihn zu masturbieren, beides Praktiken, vor denen sich das Kind im allgemeinen ekelt. Die Gefühle der Tochter ihrem Vater gegenüber sind ambivalent: Sie hofft noch immer, er werde sich eines Tages als ein ganz »normaler« Vater entpuppen, ihre kindliche Liebe aber wird nach und nach zerrüttet.

Die *dritte* Phase bringt die Auflösung des Inzestdramas. Die Tochter, mittlerweile etwa vierzehn Jahre alt, tut die ersten Schritte in ein eigenes Leben. Sie möchte mit ihren Freundinnen ausgehen, der Umgang mit Gleichaltrigen wird für sie wichtiger als das Familienleben. Der Vater reagiert entsprechend: Nun, da er sie zu verlieren droht, gerät er in Panik. Er wird aggressiv und übt oft regelrechten Terror aus, indem er in alle Winkel ihres Lebens vordringt und ihr Tun und Treiben aufs schärfste überwacht. Auch versucht er in diesem Stadium häufig, zum Geschlechtsverkehr überzugehen. Die Tochter lehnt sich mehr und mehr gegen ihn auf. An die Stelle kindlicher Liebe treten Haß und Verachtung, die jedoch noch immer mit Loyalität gepaart sein können. Zugleich hat sie oft große Angst vor dem Vater, weil sie nun sieht, wozu er imstande ist und welche Möglichkeiten er hat, sich ihrem eigenen Leben in den Weg zu stellen. Gleichwohl werden seine Zudringlichkeiten in dieser Periode für sie absolut unannehmbar, und sie versucht, auf irgendeine Weise zu entkommen, etwa indem sie von zu Hause fortläuft, die Mutter schließlich doch noch informiert, einen Außenstehenden um Hilfe bittet, Anzeige erstattet oder, wenn ihre Angst nicht zu groß ist, dem Vater rundheraus befiehlt, sie ab sofort in Ruhe zu lassen.

Die Gefühle des Mädchens gegenüber ihrem Vater können auch noch nach der dritten Phase, nach Beendigung der Mißbrauchsbeziehung also, eine Entwicklung durchmachen. Manche Autoren stellen fest, daß einige der von ihnen befragten Inzestopfer auch nach der Aufdeckung des Inzests, manchmal sogar, nachdem sie selbst den Vater angezeigt hatten, trotz allem eine positive Einstellung zum Täter bewahrten (siehe zum Beispiel Maisch 1968, S. 163). Daraus wird wiederum gefolgert, das Mädchen habe den Inzest nicht so schlimm gefunden oder es sei beiderseits »Liebe« im Spiel gewesen. Wir dürfen jedoch nicht vergessen, daß diese Autoren meist mit forensischem Material arbeiten, mit den Tätern also kurz nach deren Verhaftung gesprochen haben, und daß die Mädchen zu diesem Zeitpunkt durchschnittlich sechzehn Jahre alt waren. In diesem Alter sieht sich die Tochter in ein Netz widerstreitender Gefühle verstrickt. Oft wagt sie nicht einmal sich selbst, geschweige denn einem Erwachsenen gegenüber, einzugestehen, daß sie ihren Vater haßt. Das mag heute ein wenig anders sein; bis vor kurzer Zeit noch aber war es für jedes Kind, auch für ein Inzestopfer, sozial unerwünscht, sich in dieser Weise über den Vater zu äußern. Ein Kind, das sich von seinen Eltern abwandte, war ein schlechtes Kind. Es versündigte sich gegen das vierte Gebot – Du sollst Vater und Mutter ehren –, das unsere gesamte Kultur durchdringt, wie Alice Miller meint. Eine vierzigjährige Frau, die als Kind von ihrem Vater über Jahre sexuell mißbraucht worden war, sagte mir:

Ich war schon weit über Dreißig, als ich mir endlich einzugestehen wagte, daß ich meinen Vater haßte, daß ich ihn auch als Kind schon gehaßt hatte. Bis dahin war mir der Gedanke einfach nicht gekommen. Im Gegenteil. Obwohl er mir meine ganze Kindheit verpfuscht hatte, war ich anderen gegenüber stolz darauf, daß er so durchsetzungsfähig war, ein echter Autodidakt, ein Fachmann von größter Kompetenz. Vielleicht wollte ich ihn besser machen, als er war, die Wirklichkeit korrigieren, mir eine schönere Biographie verschaffen, als ich sie hatte. Vielleicht spielte unbewußt auch die Idee mit: Du kannst nicht gleichzeitig stolz auf ihn sein und ihn hassen, da stimmt doch etwas nicht. Heute weiß ich, daß ich das sehr wohl kann. Er war durchsetzungsfähig, er war ein hervorragender Fachmann, er war nicht durch und durch schlecht, aber mir gegenüber hat er sich wie der größte Schuft auf Erden benommen, und darum habe ich das *Recht*, ihn zu hassen.

Die Anschauungen über den Inzest bewegen sich zwischen zwei Extremen. Einerseits betrachten Wissenschaftler und auch Laien Inzest als ein Verbrechen und den Inzesttäter als eine Art Ungeheuer, mit dem sie selbst nichts gemein haben; die Folge ist eine Verkennung der Tatsachen: So viele Ungeheuer laufen nicht herum, also kann es sich beim Inzest allenfalls um eine Randerscheinung der Gesellschaft handeln. Auf der anderen Seite gilt Inzest als eine menschliche Schwäche, die jeden überkommen kann; die Folge ist eine Bagatellisierung der Tatsachen: Was menschlich ist, kann nicht so schlimm sein. Beide Extreme üben noch immer eine gewisse Anziehungskraft aus. Man kann jedoch sagen, daß im Verlauf des 20. Jahrhunderts eine Verschiebung vom einen Extrem zum anderen, von der Distanzierung zur Identifizierung stattgefunden hat.

In Kapitel 22 haben wir gesehen, daß Inzest zu Beginn unseres Jahrhunderts oft als Begleiterscheinung proletarischer Lebensumstände angesehen wurde. Darüber hinaus distanzierten sich Wissenschaftler von Inzesttätern auch in der Form, daß sie eine Abnormität des Täters als Inzestursache angaben. Die meisten waren überzeugt, nur Geisteskranke praktizierten Inzest; andere suchten die Ursache im übersteigerten Sexualtrieb (Hypersexualität) oder einem Intelligenzdefizit des Täters. In den dreißiger Jahren setzten sich einzelne Autoren in Widerspruch zu der herrschenden Auffassung und behaupteten, es sei

> nicht der Geisteskranke, nicht der Schwachsinnige, nicht der Hypersexuelle oder der sexuell Abartige und auch nicht der charakterlich in höchstem Grade Minderwertige [...], der unter den Blutschändern dominiert (in: Maisch 1968, S. 99).

Von den fünfziger Jahren an wurde diese Sichtweise vor allem durch amerikanische und deutsche Forschungen weithin bestätigt. Man begann zu ahnen, daß der durchschnittliche inzestuöse Vater sich möglicherweise gar nicht so sehr vom durchschnittlichen Familienvater unterschied. Aber noch wagte man sich nicht so recht an die Sache heran. Irgend etwas konnte doch mit einem solchen Mann nicht stimmen, sonst würde er so etwas nicht tun!

Eine beliebte kriminologische Methode der Persönlichkeitserfassung Krimineller war lange Zeit die Einteilung in Typen. Auch Inzestforscher nahmen Zuflucht zu dieser Methode, was teilweise zu merkwürdigen Auswüchsen führte. Justice und Justice unterscheiden nicht weniger als zwölf Typen inzestuöser Väter und bleiben selbst dann noch auf einer »Restkategorie« sitzen, auf die keines der zwölf Etiketten paßt. Die meisten Typologien in der Inzestliteratur sind als Weiterentwicklung einer Art Grundtypologie anzusehen, die der amerikanische Soziologe Weinberg im Jahre 1955 aufgestellt hat. Er unterscheidet bei der Persönlichkeit der Inzesttäter drei Typen: den pädophilen Typ, den promiskuitiven Typ oder Psychopathen und den endogamen Typ. In Anbetracht des Einflusses Weinbergs auf spätere Forschungen erscheint mir eine kurze Erörterung seiner Klassifikation sinnvoll.

Dem *pädophilen Typ* ordnet Weinberg unsichere, psychosexuell unreife Männer zu, die sich im Umgang mit erwachsenen Frauen unwohl fühlten und deshalb minderjährige Mädchen sexuell bevorzugten. Mitunter unterhielten diese Männer nicht nur mit der eigenen Tochter sexuelle Beziehungen, sondern auch mit anderen Kindern, die nicht zur Familie gehörten; in anderen Fällen bestehe der Kontakt nur mit der Tochter.

Der pädophile Typ taucht in der Literatur zwar immer wieder auf, doch scheint mir, daß die meisten Autoren diesen Typ nur pflichtschuldig erwähnen, um dann zu erklären, er komme in ihrer Untersuchung nur am Rande oder gar nicht vor. Auch in Weinbergs eigener Arbeit fallen weitaus die meisten Männer der Beschreibung nach (er nennt keine Zahlen) unter die beiden anderen Kategorien.

Da sowohl Inzest als auch Pädophilie sexuelle Kontakte mit Kindern beinhalten, liegt es nahe, beide Erscheinungen miteinander in Verbindung zu bringen. Das könnte zu der Annahme führen, Inzest sei so etwas wie Pädophilie in der Familie. Zwischen Inzest und Pädophilie bestehen jedoch wesentliche Unterschiede. Zum einen sind es die Pädophilen selbst, die an die Öffentlichkeit gehen und Pädophilie zum Diskussionsgegenstand machen. Beim Inzest dagegen sind es die Opfer, die das Thema aufs Tapet bringen. Die

Täter schweigen. In den Niederlanden hat man im Anschluß an Rundfunk- oder Fernsehsendungen über »heikle« Themen oft die Möglichkeit, die »Stichting Korrelatie«* anzurufen. Wenn nach einer Sendung zum Thema Inzest überhaupt Täter anrufen (oder Männer, von denen anzunehmen ist, daß sie Täter sind), so gehen sie meist augenblicklich in die Defensive:

> Warum wird so viel Aufhebens davon gemacht, wozu die ganze Publicity? (Van Herk und Kuiper 1985, S. 10)

Pädophile wollen das Interesse der Öffentlichkeit, inzestuöse Väter nicht. Besteht der Unterschied zwischen ihnen darin, daß die einen ein gutes und die anderen ein schlechtes Gewissen haben? Zum zweiten ist Pädophilie – anders als Weinberg anzunehmen scheint – meist durch homosexuelle, Inzest dagegen durch heterosexuelle Kontakte gekennzeichnet. Pädophile fühlen sich im allgemeinen von Jungen angezogen, die meisten Inzestopfer aber sind Mädchen. Zudem verlieren Pädophile das Interesse an dem Kind, sobald es älter wird, während inzestuöse Väter den Sexualkontakt mit dem Opfer möglichst lange fortzusetzen suchen. Damit ist nicht gesagt, daß Pädophile, sofern sie überhaupt verheiratet sind und Kinder haben (was angesichts ihrer sexuellen Neigung wenig wahrscheinlich ist), ihre eigenen Kinder in Ruhe lassen. Vermutlich gibt es auch eine inzestuöse Form der Pädophilie, die sich allerdings auf eine sehr kleine Gruppe beschränken dürfte.

Weinbergs zweite Kategorie von Inzesttätern ist die des »Psychopathen« als Synonym des *promiskuitiven Typs*. »Psychopath« ist ein häufig verwendetes Schimpfwort: Es bedeutet so etwas wie »gewissenloser Schurke« und wird mit »aggressiv«, »unberechenbar« und »gefährlich« assoziiert. Als psychiatrischer Begriff ist der Ausdruck vage und ungreifbar. Eine seiner Umschreibungen lautet:

> Die Gewissensfunktion ist beim Psychopathen nicht oder nur unvollständig ausgebildet, und meist fehlt ihm die Fähigkeit, sich

---

* Die »Stichting Korrelatie« ist eine Einrichtung, die auf Ersuchen der Rundfunk- und Fernsehanstalten im Anschluß an Sendungen über heikle Themen Zuschauer-/Zuhörer-anrufe entgegennimmt. Ziel dieser Einrichtung ist es, Hilfsmöglichkeiten aufzuzeigen; ihre Mitarbeiter sind überwiegend Frauen (Anm. d. Übers.).

in die Gefühle anderer hineinzuversetzen (Schoo und Vervoort 1981, S. 770).

Da die Psychiatrie sich per definitionem mit Störungen, Krankheiten und Mängeln befaßt, versteht es sich von selbst, daß sie auch die fehlende Gewissensfunktion als eine Krankheit, eine Störung betrachtet.

In der Inzestliteratur deckt der Begriff Psychopath verschiedene Inhalte ab, wobei nicht immer klar ist, ob der Psychopath als geisteskrank betrachtet wird oder nicht. Jedenfalls aber handelt es sich stets um einen Menschen, mit dem nach Meinung der Inzestforscher auch unabhängig vom Inzest etwas nicht stimmt. Inzest wäre beim Psychopathen kein isoliertes Verbrechen, sondern Begleitsymptom sonstigen Fehlverhaltens. Dieses Fehlverhalten sehen manche im sexuellen Bereich, andere bringen Psychopathie eher mit kriminellen und asozialem Verhalten allgemein in Verbindung.

Für Weinberg ist, wie seine Gleichsetzung von »Psychopathie« und »Promiskuität« zeigt, der psychopathische Typ ein Mann, der sowohl vor als auch während und nach seiner Inzestbeziehung mit möglichst vielen Frauen schläft. Sein sexuelles Interesse entspringe eher Gefühlen der Feindseligkeit als der Zuneigung. Frauen seien für ihn Sexualobjekte, und seine Tochter mache, auch wenn sie noch ein Kind sei, keine Ausnahme.

Sein anfänglicher Wunsch nach sexuellem Kontakt mit einem Mitglied der Familie wird verstärkt durch die Abwesenheit, Verweigerung oder schwindende Anziehungskraft der Ehefrau und die Unerreichbarkeit anderer Frauen. Mitunter ist er zu verschlissen oder »zu alt«, um noch auf Frauen zu wirken (Weinberg 1955/76, S. 97).

Und so vergreife er sich in Ermangelung einer Alternative an seiner Tochter, nicht *weil* sie seine Tochter sei, sondern *obwohl* sie es sei.

Justice und Justice entwickeln Weinbergs Bild des Psychopathen weiter. Ein Psychopath ist für sie ein Mensch, der nicht weiß, was Liebe ist, keine Schuldgefühle kennt und ständig neuen Reizen nachjagt. Nicht alle Psychopathen seien inzestuös; diejenigen aber, die sich inzestuös verhalten, lassen sich laut Justice und Justice in zwei Typen einteilen: den promiskuitiven und den pansexuellen Typ. Der promiskuitive Psychopath habe Affären mit mehreren Frauen gleichzeitig. Seine Ehefrau sei für ihn eine Quelle von Sexualität, wenn auch nicht die einzige. Wie Weinberg vertreten Justice und Justice die Auffassung, der promiskuitive Psychopath wende sich ungeachtet seiner Beziehungen zu anderen Frauen seiner Tochter zu, sobald seine Frau das Interesse an ihm verliere oder er an ihr. Der pansexuelle Psychopath dagegen sei ein Mensch, für den alles Bestehende erotisch geladen sei, »eine Katze, der Telefonmast, der Briefträger oder seine Kinder«. Wie Weinberg nennen auch Justice und Justice keine Zahlen.

Niemand weiß, wie hoch der Anteil promiskuitiver Psychopathen unter den inzestuösen Vätern ist, auf jeden Fall aber ist ihre Zahl gering, und noch geringer ist die der Pansexuellen. [...] Der typische Inzesttäter ist weder hypersexuell noch ein Psychopath [...] (Justice und Justice 1980, S. 86 f.).

Zu den Autoren, die den inzestuösen Vater nicht aufgrund etwaiger Promiskuität, sondern ausgehend von seinem allgemeinen Sozialverhalten als Psychopathen einstufen, gehören Gebhard u. a. Nach ihrer Auffassung unterscheiden sich »amoralische Delinquenten« (ihre Umschreibung für Psychopathen) von anderen Inzesttätern durch »die Länge ihres Vorstrafenregisters und ihre erhöhte Aggressivität« (1965, S. 225). Laut Gebhard u. a. sind diese Männer auch zu Hause aggressiv; sie schlagen Frau und Kinder und mißbrauchen ihre Töchter aus reiner Bequemlichkeit, weil sie gerade in der Nähe sind. 10 Prozent der von Gebhard u. a. befragten Väter (durchweg wegen Inzests mit einer Tochter unter zwölf Jahren verurteilt) wurden als »amoralische Delinquenten« eingestuft.

Meiselman möchte den Begriff des Psychopathen nur auf solche Personen angewendet wissen,

die auch unabhängig vom Inzest eine Vorgeschichte asozialen Verhaltens aufweisen und angesichts ihres Fehlverhaltens kaum Schuldgefühle [...] zeigen (1978, S. 95).

Meiselman zufolge bildet der psychopathische Typ eine verschwindend kleine Minderheit. Unter den siebenunddreißig inzestuösen Vätern ihrer eigenen Untersuchung fand sich kein einziger, der anhand der vorliegenden Daten als Psychopath hätte bezeichnet werden können.

In krassem Gegensatz dazu stehen die Zahlen von Narcyz Lukianowicz, die unter den sechsundzwanzig inzestuösen Vätern ihrer Untersuchung nicht weniger als neunzehn Psychopathen zählt, davon vierzehn »unangepaßte« und fünf »aggressive«. Die fünf Aggressiven waren wegen Gewaltdelikten vorbestraft. Was wir uns unter »unangepaßten Psychopathen« vorzustellen haben, erklärt Lukianowicz nicht, ein Kriterium jedoch scheint Arbeitslosigkeit zu sein:

> Die Tatsache, daß die meisten der Väter (etwa 70 Prozent) in einer Zeit der Vollbeschäftigung langfristig arbeitslos waren, [. . .] läßt allein schon auf eine unangepaßte und vielfach asoziale Persönlichkeit schließen (1972, S. 304).

Lukianowicz bildet mit dem von ihr ermittelten hohen Prozentsatz an Psychopathen eine deutliche Ausnahme, insofern würde ihre These besser in die Zeit zu Beginn unseres Jahrhunderts passen als in die siebziger Jahre. Bei ihren Kollegen herrscht schon seit geraumer Zeit die Ansicht vor, daß der inzestuöse Durchschnittsvater kein Psychopath ist, was vor dem Hintergrund der erwähnten Beschreibungen vor allem bedeutet, daß er außerhalb der Familie sowohl sexuell als auch sozial keineswegs aus der Reihe tanzt.

Es bleibt der *endogame Typ*,[26] der (unter verschiedenen Bezeichnungen) seit Weinberg durch die Inzestliteratur geistert. Bei den meisten Autoren, die mit Typologien arbeiten, bilden die endogamen Väter mit Abstand die größte Kategorie. Und bei Autoren, die auf Klassifizierungen verzichten, sind jene Väter verblieben, die Weinberg dem endogamen Typ zugerechnet hätte. Das heißt nicht, daß sich mit der Zeit ein klar umrissenes Persönlichkeitsbild des Inzesttäters herauskristallisiert hätte. Im Gegenteil: Dieses Bild ist immer heterogener geworden. Man kann sich deshalb fragen, ob der Begriff »endogam« (und die von verschiedenen Autoren ge-

---

[26] Endogamie: Heiraten innerhalb eines Verbandes oder Stammes.

prägten Alternativbegriffe) überhaupt noch eine spezifische Bedeutung hat oder ob er nicht einfach ein anderes Wort für »inzestuös« ist, eine Kennzeichnung jener Väter, denen man es nicht ansieht, daß sie ihre Kinder sexuell mißbrauchen, von denen »man es nie gedacht hätte«. Und das sind die meisten. Von ihnen wird im folgenden Kapitel die Rede sein.

Der inzestuöse Vater des »endogamen Typs« ist laut Weinberg ein introvertierter Mensch, der sich seine sexuellen »Objekte« nur unter Familienmitgliedern sucht und seine Tochter mißbraucht, weil er mit Frauen außerhalb der Familie keine sozialen und/oder sexuellen Kontakte aufzunehmen wagt. Emotional von der Familie abhängig, ist er zu Hause gleichwohl »arrogant, zänkisch, dominierend und mißtrauisch«. Manche endogamen Väter seien so scheu, daß sie der Begegnung mit »Fremden« systematisch auswichen.

Ein Vater beispielsweise verließ, wenn Besuch kam, das Zimmer und versteckte sich im Schlafzimmer. Er zwang seine Tochter, mit ihm dort zu bleiben, bis der Besuch gegangen war (1955/76, S. 101).

Weinbergs Definition des endogamen Vaters enthält zwei Elemente: 1. Herrschsucht gegenüber Frau und Kindern und 2. Menschenscheu und Inkompetenz im sozialen Umgang.

Das erste dieser beiden Elemente findet sich auch bei vielen anderen Autoren wieder, die dann von »autoritären Vätern« oder »Familientyrannen« sprechen. Nach Maischs Worten

dulden [sie] in ihrer Familie keinen Widerspruch, sind leicht erregbar, aufbrausend und jähzornig und schlagen bisweilen Frau und Kinder. Außerhalb des familiären Bereichs hingegen treten diese Verhaltensweisen kaum in Erscheinung (1968, S. 94).

Von einem sechsundvierzigjährigen Beamten, bei Inzestbeginn zwanzig Jahre verheiratet und »beruflich vorbehaltlos gut beurteilt«, berichtet Maisch:

Ehe und Familienleben waren von Anfang an durch die Persönlichkeit dieses Mannes belastet: Leicht erregbar und jähzornig, schlug er seine Frau aus geringfügigen Anlässen. Despotisch herrschte er über alle Familienangehörigen, duldete keinen Widerspruch, beschuldigte seine Frau falscher Angaben und Täuschungen vor der Ehe und bezichtigte sie ständig grundlos der Unwirtschaftlichkeit (1968, S. 104 f.).

Maisch rechnet 29 Prozent der von ihm untersuchten inzestuösen Väter zum Typus des »Familientyrannen«. Andere Autoren ermitteln einen weit höheren Anteil. In Hermans Untersuchung machten 50 Prozent der Täter Gebrauch von physischer Gewalt, nicht nur der sexuell mißbrauchten Tochter, sondern auch den anderen Familienmitgliedern gegenüber. Die anderen 50 Prozent tyrannisierten nach Hermans Angaben Frau und Kinder insofern, als sie keinen Zweifel daran ließen, wer der Herr im Hause war (1981, S. 71 f.). Und wenn van der Kwast von der »häufig zu aggressiven Reaktionen und Verstimmungszuständen neigenden Persönlichkeit« spricht, so bezieht sich das bei ihm auf »den Inzestdelinquenten« allgemein (1963, S. 191).

Über das zweite Element der Definition Weinbergs gehen die Meinungen auseinander. Manche Autoren bestätigen das Bild des kontaktgestörten Mannes:

Er verläßt das Haus nur, um zur Arbeit zu gehen. Abends und an den Wochenenden bleibt er zu Hause. [...] Dieser Typ des Vaters ist überzeugt, nur wenigen Menschen trauen zu können, am wenigsten Nicht-Familienmitgliedern. Die Familie hat für ihn der Ort zu sein, an dem er tun und lassen kann, was er will, und von niemandem enttäuscht wird (Justice und Justice 1980, S. 64 f.).

Herman zeichnet ein anderes Bild. Die Väter ihrer Untersuchung sind keineswegs schüchtern und scheu, sondern wirken im Gegenteil auf Außenstehende als sympathische Menschen, die mit allen bestens zurechtkommen. Sie isolieren weniger sich selbst als vielmehr Frau und Töchter.

Die Väter überwachten ihre Ehefrauen und Töchter streng und ließen sie oft kaum aus dem Haus. Die Söhne der Familie wurden mitunter als Hilfspolizisten eingesetzt. Viele Töchter berichteten, ihr Vater sei dagegen gewesen, daß die Mutter Auto fuhr, Freunde besuchte oder an außerhäuslichen Aktivitäten teilnahm. [...] Auch die Töchter wurden an der Aufnahme eigener sozialer Kontakte gehindert (Herman 1981, S. 73).

Es gibt in der Inzestliteratur eine Tendenz, die soziale Kompetenz des inzestuösen Vaters an seiner Kompetenz als Arbeitskraft zu messen. Über seine allgemeine berufliche Leistung sind sich die Experten uneins. Manche beschreiben ihn als arbeitsscheu und nicht nur emotional, sondern auch finanziell von seiner Frau abhängig.

Gebhard u. a. ordnen drei Viertel der inzestuösen Väter dem »abhängigen Typ« zu (was dem endogamen Typ entspricht).

Diese Männer sind in der Regel [. . .] von der emotionalen und oft auch finanziellen Unterstützung ihrer Frau abhängig. [. . .] Viele von ihnen blicken auf eine sehr dürftige berufliche Vergangenheit mit häufigem Arbeitsplatzwechsel und langen Perioden der Arbeitslosigkeit zurück (1965, S. 226).

Der hohe Anteil von Männern mit instabiler beruflicher Vergangenheit in der Untersuchung Gebhards u. a. kann damit zusammenhängen, daß diese Männer bereits vor dem Inzest straffällig geworden waren. Dagegen sprechen wiederum die Ergebnisse anderer forensischer Untersuchungen (zum Beispiel van der Kwast, siehe unten), die eher mit den Befunden neuerer Retrospektivuntersuchungen an Inzestopfern übereinstimmen. Sie beschreiben den Vater auffallend häufig als eine überaus tüchtige, fähige Arbeitskraft und als zuverlässigen Ernährer der Familie, der aufgrund dieser Eigenschaften außerhalb der Familie den besten Ruf genießt. Die meisten Männer in Hermans Untersuchung (Informanten waren hier vierzig in Therapie befindliche Inzestopfer) wurden innerhalb der Familie gefürchtet und außerhalb bewundert.

Oft zeigten sich die Töchter selbst von den Arbeitsleistungen ihrer Väter beeindruckt. Die meisten nahmen ihre Verantwortung als Ernährer der Familie sehr ernst. Die Töchter wußten, daß sie tüchtig, kompetent und oftmals überaus erfolgreich waren. [. . .] Viele von ihnen machten Überstunden und übten mehrere Berufe nebeneinander aus (1981, S. 71 f.).

Das Bild des inzestuösen Vaters als allseits geschätzte Arbeitskraft begegnet uns auch in der niederländischen Untersuchung van der Kwasts (an dreißig Männern, die sich zwischen 1960 und 1962 wegen Inzests vor Gericht zu verantworten hatten). Van der Kwast konstatiert, daß die meisten Männer seiner Untersuchung

zu den wertvollen Arbeitskräften des Betriebes gehörten, die ihr Fach beherrschten und teilweise besonders fleißig waren. [. . .]. Die meisten von ihnen legten ein relativ hohes Arbeitstempo an den Tag, und mehr als einmal fiel in bezug auf sie das Wort »Arbeitstier« (1963, S. 123).

Die Qualitäten inzestuöser Väter als Ernährer veranlassen Inzestforscher oft, ihnen im übertragenen Sinne anerkennend auf die Schulter zu klopfen: Wer so hart arbeitet, ist seiner Familie im Grunde wohlgesonnen, er kann kein schlechter Vater sein. Van der Kwast ist einer der wenigen, die die »vorbildliche Arbeitshaltung« des Inzesttäters nicht uneingeschränkt positiv bewerten. Seiner Meinung nach hängen Übereifer und allzu große Tüchtigkeit im beruflichen Bereich und Tyrannei in der Familie zusammen: Triebfeder ist in beiden Fällen der Geltungsdrang des Mannes. An seinem Arbeitsplatz will er gewürdigt werden und ist deshalb nicht nur fleißig, sondern auch dienstfertig und gegenüber seinen Vorgesetzten übertrieben höflich:

> Sein Verhalten kennzeichnet eine starke Tendenz, sich den Erwartungen anzupassen, die man, wie er meint, in ihn setzt; er geht dabei sogar so weit, seiner Selbstachtung Gewalt anzutun (1963, S. 160).

Darüber hinaus stellt er hohe Anforderungen an sich selbst; in den Augen anderer erfolgreich, ist er dennoch unzufrieden, wenn

> es ihm nicht gelang, die Position zu erreichen, die er anstrebte und für die er mehr als hinreichend qualifiziert war (1963, S. 122).

Die Schwierigkeiten des Vaters wurzeln nach van der Kwast

> in dem Gefühl ständiger Bedrohung seiner affektiven Geborgenheit in der Ehe, in der Frustration seines übersteigerten Bedürfnisses nach Anerkennung, Würdigung und Respekt, seiner egoistischen Haltung im Umgang mit anderen und seiner – oft an die Familiensituation gebundenen – emotionalen Labilität (1963, S. 113).

Charakterlich waren diese Männer, so van der Kwast,

> von wenigen Ausnahmen abgesehen, als außerordentlich geltungsbedürftig zu bezeichnen, mit einer oft geringen Frustrationstoleranz in diesem Bereich (1963, S. 113).

Zusammenfassend beschreibt van der Kwast »den Inzestdelinquenten« als

> einen Mann, der in der Familie oft ganz anders auftritt als außerhalb. In seiner Haltung gegenüber anderen liegen Umgänglichkeit und Geltungsbedürfnis nahe beieinander, und es scheint nur von

der jeweiligen Situation abzuhängen, von welcher Seite er sich zeigt. Dort, wo er Autorität über andere ausübt, gibt er sich auch autoritär, wobei er leicht die Grenzen des Möglichen aus dem Auge verliert und sein Gegenüber nicht hinreichend respektiert, so daß seine Macht oftmals in Tyrannei auszuarten droht. Als Familienvater sucht er alles unter seine Kontrolle zu bringen und in allem das letzte Wort zu behalten. [...] Geduld, Nachgiebigkeit und Verträglichkeit sind für ihn fast gleichbedeutend mit Schwäche (1963, S. 193).

Die gleiche Gefügigkeit, die die inzestuösen Väter in der Untersuchung van der Kwasts im Umgang mit Männern an den Tag legten, die ebenso mächtig oder mächtiger waren als sie, bewiesen sie auch während der Untersuchung:

Die dreißig von uns untersuchten Männer waren ausnahmslos bestrebt, einen guten Eindruck zu machen. Sie waren – manchmal übertrieben – höflich, korrekt und beflissen und versicherten oft wiederholt, alles tun zu wollen, um zum Gelingen der Untersuchung beizutragen. [...] Auch während der Untersuchungshaft und der psychiatrischen Beobachtung verursachten sie nicht die geringsten Probleme und zeichneten sich eher durch eine mehr oder weniger ausgeprägte Fügsamkeit, ja sogar Servilität aus (1963, S. 149, 153).

Van der Kwast wußte offensichtlich, wen er vor sich hatte und ließ sich nichts vormachen. Inzestforschern, aber auch Sozialarbeitern, Richtern und anderen fällt es hingegen oft schwer, sich vorzustellen, daß dieser fleißige, gutwillige Mensch, der sich ihnen gegenüber teilweise geradezu unterwürfig verhält, hinter verschlossenen Türen Frau und Kinder tyrannisiert. Sie sehen in ihm den braven Mann, der ungewollt und schuldlos in eine schlimme Sache hineingeraten ist. Eine der modernen Aussagen zum Inzest lautet, daß im Prinzip jeder dazu fähig ist und es mehr oder weniger vom Zufall abhängt, ob ein Mensch vom Schicksal zum Täter ausersehen ist oder nicht. Diese Betrachtungsweise appelliert an eine Art »Lagerfeuersolidarität« (wir sind doch alle schwache, schlechte Menschen, und wer ohne Sünde ist, der werfe den ersten Stein) und führt zu Verharmlosungen wie der folgenden:

Der inzestuöse Vater ist der unverstandenste Sexualtäter unserer Gesellschaft [...]. [...] oft ist er der ansonsten gesetzestreue, schwer arbeitende Mann von nebenan, dem irgendwann die Fähigkeit abhanden gekommen ist, seine Impulse zu kontrollieren. Hier liegt der Kern seines Problems, denn inzestuöse Wünsche [...] hat jeder von uns. Den meisten gelingt es, psychische Abwehrmechanismen gegen ihre inzestuösen Wünsche zu entwickeln. [...] Beim inzestuösen Vater geht bei der Entwicklung dieser Abwehrmechanismen irgend etwas schief (Forward und Buck 1978/81, S. 25 f.).

So wie in unser aller Leben an irgendeiner Stelle einmal etwas schiefgehen kann. Das kann einem niemand zum Vorwurf machen.

Die These von der ungenügenden Impulskontrolle scheint in einem Teil der Inzestliteratur das Argument der Hypersexualität (des übersteigerten Sexualtriebs) abgelöst zu haben, die inzestuösen Vätern früher unterstellt wurde. Manche Autoren sehen in der »mangelnden Impulskontrolle« eines der wesentlichen Persönlichkeitsmerkmale des inzestuösen Vaters (Butler 1978; Summit und Kryso 1978). Meiselman schreibt:

Den typischen inzestuösen Vater kennzeichnet eine Art Persönlichkeitsstörung, die in inzestuösen Versuchungssituationen seine Fähigkeit zur Impulskontrolle beeinträchtigt (1978, S. 106).

Dahinter steht der Gedanke, daß jeden Vater hin und wieder der natürliche Impuls überkomme, seine Tochter sexuell zu mißbrauchen, und daß der einzige Unterschied zwischen einem inzestuösen und einem nichtinzestuösen Vater darin bestehe, daß der eine diesen Impuls bezwinge, während der andere ihm nachgebe. Einem Impuls nachzugeben heißt aber, aus einer Aufwallung heraus zu handeln, ungeplant und ohne vorherige Überlegung. Das mag bis zu einem gewissen Grad für einen Vater zutreffen, der sein Kind ein einziges Mal mißbraucht, nicht aber für die weit größere Gruppe jener inzestuösen Väter, die systematisch jede Situation ausnutzen, in der sie mit ihrer Tochter allein sind, oder – mehr noch – solche Situationen bewußt herbeiführen.

Ebenso beliebt wie das Motiv der ungenügenden Impulskontrolle ist in der neueren Inzestliteratur das Bild des armen Mannes, der sich von Kindesbeinen an vergebens nach Liebe, Wärme und Verständnis gesehnt hat. Meist sind diese beiden Eigenschaften in ein und derselben Person vereint. Der Mangel an Liebe führe – so heißt es – bei diesen Männern zum Verlust der Fähigkeit, ihre Impulse zu kontrollieren. Den inzestuösen Vater als armen Teufel treffen wir vor allem bei besonders engagierten Systemtheoretikern an, die – wie wir gesehen haben – die Verantwortung für den Inzest am liebsten ganz der Ehefrau zuschieben würden. Sie vernachlässigt angeblich ihren Mann sexuell und emotional und schiebt ihre Tochter als Stellvertreterin vor, so daß der nach Wärme und Zuneigung dürstende Mann nur noch bei seinem Kind Trost suchen kann.

> Meist [...] ist Inzest der Versuch des Aggressors, Zärtlichkeit und Verständnis zu finden, die die Beziehung zu seiner Frau ihm vermitteln sollte, was aber in der Regel nicht geschieht (Forward und Buck 1978/81, S. 27).

Der Liebesmangel, an dem der inzestuöse Vater so schwer zu tragen scheint, wird nicht nur seiner Ehefrau, sondern von manchen Systemtheoretikern auch seiner Mutter angelastet. Man greift dabei auf eine alte psychoanalytische Theorie zurück (eingeführt von Ernest Jones und C. G. Jung und weiterentwickelt unter anderem von Weinberg 1955/76, S. 95, Lukianowicz 1972, S. 307), die besagt, daß ein Vater, der sich unnatürlich stark zu seiner Tochter hingezogen fühlt, im Grunde an einem Mutterkomplex leidet und durch den Inzest zu seinem ersten Liebesobjekt, seiner Mutter, zurückzukehren sucht. Nach Justice und Justice entsteht ein solcher Mutterkomplex dann, wenn die Mutter den Sohn an der Überwindung der ödipalen Phase hindert (in dieser Phase ist das Kind der klassischen Freudschen Lehre zufolge in den gegengeschlechtlichen Elternteil »verliebt«), indem sie allzu intim und verführend mit ihm umgeht. Doch auch Mütter, die zu wenig liebevoll mit ihrem Sohn umgehen (und das ist laut Justice und Justice weit häufiger der Fall), halten ihn in der ödipalen Phase gefangen.

In Wirklichkeit haben viele der Väter sehr wenig Liebe und Fürsorge von ihren Müttern erfahren, und das ist auch einer der Hauptgründe dafür, daß sie zu symbiotischen [eine andere Bezeichnung für endogam] Persönlichkeiten werden [...] (1980, S. 141).

Der Mann mit symbiotischer Persönlichkeit
> hungert nach einer Nähe, Zugehörigkeit und Vertrautheit, die er selten in Worte fassen kann und nie erfahren hat. Er hat starke unbefriedigte Bedürfnisse nach Wärme, nach der Gegenwart eines Menschen, dem er nahe sein kann, der ihn berührt und festhält. Er versteht es nicht, auf nicht-sexuelle Weise Nähe herzustellen und zärtlich zu sein, seine Bedürfnisse nach Zugehörigkeit und Wärme anders als körperlich zu befriedigen. [...] Im Streben nach Befriedigung dieser Bedürfnisse wendet er sich der eigenen Tochter zu (1980, S. 63).

Kurzum: Die symbiotische Persönlichkeit (bei Justice und Justice 80 Prozent der inzestuösen Väter) ist ein armer Kerl. Ungeliebt von der Mutter und später von der Ehefrau, findet er bei seiner Tochter die »wahre Liebe«, nach der er sich sein Leben lang gesehnt hat.

Auch in der Vorstellung von Forward und Buck praktizieren Väter Inzest »als Reaktion auf Einsamkeit und emotionale Vernachlässigung« (1978/81, S. 28). Illustriert wird diese Aussage – unter anderem – mit dem Fall Daniels, der seine beiden Stieftöchter zu mißbrauchen begann, als sie vier und sechs Jahre alt waren. Ich erlaube mir, im folgenden eine längere Passage dieser Beschreibung zu zitieren, mit der ich zeigen möchte, wie zwei Autoren zunächst in Lippenbekenntnissen den Vater für den Inzest verantwortlich machen, um ihn dann später zum bedauernswerten Menschen, zum Opfer seiner Mutter, seiner Frau, ja selbst seiner Kinder zu erklären. Zu Beginn wird berichtet, daß Daniels Mutter mit einem gewalttätigen Mann verheiratet war (es heißt dort nicht: Daniel hatte einen gewalttätigen Vater, sondern: seine Mutter heiratete – absichtlich? – einen gewalttätigen Mann). Daniels Mutter sei »emotional abwesend« gewesen, und Daniel habe sich von ihr im Stich gelassen gefühlt. Zugleich aber habe er sie angebetet, und
> das ödipale Interesse des Jungen für seine Mutter überträgt sich leicht auf seine Tochter.

Laut Forward und Buck versuchte Daniel dem Liebe-Haß-Konflikt mit der Mutter dadurch zu entgehen, daß er ganz in seiner eigenen Familie aufging, aber

als Sandy [seine Frau] schwanger wurde und sich von ihm zurückzuziehen begann, erlebte er das als eine Wiederholung der Zurückweisung durch die Mutter. Und als seine Töchter [vier und sechs Jahre alt!] sich verführerisch zu gebärden begannen, erlebte er das als eine Wiederholung seiner ödipalen Phantasien. Daniel hatte sich nicht genügend in der Hand, um die Avancen seiner Töchter zurückzuweisen. [...] Seine eigenen Bedürfnisse waren zu stark und zu komplex. Er fürchtete, die Zuneigung der Mädchen zu verlieren, den letzten Rest von Liebe, der nach seinem Empfinden in der Familie noch vorhanden war. Motiv seiner Beteiligung am Inzest war im Grunde der Wunsch, *die Familie zusammenzuhalten*.

[...] Es ging ihm nicht um Sex mit seinen Töchtern, er suchte Liebe. Die sexuelle Verweigerung seiner Frau traf ihn hart. [...] Angesichts der sexuellen Erregung der Mädchen erschwerte seine sexuelle Frustration es ihm noch zusätzlich, der Versuchung zu widerstehen. Daniel sah sich in einer typischen Inzestsituation gefangen: ungelöste Konflikte im Zusammenhang mit den Eltern, die sexuelle und emotionale Vernachlässigung durch seine Frau [...] und das unschuldige Spiel mit den Mädchen, das im Sexuellen mündete. Nichts war ihm wichtiger, als die Familie zusammenzuhalten, und doch fühlte er, daß sie begann, sich aufzulösen. Er war verzweifelt und verwirrt, und in diesem Zustand verlor er seine Selbstbeherrschung (Forward und Buck 1978/81, S. 34 ff.).

Mir kommen die Tränen.

Diese Beschreibungen und Beispiele lassen auf den ersten Blick zwei Typen inzestuöser Väter oder, anders ausgedrückt, zwei Varianten des »endogamen Typs« erkennen: den Haustyrannen, der nach oben buckelt und nach unten tritt, und den anlehnungsbedürftigen Jungen, der es ja so gut meint. Ich vermute, daß die beiden im Grunde gar nicht so verschieden sind. Hat der Inzesttäter tatsächlich den Januskopf, den van der Kwast ihm bescheinigt – und das bestätigen Berichte von Inzestopfern –, dann ist er im häuslichen

Bereich womöglich keineswegs so bedauernswert, wie es im Sprechzimmer des Therapeuten oder Inzestforschers scheint. Besagter Daniel beispielsweise verstand es meiner Meinung nach meisterhaft, sich reinzuwaschen, indem er sein Verhalten mit dem Vokabular des (Familien-)Therapeuten selbst analysierte. Davon abgesehen, kann es auch im häuslichen Kreis ein wirksames Druckmittel sein, den armen Teufel zu spielen. Aus Fall- und Lebensgeschichten von Inzestopfern entnehme ich, daß zumindest ein Teil der inzestuösen Väter bald die eine, bald die andere Haltung einnimmt: Wenn sie mit Aggressivität nicht weiterkommen, heischen sie Mitleid, nicht ohne Pathos, oder sie verhalten sich umgekehrt.

Ob sie im Umgang mit Außenstehenden scheu oder aufgeschlossen, ob sie gute oder schlechte Ernährer ihrer Familie sind – ein gemeinsames Merkmal »endogamer« Väter ist ihre extrem egozentrische Lebenseinstellung. Der endogame Vater betrachtet Frau und Kinder nicht als eigenständige Persönlichkeiten mit eigenen Gefühlen und Interessen, sondern als Wesen, die ausschließlich dazu da sind, ihm zu dienen und ihm zu helfen, wenn er Probleme hat. Insofern ist er auf ungesunde Weise von seiner Familie abhängig.

Ein Typ des Vaters fehlt mir bei den genannten Autoren und in der theoretischen Inzestliteratur überhaupt: der Vater, der sich während der Inzestbeziehung nach und nach zum Familientyrannen *entwickelt*. Vermutlich fehlt dieser Typ deshalb, weil Inzest in der Regel nicht als Prozeß betrachtet wird (siehe Kapitel 28).[27] In der gegenwärtigen Inzestdiskussion weisen vor allem Sozialarbeiter häufig darauf hin, daß die Familie in eine Krisensituation gerät, wenn Außenstehende – meist auf Betreiben der Tochter – von dem Inzest erfahren (siehe auch Herman 1981, S. 129f.). Nach meinem Wissen entsteht eine Krisensituation in Form von familiären Spannungen und einer vergifteten Atmosphäre bereits vor diesem Zeitpunkt, nämlich in der

---

[27] Van der Kwast unterscheidet zwar mehrere Phasen des Inzestgeschehens, läßt diese Erkenntnis aber nicht in seine Charakterisierung des inzestuösen Vaters einfließen. Das liegt vermutlich daran, daß sich seine Theorie des Vater-Tochter-Inzests als Prozeß in seiner Dissertation (van der Kwast 1963) – seinem Hauptwerk über den Inzest – noch in einem rudimentären Stadium befindet und erst in einer späteren Veröffentlichung weiterentwickelt wird (van der Kwast 1968).

letzten Phase des Inzestprozesses, wenn die Tochter sich dem Vater mehr und mehr zu entziehen sucht. Väter, die ihre Tochter sexuell zu mißbrauchen beginnen, wenn sie noch klein ist, sind mitunter nicht nur im Umgang mit Außenstehenden, sondern auch zu Hause die nettesten Menschen – so lange sie den Mißbrauch ungestört fortsetzen können, das heißt also, solange die Tochter noch zu klein ist, um wirksamen Widerstand zu leisten oder sich ihr eigenes Leben aufzubauen. Die Mutter eines Inzestopfers sagte mir, ihr Mann sei zu Hause nicht dominierender gewesen als andere Männer und seinem Verhalten ihr und den Kindern gegenüber sei eigentlich nichts anzumerken gewesen. Bis die dreizehnjährige Tochter ihr erzählte, daß er sie seit Jahren sexuell mißbrauchte. Von dem Moment an, da die Mutter ihren Mann zur Rechenschaft zog, begann er, sich als Tyrann aufzuspielen. Von da an gab es ständig Streit und Spannungen, auch deshalb, weil die Mutter ihre Tochter vor dem Mann zu schützen versuchte:

> Wenn er nach oben ging, stellte ich mich unten an die Treppe und horchte. Dauerte es mir zu lange, ging ich ihm nach. Die Folge war jedesmal, daß es Streit und Schikanen seinerseits gab, manchmal wochenlang.

Auch in Fällen, in denen die Mutter nicht Bescheid weiß und die Tochter allein gegen den Vater rebelliert, kommt es gerade in der letzten Phase der Inzestbeziehung häufig vor, daß der Vater seine Macht, die häusliche Atmosphäre zu bestimmen, als Mittel zur Erpressung einsetzt.

> Manchmal weigerte ich mich, und dann machte er uns allen das Leben zur Hölle. Das wenige, was er mit Mutter, Andy und mir sprach, war grob und gehässig. Er vergiftete die Atmosphäre im ganzen Haus und erzeugte eine Spannung, die fast körperlich spürbar war (Brady 1979, S. 68).

Beginnt der Vater die Familie erst in der letzten Phase des Inzestprozesses zu tyrannisieren, so entspringt dieses Verhalten möglicherweise nicht in erster Linie oder zumindest nicht ausschließlich seinem Geltungsbedürfnis oder dem Abreagieren von Frustrationen. Es ist dann vor allem eine Waffe im Kampf um den Körper der Tochter und als solche nicht Ursache, sondern Folge oder vielmehr Begleiterscheinung des Inzests.

Wie ich in Kapitel 29 sagte, haben sich die Anschauungen über den Inzest im Laufe des 20. Jahrhunderts grundlegend gewandelt: Der Inzesttäter hat mehr und mehr die Züge eines »normalen« Mannes angenommen. Diese Entwicklung hat ihr Gutes; inzestuöse Väter sind keine Ungeheuer, sondern Menschen, und wir müssen uns darüber im klaren sein, daß auch normale Menschen zu Ungeheuerlichem fähig sind. Vor zwei Jahrzehnten erst schrieb Herbert Maisch, daß

> von der Art der Tat nicht ohne weiteres gültige Rückschlüsse auf die Täterpersönlichkeit möglich sind (1968, S. 99).

Er meint damit, daß Inzest zwar fraglos ein abscheuliches Verbrechen ist, der Inzesttäter deswegen aber nicht ein durch und durch abscheulicher Mensch sein muß. Ich habe das Gefühl, daß heute eher umgekehrt von der Persönlichkeit des Täters auf die Art der Tat geschlossen wird und daß die »Vermenschlichung« des Inzesttäters zur Verharmlosung seines Verbrechens führt. Jetzt, da bekannt wird, eine wie große Zahl von Vätern ihre Töchter sexuell mißbraucht, reagieren sehr viele Menschen mit Empörung. Daneben findet man jedoch auch eine Haltung, die Narcyz Lukianowicz (1972, S. 304) mit einer gewissen unausgesprochenen Bewunderung als »philosophisch« bezeichnet: Nur keine Aufregung, es haben so viele Väter Sex mit ihrer Tochter, wir müssen das hinnehmen, es gehört nun einmal zum Leben. Wenn diese Tendenz sich durchsetzt, wird das für die Töchter ebenso verheerende Folgen haben wie das frühere Totschweigen des Vater-Tochter-Inzests in der Gesellschaft. Inzestuöse Väter jedenfalls werden freudig davon profitieren, denn wenn es eine Gemeinsamkeit gibt, die an diesen Vätern auffällt, so ist es ihr Mangel an Schuldbewußtsein und Selbstkritik.

Mitunter werden inzestuöse Väter nach der Aufdeckung des Inzests depressiv, doch nicht etwa, weil sie bedauern, was sie *getan* haben, sondern weil sie bedauern, was sie *verloren* haben. »Sie ist doch mein Kind, ich will sie als Tochter nicht verlieren«, hört man sie dann jammern. Ob das Kind ihn noch als Vater will, fragt er sich

nicht, und auch nicht, ob seine Frau ihn noch als Lebenspartner will.
Ein inzestuöser Vater über seine Frau:

Ich versuchte, es ihr zu erklären, ihr klarzumachen, wie es dazu gekommen war. Es war sehr schlimm für sie, ein furchtbarer Schock – sie war zutiefst verletzt. Sie konnte nicht glauben, daß so etwas bei uns zu Hause passiert war: Sie war völlig ahnungslos gewesen. Sie wollte nicht in meiner Nähe bleiben und zog für die Zeit des Gerichtsverfahrens mit den Kindern zu Freunden. Ich muß sagen, das war für mich sehr schwer zu verstehen. Ich dachte, sie würde mir wenigstens zuhören und in der Nähe bleiben, so daß ich sie sehen konnte (Renvoize 1982, S. 22).

Väter, die nach der Aufdeckung des Inzests von ihrer Familie getrennt werden (was in den USA üblicherweise, in den Niederlanden aber selten praktiziert wird), sind der Ansicht, man sollte ihnen noch eine Chance geben. Sind sie dann wieder zu Hause, fallen sie nicht selten in ihr früheres Verhalten zurück, zumal wenn die Gefahr der Strafverfolgung erst einmal gebannt ist. Zahlreiche Untersuchungen belegen, daß Rückfälle bei Inzesttätern sehr häufig sind. Vor Gericht freigesprochene oder durch Sozialarbeiter vor einer Strafverfolgung bewahrte Väter versuchen oft, den Mißbrauch bei derselben Tochter fortzusetzen, und selbst verurteilte Väter, die ihre Strafe abgesessen haben, schrecken nicht vor einer Wiederaufnahme ihres Tuns zurück, meist mit einer anderen Tochter. Auch diese Rückfälle zeigen, daß die Schuldgefühle inzestuöser Väter, sofern überhaupt vorhanden, von sehr kurzer Dauer sind.

Noch immer wird nur ein Bruchteil aller Inzestfälle außerhalb der Familie bekannt. Die meisten inzestuösen Väter haben nichts zu befürchten; niemand wird sie je zur Verantwortung ziehen. Allenfalls gibt es heute mehr sexuell mißbrauchte Töchter, die später als Erwachsene die Konfrontation mit dem Vater suchen. Katherine Brady bekam dabei erneut die ganze Litanei der Rationalisierungen zu hören, die ihr schon als Kind präsentiert worden waren: Du weißt, daß ich bei deiner Mutter nicht bekam, was ich brauchte; du warst schon als Kind scharf darauf, und du wirst es immer sein; ich sehe nicht ein, was daran falsch war, ich hatte dich doch lieb; manche Menschen brauchen eben mehr Sex als andere; Sex kann ich nur mit jemandem haben, zu dem ich mich hingezogen fühle, und so weiter, und so weiter. Dennoch konnte Katherine Brady ihren Vater dazu bewegen, mit ihr zusammen einen auf Inzestprobleme spezialisierten Sozialdienst aufzusuchen. Dem Sozialarbeiter gegenüber räumte ihr Vater ein, etwas Unrechtes getan zu haben, etwas, das er nicht hätte tun sollen. Kaum wieder mit seiner Tochter allein, erklärte er jedoch, er habe nie das Gefühl gehabt, etwas Schlechtes zu tun, es sei ihm einzig und allein um ihr Wohl gegangen. Und die ganze Litanei begann von vorn.

Manche Väter geraten in Wut, wenn ihre Tochter ihnen später Vorwürfe macht, andere meinen, sie solle sich nicht so anstellen, wieder andere ergreifen die Gelegenheit, sich ihr von neuem sexuell zu nähern. »Ja, ich weiß. Es war wirklich sehr schlimm!« räumt ein Vater ein, als ihn seine erwachsene Tochter auf seine früheren inzestuösen Handlungen anspricht. Und er fährt fort:

>»Aber weißt du. Du bist eine sehr hübsche Frau. Ich würde immer noch gern mit dir ins Bett gehen« (Armstrong 1985, S. 111).

Ein anderer Vater schrieb an seine Tochter:

>Dein Leben lang, auch schon als kleines Mädchen, hast du alles, was dir passiert ist, maßlos dramatisiert und aus jeder Kleinigkeit eine Riesenaffäre gemacht, die in keinem Verhältnis mehr zu dem stand, was wirklich geschehen war (Burgess u. a. 1978, S. 121).

Van der Kwast zufolge fühlen inzestuöse Väter sich deshalb nicht schuldig, weil sie nicht mit Schuldgefühlen leben können. Van der Kwast sieht den Inzestdelinquenten als

>einen Menschen, der nicht nur im forensischen Bereich vor der Konfrontation mit seinen Schwächen und Fehlern – gleich welcher Art – zurückschreckt, [der] jede derartige Problematik zu externalisieren versucht [und somit] auch keine Schuldgefühle in sein Bewußtsein dringen läßt (1963, S. 162).

Diese Aussage findet ihre Bestätigung in der Hartnäckigkeit, mit der inzestuöse Väter ihr Verhalten zu rationalisieren suchen. Manche verstecken sich hinter dem Alkohol.[28] Die Erklärung: »Ich war betrunken und wußte nicht, was ich tat«, steht im Einklang mit der weitverbreiteten Auffassung, Alkohol setze alle Hemmungen außer

Kraft und mache den Weg frei für sogenannte »natürliche« Regungen. Weinberg zitiert einen Mann, der berichtet, er sei eines Abends betrunken nach Hause gekommen und zu seiner Tochter ins Bett gekrochen. Es folgt nicht etwa die Mitteilung, er habe seine Tochter vergewaltigt, sondern seelenruhig sagt er: »Die Natur nahm ihren Lauf« (1955/76, S. 113).

Auch im Zusammenhang mit Vergewaltigung allgemein wird häufig auf die Rolle des Alkohols hingewiesen. Hier muß man sich fragen:

Hat Alkohol eine unmittelbare (physiologische) Wirkung auf die Moral eines Menschen? Oder meint man, es wäre legitim, moralische Hemmungen fallenzulassen, wenn man getrunken hat, und betrachtet Alkoholgenuß als einen triftigen Grund, Dinge zu tun, die man sonst nicht tun würde, so daß man sich hinterher entschuldigen kann? (Van Herk 1985, S. 30)

Eine andere beliebte Rationalisierung argumentiert mit der »Sexualerziehung«. Väter, die dieses Argument vorbringen, versuchen, sich selbst und anderen weiszumachen, sie wollten ihre Tochter nicht nur mit Worten über »die Dinge des Lebens« aufklären; das sei sogar die Pflicht eines guten Vaters. Ein Vater sagt zu seiner Tochter: »[...] wenn dich jemals einer belästigt, dann weißt du, wie es aussieht« (Armstrong 1985, S. 34). Ein anderer Vater wollte mit seinen Sex-Lektionen angeblich verhindern, daß die Tochter später wie die Ehefrau frigide wurde (Weiner 1962, S. 616), wieder ein anderer, daß sie lesbisch wurde (Meiselman 1978, S. 156).

Es gibt auch Väter, die sich weniger zum Lehrer als vielmehr zum Beschützer ihrer Tochter aufwerfen. Sie geben vor, die sexuellen Bedürfnisse der Tochter befriedigen zu wollen, so daß sie sich nicht herumtreiben müsse und dabei Gefahr laufe, »gewissenlosen Männern« in die Hände zu fallen. Ein inzestuöser Vater in Weinbergs Untersuchung behauptet, er habe versucht, seine Tochter von ihrer Promiskuität abzubringen (1955/76, S. 116).

---

[28] Einige Untersuchungen zur Inzestproblematik nennen einen hohen Prozentsatz an alkoholabhängigen Vätern. In den allermeisten Untersuchungen allerdings entspricht ihr Anteil dem Durchschnittswert in einer nichtinzestuösen Population, und es gibt auch eine ganze Reihe inzestuöser Väter, die nie einen Tropfen Alkohol anrühren.

Eine andere Form der Rationalisierung liegt in der Frage: »Hätte ich etwa ins Bordell gehen sollen?« Fragen dieser Art hört man von Vätern, die sich für zu ehrbar halten, um außereheliche Beziehungen einzugehen oder gar Prostituierte aufzusuchen, und die darauf auch noch stolz sind.

Inzestuöse Väter wissen selbst noch aus der neuerdings bekannt werdenden überraschenden Häufigkeit des Vater-Tochter-Inzests Kapital zu schlagen. Meiselman berichtet von einem Vater, der »offenkundig etwas über das Thema gelesen hatte« und sein eigenes inzestuöses Verhalten damit rechtfertigte, daß er gehört habe, »Inzest sei nicht so selten, wie man allgemein annimmt« (1978, S. 156). Im übrigen haben inzestuöse Väter ihren Töchtern gegenüber schon immer behauptet, jeder Vater mache das mit seiner Tochter so.

Bettie lebte in einem kleinen Dorf, in dem jeder sie kannte. Als sie zehn Jahre alt war, begann ihr Vater, sich ihr sexuell zu nähern. Er war sehr vorsichtig, bis eines Tages ein Mann aus dem Dorf wegen Inzests mit seiner Tochter zu einer Gefängnisstrafe verurteilt wurde. Alle sprachen davon. Auch Betties Vater: »Siehst du, das machen alle Väter. Du darfst es nur niemandem sagen. Du siehst ja, was dann passiert« (van Lichtenburcht u. a. 1986, S. 16).

Die Rationalisierungen inzestuöser Väter scheinen sich mit der Zeit zu wandeln. Weinberg begegnete bei seinen Forschungen noch Männern, die sich auf den (zu Beginn unseres Jahrhunderts noch weitverbreiteten) Aberglauben beriefen, Geschlechtsverkehr mit Mädchen unter sieben Jahren könne Geschlechtskrankheiten heilen. So etwas würde der inzestuöse Vater von heute nicht mehr sagen. Andere Rationalisierungen dagegen erfreuen sich seit einiger Zeit zunehmender Beliebtheit, so etwa der Hinweis auf die sogenannte sexuelle Revolution. Katherine Bradys Vater:

[...] wenn zwei Menschen sich zueinander hingezogen fühlen, dann ist es in Ordnung, daß sie Sex haben. Das verdanken wir der sexuellen Revolution (Brady 1979, S. 161).

Und ein vor einiger Zeit wegen Inzests mit zweien seiner Töchter verurteilter Vater erklärte vor Gericht,

daß sein Tun vor dem Hintergrund der liberalen Sexualerziehung zu sehen sei, die er seinen Töchtern habe geben wollen. Die

Familie habe auch gemeinsam geduscht und die Tür des Eltern-
schlafzimmers habe immer offengestanden (*NRC Handelsblad,*
12. August 1986).
Es würde mich nicht wundern, wenn eines Tages inzestuöse Väter
feministische Interpretationen vor ihren Karren spannen und sich
zu Opfern des Patriarchats erklären.

»Wie vor einem Vierteljahrhundert«, meint der Soziologe E. Ketting im *NRC Handelsblad* vom 10. Januar 1986

> sehen sich junge Menschen neuerdings wieder mit einem »antisexuellen« Klima konfrontiert. Sex wird in den Medien überwiegend negativ behandelt, der Nachdruck liegt auf Themen wie Inzest, Kinderpornographie, Ausbeutung der Frau, Vergewaltigung und Geschlechtskrankheiten. Wieder wird jungen Leuten suggeriert, Sex sei etwas Schmutziges, Morbides, Gefährliches. [...] Während der sexuellen Revolution der sechziger und siebziger Jahre ging es um Selbstverwirklichung, Vervollkommnung von Beziehungen, Lustgewinn – eine [...] positive Haltung, die in krassem Gegensatz zu dem steht, was wir heute erleben.

Theo Sandfort, ein prominenter niederländischer Fürsprecher der Pädophilen, behauptet fast wörtlich dasselbe und bringt diese Entwicklung mit Feminismus und Frauenbewegung in Verbindung.

> Unter dem Einfluß der Frauenbewegung hat sich ein inhaltlicher Wandel in der Haltung über Sexualität vollzogen (1986, S. 13).

Beifällig zitiert Sandfort den PvdA*-Abgeordneten Roethof, der es abgelehnt hatte, die von der niederländischen Regierung entwickelte Politik zur Bekämpfung sexueller Gewalt gegen Frauen und Mädchen mitzutragen.

> Auf einer Tagung zum Sexualstrafrecht meinte er [Roethof], diese Politik stelle Sexualität nur noch als etwas Bedrohliches dar. Der Staat laufe Gefahr, sich einmal mehr zum Sittenrichter aufzuwerfen, wenn auch diesmal zu einem feministischen (Sandfort 1986, S. 16).

Bezichtigungen dieser Art sieht sich die Frauenbewegung des öfteren ausgesetzt. Es ist jedoch unsinnig zu behaupten, Frauen, die gegen Inzest und andere Formen sexueller Gewalt vorgehen, wollten aus reinem Puritanismus ein antisexuelles Klima schaffen. Die Frauen kamen nach den »glorreichen« sechziger Jahren rasch dahin-

---

* PvdA = Partij van de Arbeid: niederländische Partei, vergleichbar mit der bundesdeutschen SPD (Anm. d. Übers.).

ter, daß die neue Freiheit vor allem für die »männliche« Sexualität galt und sie, die Frauen, im Namen dieser Freiheit noch mehr als zuvor verfügbar zu sein hatten. Sie sagten: Selbstverwirklichung? Recht auf sexuelle Selbstbestimmung? Lustgewinn? Ausgezeichnet! Dann aber auch für uns. Beim Verfolgen dieser Ziele stießen sie jedoch auf eine Reihe von Mißständen und Hindernissen. Sie nutzten die nicht zuletzt von ihnen selbst herbeigeführte größere Offenheit in sexuellen Dingen, um die Mißstände anzuprangern und nach Erklärungen für sie zu suchen. Aus diesem Bemühen entwickelte sich die feministische Betrachtung sexueller Gewalt als eines Symptoms der Frauenunterdrückung, wovon später noch ausführlich die Rede sein wird. Roethof und seinesgleichen können einstweilen jedenfalls beruhigt sein: Der Kampf gegen Inzest, Vergewaltigung und so weiter richtet sich nicht *gegen* die sexuelle Liberalisierung, sondern ist im Gegenteil deren *Fortführung,* wobei allerdings hinzugefügt werden muß, daß es der Frauenbewegung um sexuelle Freiheit für *alle* geht und nicht um eine Sexualität, bei der des einen Freiheit des anderen Knechtschaft bedeutet. Vielleicht ist es dies, was Roethof schreckt, denn sexuelle Selbstbestimmung für Frauen und Kinder könnte in der Tat gelegentlich darauf hinauslaufen, daß Männer, anstatt »mehr zu dürfen« als früher, sich in mancher Beziehung etwas zurückhalten müssen.

Inzestuösen Mißbrauch totzuschweigen, um eine bestimmte Vorstellung von Sexualität nicht anzutasten und den Pädophilen nicht ins Gehege zu kommen – das ist es, was besagte Herren offenbar von uns erwarten. Daneben gibt es Sexualforscher und andere Humanwissenschaftler, die sich zwar, anstatt beleidigt einen Bogen darum zu machen, mit dem Inzestproblem auseinandersetzen, sich in ihren Analysen aber gleichfalls an das Gedankengut der sechziger Jahre klammern. Vater-Tochter-Inzest ist für sie ein »Nebenprodukt sexueller Unterdrückung« (Frenken 1983). Dahinter steht der Gedanke, daß es immer gut ist, sexuelle Gefühle zu äußern, und immer schlecht, sie zu »verdrängen«, daß das »Verdrängte« sich auf irgendeine Weise seinen Weg bahnt und sein Verbleib in den Katakomben des Unbewußten nur dazu führt, daß das ursprünglich Reine und Spontane sich in eine dunkle, unkontrollierbare Kraft verwandelt. Und das gelte für Kinder ebenso wie für Erwachsene. So wird Inzest mit dem in Verbindung gebracht, was man die »sexuellen Rechte des Kindes« nennt.

Von einem radikalen Standpunkt aus betrachtet, haben Kinder das Recht, ihre Sexualität auszuleben, auch mit Angehörigen der eigenen Familie (Constantine 1981, S. 261).

Voraussetzung für ein positives Inzesterleben sei:

[...] das Fehlen von Zwang oder Gewalt, Offenheit im familiären Umgang, besonders in sexuellen Dingen, und eine durch Wissen fundierte positive Einstellung zur Sexualität (Constantine 1981, S. 261).

Sexueller Kontakt zwischen Eltern und Kindern könne für das Kind bedeuten,

daß es in einer sicheren, bedrohungsfreien Umgebung sachkundig in das Sexualleben eingeführt wird (Symonds u.a. 1981, S. 161).

Oder, in etwas abgeschwächter Form:

Es gibt Hinweise darauf, daß die Einbeziehung sexueller Aspekte in die Erziehung des Kindes sich günstig auf dessen spätere Beziehungsfähigkeit auswirkt. In einer solchen Familie muß ein Klima sexueller Offenheit herrschen, die Kinder dürfen nicht gegen ihren Willen manipuliert werden, und die Beziehungen der Familienmitglieder untereinander müssen warm und vertrauensvoll sein. Wenn in diesem Klima geschmust wird und dabei auch Klitoris und Penis gestreichelt werden, kann das nicht schädlich sein, gerade weil der Vater beispielsweise sich nicht nur für die Sexualerziehung seiner Tochter interessiert, sondern sich auch um alle anderen Belange ihrer Erziehung kümmert (Roelofs 1984, S. 646).

Verräterisch ist hier natürlich, wie selbstverständlich ein Klima sexueller Offenheit mit warmen, vertrauensvollen Beziehungen der Familienmitglieder untereinander verknüpft wird. In den Erfahrungsberichten von Inzestopfern ist dagegen auffallend häufig zu lesen, daß die Eltern eher prüde als freizügig waren, daß in der Familie nicht über Sex gesprochen wurde und von einer angemessenen Sexualaufklärung keine Rede sein konnte. Solche Aussagen sind freilich in ihrem historischen Kontext zu sehen. Viele der Erfahrungsberichte beziehen sich auf Ereignisse, die rund zwanzig Jahre zurückliegen. Damals war Sexualität in den meisten Familien noch ein Tabuthema. Heute erleben wir, daß auch in Familien, in denen offen über Sexualität gesprochen wird, Kinder sexuell mißbraucht werden (siehe u. a. V.S.K. 1985, S. 89). Auch in solchen Familien – und manchmal gerade dort – können Mädchen das Gefühl haben, nicht nein sagen zu dürfen. Auch in solchen Familien gibt es Mißbrauch von Macht, Wissen und Erfahrung, Ausbeutung kindlicher Liebe und Loyalität, Verletzung der Privatsphäre eines Kindes und schließlich Zwang und Gewalt. Und genau diese Erfahrungen sind für das Mädchen am schlimmsten, wie die folgenden Aussagen sexuell mißbrauchter Töchter zeigen:

> Anna: Dieses Gefühl, ein totales Nichts zu sein! Das Sexuelle ist ja noch zu ertragen, aber diese Ohnmacht – daß jemand mit dir machen kann, was er will, daß jemand über dich verfügen kann, als ob du sein Eigentum wärst.

> Tineke: Ich war nie frei. Das macht mir die größten Schwierigkeiten, das finde ich schlimmer als den ganzen sexuellen Kram (van Staa und Woelinga 1983, S. 308, 169).

Vor diesem Hintergrund wird auch verständlich, weshalb es für Inzestopfer so unerträglich ist, wenn sie immer nur nach den sexuellen Aspekten des Mißbrauchs gefragt werden oder wenn ein »progressiver« Sozialarbeiter oder Therapeut von ihnen wissen möchte, ob sie den sexuellen Kontakt genossen hätten.

> Rian: Vor einiger Zeit sagte ein Betreuer in einer Therapiegruppe: »Darf ich dich etwas fragen? Es wird dir vielleicht unangenehm sein, aber ich glaube, es ist wichtig für dich.« Und er fragte: »Fandest du es schön?« Da wurde ich auf einmal ganz aggressiv. Damit hatte er nicht gerechnet (Imbens und Jonker 1985, S. 46).

Der Betreuer hatte seine Frage gewiß nicht so gemeint. Wahrscheinlich dachte er: »Das Mädchen fühlt sich schuldig; wenn ich ihr zu verstehen gebe, daß Sexualität nichts Schlechtes ist und daß sie sie guten Gewissens genießen durfte, kann ich ihr damit eine Last von der Seele nehmen.« Die Wurzel des Traumas bleibt dabei jedoch unbeachtet: die Ohnmacht, die das Mädchen empfand.

Die Gralshüter der sexuellen Revolution bestreiten nicht, daß in unserer Gesellschaft Kinder sexuell mißbraucht werden, und sie verurteilen diesen Mißbrauch. Nur meinen sie, er sei zu verhindern durch eine größere Unbefangenheit im Umgang mit Sexualität und eine freizügigere Sexualerziehung der Kinder, eine Sexualerziehung, die ihnen Wahlmöglichkeiten an die Hand gebe, so daß sie sich mit einer sexuellen Beziehung bewußt einverstanden erklären oder aber sie ablehnen könnten. Die Frage ist nur, ob das praktisch überhaupt möglich ist. Das Verhältnis zwischen Kindern und Erwachsenen schließt immer ein Wissens- und Machtgefälle ein, besonders solange das Kind vom Erwachsenen abhängig ist, um zu überleben. Der Ausdruck »Einverständnis« erscheint daher in diesem Zusammenhang irreführend:

Das Problem des Einverständnisses als Kriterium liegt darin, daß Kinder sich über Bedeutung und Folgen bestimmter Handlungen kaum im klaren sind [sein können], so daß von wirklichem Einverständnis keine Rede sein kann. Zudem sind Kinder zumindest in der Familie emotional von Erwachsenen abhängig, was ihren Spielraum freier Zustimmung oder Ablehnung einschränkt. Die Frage ist daher, ob man von »Einverständnis« sprechen kann, wenn ein Kind etwas tut, was eine mächtige Person, eine Autorität in seinem Leben (Vater, Onkel, älterer Bruder), von ihm verlangt. In Anbetracht des Wissens- und Machtgefälles zwischen Erwachsenen und Kindern scheint wirkliches Einverständnis eines Kindes gegenüber einem Erwachsenen nicht möglich (Draijer 1985, S. 13).

Auch unabhängig von diesem Wissens- und Machtgefälle sind Eltern wohl kaum die geeigneten Personen, um ihre Kinder »in das Sexualleben einzuführen«. Wohlmeinende Eltern von heute, die sich der muffigen Geheimniskrämerei erinnern, mit der Sexualität in ihrer eigenen Kindheit umgeben wurde, und die deshalb mit ihren Kindern frei und offen über Sexualität sprechen möchten, merken oft, daß es für das Kind Grenzen gibt, daß es irgendwann nicht weitersprechen will und sich unbehaglich fühlt. Es wäre falsch, dann zu sagen, das Kind solle nicht so zimperlich sein oder es brauche sich nicht zu genieren. Ebenso wie Kinder ein Recht auf sexuelle Information haben, so haben sie auch ein Recht auf sexuelle Distanz. Die Eltern sollten den Abstand, den das Kind wahren möchte, respektieren, im Gespräch und ganz besonders im körperlichen Kontakt.

Heute weiß man, wie Sexualität zwischen Vater und Tochter in der Praxis aussieht. Es hat sich noch keine Frau zu Wort gemeldet, die gesagt hätte, sie denke gern an die Beziehung zurück. Vor diesem Hintergrund fällt es mir manchmal schwer, nicht die Geduld zu verlieren, wenn jemand himmlische Zustände beschwört, in denen sexuelle Kontakte zwischen Eltern und Kindern, also auch zwischen Vater und Tochter, für alle Beteiligten die reine Freude sind. Was haben wir von derlei Hirngespinsten, wenn solche Zustände in der Wirklichkeit offenbar nicht existieren?

33. Inzest aus feministischer Sicht: Eine Frage der Macht oder der Sexualität?

> Die kleinste Verschiedenheit (Unterschiede der Augenbrauen, der Haarfarbe) kann Wissenschaftler auf exstatische Höhen der Spekulation treiben, aber wenn es um den mehr als deutlichen Geschlechtsunterschied geht, haben sie oft Tomaten auf den Augen (van Mourik 1980, S. 102).

Das größte Verdienst feministischer Autorinnen und der Frauenbewegung überhaupt liegt in der Aufdeckung der einseitig männlichen Verletzung des Inzesttabus. Was allerdings nicht bedeutet, daß diese Aufdeckung, so beweiskräftig die Zahlen, die sie belegen, auch sein mögen, bei jedermann auf fruchtbaren Boden fällt. Auf Kongressen, Symposien und ähnlichen Veranstaltungen melden sich heute regelmäßig Teilnehmer zu Wort, die zu wissen glauben, daß Mutter-Sohn-Inzest ebenso häufig vorkommt, sich aber mehr im verborgenen abspielt. Auch Wissenschaftler und Publizisten fragen sich bisweilen, ob Mutter-Sohn-Inzest nicht ein weißer Fleck auf der Landkarte des Sexualverhaltens ist, ein Terrain, das noch der Erschließung harrt. Und um hier einmal mein persönliches Leid zu klagen: Während der Arbeit an diesem Buch habe ich mit vielen Menschen über das Thema Inzest gesprochen; im Laufe weniger Monate bekam ich wohl hundertmal zu hören: »Mütter machen das doch auch.« Zum Glück bin ich ein geduldiger Mensch, und es macht mir nichts aus, hundertmal die gleiche Antwort zu geben, nämlich: Mütter können abscheulich sein; es gibt bestimmt ebenso viele Mütter wie Väter, die ihre Kinder körperlich mißhandeln, aber daß sie ihre Kinder sexuell mißbrauchen, kommt so gut wie nie vor. Und um auch nur den Anschein geschlechtsbezogener Voreingenommenheit zu vermeiden, berufe ich mich hier auf eine männliche Autorität. Nach Finkelhor (1979, S. 67 f.; S. 75 f.) werden nicht nur Mädchen weit häufiger zu Inzestopfern als Jungen, sondern bei Kindern beiderlei Geschlechts ist in der Regel der Täter ein Mann.

Eine Frau könnte sich ebensogut wie ein Mann der Genitalien oder Hände eines Kindes bedienen, um zu masturbieren, doch Frauen tun das nicht. Zwar hätten sie weitgehend die gleichen

Möglichkeiten wie Männer, sexuelle Befriedigung durch Kinder zu erlangen, aber sie machen selten davon Gebrauch (Finkelhor 1979, S. 76f.).

Bemerkenswerterweise handelt es sich in den wenigen Beispielen von Mutter-Sohn-Inzest, die man in der Literatur findet, in zwei Dritteln der Fälle um erwachsene oder halbwüchsige Söhne, die ihre Mutter vergewaltigen (siehe zum Beispiel Weinberg 1955/76; Meiselman 1978). Es gibt also wenig Hinweise auf ein größeres Inzestproblem mit Frauen in der Rolle des Aggressors, und so wird der von manchen erwartete »Boom« von Publikationen über inzestuösen Mißbrauch kleiner Jungen durch Mutter, Tante oder Großmutter wohl ausbleiben.

Vor diesem Hintergrund ist es nicht weiter verwunderlich, daß die öffentliche Inzestdiskussion in den Niederlanden wie im Ausland von Frauen in Gang gesetzt worden ist, die in ihrer Kindheit selbst sexuell mißbraucht worden sind. In den Niederlanden haben sich diese Frauen in der Vereinigung gegen sexuelle Kindesmißhandlung in der Familie (V.S.K.) zusammengeschlossen.

Die V.S.K. ist eine Selbsthilfeorganisation. Voraussetzung für die Mitgliedschaft ist, daß man als Kind selbst von einem Mitglied der engeren oder weiteren Familie sexuell mißbraucht worden ist (die Vereinigung steht auch Jungen und Männern offen). Mitglieder, die ihre Erlebnisse – soweit überhaupt möglich – verarbeitet haben, können auf Wunsch als »Erfahrungsexperten« anderen helfen. Neben dieser Beratungsfunktion ist Aufklärung ein wichtiges Ziel, Aufklärung der Öffentlichkeit, aber auch Aufklärung von Helfern außerhalb der V.S.K.: Ärzten, Psychologen und Psychiatern, Sozialarbeitern, Behörden wie Polizei, Jugendamt und so weiter. In ihrem Jahrbuch 1981–1985 beschreibt die V.S.K. (sie ging aus einer 1981 gegründeten Arbeitsgruppe hervor), wie sich ihre Aktivitäten seit dem ersten Treffen der Initiatorinnen rasch vervielfacht haben: Mitarbeit an Rundfunk- und Fernsehsendungen, Symposien und Konferenzen, Zeitungs- und Zeitschrifteninterviews, Veröffentlichung des Buches *De straf op zwijgen is levenslang*,* Einrichtung

---

* Zu deutsch: Auf Schweigen steht lebenslänglich (Anm. d. Übers.).

einer Auffangstelle für junge Inzestopfer in Groningen (siehe Dubbink und Platvoet 1986) und vieles mehr. Auf Betreiben der V.S.K. stellte die Regierung Mittel für eine landesweite Untersuchung über Art, Umfang und Folgen sexuellen Mißbrauchs von Kindern in der Familie zur Verfügung. Diese noch nicht abgeschlossene Untersuchung erfolgt in enger Zusammenarbeit mit der V.S.K. Zu ihrer Vorbereitung erschien 1985 eine umfangreiche Literaturstudie (Draijer 1985).

Die V.S.K. hat im Laufe ihres Bestehens nicht nur unendlich viel an Hilfe und Aufklärung geleistet, sie macht die Öffentlichkeit auch mit ihrer Sicht des sexuellen Mißbrauchs von Kindern in der Familie bekannt. Diese Sichtweise ist feministisch, das heißt, sie bringt Inzest mit den bestehenden Beziehungen zwischen Männern und Frauen in Zusammenhang.

Inzest ist weniger ein sexuelles als vielmehr ein Machtproblem. Er hat zu tun mit den Beziehungen zwischen Männern und Frauen, mit den Machtverhältnissen in der geheiligten, unantastbaren Privatsphäre. Solange dies nicht erkannt wird, solange Inzest nicht in einem größeren Zusammenhang gesehen wird, so lange wird es immer wieder Mädchen geben, die Opfer sexuellen Mißbrauchs in der eigenen Familie werden (V.S.K. 1983, S. 123 f.). In dem genannten Jahrbuch wird diese Perspektive unter der Überschrift »Inzest ist ein Machtproblem« noch einmal eindringlich wiederholt und weiterentwickelt (V.S.K. 1985, S. 4).

Wer mit der feministischen Theoriebildung der letzten Jahre ein wenig vertraut ist, dem wird die Darstellung des Inzestproblems als Machtproblem nicht fremd sein. Seit Mitte der siebziger Jahre sind auch andere Mißstände im sogenannten »persönlichen« Umgang der Geschlechter aus der Tabuzone hervorgeholt und zu dem strukturellen Machtungleichgewicht zwischen Männern und Frauen in der patriarchalischen Gesellschaft in Beziehung gesetzt worden, so etwa Mißhandlung von Frauen, Vergewaltigung (durch Bekannte oder Fremde), sexuelle Einschüchterung (unerwünschte Intimitäten) von Frauen oder Mädchen in abhängiger Position, zum Beispiel in der Schule, am Arbeitsplatz oder in Fürsorgeeinrichtungen. Autorinnen wie Susan Brownmiller (1975) und Kathleen Barry (1979) versuchen, den strukturellen Charakter solcher Mißstände vor allem mit Hilfe zahlreicher Beispiele sexueller Mißhandlung und Ausbeutung von Frauen und Mädchen in Vergangenheit und Gegenwart aufzuzeigen. Ihre Bücher sind aufrüttelnde Anklagen, die man als Leser nicht so schnell vergißt. Andere Autoren gehen abstrakter vor. Sie wollen deutlich machen, wie sich die gesellschaftlich bedingte größere Macht der Männer im öffentlichen Leben auch in den persönlichen Beziehungen zwischen Mann und Frau niederschlägt, so daß Männer auch im Privatleben die Möglichkeit besitzen, Frauen ihren Willen aufzuzwingen. Ehe und Familie werden dabei als soziale Institutionen betrachtet, in denen das Machtgefälle zwischen den Geschlechtern fest verankert ist:

[...] das Machtungleichgewicht zwischen den Geschlechtern [ist] strukturell und kulturell mit der Ehe als Institution verknüpft. [...] In Ehe und Familie [treffen] die Fundamente sexueller Asymmetrie [zusammen]: Arbeitsteilung nach Geschlechtern, durch Unterordnung weiblichen Lustempfindens gekennzeichnete Heterosexualität, Mutterschaftsideologien, die die Frau als »von Natur aus« besonders geeignet erklären, soziale Elternschaft wahrzunehmen. [...] Die auf dem Ernährerprinzip beruhende, noch immer vorhandene rechtliche Benachteiligung verheirateter Frauen schreibt das Machtungleichgewicht zwischen Männern und Frauen formal fest (Komter 1985, S. 12).

Der niederländischen Regierung wurde 1984 eine Gesetzesvorlage zur Bekämpfung sexueller Gewalt gegen Frauen und Mädchen[29] übermittelt. Diese Vorlage gibt im wesentlichen die feministische Sicht des Zusammenhangs zwischen sexueller Gewalt und Machtungleichgewicht wieder und enthält auch ein Kapitel über den

---

[29] Das ist schön, gewiß, aber freuen wir uns nicht zu früh. Eine Vorlage, so gut sie auch gemeint sein mag, ist noch keine Politik. In dieser Vorlage steht zum Beispiel: »Die Durchsetzung des Rechts der Frau auf bezahlte Arbeit und eigenes Einkommen gehört [...] zu den Grundlagen einer Gesellschaft, in der sexuelle Gewalt gegen Frauen und Mädchen soweit wie möglich ausgeschaltet ist« (S. 12). Von konkreten Maßnahmen in dieser Richtung ist jedoch wenig zu bemerken. Denken wir nur an etwas so Naheliegendes wie eine ausreichende Zahl von Kinderkrippen, von der wir im Augenblick weiter denn je entfernt zu sein scheinen.

sexuellen Mißbrauch von Kindern in der Familie. Unter anderem ist dort zu lesen:

> Die verschiedenen Formen sexueller Gewalt haben miteinander gemein, daß sowohl Ausübung wie auch Androhung dieser Gewalt mit der Situation der Frau in der Gesellschaft zusammenhängen. [...] Sexuelle Gewalt ist Ausdruck des bestehenden Machtgefälles zwischen Mann und Frau und trägt zugleich zu dessen Festigung bei (Emancipatiezaken 1983–84, S. 7).

Wenn wir den Vater-Tochter-Inzest im allgemeinen Kontext sexueller Gewalt gegen Frauen und Mädchen sehen, wird manches klarer. Die Unterstellung beispielsweise, die Tochter habe den Inzest selbst gewollt, erscheint in einem anderen Licht, wenn wir hören, daß auch von vergewaltigten Frauen behauptet wird, sie hätten die Vergewaltigung selbst provoziert, und von mißhandelten Frauen, eine Tracht Prügel von Zeit zu Zeit sei ihnen ganz willkommen.

Zwischen den verschiedenen Formen sexueller Gewalt gibt es jedoch nicht nur Gemeinsamkeiten, sondern auch grundlegende Unterschiede. Soll die Definition sexueller Gewalt als Machtproblem mehr sein als eine feministische Parole, so müssen wir sie nach ihrer Gültigkeit für jede einzelne Form sexuellen Mißbrauchs befragen.

Judith Herman legt in ihrem vielgelesenen Buch *Father-Daughter-Incest* (1981; in Zusammenarbeit mit Lisa Hirschman) den Schwerpunkt auf das Verhältnis zwischen Mann und Frau in der Familie. Da sie selbst ihre Analyse als eine feministische präsentiert, werde ich im folgenden ausführlicher darauf eingehen.

Herman hat zwei Gruppen von Frauen befragt. In beiden Fällen handelte es sich um eine Retrospektivuntersuchung mit Frauen, die sich einer Therapie unterzogen und in eigener Person oder auf dem Wege über ihren Therapeuten als Informantinnen auftraten. Die erste Gruppe bestand aus vierzig Frauen, die in ihrer Kindheit vom Vater sexuell mißbraucht worden waren. Herman spricht hier von offenem Inzest (»over incest«). Die zweite Gruppe setzte sich aus Opfern latenten Inzests (»covert incest«) zusammen. Bei diesen Frauen war es nicht zu körperlichem Kontakt gekommen, und die

Väter hatten nicht auf Geheimhaltung bestanden, sich aber gleichwohl »verführend« verhalten, das heißt, sie sprachen mit der Tochter ständig über Sex, ließen Pornozeitschriften offen herumliegen, beobachteten die Tochter beim Ausziehen, schenkten ihr Blumen, teuren Schmuck und Reizwäsche und bekundeten auch anderweitig ihr sexuelles Interesse. Herman begründet ihr Vorgehen, die beiden Gruppen miteinander zu vergleichen, folgendermaßen:

[...] offener Inzest ist für uns nur die extremste Form einer traditionellen Familienstruktur. Auf jedes Mädchen, das in eine inzestuöse Beziehung verwickelt war, kommen sehr viel mehr Mädchen, die in einer latent inzestuösen Familie aufgewachsen sind. Bei der Betrachtung dieses Familientyps erwarteten wir, zahlreiche Ähnlichkeiten mit den Familien von Inzestopfern zu finden und sagen zu können, daß offener Inzest nur der Endpunkt eines Kontinuums ist – eine Überspitzung patriarchalischer Familiennormen, nicht aber eine Abweichung von diesen Normen (1981, S. 110).

Herman hoffte, mit ihrem Vergleich Familienmerkmale aufzuspüren, die die Wahrscheinlichkeit offenen Inzests erhöhen, oder umgekehrt Merkmale, die einer solchen Entwicklung im Wege stehen.

Die wichtigste Gemeinsamkeit der Familien mit inzestuösem und jener mit »verführendem« Vater bestand darin, daß es sich in beiden Fällen um konventionelle Familien mit traditioneller Rollenverteilung handelte, in denen der Vater meist recht gut verdiente und die Mutter sich in erster Linie als Hausfrau verstand. Einige der Mütter gingen einer Nebenbeschäftigung nach, doch verfügte keine von ihnen über die nötige Ausbildung oder Erfahrung, um sich finanziell unabhängig machen zu können. Die Mutter wurde in den Familien geringer geschätzt als der Vater, nicht nur wegen ihrer Tätigkeit, sondern auch einfach als Frau. Herr im Haus war der Vater, und die Überlegenheit des männlichen Geschlechts stand außer Frage.

Ein Unterschied zwischen den inzestuösen und den verführenden Vätern bestand darin, daß letztere ihre Aggressionen besser zu beherrschen wußten und die Familie weniger durch Gewalt und Einschüchterung unterdrückten als vielmehr durch Desinteresse und Unansprechbarkeit, was Frau und Kinder fürchten ließ, sie würden die Familie verlassen. Zudem waren die verführenden im Gegensatz zu den inzestuösen Vätern vielfach »Schürzenjäger«, und zwar in aller Offenheit, das heißt, sie machten keinerlei Versuche, ihre außerehelichen Abenteuer vor Frau und Kindern zu verbergen.

Ausschlaggebend dafür, ob die Grenze vom latenten zum offenen Inzest überschritten wurde, war laut Herman jedoch nicht die Persönlichkeit des Vaters, sondern die Position der Mutter. In Familien mit inzestuösem Vater war die Mutter ihrer Aufgabe oft nicht gewachsen: 55 Prozent der Informantinnen erinnerten sich, daß ihre Mutter oft krank war, und bei mehreren Müttern folgte eine Schwangerschaft der anderen.

Finanziell abhängig, sozial isoliert, körperlich geschwächt und mit der Versorgung mehrerer kleiner Kinder belastet, waren diese Mütter außerstande, die Herrschaft ihres Mannes anzufechten und dem Mißbrauch entgegenzutreten. Auch wenn sie noch so schlecht behandelt wurden, sahen die meisten einfach keine andere Möglichkeit, als sich dem Ehemann zu unterwerfen (1981, S. 78).

In den Familien mit verführendem Vater hatten die Mütter weniger Kinder und waren »gesünder, selbstsicherer, kompetenter, sozial aktiver und weniger isoliert«. Wie die Mütter von Inzestopfern wurden diese Mütter von ihren Töchtern beschrieben als

dem Ehemann ergeben und eisern entschlossen, die Ehe um jeden Preis aufrechtzuerhalten. Im Gegensatz zu den Müttern von Inzestopfern duldeten sie jedoch keine Extremformen des Mißbrauchs. Sie fanden sich mit verbalen Verunglimpfungen ab, arrangierten sich mit der Verweigerung von Achtung und Zuneigung und übersahen Alkoholmißbrauch und Seitensprünge ihres Mannes, solange der Klatsch nicht überhandnahm. Schläge aber ließen sie sich nicht gefallen; sie ließen sich nicht zu Hause einsperren und nahmen keine ungewollten Schwangerschaften auf sich.

Da sie sich selbst besser schützen konnten, vermochten sie auch ihre Töchter besser vor offenem sexuellem Mißbrauch zu schützen (1981, S. 112f.).

So folgert Judith Herman aus ihrer Untersuchung:

> Familien, in denen die Mutter extrem machtlos war, sei es durch Mißhandlung, körperliche oder geistige Behinderung oder durch kurz aufeinanderfolgende Schwangerschaften, waren besonders anfällig für offenen Inzest. [...] Die wirksamste Schranke gegen offenen Inzest war also nicht die Impulskontrolle des Vaters, sondern die Intensität der von der Mutter ausgeübten sozialen Kontrolle (1981, S. 124).

Hermans Analyse hat viel mit der Systemtheorie und der auf ihr beruhenden familiendynamischen Inzestbetrachtung gemeinsam. Auch Herman rückt die familiären Interaktionsmuster in den Vordergrund, auch sie betont die zentrale Rolle der Mutter und spricht von einem Rollentausch zwischen Mutter und Tochter. Anders als die Systemtheoretiker, die wir kennengelernt haben, wirft sie der Mutter jedoch nicht Masochismus oder Pflichtvergessenheit vor, unbewußte homosexuelle Neigungen oder den Drang, sich die eigenen inzestuösen Wünsche stellvertretend durch die Tochter zu erfüllen, und was dergleichen mehr ist, sondern sie macht deutlich, daß die angebliche »Mitschuld« der Mutter am Vater-Tochter-Inzest in Wirklichkeit nichts anderes ist als Ohnmacht. Dasselbe gilt für die Tochter. Bei Herman begegnen wir nicht Töchtern, die aus ödipalen Bedürfnissen, materieller Habgier oder frühreifem Verantwortungsgefühl heraus nur darauf warten, die Rolle der Mutter zu übernehmen, sondern Töchtern, die vom Vater in diese Rolle gedrängt werden. Das zeigte sich besonders deutlich in Fällen, in denen die Mutter krank oder ihrer Aufgabe nicht gewachsen war. Die Väter

> reagierten auf Krankheiten ihrer Frau in einer Weise, als wären sie selbst der mütterlichen Fürsorge beraubt worden. Als Ernährer der Familie glaubten sie ein Recht darauf zu haben, im häuslichen Bereich umsorgt und bedient zu werden, wenn nicht von ihrer Frau, dann von der Tochter (1981, S. 79).

Die Trennung von ernähren (männlich) und umsorgen (weiblich) ist ein charakteristisches Merkmal der Familie als Institution der patriarchalischen Gesellschaft, wie Herman richtig bemerkt. Geht diese Trennung so weit, daß beim Ausfallen der Mutter nicht der

Vater als zweiter Elternteil ihre Aufgaben übernimmt, sondern die älteste Tochter als weibliches Wesen, so ist das nur die Fortführung eines üblichen Musters. Herman stimmt also nicht mit den traditionellen Systemtheoretikern überein, die die »Inzestfamilie« als zerrüttet, krank, abnorm beschreiben, im Gegenteil: In ihren Augen ist sie hypernormal. Man könnte auch sagen, Herman stößt die Systemtheoretiker mit der Nase auf ihre eigenen Prämissen, indem sie darauf hinweist, daß die Familie kein eigenständiges System, sondern Teil eines weit komplexeren Systems ist, nämlich der Gesellschaft insgesamt. Und obwohl es nicht erklärtermaßen ihre Absicht ist, macht sie damit deutlich, wie eine Theorie, die wegen ihrer sexistischen Grundlagen unbrauchbar erscheint, in den Händen einer tiefer blickenden Autorin eine feministische Wendung nehmen kann, die die ausschließlich männliche Perspektive zurückdrängt und Raum schafft für die Perspektive von Frauen und Mädchen. Hermans Hauptverdienst besteht darin, daß sie dem Inzestproblem die kulturell-gesellschaftliche Dimension verleiht, die bei nichtfeministischen Theoretikern fehlt.

Dennoch gibt auch Hermans Analyse Anlaß zu einigen kritischen Bemerkungen. Vor allem betont sie meiner Meinung nach zu stark die Ohnmacht der Mutter als auslösenden Faktor offenen Inzests. Sie stellt zwar einen Unterschied zwischen inzestuösen und verführenden Vätern fest, zieht daraus aber keine theoretischen Schlußfolgerungen. In Kapitel 30 haben wir gehört, daß inzestuöse Väter oft auf schädliche Weise von ihrer Familie emotional abhängig sind. Die Gesellschaft sichert solchen Männern eine Position, in der sie ihre Frustrationen praktisch ungestraft an Frau und Kindern abreagieren können. Der Widerstand, auf den sie dabei stoßen, ist um so geringer, je wehrloser die Mutter ist. Insofern hat Judith Herman recht. Ich meine aber, daß beim Vater-Tochter-Inzest sehr wohl auch die Persönlichkeit des Vaters eine auslösende Rolle spielt. In dieser Überzeugung bestärkt mich folgende Überlegung: Wäre extreme Machtlosigkeit der Mutter der Auslöser offenen Inzests, so müßte diese Form sexueller Gewalt in unserer Zeit abnehmen. Daß jemand viele Kinder hat – laut Herman ein Risikofaktor –, kommt zumindest in unseren Breiten kaum noch vor. Die Hausfrau muß sich in der Regel weniger plagen, die Ehescheidung ist erleichtert worden.[30] Und in der Gesellschaft hat unverkennbar eine Machtverschiebung zugunsten der Frau stattgefunden. Natürlich sind wir von einem wirklichen Machtgleichgewicht zwischen den Geschlechtern noch Lichtjahre entfernt, und mit der Veränderung der Arbeitsteilung geht es kaum voran, aber gemessen an den Verhältnissen von vor dreißig Jahren hat sich die Stellung der Frau verbessert, auch in der Familie. Dennoch hat die Häufigkeit des Vater-Tochter-Inzests nicht ab-, sondern, wie manche meinen, sogar noch zugenommen. Diese Annahme gründet sich auf den Anstieg der bei Polizei und Jugendamt gemeldeten Fälle in jüngster Zeit. Andere sehen in dieser Häufung nicht eine tatsächliche Zunahme, sondern das Ergebnis eines offeneren Umgangs mit dem Thema, eines Prozesses der Bewußtwerdung bei einzelnen Personen und bei Institutionen, die mit Kindern zu tun haben. An keiner Stelle ist mir dagegen in der Literatur die Behauptung begegnet, Vater-Tochter-Inzest sei rückläufig.

Ein Beispiel dafür, daß nicht die Ohnmacht der Mutter den Inzest auslöst, sondern die Persönlichkeit des Vaters, finden wir bei Herman selbst. Eine Mutter schrieb ihr:

Vor vier Jahren lernte ich meinen jetzigen Mann kennen. Ich war frisch geschieden und hatte drei Kinder, zwei Jungen und ein Mädchen. Mein Mann war damals ebenfalls gerade von seiner ersten Frau geschieden worden. Kurz nachdem ich ihn kennengelernt hatte, fand ich heraus, daß der Scheidungsgrund Inzest gewesen war. Er war bei einem Psychiater in Behandlung und bat mich, mit dem Arzt zu sprechen. Das tat ich, und er erzählte mir folgendes: »Tom war unglücklich verheiratet mit einer Frau, die in jeder Beziehung fordernd und dominierend war, besonders sexuell. Er fühlte sich dadurch so bedroht (und um fremdzuge-

---

[30] Die hohe Scheidungsrate hat in der Praxis übrigens, was den Inzest anbelangt, negative Folgen gezeitigt. Es gibt mehr Menschen, die wieder heiraten, und vom Stiefvater geht, wie sich zeigt, ein höheres Inzestrisiko aus als vom leiblichen Vater. Zwar ist der Anteil leiblicher Väter unter den Inzesttätern in absoluten Zahlen noch immer weitaus am höchsten, relativ gesehen aber stehen – zumindest nach Aussage einiger Autoren – die Stiefväter an der Spitze (Finkelhor 1979; Russell 1986).

hen, war er zu anständig), daß er Liebe und Verständnis bei seiner Tochter suchte. Ich bin sicher, in einer glücklichen, liebevollen Ehe würde das nicht wieder passieren.« Aufgrund dieser Versicherung blieb ich mit ihm zusammen, und vor zwei Jahren haben wir geheiratet. Unsere Ehe war sehr glücklich, liebevoll und befriedigend, und doch ist es wieder passiert! Vor zwei Monaten kam meine neunjährige Tochter zu mir und erzählte, er habe Dinge mit ihr gemacht, von denen sie annahm, sie seien nicht in Ordnung. Mit ein paar Fragen fand ich heraus, daß er sie tatsächlich belästigt hatte (1981, S. 148 f.).

Meine zweite kritische Anmerkung zu Hermans Analyse betrifft ihre These, daß Vater-Tochter-Inzest Machtmißbrauch ist. Wir dürfen jedoch nicht vergessen, daß dieser Machtmißbrauch sich in Form von sexuellem Mißbrauch äußert. Herman verliert hin und wieder den sexuellen Aspekt aus dem Auge. Ich denke, es ist deutlich geworden, daß ich hier nicht für eine Rückkehr zu der alten Theorie plädiere, Inzesttäter handelten aus einem biologisch-sexuellen Drang heraus. Gleichwohl besteht nach meiner Auffassung ein Zusammenhang zwischen Inzest und männlichem Sexualitätserleben. Manche Feministinnen betonen – entgegen der herrschenden Meinung – diesen Punkt besonders, unter ihnen auch Diana Russell.

Russel sieht die Ursache des Vater-Tochter-Inzests in der sexuellen Sozialisation von Jungen und Männern. Solange Männer in unserer Kultur lernen, sexuelle Befriedigung als höchstes Gut zu betrachten, ein Gut, das ihnen zusteht und das Frauen ihnen zur Verfügung zu stellen haben, so lange kann man nur schwer gegen Inzest vorgehen.

Das in unserer Kultur herrschende Männlichkeitsideal – vor allem das Ideal männlicher Sexualität – macht Männer anfällig für Gewalt, Vergewaltigung, sexuelle Einschüchterung und sexuellen Mißbrauch von Kindern (1986, S. 392).

Familienbande sind kein Hindernis, im Gegenteil: Sie eröffnen Möglichkeiten. Sie verschaffen Männern einen selbstverständlichen Zugang zu Frauen und Mädchen, mit denen sie sonst nicht so leicht in Kontakt kämen und die ihnen aufgrund der verwandtschaftlichen Bindung vertrauen. Das gilt nicht nur für Väter, sondern ebenso für alle anderen männlichen Verwandten. Russell hält es aus diesem Grund für unsinnig, das Entstehen von Vater-Tochter-Inzest mit den Interaktionsmustern in bestimmten Familien zu erklären. Denn – so fragt sie sich zu Recht – wo bleiben dann all die inzestuösen Brüder, Onkel, Vettern und Großväter? Für ein Mädchen macht es zwar einen Unterschied, ob es von einem entfernten Onkel ein einziges Mal oder vom eigenen Vater jahrelang mißbraucht wird – die Triebfeder aber ist laut Russell bei den Tätern immer dieselbe. Und diese Triebfeder ist – daran läßt sich nicht rütteln – sexueller Natur.

Meine Analyse, in der ich die Bedeutung der sexuellen Sozialisation des Mannes in unserer Gesellschaft betone, wendet sich gegen die weitverbreitete Meinung, inzestuöser Mißbrauch habe ebensowenig wie der sexuelle Mißbrauch von Kindern außerhalb der Familie etwas mit sexuellen Bedürfnissen zu tun. [...] Auch viele Feministinnen haben ihren Standpunkt, Vergewaltigung sei keine Sexual-, sondern eine Gewalttat, auf den sexuellen Miß-brauch von Kindern ausgedehnt. Diese Ansicht kam in dem Fernsehfilm »Something about Amalia« zum Ausdruck. Der Therapeut, der den inzestuösen Vater behandelte, erzählte dessen Frau und Tochter – und den Zuschauern im ganzen Land –, das Verhalten des Vaters habe nichts mit Sexualität zu tun gehabt, sondern sei seinem Bedürfnis nach Intimität entsprungen (Russel 1986, S. 393).[31]

Um Mißverständnissen vorzubeugen, müssen wir kurz auf einen Argumentationsfehler in diesem Zitat eingehen. Russell bringt zwei Denkrichtungen miteinander in Verbindung, die außer der Auffas-sung, Inzest sei kein sexuelles Problem, nichts gemein haben. Feministinnen auf der einen und Experten, die ich hier der Einfachheit halber die »modernen Psychiater« nenne, auf der anderen Seite wenden sich gegen die Annahme sexueller Motive als Triebfedern des Inzests. Damit hört die Übereinstimmung aber schon auf. Die

---

[31] Der Film »Something about Amalia« wurde in den Niederlanden 1985 unter dem Titel »Er is iets met Amalia« (zu deutsch: »Mit Amalia stimmt was nicht«; Anm.d.Übers.) von einer christlichen Fernsehanstalt ausgestrahlt.

modernen Psychiater stellen den inzestuösen Vater als einen bedauernswerten Menschen dar, der sich mit emotionalen Problemen herumschlägt. Die Fernsehzuschauer vergießen Tränen des Mitleids mit dem sympathischen Vater Amalias, dem großen Mann mit dem kleinen Herzen. Dieser Mann ist kein schlechter Mensch, so erfahren sie, er ist nicht sexbesessen, im Gegenteil, mit etwas so *Niedrigem* wie Sexualität hat sein Verhalten nichts zu tun. Es geht um Liebe.

Die Feministinnen dagegen, die Russell in einem Atemzug mit den modernen Psychiatern kritisiert, haben kein Verständnis für Amalias Vater. Für sie ist Vater-Tochter-Inzest Ausdruck von Machtstreben. Sie würden eher sagen, das Verhalten des inzestuösen Vaters habe mit etwas so *Unschuldigem* wie Sexualität nichts zu tun. Die beiden Gruppen – Feministinnen und moderne Psychiater – stehen also, anders als Russell suggeriert, nicht nebeneinander, sondern sie vertreten entgegengesetzte Positionen.

Was Russell eigentlich sagen will – und darin hat sie meiner Ansicht nach recht –, ist dies: Beide Theorien, sowohl die des bedauernswerten als auch die des aggressiven Vaters, übersehen,

> daß die Sexualisierung von Macht, Intimität und Zuneigung, zuweilen auch von Haß und Verachtung Teil der männlichen Sozialisation ist (1986, S. 393).

Die Behauptung, Inzest sei kein sexuelles Problem, beruht auf der Annahme, es gebe rein sexuelle Probleme oder es gebe so etwas wie Sexualität an sich, pure Sexualität, losgelöst von historischen Entwicklungen, gesellschaftlichen Strukturen und menschlichen Beziehungen. Sexualität steht aber, um mit Finkelhor zu sprechen, immer im Dienste anderer Bedürfnisse.

> Nicht-sexuelle Motive spielen zwar eine Rolle, das bedeutet aber nicht, daß sexueller Mißbrauch von Kindern etwas anderes wäre als jene Verhaltensweisen, die wir ohne Zögern als »sexuell« bezeichnen (Finkelhor 1984, S. 34).

Zwei auf den ersten Blick unvereinbare Definitionen erweisen sich auf einer höheren Ebene oft als vereinbar. Das ist auch hier der Fall. Vater-Tochter-Inzest hat mit Macht zu tun. Und er hat mit Sexualität zu tun. Versucht man das Problem anhand des Machtbegriffs zu analysieren, stößt man automatisch auf den Bereich der Sexualität.

Argumentiert man weiter, wird man wieder zum Phänomen der Macht zurückgeführt. Und auf dem Weg kommt man zwangsläufig mit der Familie als Institution der patriarchalischen Gesellschaft und mit der traditionellen Rollenverteilung zwischen Frau und Mann in Berührung. Man könnte sagen: Eine adäquate Theorie des Vater-Tochter-Inzests mündet per definitionem in einen Teufelskreis, weil auch die Wirklichkeit in einem Teufelskreis gefangen ist. Worauf man den Akzent legt, hängt davon ab, an welchem Punkt des Kreises man zu argumentieren beginnt.

Seit Feministinnen die Probleme beleuchten, mit denen die Menschheit zu kämpfen hat, ist die Arbeitsteilung der Geschlechter gewiß kein originelles Thema mehr. Ein fruchtbares gleichwohl, auch im Hinblick auf den Vater-Tochter-Inzest.

Kinder werden von Frauen geboren. Daraus hat sich irgendwann ergeben, daß Frauen für Kinder und Haushalt zu sorgen hatten, während die Männer sich um den Rest der Welt kümmerten. Diese Regelung hat zweifellos eine Zeitlang ihren Sinn gehabt, heute aber besteht dazu längst keine Notwendigkeit mehr. Und doch hat sie noch Gültigkeit. Wenn es etwas Universelles gibt, etwas, das durch die ganze Geschichte hindurch in allen Kulturen in gleicher Form geregelt wurde und wird, so ist es nicht das Inzesttabu (wie die Kulturanthropologen behaupten), sondern die Tatsache, daß Frauen die primäre Verantwortung für Erziehung und Versorgung der Kinder tragen. Diese Regelung wirkt sich auf den verschiedensten Ebenen des Zusammenlebens aus.

Eine dieser Auswirkungen besteht darin, daß Männer eine ganz andere Beziehung zu ihren Kindern haben als Frauen. Bei Männern gehört der Umgang mit Kindern im allgemeinen in den Bereich der Freizeitbeschäftigung. Wenn sie sich überhaupt mit ihren Kindern befassen. Denn es gibt auch Väter, die, den Rat von Marx befolgend, in ihrer Freizeit lieber Kritiken schreiben, auf die Jagd oder fischen gehen. Zwischen Vater und Kind entsteht dadurch eine weit größere Distanz als zwischen Mutter und Kind. In einer neueren niederländischen Untersuchung über die Beziehungen zwischen verheirateten Frauen und Männern wird diese Situation so beschrieben:

[...] Kinder zu haben bedeutet für viele Männer eher, was sie »davon haben«, während ihre Frauen sich zunächst fragen, was die Kinder von ihnen haben und ob sie ihrer Aufgabe gerecht werden. [...] Frauen fühlen sich stark in die Bedürfnisse des Kindes ein und identifizieren sich daher in hohem Maße mit dem Kind; den Ehemann empfinden sie in bezug auf die Kinder mitunter als »Außenstehenden«. Die Männer selbst scheinen Elternschaft bisweilen unter dem Aspekt zu betrachten, inwieweit ihre eigenen Bedürfnisse durch die Kinder befriedigt werden. [...] Sie lassen weniger deutlich als Frauen erkennen, daß sie sich mit den Kindern identifizieren, und aus der Art, wie sie ihr Vatersein erleben, spricht häufiger eine gewisse Distanziertheit (Komter 1985, S. 183).

Schon in dieser Distanz zwischen Vater und Kind liegt eine mögliche Erklärung für die asymmetrische Verletzung des Inzesttabus. Eine Mutter würde beim leisesten Anflug sexueller Erregung im Kontakt mit ihrem Kind lieber sich selbst bestrafen, als diesem Gefühl auf Kosten des Kindes nachzugeben. Ein Vater, der gewohnt ist, im Umgang mit seinen Kindern seinen eigenen Bedürfnissen zu folgen, wird hier viel weniger Skrupel haben.

Eine Rolle kann auch spielen, daß dem Vater seine Position als »Außenstehender« bewußt ist und er darüber Groll empfindet. Die sexuelle Annäherung an die Tochter kann dann das Resultat einer Mischung verschiedenster Gefühle sein: Rache, Eifersucht auf die Beziehung zwischen Ehefrau und Kindern, der Versuch, die Distanz in destruktiver Weise zu überbrücken (»Wenn sie meinen, sie brauchen mich nicht, dann werde ich ihnen zeigen, wer der Herr im Haus ist!«) und/oder der Versuch, wenigstens eines der Familienmitglieder emotional an sich zu binden. Und eben weil seine Tochter für ihn eine »Fremde« und er für ihre kindlichen Äußerungen des Unbehagens und des Widerstands unzugänglich ist, kann er sich tatsächlich eine Zeitlang in dem Glauben wiegen, der Prinz zu sein, der Dornröschen wachgeküßt hat. Wenn dann sein Streben nach einer liebevollen Beziehung in Gestalt von Sexualität mit der Tochter das Gegenteil bewirkt – und das kann auf die Dauer nicht ausbleiben –, so entwickelt er aus seinem Groll heraus noch stärker das Bedürfnis, zu beweisen, wer der Herr im Haus ist. Auf diese Weise kann inzestuöser Mißbrauch, ursprünglich vielleicht – unter anderem – aus dem Wunsch nach Zuneigung oder Nähe entstanden, zum sexuell vermittelten Ausdruck von Macht und Aggression werden, dann nämlich, wenn der Vater das Gefühl hat, in seiner Familie abseits zu stehen.

Wie wir in Kapitel 19 gesehen haben, kann auch aus psychoanalytischer Sicht ein Zusammenhang zwischen Vater-Tochter-Inzest und der Arbeitsteilung der Geschlechter hergestellt werden. Auch in der Psychoanalyse geht es um die Rollenverteilung zwischen Vater und Mutter, allerdings vor dem Hintergrund der Frage, was es für die psychische Entwicklung bedeutet, daß die erste wichtige Person im Leben eines jeden Kindes eine Frau ist, also ein gleichgeschlechtliches Wesen für das Mädchen und ein gegengeschlechtliches für den Jungen. Solange kleine Kinder von Frauen versorgt werden, ist eine Frau für das Mädchen wie für den Jungen die erste Liebe und die erste Autoritätsperson. Sie ist

> der erste menschliche Mittelpunkt von körperlichem Behagen und Lust und das erste Wesen, durch das ihm das lebenswichtige Vergnügen sozialen Umgangs zuteil wird. Die erste Erfahrung, von einem weitgehend unkontrollierbaren gütigen äußeren Spender abhängig zu sein, ist ebenso auf eine Frau konzentriert wie die Erkenntnis, daß wir Enttäuschungen und Schmerz erleiden müssen. [...] Diese Frau ist weiterhin der überwältigende äußere Wille, angesichts dessen das Kind erstmals die Notwendigkeit der Unterwerfung erkennt [...]. [...] In die Arme und an die Brust einer Frau schmiegt sich [...] ein Menschenwesen, das [...] mit dem ersten von ihm getrennten, weitaus mächtigeren Geschöpf zusammentrifft. Es erlebt erstmals, daß es zu seiner Bedürfnisbefriedigung eines anderen bedarf, dessen Wohlwollen und Verläßlichkeit unvollkommen sind, weil dieser andere (obwohl der Säugling das selbstverständlich nicht wissen kann) auch ein Mensch ist (Dinnerstein 1979, S. 46 ff.).

Die ambivalenten Gefühle, die das Kind in der ersten Lebensphase gegenüber dem versorgenden Elternteil entwickelt, richten sich nicht auf den Vater. Er beginnt in den heute üblichen Familiensituationen erst dann eine Rolle zu spielen, wenn das Kind anfängt, rational zu denken und eine Vorstellung davon zu entwickeln, was ein Mensch ist. Während der Mutter immer etwas von dem Bild der allmächtigen, aber unberechenbaren Göttin des Kinderzimmers anhaften wird, bleibt der Status, ein Mensch zu sein – eine Person mit eigenen Bedürfnissen und Grenzen –, in der Vorstellung des Kindes dem Vater vorbehalten.

Diese Asymmetrie wirkt sich auf die Beziehungen zwischen

erwachsenen Frauen und Männern aus, auf den verschiedensten Gebiete und ganz besonders in der Sexualität, die laut Dinnerstein konkreter als jeder andere Bereich unserer Erfahrungswelt auch jene Leidenschaften widerspiegelt, die erstmals in der präverbalen, prärationalen Säuglingszeit aufkommen. Bei der Wiederbelebung dieser Phantasien im Erwachsenenleben findet allerdings eine »Korrektur« statt. Die ursprüngliche Wut über die scheinbare Allmacht und Willkür der frühen Mutter wird auf das ganze weibliche Geschlecht übertragen. In ihr wurzelt das Bedürfnis des Mannes, die Frau zu beherrschen, aus Rache und weil er sie braucht. Denn sie birgt in ihrem Frauenkörper – so empfindet es der von einer Mutter großgezogene Mann – den Urquell der Lust und des Behagens, einen Quell, der immer außerhalb seiner selbst sein wird, so daß er, um eines verläßlichen Zugangs dazu sicher zu sein, eine Frau besitzen muß, die sich ihm unterwirft. Daher der sexuelle Besitzanspruch des Mannes und die doppelte Sexualmoral, die Frauen im Streben nach »egoistischem« sexuellem Genuß eine geringere Freiheit zugesteht, während es als mehr oder weniger normal betrachtet wird, daß Männer sich in diesem Bereich nehmen, was sie bekommen können (wobei Sexualität als etwas gilt, das Frauen Männern zu geben haben). Daher auch die Vorliebe vieler Männer für Partnerinnen, die jünger und schwächer sind als sie. Je größer die Macht des Mannes und je mehr seine Partnerin zu ihm aufsieht, desto geringer die Gefahr, daß sie sich als autonomes Subjekt verhält und ihm ihre Gunst »nach Belieben« schenkt oder verweigert. Aus dieser Sicht kann eine Tochter als die ideale »Partnerin« erscheinen: In keiner anderen Beziehung ist das Machtgefälle größer als zwischen Vater und Tochter; bei keinem anderen weiblichen Wesen lassen sich Autonomiebestrebungen leichter ignorieren oder unterdrücken. So kann der frühkindliche Traum vom Frauenkörper, den man uneingeschränkt besitzt und aus dem man durch Sexualität Glück schöpfen kann, bei Vätern zu einem Tochterkomplex führen – den ich in Kapitel 19 den *Antiochuskomplex* genannt habe.

Dieser Gedankengang, der sich auf Dinnersteins Theorie stützt (eine in Wirklichkeit viel kompliziertere Theorie, von der ich nur ein Element herausgegriffen habe), bietet ebenso wie die Theorie der größeren Distanz zwischen Vater und Kind eine mögliche Erklärung für die asymmetrische Verletzung des Inzesttabus, beantwortet jedoch nicht die Frage, warum manche Väter Inzest praktizieren, die meisten aber nicht. Fast alle derzeit lebenden Männer sind von Frauen großgezogen worden. Sind sie also alle mit dem Antiochuskomplex belastet?

Um diese Frage zu klären, müßte man eine große Zahl von Vätern befragen, und ich vermute, viele von ihnen würden die Frage mit nein beantworten. Beruht das auf Verdrängung, auf ins Unbewußte verbannten Bedürfnissen und Wünschen? Vielleicht. Außer Verdrängung aber (ein Begriff mit negativer Bedeutung) gibt es fundamentale menschliche Werte wie Selbstbeherrschung, das Bestreben, Schwächere zu beschützen anstatt sie auszubeuten, die Bereitschaft, eigene Wünsche zurückzustellen, um andere nicht in ihrer Selbstentfaltung zu behindern.

Menschliches Verhalten ist immer Ergebnis der Wechselwirkung zwischen individueller Handlungsfreiheit und gesellschaftlichen Strukturen. In den Theorien über menschliches Verhalten – und zwar auch in den feministischen – droht dieser Aspekt gelegentlich unterzugehen. Im Augenblick herrscht hinsichtlich des Vater-Tochter-Inzests ein eigenartiger Konsens. Feministinnen wie Nichtfeministen sagen: Es sind ganz normale Männer, die das tun, durchschnittliche Familienväter. Für Nichtfeministen bedeutet das: Es kann jedem passieren, den Mann trifft keine Schuld. Für Feministinnen bedeutet es: Alle Väter sind dazu imstande, und keinem ist zu trauen. Im ersten Fall ist der Inzesttäter Produkt des Verhaltens einer lieblosen Mutter, einer frigiden Ehefrau und einer verführerischen Tochter, im zweiten ist er Produkt der patriarchalisch strukturierten Gesellschaft.

In beiden Fällen aber ist er Opfer in dem Sinne, daß sein Verhalten durch etwas außerhalb seiner selbst Liegendes bestimmt wird. Zu einem Teil stimmt das auch. Die patriarchalische Gesellschaft verleiht Vätern Macht über Frauen und Kinder, und in der Arbeitsteilung der Geschlechter wurzelt die Tendenz der männlichen Psyche, Frauen und Mädchen zu Sexualobjekten zu degradieren. Macht besitzen ist jedoch nicht gleichbedeutend mit Macht mißbrauchen, und eine psychische Neigung ist kein unbezähmbarer Trieb. Die Kluft, die das eine vom andern trennt, hat einen Namen: Sie heißt »persönliche Verantwortung«.

In Kapitel 30 haben wir gesehen, daß van der Kwast »Geltungsdrang« und »Egozentrismus« für dominierende Charakterzüge inzestuöser Väter hält. Menschen, die aufgrund solcher Charakterzüge anderen schaden und Selbstwert und Autonomie anderer verletzen, werden in unserer Gesellschaft zur Rechenschaft gezogen, zumindest wird dies der Form nach angestrebt. Sie haben sich persönlich zu verantworten, und zwar meist vor Männern, da es ebenfalls Männer sind, die das öffentliche Leben beherrschen. Eine der wenig angenehmen Seiten unserer Gesellschaft besteht nun darin, daß diese Männer sehr zurückhaltend mit ihren Geschlechtsgenossen ins Gericht gehen, wenn diese Selbstwert und Autonomie von Frauen und Mädchen verletzen.

Die meisten Männer sind keine Vergewaltiger. Die meisten Väter sind nicht inzestuös. Die meisten Männer aber zeigen sich äußerst langmütig gegenüber Geschlechtsgenossen, die solche Verbrechen begehen. Sie wollen nichts davon wissen oder schieben die Schuld dem anderen Geschlecht zu. Aus Loyalität mit dem eigenen Geschlecht? Aus stellvertretender Scham? Oder weil sie sich einfach nicht vorstellen können, was sexueller Mißbrauch für Frauen und Mädchen bedeutet und diese nicht imstande waren oder nie die Gelegenheit hatten, auszusprechen, wie sie die Schändung ihrer Person erleben? Diese Frage führt mich zum dritten und letzten Aspekt der Arbeitsteilung der Geschlechter, auf den ich hier eingehen möchte.

Marx schrieb einst, von wirklicher Arbeitsteilung könne erst dann die Rede sein, wenn zwischen materieller und geistiger (intellektueller) Arbeit differenziert werde (1845/1971, S. 358). Marx spricht von sozialen Klassen, nicht von Geschlechtern. Die Arbeitsteilung der Geschlechter ist für ihn naturgegeben. Er sieht darin kein Problem, aber natürlich ist es eines. Die Männer haben die geistige Arbeit für sich reserviert – eine bestimmte Gruppe von Männern zwar nur, doch ihr ganzes Geschlecht profitiert davon.

Um es mit den Worten der französischen Feministin Annie Leclerc zu sagen:

Wer spricht in den gelehrten Büchern der Bibliotheken? Wer spricht auf dem Kapitol? Wer spricht von der Kanzel, von der Rednertribüne und in den Gesetzen?

Die Männer haben das Wort. [...] Die Welt ist das Wort des Mannes. Das Wort des Mannes ist die Welt (1974, S. 8 f.).

Wer die Macht über das Wort hat, der hat die Wahrheit gepachtet, oder, besser, er hat die Macht, seine subjektive Wahrheit zur absoluten Wahrheit und damit zur allgemeingültigen Handlungsgrundlage zu erklären.

Die Frage, was zuerst da war, die Arbeitsteilung der Geschlechter oder die Vorherrschaft des Mannes in der Welt des Wortes, ist wie die Frage nach dem Huhn und dem Ei. Ausschlaggebend ist, daß beides sich gegenseitig aufrechterhält. Solange Frauen von Haushalt und Kinderbetreuung in Anspruch genommen werden, geben Männer in der großen Welt den Ton an und ersinnen Theorien, die »beweisen«, daß diese Ordnung von der Natur gewollt ist. Sie maßen sich das Recht an, nicht nur zu bestimmen, was wahr ist, sondern auch, was wichtig, was des Studierens wert ist, welche Fragen an die Wirklichkeit zu stellen sind und welche Forschungsgebiete Priorität verdienen. Heikle Dinge, auf die sie als Männer nicht eben stolz sein können, Vergewaltigung etwa, Mißhandlung von Frauen und Inzest, können sie umgehen und vertuschen. Und wenn die Tatsachen allzu hartnäckig an ihrer selektiven Wahrheit nagen, schieben sie sie von sich weg, indem sie sagen, es seien Angelegenheiten von untergeordneter Bedeutung, Frauenprobleme, für die ihnen als Männer die Zeit und die Geduld fehlten, weil Wichtigeres ihre Aufmerksamkeit in Anspruch nehme. Oder sie versuchen die Tatsachen so zu verdrehen, daß sie damit ihr kollektives männliches Gewissen entlasten können. Wie diese Mechanismen im Falle des Vater-Tochter-Inzests wirken, zeigt dieses Buch.

Wenn ein Mädchen nein sagt, mit ihrer Stimme und mit ihrem ganzen Körper, nein Papa, ich will nicht, und ihr Vater sagt, du hast aber zu wollen, oder er sagt, du hast dich selbst auf meinen Schoß gesetzt, also hast du es gewollt, und hinter ihm stimmt der Chor der Experten ein: Sie will es, sie hat es gewollt – wo bleibt das Mädchen dann mit seinem Nein? Wenn eine Mutter sagt, nein, ich habe nicht gewollt, daß mein Mann meine Tochter sexuell mißbraucht, aber was sollte ich tun, und die Experten sagen, sie hat es doch gewollt, sie hat ihn nicht daran gehindert, also ist es ihre Schuld – wo bleibt die Mutter dann mit ihrem Nein?

Mein Vater kommt aus den schweren Farbgüssen nieder, er sagt höhnisch: Geh weiter, geh nur weiter! Und ich halte mir die Hand vor den Mund, aus dem alle Zähne gefallen sind, die liegen unübersteigbar, zwei Rundungen aus Marmorblöcken, vor mir. Ich kann ja nichts sagen, weil ich weg von meinem Vater und über die Marmormauer muß, aber in einer anderen Sprache sage ich: Ne! Ne! Und in vielen Sprachen: No! No! Non! Non! Njet! Njet! No! Ném! Ném! Nein! [...] Aber damit ich aufhöre, mein Nein zu rufen, fährt mir mein Vater mit den Fingern, seinen kurzen festen harten Fingern in die Augen, ich bin blind geworden, aber ich muß weitergehen. Es ist nicht auszuhalten. Ich lächle also, weil mein Vater nach meiner Zunge langt und sie mir ausreißen will, damit auch hier niemand mein Nein hört, obwohl niemand mich hört [...] (Bachmann 1971, S. 183 f.).

Zähne als unüberwindliche Barriere, eine herausgerissene Zunge, die Qual des Schweigens. Es ist auffallend, wie viele der neueren feministischen Bücher zum Thema Inzest in ihrem Titel auf das Schweigen verweisen oder auf die Notwendigkeit, das Schweigen zu brechen.

Der an Inzestopfer gerichtete Appell, das Schweigen zu brechen, verhallt nicht ungehört, und so kann es nicht ausbleiben, daß die Authentizität dessen, was sie zu sagen haben, den Schutzwall der männlichen Vertuschung und Verfälschung letztlich untergraben wird.

Die Arbeitsteilung der Geschlechter ist noch längst nicht überwunden. Noch immer tragen Frauen die größte Verantwortung für Haushalt, Kinderbetreuung und Erziehung. Noch immer halten Männer in der großen Welt die Fäden in der Hand. Und noch immer dominiert in der Wissenschaft die männliche Stimme. Der Chor weiblicher Gegenstimmen aber schwillt an. Er bringt andere Wahrheiten, fundierte, überzeugende, erschütternde Wahrheiten. Sind männliche Wissenschaftler bereit, diesem Chor zu lauschen – und das werden sie in Zukunft wohl müssen, denn sie können ihn nicht länger übertönen –, so wird es ihnen schwerfallen, das Nein der Inzestopfer weiterhin zu ignorieren und das Verhalten inzestuöser Väter (Brüder, Onkel, Großväter, Vettern) noch länger zu beschönigen. Das bedeutet nicht, daß der Inzest schon bald aus der Welt geschafft werden könnte, wohl aber, daß inzestuöse Väter nicht mehr so unbehelligt vorgehen können.

Teil IV
Aus der Perspektive der Töchter

35. Das Schneeballsystem

Daß der Charakter und die Ergebnisse einer Untersuchung zum Thema Inzest von der Wahl des Informanten – also Vater, Tochter, Mutter oder die ganze Familie – beeinflußt werden, steht außer Frage. Die feministische Inzestforschung basiert größtenteils auf Gesprächen mit *Opfern,* deren Erfahrungen ein Bild vom Inzestgeschehen selbst, vom Verhalten des Vaters und dem der Mutter ergeben. Das gilt auch für die in Kapitel 33 erwähnten Arbeiten Judith Hermans und Diana Russells, die jedoch eher traditionell angelegt sind. Hermans Untersuchungsmaterial bestand aus den Angaben von sechzig Frauen, die sich zum Zeitpunkt der Untersuchung in Therapie befanden. Russell arbeitete mit einer Stichprobe von 930 erwachsenen Frauen aus der Bevölkerung San Franciscos, die sie nach ihren Erfahrungen mit sexueller Gewalt, darunter auch sexuellem Mißbrauch in der Familie, befragte. Ein für feministische Untersuchungen charakteristisches Vorgehen ist das »Schneeballsystem«. Eine Frau schreibt einen Artikel, hält einen Vortrag über Inzest oder macht anderweitig publik, daß sie sich mit dem Thema befaßt. Auf diese Weise kommt sie mit Opfern in Kontakt, die bereit sind, über ihre Erlebnisse zu sprechen. So war es bei Elizabeth Ward und auch bei Sandra Butler, die dazu schreibt:

> Als ich mit der Arbeit begann, fand schon die bloße Erwähnung meiner Absicht, ein Buch zum Thema Inzest zu schreiben, ein überwältigendes Echo bei Menschen, die die Erfahrungen ihrer frühen Kindheit mit mir teilen [. . .] wollten (1978, S. 3).

Louise Armstrong, selbst als Kind vom Vater vergewaltigt, gab Anzeigen in verschiedenen Zeitungen auf und stützt sich in ihrem Buch auf die Briefe, die sie daraufhin erhielt, auf Gespräche, die durch diese Briefe zustande kamen, sowie auf Gespräche mit Frauen, die sie über Dritte kennenlernte. Leila Sebbar befragte erwachsene Frauen und Heranwachsende und studierte alles Aktenmaterial, was man ihr bei Polizei und Gerichten, in Gefängnissen und Beratungsstellen zur Verfügung stellte.

Das Schneeballsystem hat den Vorteil, daß es die unterschiedlichsten Frauen zu Wort kommen läßt – und nicht wie in der klinischen Forschung nur solche Frauen, die sich irgendeiner Form von Therapie unterziehen. Die Hilfe durch Therapeuten hat ja zwei Seiten. Zum einen soll die Therapie der Patientin oder Klientin helfen, ihre Erfahrungen und Gefühle zu ordnen und schließlich in den Griff zu bekommen, zum anderen hat eine solche Ordnung immer etwas Schablonenhaftes. Besonders wenn die Patientin nie zuvor mit anderen über die traumatischen Ereignisse ihrer Kindheit gesprochen hat, neigt sie dazu, ihre Erfahrungen und Gefühle in feststehenden Begriffen und Kategorien auszudrücken, die ihr der Therapeut an die Hand gibt und die im ungünstigsten Fall zu Gemeinplätzen werden. Das Schneeballsystem dagegen kann erstarrte Schablonen aufbrechen, weil es auch »spontane« Berichte zuläßt. Zugleich erweist sich diese Methode als besonders geeignet für Frauen, die sich zwar um Hilfe bemüht haben, dabei aber enttäuscht wurden, Frauen also, die sich nicht mit den angebotenen Stereotypen anfreunden konnten und aus dieser Unzufriedenheit heraus den Wunsch haben, ihre Geschichte noch einmal zu erzählen.

Ein Vorzug des Schneeballsystems gegenüber Stichprobenuntersuchungen liegt darin, daß die Erfahrungen der befragten Personen eingehender erörtert werden können, weil man nicht an vorformulierte Fragen gebunden ist.

Von größter Bedeutung sind in diesem Zusammenhang auch die in der Ich-Form geschriebenen Zeugnisse von Inzestopfern, sogenannte »Erfahrungsberichte«, die der Bekenntnisliteratur zugerechnet werden. Daneben erweist sich eine Reihe von zum Teil autobiographischen Romanen (so etwa von Maya Angelou, Toni Morrison, Alice Walker, Michelle Morris, Ingeborg Bachmann) als Quelle von unschätzbarem Wert, nicht nur für feministische Inzestforscherinnen, sondern auch für ihre nichtfeministischen Kollegen, die bislang allerdings kaum davon Gebrauch zu machen scheinen.

Wir haben in diesem Buch gesehen, daß männliche Inzestexperten dazu neigen, sich mit dem Täter zu identifizieren und sein Verhalten zu rationalisieren oder zu entschuldigen. Gleichzeitig aber tun sie so, als sei dieser Mann ein Wesen von einem anderen Stern, Lichtjahre entfernt von der Welt, in der sie selbst leben. Einerseits haben sie also Verständnis dafür, daß ein Vater seine Tochter vergewaltigt, andererseits geben sie dem Leser zu verstehen, daß sie selbst so etwas niemals tun würden und nichts, aber auch gar nichts mit den von ihnen beschriebenen Männern gemein haben. Bei feministischen Inzestforscherinnen geschieht genau das Gegenteil: Sie identifizieren sich mit dem Opfer. »It could have been me« – »Es hätte auch mir passieren können« – überschreibt Elizabeth Ward ein Kapitel ihres Buches. Und sie berichtet, wie ihr Vater, als sie etwa dreizehn Jahre alt war, versehentlich seine Hand auf ihre Brust legte:

Ich fühlte mich wie gelähmt. Ich konnte nichts *tun*. Es waren nur ein paar Sekunden (glaube ich), aber mir kamen sie vor wie fünf Minuten. Er erschrak und sagte: »Oh, entschuldige, ich dachte, es sei deine Schulter.« Was mir von dieser Szene während der Arbeit an meinem Buch wieder in den Sinn kam [. . .], war, wie ich mich *gefühlt* hatte. *Ich entdeckte das passive Opfer in mir:* die Tochter, die von ihrem Vater vergewaltigt wird. Es hätte so weit kommen können, gerade *wegen* der Dynamik dieser Beziehung. Er hätte alles tun können, *weil* er mein Vater war (1984, S. 98).

Louise Armstrong beschreibt, wie sie als Vierzehnjährige in einem Hotelzimmer von ihrem Vater vergewaltigt wurde. Und Florence Rush berichtet, wie ihr im Alter von sieben Jahren ein Zahnarzt, ein Freund ihrer Eltern, während der Behandlung die Hand zwischen die Beine schob; sie begann zu weinen, woraufhin er sie wegen ihrer Angst vor dem Zahnarzt auslachte. Im Gegensatz zu nichtfeministischen Theoretikern, die das Phänomen Inzest mit dem Etikett »abnorm« versehen und damit zu einer Randerscheinung der Gesellschaft erklären, bringen Autorinnen wie Ward, Armstrong und Rush den sexuellen Mißbrauch von Mädchen, auch durch den eigenen Vater, mit ihrem eigenen Leben in Verbindung, mit der normalen Welt, die sie täglich vor Augen haben und der sie selbst angehören. Dadurch sind sie offen für Mitteilungen, die früher ungesagt blieben, weil niemand danach fragte, oder die sich in Nichts auflösten, weil niemand zuhörte.

Untersuchungen auf der Grundlage des Schneeballsystems erheben im allgemeinen keinen wissenschaftlichen Anspruch. Sie *sind* auch nicht wissenschaftlich. Dafür ist ihre Fragestellung zu vage, die Zusammensetzung der Untersuchungsgruppe zu willkürlich und das Vorgehen zu wenig methodisch. Dennoch können sie – im Verein mit den persönlichen Berichten von Inzestopfern selbst – neue wissenschaftliche Erkenntnisse vermitteln. Was ein Forscher über einen Gegenstand herausfindet, hängt bekanntlich davon ab, welche Fragen er stellt. Und gerade dazu können diese mehr oder weniger spontanen Erlebnisberichte anregen: neue Fragen zu formulieren, um zu erfahren, was Vater-Tochter-Inzest für das Opfer bedeutet.

Im folgenden wird in willkürlicher Reihenfolge von Gefühlen und Erfahrungen sexuell mißbrauchter Töchter die Rede sein, die zum Teil schon in die vorangegangenen Kapitel eingeflossen sind, hier aber noch einmal ausführlich behandelt werden sollen. Es geht um Dinge, auf die ich vor allem in der nichtwissenschaftlichen Literatur, in schriftlich festgehaltenen Lebensberichten und in persönlichen Gesprächen mit Inzestopfern immer wieder stieß, Dinge, an denen mein Denken sich gleichsam festhakte, als wollte es sagen: Das ist genau der Punkt, genau das macht Vater-Tochter-Inzest so grauenvoll. Es handelt sich um Fragmente, die kein abgerundetes Bild dessen ergeben, was *das* Inzestopfer erlebt. Jedes Inzestopfer ist ein Individuum mit einer ganz persönlichen Lebensgeschichte. Man kann versuchen, eine Vorstellung davon zu vermitteln, was Kindern durch Inzest angetan wird. Um die Ohnmacht, die Einsamkeit und Verzweiflung des Opfers wirklich nachvollziehen zu können, müssen wir uns in unsere eigene Kindheit zurückversetzen und uns fragen: Was hätte *ich* getan, wie hätte *ich* mich gefühlt, wenn es mir passiert wäre, als ich zwölf, acht oder sechs Jahre alt war?

Celia, Hauptperson des Romans *Die Farbe Lila* von Alice Walker, schreibt einen Brief an Gott und bittet ihn, ihr zu erklären, was mit ihr los sei:

[Er] sagt [. . .], du machst jetzt, was deine Mama nicht wollen hat. Erst tut er sein Ding an meine Hüfte und wackelt da so rum. Dann grabscht er mir an die Titten. Dann schiebt er sein Ding in meine Muschi. Das hat weh getan, und ich hab' geschrien. Da fängt er an, mich zu würgen, und sagt, halt lieber's Maul und gewöhn dich dran. [. . .] Und jetzt ist mir immer schlecht, wenn ich mit Kochen dran bin (1984, S. 9).

Gott antwortet nicht, und Celia bekommt von ihrem Vater zwei Kinder.

In Maya Angelous autobiographischem Buch *Ich weiß, daß der gefangene Vogel singt* ist es nicht der Vater, sondern der Freund der Mutter, Mr. Freeman, der mit der achtjährigen Ritie im Bett liegt.

Er zog die Decke weg, und sein »Ding« stand da wie ein brauner Maiskolben. Er nahm meine Hand und sagte: »Fühl mal.« Es war weich und eklig wie Innereien eines frisch geschlachteten Huhns. Dann zerrte er mich mit dem linken Arm auf die Hüften. Seine rechte Hand bewegte sich so schnell, und sein Herz schlug so fest, daß ich dachte, er müsse sterben.

Als Mr. Freeman wieder ruhig ist, wird es für Ritie angenehmer. Er hält sie sanft fest, und sie fühlt sich geborgen. Aber dann steht er auf, und das Mädchen rollt auf einen nassen Fleck.

Sicher, das Bett war naß, aber ich wußte, daß das nicht mir passiert war. Vielleicht Mr. Freeman, als er mich festgehalten hatte. Er kam mit einem Glas Wasser zurück und sagte verärgert: »Steh auf! Du hast ins Bett gemacht.« Er schüttete Wasser auf die nasse Stelle, und nun sah es aus wie an so manchem Morgen auf meiner Matratze.

Da ich in südlicher Strenge gelebt hatte, wußte ich, wann man gegenüber Erwachsenen zu schweigen hatte, aber ich wollte ihn unbedingt fragen, warum er behauptete, daß ich gepißt hätte. Denn ich war mir sicher, daß er selber nicht daran glaubte.

Mr. Freeman droht, er werde Rities Bruder Bailey, den sie über alles liebt, umbringen, wenn sie »jemals irgendwem [erzählt], was wir gemacht haben«. Verwirrt fragt sich das Mädchen:

> Was hatten wir denn gemacht? Wir? Offenbar meinte er jetzt nicht, daß ich ins Bett gepißt hätte. Ich verstand nicht und wagte nicht, nachzufragen. Es mußte irgendwas mit dem Festhalten zu tun haben. Bailey konnte ich auch nicht fragen, sonst hätte ich ja erzählen müssen, was wir getan hatten. Der Gedanke, er könne Bailey umbringen, lähmte mich. Als er den Raum verlassen hatte, überlegte ich, ob ich Mutter sagen sollte, daß ich nicht ins Bett gepißt hatte. Aber auf die Frage, was passiert sei, hätte ich ihr antworten müssen, daß Mr. Freeman mich festgehalten hatte, und das ging nicht (1980, S. 74f.).

Was weiß ein achtjähriges Mädchen schon von erwachsenen Männern, die masturbieren? Was weiß sie von Sperma, in einem Alter, da »naß« für sie noch mit Urin zu tun hat? Ein Inzestopfer erzählte mir:

> Mein Vater warf mir manchmal vor, daß ich nicht naß sei. Ich hatte keine Ahnung, was er meinte. Für mich konnte es nur etwas mit Pipi machen zu tun haben. Wenn es einem später klar wird, möchte man am liebsten noch nachträglich in den Erdboden versinken. Es ist so erniedrigend.

Väter setzen bei ihren Töchtern offenbar ein angeborenes sexuelles Wissen und Interesse voraus. Oder sie verwenden Euphemismen: kraulen, kitzeln, spielen – Wörter, die für Kinder eine positive Bedeutung haben. Widersprüchliche Botschaften vergrößern die Verwirrung noch. Die Botschaft des Vaters lautet: 1. Alle Väter machen das mit ihren Töchtern, es ist nichts dabei. 2. Du darfst mit niemandem darüber reden, sonst passiert etwas Schlimmes. Die Botschaft der Umgebung lautet: 1. Du mußt zu deinem Vater lieb sein und ihm gehorchen. 2. Halte die Beine geschlossen und – wie Rities Mutter es ausdrückt – »laß niemanden deine Muschi sehen«. Niemanden? Und was ist mit Papa? – Papa, sind wir schlechte Menschen? Natürlich nicht, Kind, wie kommst du denn darauf, ich hab' dir doch gesagt, daß alle es machen. Aber wenn alle es machen, warum darf ich es dann niemandem erzählen? Weil es ein Ge-

heimnis ist. Du kannst Geheimnisse doch für dich behalten? O ja,
Papa, das kann ich gut (frei nach Allen 1980, S. 54).

Das Geheimnis wird zur Last. Es wiegt schwerer und schwerer.
Papa wird anspruchsvoller und leitet aus dem bisher Geschehenen
Rechte ab: »Letztes Mal hast du doch auch gewollt, warum denn
jetzt nicht?« Die schöne Verpackung in Form von Kuscheln und
Schmusen fällt weg. Papa weiß, was er will. Und es muß geheim
bleiben. Er überträgt die Angst vor Entdeckung auf das Kind.
»Wenn du nicht schweigst, komme ich ins Gefängnis und du ins
Heim.« Oder: »Wenn du es jemandem sagst, bringe ich dich um.«
Allmählich dämmert die Erkenntnis: Er hat gelogen. Andere Väter
und Töchter tun so etwas nicht. Ich bin die einzige auf der ganzen
Welt, der das passiert. Ich will es nicht. Aber ich habe mitgemacht.
Ich bin schlecht. Wenn es herauskommt und er sagt, ich hätte es
auch gewollt, was soll ich dann sagen? Was sollen die Leute von mir
denken? Was soll meine Mutter von mir denken? Nach außen hin
muß das Mädchen tun, als sei nichts geschehen, und dabei werden
sein ganzes Leben, seine Träume, seine Phantasien durch dies eine
immer mehr vergiftet. Ein Inzestopfer in einer Rundfunksendung:

Ich hab' schon immer unheimlich viel gelesen [...] und als ich
dann das Buch Jane Eyre gelesen hatte, wie sie da vor dem Altar
steht und jemand sagt: Hat jemand Einspruch zu erheben gegen
diese Verbindung? oder so, und wie dann jemand vortritt und
sagt: Ja, ich, er ist bereits verheiratet. Ich sah alles richtig vor mir,
wenn ich je heiraten sollte, wie dann gefragt wird: Hat jemand
Einspruch zu erheben gegen diese Verbindung? Und dann würde
mein Vater vortreten: Ja, ich, das und das ist passiert. Deswegen
hatte ich wirklich irgendwie die Idee, ich könnte nie im Leben
heiraten ... es war ganz dramatisch, glaube ich, ich hatte so die
Vorstellung: Das nehme ich mit ins Grab, meine Mutter darf es
niemals erfahren, wenn sie wüßte, daß mein Vater *so etwas* tut, das
wäre *schrecklich* ... (IKON 1983).

Zugleich bleibt Papa aber Papa. Er ist der einzige Vater, den das
Mädchen hat. So gerne möchte sie stolz auf ihn sein. So gerne
möchte sie, daß andere eine hohe Meinung von ihm haben. Man
weiß ja, wie Kinder untereinander manchmal damit prahlen, was

ihre Väter alles tun und können. Es gibt keine größere Loyalität als die des kleinen Kindes gegenüber seinen Eltern. Eine Frau:

Schließlich habe ich meiner Mutter doch erzählt, was Vater mit mir machte. Wenn ich ihm in den folgenden Wochen im Haus über den Weg lief, zischte er mir jedesmal zu: »Deinen Vater verraten, das kannst du.« Und es wirkte. Ich fühlte mich wirklich so, als hätte ich meinen Vater verraten, meinen eigenen Vater. Es war alles meine Schuld. Wenn ich nicht geboren wäre, wäre es nicht passiert. Dann hätten meine Eltern nicht meinetwegen Streit bekommen. So empfand ich es damals. Es dauerte Jahre, bis ich diese Mechanismen durchschaute. Wenn ich damals gewußt hätte, was ich heute weiß . . .

Unwissenheit macht das Kind verletzlich, nicht nur sexuelle Unwissenheit im technischen Sinne, sondern auch in bezug auf die soziale Bedeutung von Sexualität, die Codes und Regeln in diesem Bereich, die Art und Weise, wie sexuelle Beziehungen sich entwickeln, die Folgen für die Zukunft und die Mechanismen, die in menschlichen Beziehungen allgemein eine Rolle spielen. Hier trennt Erwachsene und Kinder eine unüberbrückbare Wissenskluft. Abstrakte Begriffe wie Manipulation, Macht oder Mißbrauch sagen Kindern nichts, weil sie für solches Wissen noch nicht reif sind. Sie erleben diese Dinge, können sie jedoch nicht begreifen. Das Begreifen kommt erst sehr viel später, wenn sie erwachsen sind. Charlotte Allen schreibt mehrfach, sie habe ihren Vater für die Dinge, die er mit ihr tat, gehaßt. Sie seufzt:

Und doch: Wenn er wollte, konnte er so überzeugend sein, so vernünftig [. . .]. Er *kannte* mich, er kultivierte meine Träume, er begriff, wie sehr ich mir wünschte zu verstehen, was ich sah und hörte und las. Pervers, wie er war, benutzte er [. . .] meine Phantasierfreude und meinen Optimismus, benutzte er alles, um mich seinem Willen zu unterwerfen (Allen 1980, S. 96).

Viele Väter setzen ihren Töchtern enge Grenzen und sind dann wieder großzügig und nachgiebig. Dem Kind erscheint ein solches Verhalten widersprüchlich, und doch hat es System. Die Tochter darf nur besitzen, was sie vom Vater bekommt, und nur genießen, woran er Anteil hat.

Mein Vater konnte es einfach nicht ertragen, wenn ich etwas tat, besaß oder genoß, was mit ihm nichts zu tun hatte. War das der Fall, so mußte er es mit seinen spöttischen, schmutzigen, demütigenden Bemerkungen kaputtmachen (Brady 1979, S. 90).

Das ist nichts anderes als die narzißtische Besetzung, von der Alice Miller spricht, hier allerdings ins Absurde übersteigert.

Manchmal wird behauptet, es sei eine ganz bestimmte Art von Kindern, die Opfer sexuellen Mißbrauchs würden, brave, schüchterne, folgsame Kinder. Manche sehen darin den Grund, daß Mädchen häufiger als Jungen sexuell mißbraucht werden. Mädchen seien ohnehin fügsamer, und unter ihnen würden dann die fügsamsten herausgegriffen. Wenn das zutrifft, ist es doppelt niederträchtig. Ich frage mich jedoch, ob es sich beim Vater-Tochter-Inzest wirklich so verhält. In so vielen Fällen wird die älteste Tochter sexuell mißbraucht, daß es mich wundern würde, wenn diese Mädchen zufällig alle extrem schüchtern wären. Unrichtig erscheint mir auf jeden Fall die Behauptung, eine bestimmte Art von Kindern ziehe sexuellen Mißbrauch gleichsam auf sich. Es ist noch immer der Erwachsene, der seinen Blick auf das Kind richtet. Und wenn dieser Erwachsene der eigene Vater ist, kann sich das Kind diesem Blick unmöglich entziehen.

Pamela:

> Ich erinnere mich, daß ich einmal zu Weihnachten von meinen
> Eltern Anziehsachen bekommen hatte. [. . .] Darunter war auch
> ein Pullover mit V-Ausschnitt. Und ich wollte ihn nicht tragen.
> Ich sagte zu meiner Mutter, »der ist schrecklich.« Und sie wollte
> wissen, warum. Und ich sagte, »ich kann ihn einfach nicht lei-
> den.« Sie meinte dann, »ach, um was machst du dir denn Sorgen?
> Deinen Körper zu zeigen oder so etwas?« Ich fühlte mich wirk-
> lich unbehaglich darin, weil es mir vorkam, als würde ich meine
> Brüste zeigen und mein Vater würde sie sehen (Armstrong 1985,
> S. 48).

Ein harmloser Vorfall? Sexuell mißbrauchte Töchter tragen schwarze
Kleider oder viel zu weite Pullover. Liegen sie im Bikini im Garten,
achten sie ängstlich auf die Zeit: Gleich kommt er nach Hause –
schnell etwas überziehen, sonst geht es wieder los.

Aufpassen, daß der Vater einen nicht in verführerischer Aufmachung sieht, das läßt sich ja noch einrichten. Aber der Mensch muß
auch schlafen, sich waschen. Türen, die nicht abgeschlossen werden
können oder dürfen, konfiszierte oder angeblich verlorengegangene
Schlüssel – das sind immer wiederkehrende Motive in den Berichten
von Inzestopfern. Ist der Vater zu Hause, sind sie nirgends sicher.

> Nachts trug ich Schlafanzüge, manchmal zwei oder drei übereinan-
> ander und darüber noch einen Bademantel; bei glühender Hitze
> deckte ich mich mit drei Decken zu, die ich mir bis über die
> Ohren zog, so daß ich gerade noch Luft bekam. Es war schreck-
> lich, so zu schlafen, aber ich dachte mir, auf diese Weise könnte er
> nichts sehen, selbst wenn er mich beobachtete (Renvoize 1982,
> S. 10).

Ein anderes Mädchen floh von einem Zimmer ins andere, wenn der
Vater zu Hause war:

> Ich hatte das Gefühl, ich konnte nie in Ruhe irgend etwas tun.
> Wenn ich gerade schrieb, Radio oder Schallplatten hörte oder ein
> Buch las und ich hörte ihn kommen, dann stand ich auf, nahm
> mein Buch oder was es gerade war und ließ mich woanders

nieder, in der Diele zum Beispiel, und wenn ich ihn dann wieder kommen hörte, ging ich zurück in mein Zimmer. Ich war ständig auf der Flucht, denn ich wußte, wenn er mich fand, kam wieder dieses gräßliche »Komm schon, gib mir einen richtigen Kuß«, wie er es ausdrückte (Ward 1984, S. 16).

Wie frei und ungehindert kann ein Kind sich noch entwickeln, wenn es zu Hause fortwährend auf der Hut sein muß? Wenn es zum Beispiel überlegen muß: Ist der Film im Fernsehen spannend genug, daß ich es wagen kann, ins Bad zu gehen, ohne daß ER kommt? Weinberg berichtet von einem Vater, der mit dem Schürhaken ein Loch in die Badezimmertür brannte, um seine Tochter im Bad zu beobachten (1955, S. 66). Ein anderer Vater griff zum Bohrer.

Es waren ganz kleine Löcher, *winzige*! Und ich stopfte mit einem Zahnstocher Watte hinein, aber er zog sie wieder heraus. Ich kann dir gar nicht sagen, wie lange ich manchmal deswegen nicht geduscht habe (Renvoize 1982, S. 10).

Auch Löcher in Schlafzimmertüren sind bei inzestuösen Vätern sehr beliebt.

Ist es unter diesen Umständen ein Wunder, daß Mädchen ihren Körper hassen, diesen Körper, der – so erlebt es das Kind – die Wurzel allen Übels ist?

Wenn alles vorbei war, rannte ich ins Badezimmer, um mich gründlich abzuschrubben; ich wollte das schlimme Gefühl von mir abkratzen; [. . .] ich wollte meinen Körper töten und irgendwie nur mit dem Geist weiterexistieren. Mein Körper war schuld, daß mir das passierte. Wenn es ihn nicht gäbe, könnte Daddy mich nicht anfassen (Allen 1980 S. 120).

Wie peinlich ist vor diesem Hintergrund die hin und wieder geäußerte Auffassung, die Tochter fühle sich privilegiert, sie erlebe das Interesse ihres Vaters als Bestätigung ihrer weiblichen Anziehungskraft und schöpfe daraus Selbstvertrauen. Mädchen, die von ihrem Vater hören, er könne es einfach nicht lassen, weil sie so schön, so attraktiv seien, empfinden das ausschließlich als widerwärtig. Manche reagieren damit, daß sie versuchen, ihren Körper häßlich zu machen, um sich zu schützen. Sie essen kaum noch etwas oder schlingen im Gegenteil Unmengen in sich hinein, und es gibt jene, die sich durch Schnitte oder Wunden, die sie sich mit brennenden Zigaretten zufügen, selbst entstellen. Linda, elf Jahre alt und von ihrem Vater zwei Jahre lang sexuell mißbraucht, bandagierte sich die Brust so fest, daß sie kaum noch Luft bekam. Damit wollte sie verhindern, daß ihre Brüste sich entwickelten.

> Sie hat Angst, Frau zu werden, und will das Wachstum aufhalten. Äußerst einfallsreich ersinnt sie alles mögliche, um ihren Körper am Wachsen zu hindern. Für ihren Vater war es wichtig gewesen, daß sie ein Mädchen war und zur Frau heranwachsen würde, und das wollte sie um jeden Preis verhindern (van Lichtenbrucht u. a. 1986, S. 157).

Leslie brachte sich in den drei Jahren, in denen ihr Stiefvater sie mißbrauchte, mehrmals Schnittwunden bei.

> Ich wollte mich häßlich machen [. . .], denn jedesmal, wenn mein Stiefvater Sex mit mir hatte, sagte er, er tue es, weil ich so hübsch sei. Ich dachte, wenn ich mich häßlich machte, würde er es lassen (de Young 1982, S. 580).

Übrigens machen längst nicht alle inzestuösen Väter ihren Töchtern derlei fragwürdige Komplimente. Es gibt auch viele Väter, die die Tochter zwar für ihr eigenes sexuelles Vergnügen benutzen, sich aber gleichwohl das Recht anmaßen, ihr Äußeres zu kritisieren. Charlotte Allen hält sich für abgrund häßlich (obwohl andere ihr sagen, sie sei hübsch). Ihr Vater, der sie über Jahre sexuell mißbraucht, schikaniert sie gleichzeitig von frühester Kindheit an mit Bemerkungen über ihr Aussehen, besonders über ihre Nase. Als sie fünfzehn ist, flößt ihr Spiegelbild ihr solchen Abscheu ein, daß sie ihre Nase durch eine Schönheitsoperation verändern läßt (Allen 1980, S. 187 f.). Eine andere Frau erzählte mir:

> Ein Glück, daß es lange Hosen gibt. Mein Vater, der mich angeblich so lieb hatte, daß er mich von meinem achten Lebensjahr an nicht mehr in Ruhe lassen konnte, sagte immer, ich hätte Stallbeine. Wenn ich ausgehen wollte, triezte er mich: Du glaubst doch nicht, du könntest einen Jungen abkriegen – du mit deinen Stallbeinen . . . Erst kürzlich kam ich auf die Idee, das Wort einmal nachzuschlagen: Man gebraucht es für Kühe, die durch langes Stehen im Stall geschwollene Beine haben. Heute wüßte

ich, wie ich ihm Kontra geben könnte. Denkst du etwa, du bist attraktiv, würde ich sagen, mit deinen Haaren in der Nase und deinem ekelhaften Schmatzen beim Essen, von allem anderen ganz zu schweigen? Aber was bringt mir das jetzt noch? Im Rock oder in Shorts kann ich mich einfach nicht mehr sehen. Du mit deinen Stallbeinen, denke ich, wenn ich vor dem Spiegel stehe.

Der beschmutzende Blick des inzestuösen Vaters verfolgt die Tochter nicht nur im Haus, sondern auch draußen, vor allem in der Pubertät, wenn sie sich von der Familie zu lösen beginnt und erste erotisch gefärbte Bande mit Gleichaltrigen knüpft. Trotz ihrer Erfahrungen mit dem Vater hat auch eine inzestuös mißbrauchte Vierzehnjährige romantische Träume, wie sie zu diesem Alter einfach dazugehören: Hand in Hand am Strand entlanggehen, einen Arm um die Schulter spüren, im Schwimmbad flirten, tanzen, gemeinsam Musik hören. Wenn aber ein Mädchen mit einem Jungen in ihrem Zimmer Schallplatten hört und später fragt der Vater, ob es »gut« gewesen sei, so erhält dieses aufregende und zugleich so unschuldige Tun einen unangenehmen Beigeschmack. Wenn ein Mädchen Hand in Hand mit einem Jungen Fahrrad fährt und der Vater kommt von hinten mit dem Auto heran, zwingt sie, anzuhalten, und beschimpft sie als Hure und Schlampe, so wird das Mädchen dem Jungen sagen, er solle sie nicht mehr abholen kommen, sofern er nicht schon selbst zu diesem Schluß gekommen ist. Es ist deshalb, gelinde gesagt, ein Mißverständnis, zu glauben, der Vater führe seine Tochter in die Freuden der Sexualität ein; er nimmt ihr im Gegenteil ihre Sexualität, indem er ihr das Experimentieren mit Gleichaltrigen unmöglich macht und ihre ersten zaghaften Erfahrungen mit anderen in den Schmutz zieht. Und das paradoxe und traurige ist, daß gerade die inzestuös mißbrauchte Tochter oft sehr keusch ist und ihrem Vater verzweifelt zu beweisen sucht, daß sie wirklich nicht auf Sex aus ist, daß sie sich mit dem und dem Jungen wirklich nur unterhalten oder wirklich nur Musik mit ihm gehört hat.

Dad [...] entwickelte neue Taktiken, um mich dranzukriegen. Er benutzte meine Beziehung zu Roger, um mich sexuell noch mehr unter Druck zu setzen.

»Ich weiß schon, was ihr beide treibt«, sagte er zu mir. »Denkst du, ich weiß es nicht? Glaub nur nicht, daß du ungeschoren davonkommst.«

Es war klar, was er damit meinte: Wenn du es mit ihm machst, kannst du es verdammt noch mal auch mit mir machen. Wo liegt da der Unterschied?

Es machte mich wütend, wie sehr er Roger und mir damit unrecht tat. Tatsächlich war unsere Beziehung ganz unschuldig. Ich haßte es, daß Dad seine schmutzigen Gedanken auf uns übertrug (Brady 1979, S. 77).

Jeder weiß, wie wichtig in der Pubertät der Umgang mit Gleichaltrigen ist. In den ersten zwölf Lebensjahren etwa sind es vor allem die Eltern, die dem Kind das Gefühl seines Wertes als Mensch vermitteln. In der Pubertät sucht es die Bestätigung seines Selbstwertgefühls bei Gleichaltrigen. Inzestopfer werden in beiden Lebensphasen durch den Vater dieser Möglichkeit positiven Selbsterlebens beraubt, die für das Selbstvertrauen des Erwachsenen von so entscheidender Bedeutung ist. Ist es ein Wunder, daß ein schwaches Selbstbewußtsein und ein negatives Selbstbild typisch für Frauen sind, die als Kinder vom Vater sexuell mißbraucht wurden?

Hure. Schlampe. Mit solchen Ausdrücken beschimpfen inzestuöse Väter, wie wir gesehen haben, ihre Töchter, wenn sie sie mit einem Jungen »erwischen«. Sie können aber auch auf andere Weise eine Verbindung zwischen Inzest und Prostitution herstellen. Katherine Bradys Vater erklärt später, er habe mit Rücksicht auf seine Stellung – er war Gefängniswärter – keine Prostituierten aufsuchen können. Ein anderer Vater sagt zu seiner zwölfjährigen Tochter: »Wenn ich dich nicht hätte, ginge ich vielleicht ins Bordell« (V.S.K. 1983, S. 53) und gibt dem Kind damit indirekt zu verstehen, daß es als brauchbare Alternative gleichfalls eine Art Hure sei.

Mit zwölf Jahren weiß ein Mädchen meist noch nicht, was Prostitution bedeutet (wenn es auch Mädchen gibt, die von zu Hause weggelaufen sind und Prostitution in diesem Alter bereits am eigenen Leib erfahren haben). Von den Erwachsenen seiner Umgebung aber mag es immerhin schon mitbekommen haben, daß eine »Hure« etwas Schlechtes, Schmutziges, Verachtenswertes ist. Eine Hure ist eine Frau, die sich für Geld verkauft, sagen die Erwachsenen. Auch das Mädchen bekommt vom Vater hin und wieder Geld. Und er hat ihr einen Hund versprochen, wenn sie lieb zu ihm ist. Ist sie also eine Hure? Ein Inzestopfer:

Ich kann mich noch gut erinnern, wie ich einmal einen Film sah von einem Mädchen, das nach Amsterdam ging und Prostituierte wurde. Ich weiß noch genau, wer die Hauptrolle spielte und wie ich mit vor Angstschweiß feuchten Händen vor dem Fernseher saß und dachte: Da haben wir's, ich bin eine Hure, ich bin eine Hure, ich bin eine Hure. Das dröhnte mir im Kopf, aber ich wagte nicht, aufzustehen und hinauszugehen, denn warum sollte man bei einer solchen Sendung plötzlich hinausgehen? Also blieb ich schwitzend vor Angst sitzen und sah mir den Film zu Ende an (IKON 1983).

Leila Sebbar vergleicht das Haus, in dem das Mädchen – für den Vater jederzeit verfügbar – eingeschlossen ist, mit einem Bordell.

[...] das Zimmer, in das ihr Vater ihr folgt und das er abschließt, um sich ihres passiven, unbeweglichen und unter Drohungen gehorchenden Körpers für seine sexuellen Praktiken, an denen sie keinen Anteil hat [. . .], zu bedienen, [ist] tatsächlich ein Bordellzimmer. Alles (Zeit, Raum und Gesten) läuft hier nach den Regeln der Prostitution ab. Sie macht, was er will. Sie ist dort auf dem Bett für sein Vergnügen. Er kennt den Ablauf der Handlung . . . Er führt sie in die Riten der Sexualität ein: Riten der Prostitution, wo die Grundregel für die Frau heißt, daß sie ihren Körper vergißt. [. . .] Als Gegenleistung für einen Körper, der sich ihm kalt, unbeweglich und versteinert, wie tot, hingibt – Puppenkörper, Sexpuppe –, bekommt die Tochter vom Vater als Anerkennung Geld oder Geschenke. Sie verkauft sich ihrem Vater für ein geringes Entgelt, für ein bißchen Taschengeld. Der Vater bringt ihr früh und erfolgreich bei – er ist ein guter Pädagoge –, wie sie aus ihrem Körper ein Geschäft machen kann (1980, S. 235f.).

Sebbars Vergleich trifft insofern zu, als die Tochter vom Vater wie eine Prostituierte als Objekt zu seiner Befriedigung benutzt wird. Zugleich aber verbirgt sich hinter Sebbars Aussage auch der weniger glückliche Gedanke, Inzest sei eine Schule der Prostitution, als gäbe es für die Tochter, nachdem sie vom Vater mißbraucht worden ist, nichts Erstrebenswerteres, als aus ihrem Körper ein Geschäft zu machen. Mit dieser Vorstellung steht Sebbar nicht allein. »So werden Frauen zu Huren gemacht«, sagt Christel Dorpat zu ihrem Mann, der »es« jahrelang mit ihrer Tochter Irene »getrieben« hat (1982, S. 87). Ich wittere darin etwas vom Prostitutionsverständnis des 19. Jahrhunderts. Damals ging man davon aus, daß Frauen von Natur aus sexuell desinteressiert seien. Prostituierte galten als schlechte Frauen, die im Gegensatz zu den guten Frauen durchaus sexuelle Bedürfnisse hatten. Man erklärte das unter anderem damit,

daß die Prostituierte von der Gier nach Geld, Luxus und schönen Kleidern getrieben werde.

Eine andere Erklärung lautete:

War eine Frau einmal von einem Mann verführt worden, so hatte das ihre sexuellen Bedürfnisse »geweckt«, und sie konnte in der Folge nicht mehr ohne sexuelle Beziehungen leben (Huitzing 1983, S. 13).

Die Überzeugung, vom Vater sexuell mißbrauchte Mädchen entwickelten eine Sucht nach Sex, ist zweifellos noch heute weitverbreitet, auch bei den Vätern selbst. »Jetzt machst du's bestimmt selber«, zischte ein Vater seiner Tochter immer wieder zu, nachdem sie die Mutter ins Vertrauen gezogen hatte. Das Kind wußte überhaupt nicht, was er meinte. Hierher gehört auch der zuvor beschriebene Argwohn des Vaters, das Mädchen gehe mit allen Jungen, die es kennt, ins Bett. Wenn Autoren wie Sebbar nun die Vorstellung vermitteln, Inzestopfer gerieten gewissermaßen zwangsläufig »auf die schiefe Bahn«, so wird das Mädchen dadurch noch zusätzlich gebrandmarkt. Wird der Tochter von Menschen, die ihr wohlgesonnen sind, versichert, es sei nicht ihre Schuld, und zugleich liest sie in ihren Augen, daß sie durch die Inzesterfahrung ein für allemal verdorben ist, so bleibt ihr wenig Hoffnung.

Es mag zwar als erwiesen gelten, daß viele Prostituierte in ihrer Kindheit sexuell mißbraucht worden sind, meist von einem Mitglied der Familie, oft vom eigenen Vater (James und Meyerding 1977, Silbert und Pines 1981), doch heißt das nicht, daß alle inzestuös mißbrauchten Mädchen Prostituierte werden. Es heißt auch nicht, daß alle diese Mädchen sexuell promiskuitiv werden – eine Verhaltensform, die oft in einem Atemzug mit Prostitution genannt wird –, und ebensowenig, daß sie durchweg von einer Mißbrauchsbeziehung in die nächste schlittern. Wo das dennoch geschieht, bleibt zu fragen, wer dafür verantwortlich ist. Es kommt vor, daß ein Mädchen vom inzestuösen Stiefvater zum Vater flieht und dann auch von diesem sexuell mißbraucht wird. Oder an die Stelle eines Onkels tritt der Vater. Oder an dessen Stelle eine nicht zur Familie gehörende Vertrauensperson. Hier kommt hinzu, daß die Tochter gerade durch den Inzest auf andere Männer sexuell anziehend wirken kann. Der Gedanke, daß sie sexuellen Kontakt mit ihrem Vater hatte, scheint manche Männer zu erregen. Oder sie sehen in ihr leichte Beute. Oder sie sagen sich, sie sei ohnehin verdorben und auf einmal mehr oder weniger komme es nicht an. So kann eine Kettenreaktion entstehen. Es ist freilich nicht das Mädchen, das – aus sexuellem Drang, Geldgier oder welchen Motiven auch immer – den erneuten sexuellen Mißbrauch wünscht oder sich anbietet.

Doch zurück zum Thema Prostitution: Eine Prostituierte, die im Bordell oder in ihrer Wohnung arbeitet, führt ein ganz anderes Leben als eine Straßenprostituierte. Auffallenderweise werden Untersuchungen, die einen Zusammenhang zwischen Inzest und Prostitution herstellen, überwiegend unter Straßenprostituierten durchgeführt, jungen Mädchen meist, die unter den erbärmlichsten Bedingungen arbeiten. Oft sind sie von zu Hause durchgebrannt, um nicht länger der Willkür eines inzestuösen Vaters ausgeliefert zu sein.

Sexueller Mißbrauch war das bedeutsamste der Probleme, die die Frauen der vorliegenden Untersuchung veranlaßten, als Jugendliche von zu Hause wegzulaufen. Waren sie erst auf der Straße gelandet, war Prostitution für sie die einzige Überlebenschance. 89 Prozent der Jugendlichen antworteten auf die Frage, warum sie sich prostituierten: »Ich brauchte Geld; ich hatte Hunger.« Fast alle glaubten, keine andere Wahl zu haben, als sie damit begannen (Silbert und Pines, S. 410).

Nichts von Wiederholungszwang also, nichts von Sexbesessenheit oder Arbeitsscheu und Hang zum Luxus, sondern pure materielle Not.

Zweifellos spielen bei einer Reihe von Inzestopfern, die in die Prostitution abgleiten, neben der materiellen Not auch psychische Faktoren eine Rolle. Nach Aussagen Carla van Lichtenburchts, einer Sozialarbeiterin im Dienst der Utrechter Polizei, die sich speziell mit Aufklärungs- und Informationsarbeit im Bereich inzestuösen Mißbrauchs befaßt, kann Prostitution auch eine Alternative sein: Sie unterscheidet dabei eine »positive« und eine »negative« Alternative. Zur negativen Alternative schreibt sie:

Die Frau weiß es nicht besser. Einem Mädchen, das schon vom Vater als »Hure« beschimpft wurde, erscheint dieser Schritt selbstverständlich (van Lichtenburcht u. a. 1986, S. 146).

Ich denke dabei auch an etwas, das ich das Genet-Syndrom nenne. Der französische Schriftsteller Jean Genet wurde im Alter von zwölf Jahren wegen »schlechten Benehmens« in ein Zuchthaus eingewiesen. In einer Aufwallung beschloß er, sich ein für allemal dem Negativbild, das man von ihm hatte, anzupassen und tatsächlich ein

Krimineller zu werden. So kann auch das Inzestopfer denken: Wenn sie mich ohnehin als Hure ansehen, kann ich auch gleich eine werden. Auf diese Weise kann die Stigmatisierung des Inzestopfers als Hure durch den Vater und/oder durch andere zur sich selbst erfüllenden Prophezeiung werden.

Eine »positive« Alternative stellt Prostitution nach van Lichtenburcht dann dar, wenn sie eine Form der »Rache am Vater, an Männern allgemein ist, ein Abreagieren an den Kunden«. Oder wenn sie dazu dient, Inzesterlebnisse zu verarbeiten.

Jetzt ist die Frau diejenige, die den Ton angibt, hier liegt die Macht bei ihr. Sie setzt den Preis und die Bedingungen fest, sie bestimmt, wie weit der Mann gehen darf. Sie stellt Forderungen der Hygiene, sie entscheidet, welcher Kunde ihr Zimmer betritt und welcher nicht. Die Ohnmacht von einst verkehrt sich nun ins Gegenteil: Die Frau bestimmt selbst, was geschieht. Miranda, zweiundzwanzig Jahre: »Natürlich ist es keine schöne Arbeit, aber sie bringt viel ein. Etwas anderes habe ich ja nicht gelernt, und außerdem gefällt es mir, daß ich es jetzt in der Hand habe, was passiert. Ich kann mich richtig überlegen fühlen. Ich empfinde dann eine ungeheure Verachtung für die Männer und spüre, daß sie von mir abhängig sind« (van Lichtenburcht u. a. 1986, S. 146 f.).

Die Bezeichnung »positive« Alternative ist in diesem Zusammenhang vielleicht ein wenig beschönigend. Sich zu prostituieren ist auch hier ein aus der Not geborener Überlebensmechanismus, in diesem Fall nicht aus materieller, sondern aus psychischer Not. Dies führt uns zum nächsten Thema: den Strategien, die Inzestopfer entwickeln, um das Unerträgliche erträglicher zu machen.

Prostitution kann ein Überlebensmechanismus sein im materiellen Sinne, aber auch psychisch, ein Weg, sich im Erwachsenenalter Genugtuung zu verschaffen und so mit der Wut und dem Kummer über die Erfahrungen der Kindheit fertig zu werden. Inzestopfer bedienen sich zu diesem Zweck verschiedenster Mechanismen. Der Grundstein wird meist schon in der Kindheit gelegt. Das sexuell mißbrauchte Mädchen entwickelt bestimmte Strategien, um sich trotz des Elends und der Demütigung, die es durch den Inzest erleidet, behaupten zu können. Manche dieser Strategien erscheinen dem Außenstehenden logisch oder zumindest verständlich, andere empfindet er als bizarr. Bei näherem Hinsehen aber zeugen alle diese Strategien von Lebenskraft und geistiger Gesundheit, denn sie alle dienen ein und demselben Zweck: zu überleben.

Selbstverstümmelung bei Inzestopfern wird meist als selbstzerstörerisch interpretiert, und mitunter ist es das auch. Manche Mädchen verbrennen sich mit Zigaretten oder bringen sich Schnitte bei (oft an Genitalien oder Brüsten), um ihren Körper zu bestrafen. Diesen Drang zur Selbstbestrafung findet man vor allem dann, wenn das Mädchen bei der sexuellen Stimulation durch den Vater Erregung empfunden hat und sich von ihrem Körper verraten fühlt. Selbstverstümmelung kann jedoch auch in »positiver« Absicht erfolgen, und zwar als Selbstschutz (wenn ich mich häßlich mache, läßt er mich in Ruhe). Und sie kann so etwas wie ein Anker im Leben sein, ein Weg, den Anschluß an die Wirklichkeit wiederzufinden, wenn das Mädchen sich zu verlieren droht. Mädchen, bei denen das der Fall ist, werden – so Mary de Young – eines Tages von Angst, Wut, Scham und dem Gefühl, verraten zu sein, überwältigt. Kurz vor dem Akt der Selbstverwundung gehen diese heftigen Gefühle in Empfindungslosigkeit, Leere, ein Gefühl der Unwirklichkeit, in einen trance- oder traumähnlichen Zustand über. Das Gefühl der Depersonalisation hält an, während das Kind sich die Verletzung beibringt, so daß es keinen Schmerz spürt. Nicht der Schmerz schafft Erleichterung, sondern der Anblick des Blutes, des blauen Flecks oder der Brandwunde. Das körperliche Mal der Verletzung führt das Kind in die Wirklichkeit zurück. Tara, vierzehn Jahre alt, wurde ein halbes Jahr lang von ihrem Stiefvater sexuell mißbraucht. In dieser Zeit schnitt sie sich immer wieder mit Glasscherben in die Arme.

> Ich stand dabei vor dem Spiegel und starrte mich an. Es tat nicht weh. Wenn ich das Blut sah, fröstelte ich, als ob mir kalt wäre. Dann dachte ich: »Ah, Blut« und lachte. Danach ging ich zum Essen hinunter oder in die Schule, oder ich tat etwas anderes, als ob nichts geschehen wäre (de Young 1982, S. 538).

Man könnte vielleicht sagen, diese Kinder verabreichen sich mit der Selbstverwundung eine »Injektion von Wirklichkeit«. Ich entlehne diesen Ausdruck dem erschütternden, weitgehend autobiographischen Roman *Malina* von Ingeborg Bachmann. Die Ich-Erzählerin, eine erwachsene Frau, bringt sich zwar keine Verletzungen bei, leidet aber unter einem völligen Mangel an innerer Sicherheit, einer immer größer werdenden Entfremdung von sich selbst und ihrer Umwelt. Der Grund liegt im Wiederaufleben ihres Kindheitstraumas, des sexuellen Mißbrauchs durch den brutalen Vater. Trotz ihrer sozialen Unabhängigkeit und ihrer intellektuellen Fähigkeiten gerät sie innerlich in völlige Abhängigkeit von den beiden Männern in ihrem Leben, Malina, mit dem sie zusammenlebt, und Ivan, dem Geliebten. Sie zehrt von den »Injektionen von Wirklichkeit«, die beide ihr verabreichen und die sie im Leben verankern. Doch nur für eine begrenzte Zeit, denn letztlich können diese »Injektionen« gegen die zunehmende Desintegration ihres Ichs nichts ausrichten.

Ebenso wie Selbstverstümmelung ein Weg zur Reintegration des Ichs sein kann, eine Möglichkeit also, nicht verrückt zu werden, so können paradoxerweise auch Selbstmordgedanken eine Stütze im Leben sein.

> Im Hintergrund meines Bewußtseins stand immer die Gewißheit, daß ich, wenn ich scheiterte, die Tür öffnen konnte, auf der EXIT stand, daß ich durch sie hindurchgehen konnte, mit Hilfe von Tabletten oder Rasierklingen, Gas oder dem langsamen Gang ins tiefe Wasser. Dieses EXIT hatte ich insgeheim schon vor langer Zeit beim Tod reserviert, und wenn es allzu schlimm wurde, [...] konnte ich mich beim Maître d'hotel anmelden und mich auf den

Weg zu der Tür begeben. Hierin hat sich an meinen Gefühlen nicht das mindeste geändert. Es ist gut zu wissen, daß mir diese eine unwiderrufliche Möglichkeit offensteht. Irgendwie gibt es mir den Mut, den nächsten Schritt zu tun [...] (Allen 1980, S. 91).

Und ein anderes Inzestopfer, heute etwa vierzig Jahre alt, erzählte mir:
Schon als ich noch ganz jung war, sagte ich mir: Du mußt leben, aber es gibt eine Grenze. Wenn es wirklich nicht mehr geht, kannst du dich selbst töten. Ich denke, dieser Gedanke, das Gefühl, daß es immer einen Ausweg gab, hat mir den Mut gegeben, Risiken auf mich zu nehmen, Dinge zu tun, die ich sonst, als das schüchterne Kind vom Lande, das ich war, niemals gewagt hätte und die es mir schließlich ermöglichten, mich von meinem Vater zu befreien. Ich muß gestehen, ich blicke mit einer gewissen Bewunderung auf mein altes Ich zurück, auf die Todesverachtung, mit der ich für ein menschenwürdiges Dasein kämpfte. Heute bin ich längst nicht mehr so tapfer. Aber heute habe ich auch einiges zu verlieren. Heute würde ich mir nicht mehr ohne weiteres sagen: Vorwärts, Mädchen, wenn's schiefgeht, kannst du dir immer noch das Leben nehmen.

So können Verhaltensweisen und Gedanken, die auf den ersten Blick zerstörerisch erscheinen, im Gegenteil im Dienst des Willens zum Leben stehen. Das gilt auch für Gefühle wie Wut, Haß, Aggression.

[Ich habe] deswegen so viel gehaßt, mein eigenes Leben so sehr gehaßt, daß ich ihm entkommen wollte, weg wollte. Und mit fünfzehn, sechzehn, siebzehn Jahren war ich vielen Dingen gegenüber viel kritischer, als ich es sonst gewesen wäre. Ich meine, es war schrecklich, aber es war auch gut. Ich bin entkommen.
Ich glaube auch, daß ich dadurch stärker geworden bin, als ich es sonst gewesen wäre. Daß ich es überlebt habe, hat meinen Glauben an mich selbst gestärkt – daß ich irgendwo eine Stärke in mir habe, die mir selbst gar nicht bewußt ist. Denn ich habe überlebt, obwohl ich noch so klein war (Armstrong 1985, S. 57 f.).

Die Frau, die diese Worte spricht, ist zwanzig Jahre alt. Zehn Jahre später hätte sie sich möglicherweise nicht mehr so optimistisch geäußert. Die Spuren, die Vater-Tochter-Inzest in der Psyche eines Kindes hinterläßt, wirken oft wie eine Zeitbombe, die erst viele Jahre nach Beendigung der Mißbrauchsbeziehung explodiert. Ich werde darauf im nächsten Kapitel zurückkommen. Bei dieser Frau jedenfalls war der Haß in einer bestimmten Phase ihres Lebens ein Motiv, ihr Schicksal selbst in die Hand zu nehmen. Ihr Haß richtete sich offensichtlich nicht gegen ein bestimmtes Objekt, sondern gegen ihre gesamte Umgebung, was in ihr das Bedürfnis weckte, alle Brücken hinter sich abzubrechen.

Wut, Haß und Aggression können sich auch gegen den inzestuösen Vater richten. Es heißt immer wieder, sexuell mißbrauchte Töchter haßten vor allem sich selbst und wagten nicht, dem Vater böse zu sein. Manche Lebensberichte sprechen jedoch eine andere Sprache.

In den Pausen, in eine windgeschützte Ecke des Schulhofes gedrückt, nährte ich die Wut, die meine Brust wie eine riesenhafte Blase ganz auszufüllen schien; ich malte mir aus, wie ich mich rächen würde, und empfand ein bitteres Vergnügen bei der Vorstellung, wie ich das Messer oder den Revolver schwang, wie mein Vater vor Angst zitterte, wie ich das große Brotmesser aus der Küche nahm und ihn erstach. [...] Ich wußte genau, das harte Etwas, das ich in mir fühlte, war die Fähigkeit, zu töten. Sollte ich je die Kontrolle über die beiden voneinander getrennten Hälften meines Selbst aufgeben, würde ich töten. Ich würde ganz ruhig in die Küche gehen, das Brotmesser ergreifen und meinen Vater töten [...]. Ich würde keine Reue empfinden, sondern nur ein überwältigendes Gefühl der Gerechtigkeit [...] (Allen 1980, S. 83, 95).

Ich [...] wollte meinen Vater umbringen. Ich wollte ihn mit einem Eispfriem umbringen. Das war mein Plan. Denn irgendwo hatte ich gelesen, daß ein Eispfriem kein Loch hinterläßt, wenn man ihn herauszieht. Und wenn man zwölf ist, dann glaubt man das ... Ich weiß nicht, wie lang ich daran dachte, ihn zu töten (Armstrong 1985, S. 163).

Ich lief auch die ganze Zeit mit Mordplänen herum, Plänen, ihn [...] zu töten. Zum Beispiel sein Auto zu präparieren. Unten hingen ein paar Degen, damit konnte ich ihn durchbohren; solche Dinge dachte ich mir aus (IKON 1983).

Es kommt nicht oft vor, daß ein Inzestopfer seinen Vater tatsächlich umbringt oder ihn umzubringen versucht, aber es kommt vor. Yvette, zwanzig Jahre alt:

Ich habe meinem lieben kleinen Papa vier Messerstiche versetzt, und er ist noch nicht einmal daran gestorben. [...]

Ich habe meinen Vater gesehen. Er hat gesagt: »Du hast dich verändert. Arbeitest du? Verdienst du Geld?« Ich habe gesagt: »Ja, ich verdiene Geld.« [...] Er sagte: »Ich weiß nicht, ob ich Lust hätte oder nicht...« Ich konnte das nicht hören. Ich habe mein Messer hervorgeholt und zugestoßen. Viermal. Ich wollte ihn ins Herz treffen. Ich habe das nicht geschafft. Er lebt immer noch.

Im Gefängnis auf ihre Aburteilung wartend, kommt Yvette zu dem Schluß:

Ich muß lernen, schlampig und widerlich zu werden [...]. Das habe ich hier kapiert, nur so kommt man im Leben zurecht. Ich würde nicht im Gefängnis sitzen... (Sebbar 1980, S. 228 f., 233).

Ein berühmter Fall von Tochtervergewaltigung, gefolgt von Vatermord, ist der Fall Beatrice Cencis, die im 16. Jahrhundert ihren Vater Francis Cenci ermorden ließ, nachdem er sie vergewaltigt und ihr zu verstehen gegeben hatte, er habe vor, dies noch oft zu tun. Antonin Artaud verarbeitete den Stoff in einem Bühnenstück (1936/64), Stendhal erzählt die Geschichte in seinen *Chroniques Italiennes* (1829–40/1961). Die sechzehnjährige Beatrice wurde enthauptet, ungeachtet der Unterstützung und Sympathie des Volkes, das auf ihrer Seite stand, denn Francis Cenci war ein allseits verhaßter, grausamer Mensch.

Violette Nozières mußte ohne die Unterstützung der Öffentlichkeit auskommen. Die einzigen, die für sie eintraten, waren einige der führenden surrealistischen Schriftsteller, die unter dem Titel *Violette Nozières* einen von berühmten Malern wie Salvador Dalí, Max Ernst und René Magritte illustrierten Gedichtband herausgaben (siehe Pierre 1980, S. 246 ff.). Die Meinung der Künstler und Schriftsteller fand jedoch bei Psychiatern, Richtern, Presse und Bevölkerung kaum Beachtung. Violette Nozières vergiftete 1933 ihren Vater. Sie war achtzehn Jahre alt. Als Motiv gab sie an, daß ihr Vater sie seit ihrem zwölften Lebensjahr sexuell mißbraucht hatte und, auch als sie einen Freund hatte, nicht von ihr ablassen wollte. Seit er ihr mitgeteilt hatte, er werde sie niemals gehen lassen, war sie wie besessen von der Idee, ihn umzubringen. Als sie diese Idee in die Tat umgesetzt hatte, empfand sie, wie sie den Richtern sagte, große Erleichterung. Sie hatte keine andere Möglichkeit gesehen, dem Mißbrauch ein Ende zu setzen. Die Richter waren überzeugt, daß sie log, die Presse war der Meinung, sie – die Vatermörderin, das perverse Ungeheuer – entehre das Andenken eines schwer arbeitenden, allseits geachteten Mannes, eines liebenden Gatten und treusorgenden Vaters, den sie aus purer Habgier getötet habe. Sie wurde zu zwölf Jahren Haft verurteilt und saß die volle Strafe ab (siehe Fitère 1975). Claude Chabrol hat die Geschichte verfilmt. Violette (Isabelle Huppert) ist in dem Film die geborene Verführerin, eine abgefeimte Intrigantin; der Inzest, Ursache des Vatermordes, tritt nicht weiter in Erscheinung.

Der Mord des irischen Mädchens Noreen Winchester an ihrem Vater dagegen hat meines Wissens noch keinen Schriftsteller oder Filmemacher inspiriert. Noreen war siebzehn, als sie 1976 ihren Vater erstach. Sie wurde zu sieben Jahren Haft verurteilt. Anders als im Fall Violette Nozières stritten die Richter den Inzest nicht ab, sondern verharmlosten ihn. Inzest sei in dem Milieu, in dem Noreen lebte, etwas ganz »Normales«. Einen für Noreen erschwerenden Umstand sahen die Richter darin, daß sie ihren Vater im Schlaf getötet hatte. Hätte sie es getan, während er sie vergewaltigte, hätte sie sich auf Notwehr berufen können, so aber war es für die Justiz eine vorsätzliche Tat. Noreen saß »nur« zwei Jahre ihrer Strafe ab; unter dem Druck der irischen Frauenbewegung wurde sie begnadigt.

Den ermordeten Vätern steht im übrigen eine viel größere Zahl ermordeter Töchter gegenüber, zumindest, wenn man das Wort »ermordet« sehr weit faßt und auch auf jene Mädchen anwendet, die durch ihren Vater zum Selbstmord getrieben wurden. Oder auf Mädchen wie die fünfzehnjährige Ann Lovett, die in einem kleinen Park ihres Wohnortes – ebenfalls in Irland – einem Sohn das Leben schenkte. Einziger Zeuge der Geburt war ein Marienbild.

Sie muß dort mindestens drei Stunden im Gebüsch gelegen haben, als drei vorüberkommende Schuljungen ihr Schluchzen hörten. Erschrocken riefen sie einen älteren Mann herbei. [. . .] Er fand das Mädchen völlig durchnäßt und eiskalt, ihr Baby nackt und leblos neben sich auf der Erde. Bei der Ankunft im Kreiskrankenhaus, eineinhalb Stunden später, war Ann ebenfalls tot. Todesursachen waren Blutverlust und Schock (Chavannes 1984). Journalisten seriöser irischer Zeitungen besaßen Hinweise darauf, daß Anns Vater der Vater des Kindes war, doch ließen sie in ihren Zeitungen nichts darüber verlauten, und es blieb ein Gerücht. Anns Vater, der wahrscheinlich indirekt einen Doppelmord auf dem Gewissen hatte, ging straffrei aus. Seine Schuld ruht mit seiner Tochter auf dem Friedhof. Dem Friedhof der ermordeten Töchter, von dem niemals jemand spricht, auf dem kein Verteter des öffentlichen Lebens einen Kranz niederlegt. Wie viele Mädchen liegen dort begraben? Wie viele Frauen?

Ich weiß, daß hinter mir mein Vater eingetreten ist, er hat geschworen, mich zu töten, und ich stelle mich rasch zwischen den langen schweren Vorhang und das Fenster, damit er mich nicht überrascht beim Hinausschauen, aber ich weiß schon, was ich nicht wissen soll: am Seeufer liegt der Friedhof der ermordeten Töchter.

[. . .] die Erde tut sich über den Gräbern auf, und für einen Augenblick stehen mit wehenden Haaren die gestorbenen Töchter auf [. . .]. Mein Vater läßt den See über die Ufer treten, damit nichts herauskommt, damit nichts zu sehen ist, damit die Frauen über den Gräbern ertrinken, damit die Gräber ertrinken (Bachmann 1971, S. 207, 229).

Der Tod bietet natürlich den wirksamsten Schutz gegen Vater-Tochter-Inzest, der Tod des Vaters oder der des Mädchens. Die meisten Inzestopfer aber töten ihren Vater nicht, sie legen nicht Hand an sich und sterben nicht bei einer heimlichen Geburt im Gebüsch. Die meisten Inzestopfer machen sich, um das Leben ertragen zu können, nur *ein bißchen tot*. Sie machen sich, während der Mißbrauch vonstatten geht, gefühllos, um sich gegen das Geschehen abzuschirmen, um extreme emotionale Beschädigung abzuwehren, indem sie ihr inneres Ich gleichsam unverwundbar machen. Mit ihrer Haltung bringen sie zum Ausdruck: Er kann mit meinem Körper machen, was er will, ich bin nicht da, ich habe nichts damit zu tun.

Wenn ich dann im Bett lag und er kam wieder ins Zimmer, dann dachte ich nur ganz gelangweilt: Ach Gott, da ist er ja schon wieder, oder so etwas, und dann las ich zum Beispiel einfach mein Buch weiter, und er war mit mir beschäftigt, aber irgendwie war es eher [. . .] es passierte nicht, es fand einfach nicht statt. Mein ganzes Fühlen, alles war weg, ich lag nur da und las, bis er wieder ging, und dann war es vorbei, ich hatte wieder meine Ruhe und konnte schlafen (IKON 1983).

Ich habe damals gelernt, meine Gefühle auszuschalten. Es machte mir überhaupt nichts mehr aus, nur dieses Ekelgefühl blieb. Ich fühlte mich ganz komisch, ganz leicht und unwirklich. Ich weiß noch, daß ich oft dachte: Schade um meinen neuen BH, der leiert bloß aus (van Maris und Rijnaarts 1983, S. 11).

Ich fand Mittel und Wege, mich abwesend zu machen – ich dachte an ein Gespräch mit einer Nachbarin, eine Hausaufgabe, eine Einkaufsliste, irgend etwas Nichtsexuelles –, mich aus dem Zentrum des Geschehens zu entfernen, so zu tun, als geschähe es gar nicht. [. . .] Ich verstand es immer besser, die Realität zu verdrängen und mitunter ganz auszulöschen, eine Fertigkeit, die ich mir später nur unter größten Schwierigkeiten [. . .] wieder abgewöhnen konnte. Ich versetzte meinen Geist in andere Zeiten und Räume. Anstatt im Bett zu liegen, festgehalten von den Händen meines Vaters, war ich ein kleines Mädchen, das über Oma Hinkles Weiden schlenderte, den Duft des hohen Grases einsog und dem Klagelaut der Kühe lauschte (Brady 1979, S. 65, 76f.).

Die Fähigkeit, sich aus der Wirklichkeit wegzudenken – eine Möglichkeit, diese Wirklichkeit zu überleben –, ist einer der Gründe dafür, daß viele Inzestopfer so emotionslos über den Inzest sprechen können, daß sie – zum Entsetzen mancher Helfer – so kühl und distanziert von den schrecklichsten Szenen berichten können. »Wir haben«, so sagen sie selbst,

eine Mauer um unsere Gefühle aufgerichtet, damit niemand an sie heran kann, wir selbst nicht und auch andere nicht (V.S.K. 1983, S. 117).

»[...] nur dieses Ekelgefühl blieb«, wie eine Frau sagte. Was gleichfalls bleibt, ist der Selbsthaß. Ich fühlte mich schmutzig, schlecht, wertlos – diese Worte kehren in allen Lebensberichten von Inzestopfern wieder. Manche Mädchen suchen dieses negative Selbstgefühl dadurch zu kompensieren, daß sie beispielsweise in der Schule Höchstleistungen erbringen. Sie glauben, dies tun zu müssen, um sich Respekt zu verschaffen, um – sich selbst und anderen – zu beweisen, daß sie trotz allem etwas wert sind.

Noch heute strebe ich nach »Erfolg im Leben«, um meine Existenzberechtigung zu beweisen [...] Einsen in der Schule, die Veröffentlichung meiner Schriften [...] ich bin ständig auf der Suche nach Erlösung (Bass und Thornton 1983, S. 18).

Leistung hat natürlich auch eine praktische Seite: Sie kann Grundlage materieller Unabhängigkeit sein. Eine Frau:

Mein Vater sagte immer: Glaub nur nicht, du kommst hier weg. Nach zwei Wochen stehst du wieder bettelnd vor der Tür. Oder: In drei Monaten bist du mit einem dicken Bauch wieder da. Das sagte er natürlich, um meinen Willen zu brechen, aber er erreichte damit nur das Gegenteil. Ich dachte: Du wirst dich noch wundern. Von meinem fünfzehnten Lebensjahr an habe ich neben meiner Arbeit im Büro Abendkurse besucht. Ich bestand alle Prüfungen glänzend, nicht weil ich die Streberin gewesen wäre, für die mich manche hielten, sondern weil ich es mir nicht leisten konnte, durchzufallen. Genau an meinem einundzwanzigsten Geburtstag ging ich von zu Hause fort. Ich habe nie wieder einen Pfennig von ihm gebraucht, weder von ihm noch von irgend jemandem sonst.

Für Inzestopfer aus den unteren sozialen Schichten können Schule und intellektuelle Entwicklung nicht nur als ein Mittel gegen den Selbsthaß und als Basis für eine unabhängige Existenz von Bedeutung sein, sondern auch, weil sie der einzige Lebensbereich sind, den

der Vater aufgrund seiner fehlenden Bildung und Ausbildung nicht
»besetzen« kann, den er nicht vereinnahmen und somit auch nicht
beschmutzen kann.

Nun ist es natürlich nicht so, daß diese Überlebensstrategien wohl-
geordnet bereitstünden und das Inzestopfer nur zu wählen brauchte.
Wir haben es vielmehr mit einem unüberschaubaren Gewirr mögli-
cher Verhaltensweisen zu tun, von denen jede auf eine andere Weise
funktioniert. Gute Schulzensuren können ein Mittel sein, den Selbsthaß zu mildern, doch kommt dieses Mittel anderen Strategien in die
Quere, die den Selbsthaß – das Gefühl von Schuld und Scham –
wiederum verstärken. Ich denke dabei an die »Mitbeteiligung« oder
»Mitschuld«, von der Experten sprechen und die das Kind auch als
solche erlebt. Diese Ausdrücke sind jedoch inadäquat. Der Begriff
der »Identifizierung mit dem Angreifer« kommt der Sache schon
näher, ein Begriff, den Sándor Ferenczi in diesem Zusammenhang
verwendet (1933/84, S. 324). Es geht darum, daß das Kind sich
gleichsam gezwungen sieht, eine Rolle in einem Stück zu spielen,
das der Vater verfaßt hat und in dem er die Regie führt.

> [...] ich falle nicht aus der Rolle, die nicht meine Rolle ist,
> sondern singe um mein Leben, damit mein Vater mir nichts antun
> kann (Bachmann 1971, S. 197).

Daß es diese Rolle spielt, weckt in dem Kind Schuldgefühle. Sein
Vater läßt es Dinge tun, für die es sich schämt. Schuld und Scham
werden meist in einem Atemzug genannt. Die Schuldgefühle des
Kindes bedeuten jedoch nicht, daß es wirklich schuldig *ist*. Den
meisten Inzestopfern wird das später, wenn sie erwachsen sind,
auch klar. Die Scham aber bleibt. Die Scham, die mit der erlittenen
Erniedrigung verbunden ist. In diesem Zusammenhang kommt mir
eine Äußerung Renate Rubinsteins über KZ-Opfer in den Sinn:

> Menschen, die in Vernichtungslagern waren und dort zu ver-
> dreckten, hungrigen, verlausten Gerippen herabgewürdigt wur-
> den, schämten sich so, daß sie nach dem Krieg nicht darüber
> sprachen; selbst ihren Kindern, gerade ihren Kindern erzählten
> sie zwanzig oder dreißig Jahre lang nichts davon. Ich habe häufig
> gelesen, daß das aus einem Schuldgefühl heraus geschah, weil sie

noch am Leben waren, während Millionen umgekommen sind, aber ich glaube: im Gegenteil, aus Scham. *Schuld ist das Gegenteil von Scham* (1987, S. 48; Hervorhebung J. R.).

Ein Gedanke, aus dem jedes Inzestopfer Trost schöpft, solange die Mißbrauchsbeziehung andauert, ist dieser: Eines Tages gehe ich fort und komme nie wieder zurück. Dies ist nicht so sehr eine Überlebensstrategie als vielmehr eine Tatsache des Lebens selbst, die dem Mädchen den Mut geben kann, durchzuhalten und sich nicht aufzugeben. Doch wenn das »Später« da ist, kommt oft die Enttäuschung, denn dann zeigt sich, wie tief die Wunden sind, die der inzestuöse Vater dem Kind zugefügt hat. Ein Inzestopfer, dessen Vater verurteilt wurde, schreibt:

Er hat zwei Jahre bekommen, ich aber lebenslänglich (V.S.K. 1983, S. 103).

Eine fünfunddreißigjährige Frau, vom zehnten bis zum vierzehnten Lebensjahr von ihrem Vater sexuell mißbraucht und später – nachdem sie die Mutter eingeweiht hatte – bis zu dem Tag, da sie mit zwanzig das Elternhaus verließ, von ihm schikaniert, bespitzelt und systematisch an der Aufnahme sozialer Kontakte gehindert, sagte mir vor einiger Zeit:

Wenn ich die letzten fünfzehn Jahre meines Lebens mit den ersten zwanzig vergleiche, dann muß ich sagen, daß ich seit fünfzehn Jahren ein sehr glücklicher Mensch bin.

»Also gehörst du zu denen, die meinen, es sei gar nicht so schlimm?« fragte ich sie. »Bist du wahnsinnig?« rief sie erschrocken, »es war entsetzlich, es war die Hölle!« Da begriff ich meinen Denkfehler. Es ist natürlich lächerlich, den Ernst einer Erfahrung lediglich nach ihren Folgen zu beurteilen, als würde die Erfahrung selbst nicht zählen. Auch wenn der Mißbrauch das Erwachsenenleben nicht im mindesten belastete, so wäre doch in jedem Fall eine verpfuschte Kindheit und Jugend vorausgegangen, und das sind immerhin zwanzig Jahre im Leben eines Menschen. Und wenn wir bedenken, daß die Zeit desto schneller vergeht, je älter wir werden, so sind es noch viel mehr Jahre.

Wir sprachen weiter, und es stellte sich heraus, daß die Ereignisse ihrer Kindheit auch für diese Frau Konsequenzen hatten. Nur hatte sie das Gefühl, die früher durchlittene Not sei nicht mehr zu übertreffen und sie werde deshalb »immer irgendwie durchkommen«. Eine solch optimistische Lebenseinstellung findet man bei vielen Inzestopfern. Sie ist eine gesunde Medizin. Freilich wirkt sie nicht immer. Und nicht bei allen. Bei weitem nicht.

Die Folgen des Vater-Tochter-Inzests für das Leben der erwachsenen Frau können in zwei Kategorien unterteilt werden, die miteinander verflochten sind und sich gegenseitig beeinflussen. Die eine hat mit der Wiederbelebung der früheren traumatischen Erfahrungen zu tun, die andere mit dem »Bumerangeffekt« der Überlebensstrategien.

Eine Wiederbelebung kann in Form von Erinnerungen erfolgen,

die das Inzestopfer mitsamt der dazugehörigen Angst, Wut, Ohnmacht und Verzweiflung bei jeder passenden oder unpassenden Gelegenheit überfallen können. Auslöser kann eine unbedeutende Kleinigkeit sein: Schritte auf der Treppe, eine bestimmte Art der Berührung oder ein Schreck, den jemand einem aus Spaß einjagt, der Anblick eines Mannes, der in der Straßenbahn ein Mädchen auf dem Schoß hält, das Gefühl, daß andere einem die Schuld zuweisen, wenn es Probleme gibt, Bemerkungen über das eigene Aussehen. Auch bestimmte sexuelle Handlungen, eine gewisse Stimmung oder Einzelheiten eines Liebeserlebnisses können den Mahlstrom der Erinnerungen in Gang setzen und schmerzhafte Gedanken heraufbeschwören.

Als ich zum erstenmal mit Rob schlief, sagte ich etwas, das ihn zum Lachen brachte. Im Halbdunkel glich sein Lachen so sehr dem meines Vaters, daß mir der Atem stockte. Ich erstarrte, sah ihn mit weit aufgerissenen Augen an und sagte mir, daß ich Rob vor mir hatte, *Rob*. Aber sein Lachen und sein heiseres Flüstern verursachten mir Gänsehaut, mein Mund wurde trocken, und mein Herz schlug zum Zerspringen. Für einige sehr lange Augenblicke gelang es mir nicht, den Widerhall seines Lachens aus meinem Kopf zu verbannen. Dann zwang ich mich, mich wieder hinzulegen, sein Gesicht zu berühren und mich zu vergewissern, daß es wirklich Rob war (Allen 1980, S. 20).

Der Gedanke, daß Inzest sich vor allem auf das spätere Sexualerleben auswirkt, liegt auf der Hand. Aber Inzestopfer haben später nicht zwangsläufig sexuelle Schwierigkeiten. Oft ist ihren Lebensberichten zu entnehmen, daß ein lieber, verständnisvoller, einfühlsamer Partner, ob Mann oder Frau, in dieser Hinsicht Wunder wirken kann. Und wenn Frauen bei sexuellen Kontakten das Gefühl haben, erneut mißbraucht zu werden, so ist das keineswegs immer Einbildung. Aus Katherine Bradys Bericht beispielsweise geht deutlich hervor, daß sie ihren Mann Roger nicht nur als eine zweite Ausgabe ihres Vaters *erlebt*, sondern daß er das in gewisser Weise auch *ist* – ein selbstsüchtiger Mensch, der keine Rücksicht auf ihre Wünsche und Gefühle nimmt und sich nicht darum kümmert, was sie will oder nicht will. Wenn ihr Vater Sex wollte, sagte er immer zu ihr, sie *müsse* ihm helfen, er habe es so bitter nötig, wenn sie nicht nachgebe, wisse er sich keinen Rat. Von Ehemann Roger bekommt sie später beispielsweise zu hören: Komm, es dauert doch nur zwanzig Minuten, ich brauche es einfach; du hast kein Recht, nein zu sagen (1979, S. 128). Kein Wunder, daß Katherine von Déjà-vu-Gefühlen geplagt wird.

Eine Wiederbelebung kann auch in Form von immer wiederkehrenden Träumen erfolgen. Ich habe den Eindruck, daß gerade in Träumen weniger die sexuellen Handlungen selbst wiederbelebt werden als vielmehr die damit verbundenen Gefühle: Angst, das Gefühl, wie gelähmt zu sein, der Willkür des mächtigen Vaters völlig ausgeliefert zu sein. Ich kenne eine Frau, die in ihren Träumen regelmäßig Vorbereitungen trifft, um von zu Hause wegzulaufen, und dabei immer wieder von ihrem Vater ertappt wird. Auch die Versuche ihres Vaters, sie sozial zu isolieren, tauchen in ihren Träumen auf:

Ich träumte, daß eine Frau – nennen wir sie V. –, die in meinem heutigen Leben eine wichtige Rolle spielt und die ich sehr bewundere, bei uns zu Besuch war. Ich wohne in dem Traum noch bei meinen Eltern. Sie sitzen auch dabei. V. hat mir einen langen Brief geschrieben. »Aha«, sagt mein Vater hinterhältig, »ich weiß schon, was ich mit dem Brief machen werde.« Er will ihn mir wegnehmen. Ich wehre mich mit aller Kraft, denn ich weiß, mein Vater macht sonst etwas Schreckliches mit dem Brief, und dann will V. mich nie mehr wiedersehen.

Die Angst, für den Inzest verantwortlich gemacht zu werden, scheint in dem folgenden Traum eine Rolle zu spielen:

Ich sitze mit meinen Eltern in einem kahlen Zimmer. Zwei Männer in weißen Kitteln kommen herein. Endlich! – denke ich erleichtert. Aber statt auf meinen Vater kommen sie auf mich zu. Ich möchte schreien: *Ich* bin nicht verrückt, *er* ist verrückt, ihr müßt *ihn* mitnehmen – aber ich bringe keinen Ton heraus.

Ein regelmäßig wiederkehrendes Motiv ist auch die Angst, vom Vater umgebracht zu werden. Eine Frau schrieb einige ihrer »Mordträume« für mich nieder.

Ich träumte, mein Vater wollte uns alle vergiften. Wir mußten von einer Art gelbem Lippenstift essen, kleine Stücke davon abbeißen. Irgendwann lag mein Bruder krank im Bett – er hatte gelben Schaum vor dem Mund. Meine Mutter und ich standen daneben ... mir fiel ein, daß ich auch von dem gelben Zeug gegessen hatte, wenn auch nicht so viel – ich hatte meinem Vater, der neben mir im Bett lag, gleich gesagt: Das schmeckt mir überhaupt nicht, und hatte ihm den Stift zurückgegeben, obwohl er mich bedrängte, mehr davon zu essen.

In einem anderen Traum fuhren diese Frau und ihr Bruder mit ihrem Vater im Auto. Vater und Bruder saßen vorn, sie hinten.

Vater fuhr immer langsamer. Ich wußte, daß er mich umbringen wollte und daß ich meinen Bruder brauchte, um mich zu beschützen, aber er war eingeschlafen. Verzweifelt versuchte ich, ihn wachzurütteln.

Auch der inzestuöse Vater der Erzählerin in dem Buch *Malina* trachtet seiner Tochter in ihren Träumen immer wieder nach dem Leben. So träumt sie etwa, daß ihr Vater absichtlich Lawinen lostritt, die sie unter sich begraben. Oder daß er sie bei fünfzig Grad minus auszieht und mit Wasser übergießt, so daß sie sich in einen Eisklumpen verwandelt. Oder daß er sie in Stücke reißen will.

Mein Vater ist mit mir in das Reich der tausend Atolle schwimmen gegangen. [...] ich sehe ihn bald seitwärts, bald unter mir, bald über mir, ich muß versuchen, zu den Riffen zu kommen, denn meine Mutter hat sich in dem Korallenriff versteckt und starrt stumm und mahnend auf mich, denn sie weiß, was mit mir geschehen wird. Ich tauche tiefer und schreie unter Wasser: Nein! Und: Ich will nicht mehr! ich kann nicht mehr! Ich weiß, daß es wichtig ist, unter Wasser zu schreien, weil es auch die Haie vertreibt, so muß das Schreien auch meinen Vater vertreiben, der mich anfallen will, mich zerfleischen will, oder er will wieder mit mir schlafen, mich packen vor dem Riff, damit meine Mutter es sieht (Bachmann 1971, S. 199).

Quälende Erinnerungen können das Inzestopfer vom Tag der Beendigung der Mißbrauchsbeziehung an wie ein Schatten verfolgen, ein Schatten, der der Frau von Zeit zu Zeit, bei Tag oder bei Nacht, auf die Schulter klopft und sie zwingt, zurückzuschauen.

Auffallend ist jedoch, daß viele Frauen zunächst eine Phase durchmachen, in der sie das Geschehene mehr oder weniger vergessen, wie etwas, das abgeschlossen und erledigt ist. Ich habe in diesem Zusammenhang zuvor von einem Zeitbombeneffekt gesprochen. Die Bombe tickt ruhig weiter, zehn, zwanzig, manchmal dreißig Jahre lang, und eines Tages explodiert sie plötzlich. Auslöser ist oft, was man im Englischen ein »life-event« nennt, ein »normales« Ereignis, das Teil des menschlichen Lebens ist und dennoch tiefe Gefühle weckt: Schwangerschaft etwa, die Geburt eines Kindes, der Tod der Eltern (oder eines Elternteils), Scheidung oder Umzug. In letzter Zeit, seit das Thema Inzest einige Publizität erlangt hat, hört man auch manchmal, daß Frauen nach einer Rundfunk- oder Fernsehsendung über Inzest plötzlich das Gefühl hatten, in ihnen sei ein Damm gebrochen.

Die niederländische Psychologin Francine Albach (1986) weist darauf hin, daß eine solche Latenzperiode unter anderem auch bei Kriegsopfern zu beobachten ist. Ihre Untersuchung über emotionale Folgen und Verarbeitung sexueller Kindesmißhandlung in der Familie ist unter anderem von M. J. Horowitz' Traumatheorie inspiriert. Horowitz zufolge verläuft die Verarbeitung traumatischer Ereignisse wie Geiselnahme, Vergewaltigung, Konzentrationslagerhaft und Folter in drei Phasen: Verleugnung, Wiederbelebung und Integration. Albach vermutet, daß dies auch für den Inzest gilt. Ihre Forschungen sind noch nicht abgeschlossen, doch läßt sich schon jetzt sagen, daß zumindest einige Inzestopfer die Ereignisse ihrer Kindheit für gewisse Zeit in den Hintergrund ihres Bewußtseins verbannen. Manch einer wird vielleicht lieber von Verdrängung als von Verleugnung sprechen. Verdrängung gilt im allgemeinen als schädlich für die psychische Gesundheit, aber ich meine, eine solche Verleugnungs- oder Verdrängungsphase ist für manche Inzestopfer unumgänglich, sie kann sich positiv auswirken, und es ist deshalb nicht immer sinnvoll, den Verarbeitungsprozeß künstlich beschleunigen zu wollen.

Wohlgemerkt: nicht immer, manchmal durchaus. Manchmal kann es notwendig werden, einen Durchbruch zu forcieren, eine Wiederbelebung gewissermaßen zu erzwingen. Diese Notwendigkeit ergibt sich dann aus dem zuvor von mir so genannten Bumerangeffekt der Überlebensstrategien. In bezug auf diese Überlebensstrategien, die Inzestopfer als Kinder entwickeln, könnte man von einer »Deformation der Persönlichkeitsentwicklung« sprechen.

Das Trauma ist einer jener Einflüsse, die das Kind prägen. Die Art, wie das Kind darauf reagiert, wird leicht zu einer charakteristischen Eigenschaft. [...] Da sich die Persönlichkeit des Kindes noch in der Entwicklung befindet, lernt es, auf den Mißbrauch in einer Weise zu reagieren, die zum Merkmal seiner Identität als erwachsener Mensch wird (Albach 1986, S. 560 f.).

Mit anderen Worten: Die Überlebensmechanismen werden Teil dessen, was allgemein Charakter genannt wird, und können sich – nachdem sie lange Zeit der Selbstbehauptung gedient haben – später gegen das Inzestopfer wenden. Das gilt natürlich in erster Linie für (selbst)zerstörerisches Verhalten, doch es gilt ebenso für weniger augenfällige Strategien. Macht man sich aus Angst vor heftigen Emotionen gefühllos (wie man sich früher gegen die Übergriffe des Vaters gefühllos machte), stellt sich allmählich eine innere Leere ein. Tritt man als graue Maus auf (denn früher hatte man Angst, aufzufallen; die anderen hätten das »Geheimnis« ja entdecken können, und dann hätten sie gesehen, wie schlecht man war), hemmt einen das in allen Lebensbereichen. Begegnet man jedermann mit Mißtrauen und einer Haltung des »Ich schaff das schon alleine« (zu der man früher allen Grund hatte), behindert das den Umgang mit anderen Menschen.

Übrigens geht es dabei nicht nur um Eigenschaften, die andere als »negativ« ansehen. Nach meinem Eindruck gibt es eine ganze Reihe von Inzestopfern, die als Erwachsene wegen ihrer bemerkenswerten Fähigkeit, sich in andere einzufühlen (so wie sie sich früher aus Gründen der Selbsterhaltung in die Rolle einfühlen mußten, die ihr Vater ihnen zugedacht hatte), im Gegenteil besonders positiv beurteilt werden. Diese übergroße Empathie kann für sie selbst jedoch zur Belastung werden, weil sie wenig dafür zurückbekommen und erneut das Gefühl haben, ausgesaugt zu werden, ohne sich dagegen wehren zu können. Eine weitere »positive« Eigenschaft einstiger Inzestopfer ist die Kompetenz und Arbeitswut, über die viele von ihnen verfügen. Leistung an sich ist natürlich nichts Schlechtes, doch wenn sie einem strukturellen Mangel an Selbstvertrauen entspringt, wenn man Angst hat, daß man nur der Leistung wegen respektiert wird und davon abgesehen als Person nichts gilt, dann kann auch diese Überlebensstrategie zum Nessusgewand werden.

Um zu überleben, war ich auf meinen Verstand angewiesen. Ich dachte nie, ich sei besser oder intelligenter als andere, eher im Gegenteil. Mir war immer bewußt, daß ich ganz allein mit meiner Lage fertig werden mußte, und daß ich dazu meinen Kopf brauchte. Zum Überleben braucht man keine Selbstachtung. Wut ist als Triebfeder ebenso wirksam. Oder Ehrgeiz. Hat man aber schließlich überlebt, kann ein wenig Selbstachtung im Umgang mit anderen gute Dienste leisten. Ich sage mir, ich muß an meine guten Eigenschaften glauben. Doch so sehr ich auch auf mich einrede – ich kann einfach nicht glauben, daß jemand, ob Mann oder Frau, den Kontakt zu mir sucht, weil ich als Person etwas zu bieten hätte. Ich denke immer noch, ich kann froh sein, wenn sich überhaupt jemand für mich interessiert (Allen 1980, S. 38).

Ob nun aber eine Phase der Verleugnung eintritt oder nicht, ob eine Frau von einem Tag auf den anderen von Erinnerungen überfallen wird oder bewußt die Konfrontation mit der Vergangenheit sucht, weil sie erkennt, daß ihre Überlebensstrategien, einst Rettungsanker, zur Zwangsjacke geworden sind – in jedem Fall ist die Wiederbelebung der traumatischen Kindheitserlebnisse eine schmerzhafte Erfahrung, bei der man die Hilfe, Unterstützung und Fürsorge anderer braucht. Aber an wen soll man sich wenden? Wer kann helfen?

Es besteht gegenwärtig eine Art Konsens darüber, daß Inzestopfer ihre Probleme nicht in sich verschließen, sondern in jedem Fall mit Menschen ihrer Umgebung, Menschen, die ihnen nahestehen, darüber sprechen sollten. Diese Menschen müssen allerdings dazu bereit sein. Zum Beispiel Familienmitglieder. Frauen haben oft das Bedürfnis, ihre Erinnerungen zu überprüfen und Dinge auszugraben, die sie vergessen glaubten, um auf diese Weise nachzuholen, was sie als Kind nicht vermochten: Ordnung in das Chaos zu bringen, die Dinge einzuordnen, zu benennen und sie so in den

Griff zu bekommen. Gerade Familienmitglieder können dabei eine wichtige Rolle spielen. Und gerade Familienmitglieder lassen das Inzestopfer oft im Stich, weil entweder der Vater noch lebt, weil sie sein Andenken nicht entehren möchten oder einfach weil sie das Unangenehme nicht an sich heranlassen wollen. Das muß im übrigen nicht böser Wille oder Gleichgültigkeit sein. Eine Frau erzählte mir, sie habe, nachdem sie lange nicht mehr zu Hause gewesen sei, nach dem Tod ihres Vaters eine recht gute Beziehung zu ihrer Mutter aufgebaut, bis sie – die Tochter – über den Inzest sprechen wollte.

> Meine Mutter wehrt das ab, weil sie Angst hat, sie könnte mit mir Streit bekommen und mich dann endgültig verlieren. Ihre Parole ist: Je mehr man in der Scheiße rührt, desto mehr stinkt sie. Ich kann ihr einfach nicht klarmachen, daß sie mich gerade dadurch zurückstößt, daß sie *nicht* darüber reden will.

Mit Freunden und Freundinnen sieht es nicht unbedingt besser aus. Manche sind zwar bereit, mit dem Inzestopfer zu sprechen, einmal, zweimal, dreimal, ein kontinuierlicher Dialog aber ist nicht möglich. Irgendwann bekommt man zu hören, man solle die alten Geschichten ruhen lassen, es sei doch nun vorbei, man müsse vergessen und nach vorn schauen. Hinzu kommt, daß das Inzestopfer, wenn es über seine Vergangenheit spricht, sich gewissermaßen selbst stigmatisiert. Wer sich verletzbar macht, wird oft verletzt. Offenheit kann sich gegen die eigene Person kehren. Das erfährt Katherine Brady bei einem Streit mit ihrer Freundin Polly, die ihr vorhält:

> Du würdest alles tun, um dir Anerkennung zu verschaffen. Du hast solche Angst vor Zurückweisung, daß du dich von deinem eigenen Vater hast vögeln lassen. Phantastisch, wirklich! Schau dich doch heute an. Du bist so dumm, so passiv, so daneben, ich kann dich einfach nicht mehr sehen. Wer sich von seinem eigenen Vater vögeln läßt, mit dem stimmt doch etwas nicht.

Bradys Kommentar:

> Genau davor hatte ich all die Jahre solche Angst gehabt. Daß man es irgendwie gegen mich verwenden würde, wenn ich über den Inzest sprach. Nun war es soweit. Ich war am Boden zerstört. Ich fühlte mich, als zerfiele ich buchstäblich in Stücke (1979, S. 155).

Ein anderes Problem, das sich ergibt, wenn das Inzestopfer mit Menschen seiner Umgebung »darüber« spricht, ist folgendes: Wo zieht man die Grenze, wem erzählt man es und wem nicht? Manchmal ist das Bedürfnis, über den Inzest zu sprechen, so groß, daß es zu einer Art Zwang wird, dem man auch gegenüber weniger guten Bekannten nachgibt. Und auch dann kann man Pech haben. Inzest wird von Außenstehenden in erster Linie mit Sexualität assoziiert. Das eigene Sexualleben vor einer Person auszubreiten, die man kaum kennt, gilt als ungehörig. Gibt man Dinge preis, die in den Augen des Gesprächspartners für eine oberflächliche Beziehung zu persönlich sind, so sündigt man gegen die Etikette der Kommunikation. Der andere fühlt sich vielleicht unbehaglich oder denkt: Was soll ich damit, was will die Frau von mir? Es kann sehr weh tun, wenn dieser andere sich dann nicht mehr blicken läßt oder bei einer zufälligen Begegnung so tut, als kenne er einen nicht mehr.

Außer an Familienmitglieder, Freunde, Bekannte oder den Partner kann sich das Inzestopfer natürlich auch an offizielle Stellen wenden, wenn es Hilfe bei der Verarbeitung der belastenden Kindheitserlebnisse sucht. Manche haben damit Glück, andere gehen einen wahren Leidensweg von einer Institution zur nächsten und geraten dabei vom Regen in die Traufe. Bis vor kurzem war, was den Inzest anbelangt, die Unwissenheit bei Hausärzten, Psychologen, Psychiatern und Sozialarbeitern groß. Das ändert sich zum Glück seit einigen Jahren, nicht zuletzt dank der Aufklärungsarbeit der verschiedenen Vereinigungen gegen sexuelle Kindesmißhandlung in der Familie.

Die Frauenbewegung hat eine für Inzestopfer neue Form der Hilfe geschaffen: die Selbsthilfegruppe. Ungeachtet der Nachteile und Unzulänglichkeiten dieser Form der Unterstützung (siehe van Lichtenburcht u.a. 1986, S. 107 f.), erleben viele Frauen das Gespräch mit Leidensgenossinnen, die gegenseitige Anteilnahme und Unterstützung, das Verständnis vor allem und auch den Insiderhumor, der so wunderbar erleichtern kann, als ein Geschenk des Himmels. Eine Frau, die bei verschiedenen Stellen vergebens um Hilfe nachgesucht hat, sagt:

Also, das war etwas ganz Außergewöhnliches, wirklich, daß ich zu jemandem sagen konnte: Ich möchte ja gern, aber ich habe schreckliche Angst, ich habe solche Angst vor den Gefühlen, die dann hochkommen. Und die Frauen dort sagten nur: Ja, das kann ich verstehen. Und irgendwie dachte ich dann wirklich: Endlich jemand, der das gleiche erlebt hat, endlich jemand, der mich versteht, dem ich nichts vormachen muß, bei dem ich nicht zu sagen brauche: »Ach, es ist alles halb so schlimm«, denn es *ist* so schlimm. Und mit den Frauen dort – das hat mich so tief berührt, daß es mir durch und durch ging. Als sie sagten: Ich kann dich verstehen, da dachte ich, ja, wirklich, sie versteht es, sie hat es selbst erlebt (IKON 1983).

Ob die Selbsthilfegruppe Vorstufe einer intensiven Therapie ist, ob sie die letzte Station nach einem langen Weg von Institution zu Institution ist oder die einzige Form der Unterstützung, mit der eine Frau je in Berührung kommt – rückblickend sehen die meisten Frauen »die Zeit mit der Gruppe« als einen Wendepunkt an, eine Periode, in der sie viel Selbsterkenntnis gewonnen haben und dem Ziel, sich selbst anzunehmen, ein Stück nähergekommen sind.

Heißt das nun, daß das Gift des Inzests danach, also nachdem das Inzestopfer in einer Selbsthilfegruppe und vielleicht auch noch in Therapie war, ein für allemal aus seinem Leben getilgt ist? Anders ausgedrückt: Ist Verarbeiten möglich? Die Antwort muß, wie ich fürchte, lauten: Bis zu einem gewissen Grad und nicht für jede Frau in gleichem Maße oder gleich schnell.

Charlotte Allen (1980) berichtet in ihrem Buch – sie war achtunddreißig, als sie es schrieb – von regelmäßig wiederkehrenden Phasen, in denen sie das Gefühl hat, endlich darüber hinweg zu sein, ihre Inzesterlebnisse endgültig verarbeitet und keine Probleme mehr damit zu haben. Und immer wieder zeigt sich, daß sie sich getäuscht hat. Immer wieder kommt der Augenblick, da Angst und Schmerz von neuem einsetzen. Ich denke, viele Frauen, die als Kinder sexuell mißbraucht worden sind, werden sich darin wiederfinden. Die eine sagt: »Bei mir verläuft es in Wellen«, die andere: »Es ist eine Wunde, die immer wieder aufbricht«, oder: »Es ist eine Narbe, die sich immer wieder bemerkbar macht; manchmal spürt man sie kaum, und dann tut sie wieder verdammt weh«, oder auch: »Ich lebe auf einem Vulkan, von einem Ausbruch zum nächsten.« In Zeiten, in denen es einem gutgeht, kann man sich sagen: Ich bin kein Opfer, ich bin eine Überlebende, eine starke Frau. In den USA bezeichnen sich manche Inzestopfer als »survivors«, und das ist man auch. Aber nicht nur. Das Leben ist für eine Frau eine Gratwanderung zwischen Stärke und Opfer sein. Sie wollen nicht viel voneinander wissen, diese beiden Extreme, aber wenn man erreicht, daß sie einander nicht ins Gehege kommen und sich respektieren, hat man schon viel gewonnen.

Gerne würde ich zum Schluß etwas Aufmunterndes sagen, etwas in dem Sinne: Eines schönen Morgens steht man auf, die Sonne scheint, und man fühlt sich wie ein neuer Mensch: Es ist vorbei. Aber ich glaube nicht daran. Es ist nie vorbei. Eine Kindheit, in der man vom Vater sexuell mißbraucht worden ist, ist eine belastende Realität, die man nicht aus der eigenen Biographie ausblenden kann. Ich glaube auch nicht an die erbaulichen Reden vom Leid, das unsere geistigen Kräfte stärkt, das unsere Seele läutert und unser Menschsein bereichert und vertieft. Als Inzestopfer kann man lernen, mit dem Leid zu leben. Und man kann zu einem glücklichen und ausgeglichenen, wertvollen und geachteten Menschen werden – nicht dank, sondern trotz der Erlebnisse der Kindheit.

Was von mir da ist, erstarrt im Eis, ist ein Klumpen, und ich sehe hinauf, wo sie, die anderen, in der warmen Welt wohnen, und der Große Siegfried ruft mich, erst leise, und dann doch laut, ungeduldig hör ich seine Stimme: Was suchst du, was für ein Buch suchst du? Und ich bin ohne Stimme. Was will der Große Siegfried? Er ruft von oben immer deutlicher: Was für ein Buch wird das sein, was wird denn dein Buch sein?
Plötzlich kann ich, auf der Spitze des Poles, von der es keine Wiederkehr gibt, schreien: Ein Buch über die Hölle! Ein Buch über die Hölle! (Bachmann 1971, S. 184f.)

Bibliographie

Albach, Francine: *Incest als trauma*, in: De Psycholoog, XXI, 11. November 1986, S. 557–564

Alexander, Pamela C.: *A Systems Theory Conceptualization of Incest*, in: Family Process, H. 24. März 1985, S. 79–88

Allen, Charlotte: *Daddy's Girl*, New York 1980

Angelou, Maya: *Ich weiß, daß der gefangene Vogel singt*, Basel/Frankfurt 1980

Armstrong, Louise: *Kiss Daddy Goodnight*, Frankfurt 1985

Artaud, Antonin: *Les Cenci* (1939), in: Œuvres Complètes, Bd. IV, Paris 1964

Bachmann, Ingeborg: *Malina*, Frankfurt 1971

Barry, Kathleen: *Female Sexual Slavery*, New York 1979

Bass, Ellen/Louise Thornton (Red.): *I Never Told Anyone*, New York 1983

Beauvoir, Simone de: *Das andere Geschlecht*, Reinbek 1968

Bender, Lauretta/Abraham Blau: *The Reaction of Children to Sexual Relations with Adults*, in: American Journal of Orthopsychiatry, H. 7, 1937, S. 500–518

Braam Houckgeest, Quirine van/Gerrie Thielen/Marijke van Vugt/Sini te Winkel: *Een onderzoek naar hulpverlening bij seksueel misbruik* (Diplomarbeit), Institut für Klinische Psychologie, Rijksuniversiteit Utrecht 1985

Brady, Katherine: *Father's Days*, New York 1979

Breines, Wini/Linda Gordon: *The New Scholarship on Family Violence*, in: Signs, Journal of Women in Culture and Society, 8. Jg., H. 3, Frühjahr 1983, S. 490–531

Brownmiller, Susan: *Gegen unseren Willen. Vergewaltigung und Männerherrschaft*, Frankfurt 1978

B.R.T.: Interview mit einem Opfer des Vater-Tochter-Inzests in der Fernsehsendung »*Ommekaar*«, 9. April 1985

Burgers, J. H.: *Profiel van de verkrachter van onbekenden, een forensisch-psychiatrische studie* (Dissertation), Utrecht 1985

Burgess, Ann Wolbert/A. Nicholas Groth/Lynda Lytle Holmstrom/Suzanne M. Sgroi: *Sexual Assault of Children and Adolescents*, Lexington (Mass.)

Butler, Sandra: *Conspiracy of Silence. The Trauma of Incest*, San Francisco 1978

Cavallin, Hector: *Incestuous Fathers: a Clinical Report*, in: The American Journal of Psychiatry, H. 122, April 1966, S. 1132–1138

Chavannes, Marc: *Onder toeziend oog*. Briefkaart uit Dublin, in: NRC Handelsblad, 11. Februar 1984

Chodorow, Nancy: *The Reproduction of Mothering*, Berkeley 1978

Constantine, Larry L.: *The Sexual Rights of Children: Implications of a Radical*

Perspective, in: Larry L. Constantine/Floyd M. Martinson (Hrsg.): *Children and Sex,* Boston 1981

Dinnerstein, Dorothy: *Das Arrangement der Geschlechter,* Stuttgart 1979

Dorpat, Christel: *Welche Frau wird so geliebt wie Du,* Berlin 1982

Draijer, N.: *De omgekeerde wereld. Sexueel misbruik van kinderen in het gezin.* Ministerie van Sociale Zaken en Werkgelegenheid (Arbeits- und Sozialministerium der Niederlande), April 1985

Dubbink, Anneke/Anna Platvoet: *Zwijgen is fout.* Onderzoek incesthulpverlening, Opvanghuis Groningen, Groningen 1986

Ekelschot, Marijke: *Darwinisme: racisme en seksisme als wetenschap,* in: Anneke van Baalen/Marijke Ekelschot: *Tegennatuurlijk,* Amsterdam 1985

Emancipatiezaken: *Bestrijding van sexueel geweld tegen vrouwen en meisjes.* Parlamentsvorlage 18542, Nr. 1–2, 2. Kammer, Legislaturperiode 1983–84

Ferenczi, Sándor: *Sprachverwirrung zwischen den Erwachsenen und dem Kind (Die Sprache der Zärtlichkeit und der Leidenschaft),* in: Jeffrey M. Masson 1984 (Erstveröffentlichung 1933)

Finkelhor, David: *Child Sexual Abuse: New Theory and Research,* New York 1984

Fitère, Jean-Marie: *Violette Nozière,* Wien/München/Zürich 1979

Forward, Susan/Craig Buck: *Betrayal of Innocence. Incest and its Devastatation,* Harmondsworth 1981

Fox, Robin: *The Red Lamp of Incest,* London 1980

Frenken, Jos: *Liever incest dan spreken,* in: De Volkskrant. Het Vervolg, 7. Mai 1983

Freud, Sigmund: *Briefe an Wilhelm Fließ,* Frankfurt 1986

Freud, Sigmund: *Zur Ätiologie der Hysterie,* in: Freud, Gesammelte Werke, Bd. 1, Frankfurt 1972 (Erstveröffentlichung 1896)

Freud, Sigmund/Josef Breuer: *Studien über Hysterie,* in: Freud, Gesammelte Werke, Bd. 1, Frankfurt 1972 (Erstveröffentlichung 1895)

Freud, Sigmund: *Die Traumdeutung,* in: Freud, Gesammelte Werke, Bd. 2/3, Frankfurt 1973 (Erstveröffentlichung 1900)

Freud, Sigmund: *Totem und Tabu,* in: Freud, Gesammelte Werke, Bd. 9, Frankfurt 1973 (Erstausgabe 1913)

Freud, Sigmund: *Gesichtspunkte der Entwicklung und Regression. Ätiologie* (22. Vorlesung), in: Vorlesungen zur Einführung in die Psychoanalyse, in: Freud, Gesammelte Werke, Bd. 11, London/Frankfurt 1948 (Erstveröffentlichung 1917)

Freud, Sigmund: *Einige psychische Folgen des anatomischen Geschlechtsunterschiedes,* in: Freud, Gesammelte Werke, Bd. 14, London/Frankfurt 1955 (Erstveröffentlichung 1925)

Freud, Sigmund: *Selbstdarstellung,* in: Freud, Gesammelte Werke, Bd. 14, London/Frankfurt 1955 (Erstveröffentlichung 1895)

Freud, Sigmund: *Über die weibliche Sexualität,* in: Freud, Gesammelte Werke, Bd. 14, London/Frankfurt 1955 (Erstveröffentlichung 1931)

Freud, Sigmund: *Die Weiblichkeit,* in: Neue Folge der Vorlesungen zur Einführung in die Psychoanalyse, in: Freud, Gesammelte Werke, Bd. 15, London/Frankfurt 1949 (Erstveröffentlichung 1933)

Freud, Sigmund: *Drei Abhandlungen zur Sexualtheorie*, in: Freud, Gesammelte Werke, Bd. 5, Frankfurt 1972 (Erstveröffentlichung 1905)

Gebhard, Paul H./John H. Gagnon/Wardell B. Pomeroy/Cornelia V. Christenson: *Sex Offenders*, New York 1965

Goodwin, Jean/Teresita McCarthy/Peter DiVasto: *Prior Incest in Mothers of Abused Children*, in: Child Abuse and Neglect, H. 5, 1981, S. 87–95

Groth, A. Nicholas: *Men Who Rape. The Psychology of the Offender*, New York/London 1979

Hart, Maarten't: *Incest-vermijding*, in: De Gids, H. 7/8, 1975, S. 532–541

Henderson, D. James: *Incest*, in: A. M. Freedman/H. I. Kaplan/B. J. Saddock (Hrsg.): *Comprehensive Textbook of Psychiatry*, Baltimore 1975

Herk, Bert van: *Waarom mannen verkrachten*, Meppel 1985

Herk, Bert van/Harrie Kuiper: *Mannen bellen Korrelatie*, in: Mannen tegen seksueel geweld, 1. Jg., H. 4, Dezember 1985, S. 8–10

Herman, Judith L./(Lisa Hirschman): *Father-Daughter-Incest*, Cambridge (Mass.) 1981

Hoogduin, K.: *Incest en directieve therapie*, in: Jos Frenken/Carla van Lichtenburcht (Red.): *Incest: feiten, achtergronden en hulpverlening – een symposium*, Zeist 1984

Huitzing, An: *Betaalde Liefde. Prostitutie in Nederland 1850–1900*, Bergen 1983

IKON: Interview mit einem Opfer des Vater-Tochter-Inzests in der Rundfunksendung »*De andere wereld van zondagmorgen*« (zu deutsch: Die andere Welt von Sonntagmorgen), 13. November 1983

Imbens, Annie/Ineke Jonker: *Godsdienst en incest*, Amersfoort 1985

James, Jennifer/Jane Meyerding: *Early Sexual Experiences as a Factor in Prostitution*, in: Archives of Sexual Behavior, 7. Jg., H. 1, 1977, S. 31–42

Jones, Ernest: *Sigmund Freud – Leben und Werk*, Bd. 1, München 1984

Justice, Blair/Rita Justice: *The Broken Taboo. Sex in the Family*, London 1980

Kaufman, Irving/Alice Peck/Consuelo Tagiuri: *The Family Constellation and Overt Incestuous Relations between Father and Daughter*, in: American Journal of Orthopsychiatry, H. 24, 1954, S. 266–277

Kempe, Ruth S./C. Henry Kempe: *Kindesmißhandlung*, Stuttgart 1984

Kleist, Heinrich von: *Penthesilea*, in: F. Martini/W. Müller-Seidel (Hrsg.): *Klassische deutsche Dichtung in 20 Bänden*, Bd. 12, Freiburg 1963

Kohnstamm, Rita: *En hoe gaat het met vader?* in: NRC Handelsblad, 14. Juni 1986

Komter, Aafke E.: *De macht van de vanzelfsprekendheid. Relaties tussen vrouwen en mannen*, Den Haag 1985

Krüll, Marianne: *Freud und sein Vater*, München 1979

Kwast, S. van der: *Over de incest*, Meppel 1963

Kwast, S. van der: *De vader-dochter-incest als proces*, in: Seksuele criminaliteit. Capita selecta, Leiden 1968

Ladan, A./P. J. G. Mettrop/W. H. G. Wolters (Red.): *De betekenis van de vader*, Meppel 1985

Leclerc, Annie: *Parole de femme*, Paris 1974

Lévi-Strauss, Claude: *Die elementaren Strukturen der Verwandtschaft*, Frankfurt 1981

Lichtenburcht, Carla van/Willeke Bezemer/Woet Gianotten (Red.): *Verder na incest*, Baarn 1986

Lukianowicz, Narcyz: *Incest. I. Paternal Incest II. Other Types of incest*, in: British Journal of Psychiatry, H. 120, 1972, S. 301-313

Lustig, Noel/John W. Dresser/Seth W. Spellman/Thomas B. Murray: *Incest. A Family Group Survival Pattern*, in: Archives of General Psychiatry, H. 14. Januar 1966, S. 31-40

Machotka, Pavel/Frank S. Pittman/Kalman Flomenhaft: *Incest as a Family Affair*, in: Family Process, 6. März 1967, S. 98-116

Maisch, Herbert: *Inzest*, Reinbek 1968

Malcolm, Janet: *Vater, lieber Vater. Aus dem Sigmund-Freud-Archiv*, Frankfurt/Berlin 1986

Malinowski, Bronislaw: *Geschlecht und Verdrängung in primitiven Gesellschaften*, Frankfurt 1981

Maris, Boo van/Josephine Rijnaarts: *Dochter- en zusterverkrachting: een trauma voor je leven*, in: Opzij, 11. Jg., H. 2, Februar 1983

Marx, Karl: *Die deutsche Ideologie* (Erstveröffentlichung 1845/46), in: Die Frühschriften, Stuttgart 1971

Masson, Jeffrey M.: *Was hat man dir, du armes Kind, getan? Sigmund Freuds Unterdrückung der Verführungstheorie*, Reinbek 1984

McNaron, Toni A. H./Yarrow Morgan (Hrsg.): *Voices in the Night*, Minneapolis 1982

Mead, Margaret: *Mann und Weib*, Reinbek 1981

Meiselman, Karin C.: *Incest. A Psychological Study of Causes and Effects with Treatment Recommendations*, San Francisco 1978

Meulenbelt, Anja: *Wie Schalen einer Zwiebel oder Wie wir zu Frauen und Männern gemacht werden*, München 1986

Miller, Alice: *Das Drama des begabten Kindes*, Frankfurt 1979

Miller, Alice: *Am Anfang war Erziehung*, Frankfurt 1980

Miller, Alice: *Du sollst nicht merken*, Frankfurt 1981

Möller, Monique: *De zaak Noreen Winchester*, Rotterdam 1978

Morris, Michelle: *If I Should Die before I Wake*, New York 1982

Morrison, Toni: *Sehr blaue Augen*, Reinbek 1979

Mourik, Ineke van: *Het verraden vertrouwen*, in: Lover, 7. Jg., H. 3, September 1980, S. 101-105

Musaph, H.: *De driehoek vader-moeder-dochter bij een vader-dochter incestrelatie*, in: Jos Frenken/Carla van Lichtenburcht (Red.): *Incest: feiten, achtergronden en hulpverlening – een symposium*, Zeist 1984

Mzarek, Patricia Beezley/Arnon Bentovim: *Incest and the Dysfunctional Family System*, in: Patricia Beezley Mzarek/C. Henry Kempe (Hrsg.): *Sexually Abused Children and their Families*, Oxford 1981

Nabokov, Vladimir: *Lolita*, Reinbek 1976

Nelson, Sarah: *Incest: Fact and Myth*, Edinburgh 1982

Peters, Joseph J.: *Children who are Victims of Sexual Assault and the Psychology of Offenders*, in: American Journal of Psychotherapy, 30. Jg., H. 3, 12/1976, S. 398-421

Pierre, José (Hrsg.): *Tracts surréalistes et déclarations collectives 1922–1969*, Bd. I 1922–1939, Paris 1980

Prévert, Jacques: *Encore un fois sur le fleuve*, in: Histoires, Paris 1963

Rank, Otto: *Das Inzest-Motiv in Dichtung und Sage*, Leipzig/Wien 1926 (1912).

Renvoize, Jean: *Incest. A Family Pattern*, London 1982

Rijnaarts, Josephine: *Was Noreen Winchester een uitzondering?*, in: Socialisties-Feministiese Teksten 3, Amsterdam 1979

Rist, Kate: *Incest. Theoretical and Clinical Views*, in: American Journal of Ortho-psychiatry, 49. Jg., H. 4, Oktober 1979

Roelofs, G. T.: *Seksuele kindermishandeling binnen het gezin*, in: Tijdschrift voor Ziekenverpleging, 37. Jg., H. 21, 1984, S. 646–650

Rubin, Gayle: *The Traffic in Women*, in: Rayna R. Raiter (Hrsg.): *Towards an Anthropology of Women*, New York 1975

Rubinstein, Renate: *Sterben kann man immer noch. Notizen von einer Krankheit*, Frankfurt 1987

Rush, Florence: *Das bestgehütete Geheimnis: Sexueller Kindesmißbrauch*, Berlin 1984

Russell, Diana E. H.: *The Secret trauma. Incest in the Lives of Girls and Women*, New York 1986

Sandfort, Theo: *Jongens over vriendschap en seks met mannen*, Amsterdam 1986

Schoo, H. J./M. Vervoort-Indorf (Red.): *Psychologische encyclopedie*, Utrecht/Antwerpen 1981

Sebbar, Leila: *Gewalt an kleinen Mädchen*, Naumburg/Elbenberg 1980

Seligman, Brenda Z.: *The Incest Barrier: its Rôle in Social Organization*, in: The British Journal of Psychology, XXII, 1931–1932, S. 250–276

Shakespeare, William: *Perikles, Fürst von Tyrus*, in: William Shakespeare, Sämtliche Werke, Wiesbaden o.J.

Shepher, Joseph: *Incest. A Biosocial View*, New York 1983

Silbert, Mimi/Ayala M. Pines: *Sexual Child Abuse as an Antecedent to Prostitution*, in: Child Abuse and Neglect, H. 5, 1981, S. 407–411

Staa, Marianne van/Heleen Woelinga: *Als je vader je bezit . . .*, Diplomarbeit, Vrije Universiteit Amsterdam, Oktober 1983

Stanton, M. D./T. C. Todd: *The Family Therapy of Drug Abuse and Addiction*, New York 1982

Stendhal: *Die Cenci*, Zürich o.J.

Stolk, Bram van/Jos Frenken: *Als kind met de kinderen; een netwerk van incestueuze en pedoseksuele verhoudingen*, in: Maandblad Geestelijke Volksgezondheid, H. 7/8, 1986, S. 691–721

Summit, Roland/Jo An Kryso: *Sexual Abuse of Children: a Clinical Spectrum*, in: American Journal of Orthopsychiatry, 48. Jg., H. 2, April 1978, S. 237–251

Symonds, Carolyn L./Maureen J. Mendoza/William C. Harrell: *Forbidden Sexual Behavior among Kin: a Study of Self-selected Respondents*, in: Larry L. Constantine/Floyd M. Martinson (Hrsg.): *Children and Sex*, Boston 1981

Vidal, Jean-Marie: *Explications biologiques et anthropologiques de l'interdit de l'inceste*, in: Inceste. Nouvelle Revue d'Ethnopsychiatrie 3, Grenoble 1985

V.N. Vrij Nederland: *Freud op de divan*, Beilage vom 2. November 1985

V.S.K. Vereniging tegen seksuele kindermishandeling binnen het gezin: *De straf op zwijgen is levenslang*, Amsterdam 1983

V.S.K.: *Het zwijgen doorbroken*, Jarenboek 1981–1985, Bergum 1985

Walker, Alice: *Die Farbe Lila*, Reinbek 1984

Ward, Elizabeth: *Father-Daughter Rape*, London 1984

Weinberg, S. Kirson: *Incest Behavior*, Secausus (N. J.) 1976

Weiner, Irving B.: *Father-Daughter-Incest: a Clinical Report*, in: Psychiatric Quarterly, H. 36, 1962, S. 607–632

Westermarck, Edvard: *Geschichte der menschlichen Ehe*, Berlin 1902 (Original-ausgabe 1891)

Young, Mary de: *Self-Injurious Behavior in Incest Victims: a Research Note*, in: Child Welfare, 61. Jg., H. 8, November/Dezember 1982, S. 577–584

Personen- und Sachregister

Volker Elis Pilgrim

Der Vampirmann

Über Schlaf, Depression und die Weiblichkeit

Eine Forschungsnovelle

176 Seiten, gebunden, Schutzumschlag

Weshalb eigentlich sind Männer aller Altersstufen
rotgesichtig, während Frauen über 18 ungeschminkt,
blaß und ausgezehrt aussehen?
Diesem Phänomen der plötzlichen Blässe geht Pilgrim
auf seine Weise nach – provokativ und aberwitzig
zugleich. Eine aufregende Lektüre mit allen bizarren
Ecken, die man vom Verfasser der »Muttersöhne«
erwarten kann.

Claassen

Postfach 30 03 21, 4000 Düsseldorf 30

»Vater werden ist nicht schwer,
Vater sein dagegen sehr.«

Wilhelm Busch hat schon vor über hundert Jahren auf den Punkt gebracht, daß Vater-Sein mehr impliziert als die Rolle des Erzeugers oder allenfalls Ernährers eines Kindes. Wassilios E. Fthenakis unterzieht die gesamte in- und ausländische Vater-Forschung einer systematischen und kritischen Analyse. Der Leser erfährt wissenschaftlich höchst Fundiertes zur Psychologie der Vater-Kind-Beziehung: zur väterlichen Rolle während der Schwangerschaft und der Geburt, zum väterlichen Einfluß auf die Entwicklung des Kindes und zu den konstituierenden Faktoren der Bindung zwischen Vater und Kind, die im Vergleich zur Mutter-Kind-Bindung viel zu lange vernachlässigt wurde. Mit Blick auf die heutige Industriegesellschaft, in der bereits zwanzig Prozent der Kinder ohne ihren Vater aufwachsen, widmet sich der Autor im zweiten Band der Vater-Rolle in modernen Familienstrukturen – dem Vater nichtehelicher Kinder, dem nichtsorgeberechtigten Vater, dem alleinerziehenden Vater und dem Vater in Stieffamilien. Er regt damit dazu an, auch über die zentralen familienpolitischen Fragen nachzudenken. dtv 15046 / 2 Bände

dialog und praxis

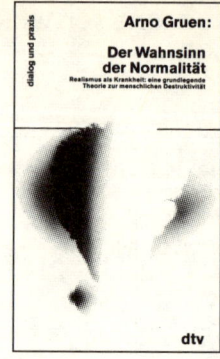

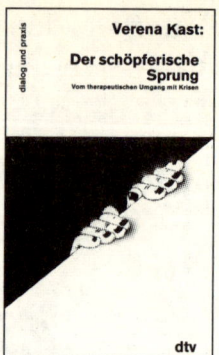

Psychologie
Analyse
Therapie

Kathrin Asper:
Verlassenheit und
Selbstentfremdung
Neue Zugänge zum
therapeutischen
Verständnis
dtv 15079

Michael Balint:
Die Urformen der
Liebe und die Technik
der Psychoanalyse
dtv/Klett-Cotta 15040

Bruno Bettelheim:
Der Weg aus dem
Labyrinth
dtv 15051

Charles V. W. Brooks:
Erleben durch die Sinne
»Sensory Awareness«
dtv 15085 (Januar 1991)

Erich Fromm:
Psychoanalyse und Ethik
dtv 15003
Psychoanalyse und
Religion
dtv 15006
Über den Ungehorsam
dtv 15011

Sigmund Freuds
Psychoanalyse –
Größe und Grenzen
dtv 15017

Über die Liebe zum
Leben
Hrsg. von H. J. Schultz
dtv 15018

Die Revolution der
Hoffnung
Für eine Humanisie-
rung der Technik
dtv/Klett-Cotta 15035

Die Seele des Menschen
Ihre Fähigkeit zum
Guten und zum Bösen
dtv 15039

Das Christusdogma
und andere Essays
dtv 15076

Die Furcht vor der
Freiheit
dtv 15084

Arno Gruen:
Der Verrat am Selbst
Die Angst vor
Autonomie
bei Mann und Frau
dtv 15016

Der Wahnsinn
der Normalität
Realismus als Krankheit:
eine grundlegende
Theorie zur mensch-
lichen Destruktivität
dtv 15057

Verena Kast:
Märchen als Therapie
dtv 15055

Der schöpferische
Sprung
Vom therapeutischen
Umgang mit Krisen
dtv 15058

Ronald D. Laing:
Das geteilte Selbst
Eine existentielle Studie
über geistige
Gesundheit und
Wahnsinn
dtv 15029

Das Selbst und die
Anderen
dtv 15054

dialog
und praxis

Psychologie
Analyse
Therapie

Ronald D. Laing:
Die Stimme der
Erfahrung
dtv 15060

Die Tatsachen des
Lebens
dtv 15081

**Arnold Lazarus/
Allen Fay:**
Ich kann, wenn ich will
Anleitung zur psycho-
logischen Selbsthilfe
dtv/Klett-Cotta 15002

Rollo May:
Sich selbst entdecken
Seinserfahrungen in
den Grenzen der Welt
dtv 15080

Leo Navratil:
Schizophrenie und
Dichtkunst
dtv 15020

Christiane Olivier:
Jokastes Kinder
Die Psyche der Frau
im Schatten der Mutter
dtv 15053

Frederick S. Perls:
Das Ich, der Hunger
und die Aggression
dtv/Klett-Cotta 15050

**Frederick S. Perls/
Ralph F. Hefferline/
Paul Goodman:**
Gestalttherapie
Grundlagen
dtv/Klett-Cotta 15086
(Februar 1991)

Peter Schellenbaum:
Das Nein in der Liebe
Abgrenzung und
Hingabe in der
erotischen Beziehung
dtv 15023

Gottesbilder
Religion, Psycho-
analyse, Tiefen-
psychologie
dtv 15059

Abschied von der
Selbstzerstörung
Befreiung der Lebens-
energie
dtv 15078

Walter J. Schraml:
Einführung in die
moderne Entwicklungs-
psychologie für
Pädagogen und
Sozialpädagogen
dtv 15082

Manès Sperber:
Individuum und
Gemeinschaft
Versuch einer sozialen
Charakterologie
dtv/Klett-Cotta 15030

René A. Spitz:
Vom Dialog
dtv/Klett-Cotta 15047

Walter Volpert:
Zauberlehrlinge
Die gefährliche Liebe
zum Computer
dtv 15045

Herbert Will:
Georg Groddeck
Die Geburt der
Psychosomatik
dtv 15034

dialog und praxis

Kinder
Eltern
Familie

Bruno Bettelheim:
Kinder brauchen
Märchen
dtv 15010

Kinder brauchen
Bücher
Lesen lernen durch
Faszination
dtv 15000

So können sie nicht
leben
Die Rehabilitation
emotional gestörter
Kinder
dtv/Klett-Cotta 15007

Erziehung zum
Überleben
Zur Psychologie der
Extremsituation
dtv 15056

Ein Leben für Kinder
Erziehung in unserer
Zeit
dtv 15083

Ernest Bornemann:
Das Geschlechtsleben
des Kindes
Beiträge zur Kinder-
analyse und Sexual-
pädologie
dtv 15041

Cary L. Cooper:
Streßbewältigung
Person, Familie, Beruf
dtv 15027

**Rudolf Dreikurs/
Erik Blumenthal:**
Eltern und Kinder –
Freunde oder Feinde?
dtv/Klett-Cotta 15022

Erik H. Erikson:
Jugend und Krise
Die Psychodynamik im
sozialen Wandel
dtv/Klett-Cotta 15043

Elise Freinet:
Erziehung ohne Zwang
Der Weg Célestin
Freinets
dtv/Klett-Cotta 15005

Wassilios E. Fthenakis:
Väter
Band 1:
Zur Psychologie
der Vater-Kind-
Beziehung
Band 2:
Zur Vater-Kind-
Beziehung in
verschiedenen
Familienstrukturen
dtv 15046 (2 Bände)

Verena Kast:
Wege aus Angst und
Symbiose
Märchen psychologisch
gedeutet
dtv 15031

Mann und Frau im
Märchen
Eine psychologische
Deutung
dtv 15038

dialog
und praxis

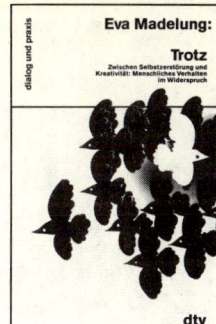

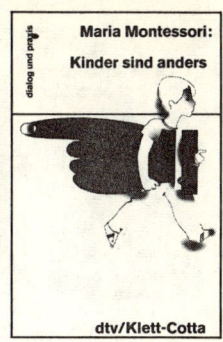

Kinder
Eltern
Familie

Verena Kast:
Familienkonflikte im
Märchen
Eine psychologische
Deutung
dtv 15042

Wege zur Autonomie
Märchen psychologisch
gedeutet
dtv 15049

Märchen als Therapie
dtv 15055

**Marshall H. Klaus/
John H. Kennell:**
Mutter-Kind-Bindung
Über die Folgen einer
frühen Trennung
dtv 15033

Eva Madelung:
Trotz
Zwischen Selbstzerstö-
rung und Kreativität:
Menschliches Verhalten
im Widerspruch
dtv 15052

Carl-Heinz Mallet:
Kopf ab!
Über die Faszination
der Gewalt im Märchen
dtv 15077

Maria Montessori:
Kinder sind anders
Ein Klassiker der
pädagogischen und
kinderpsychologischen
Literatur
dtv/Klett-Cotta 15036

Christiane Olivier:
Jokastes Kinder
Die Psyche der Frau
im Schatten der Mutter
dtv 15053

Jean Piaget:
Das moralische Urteil
beim Kinde
dtv/Klett-Cotta 15015

Das Weltbild des
Kindes
dtv/Klett-Cotta 15044

**Jean Piaget/
Bärbel Inhelder:**
Die Psychologie des
Kindes
dtv/Klett-Cotta 15021

Josephine Rijnaarts:
Lots Töchter
Über den
Vater-Tochter-Inzest
dtv 15087 (März 1991)

Walter J. Schraml:
Einführung in die
moderne Entwicklungs-
psychologie für
Pädagogen und
Sozialpädagogen
dtv 15082

René A. Spitz:
Vom Dialog
Studien über den
Ursprung mensch-
licher Kommunikation
und ihrer Rolle in der
Persönlichkeitsbildung
dtv/Klett-Cotta 15047

Das sollten Eltern lesen

Elisabeth Badinter:
Die Mutterliebe
Geschichte eines
Gefühls vom
17. Jahrhundert bis
heute
dtv 10240

T. Berry Brazelton:
Babys erstes
Lebensjahr
dtv 1148

Frauen berichten
vom Kinderkriegen
Herausgegeben von
Doris Reim
dtv 10242

Roswitha Fröhlich:
Ich und meine Mutter
Mädchen erzählen
dtv 11194

Torey L. Hayden:
Sheila
Der Kampf einer
mutigen Lehrerin um
die verschüttete
Seele eines Kindes
dtv 10223

Ich habe ein
behindertes Kind
Mütter und Väter
berichten
Herausgegeben von
Edith Zeile
dtv 10859

Robert Lane:
Robby
Ein Zeugnis für die
unglaubliche Kraft
des Menschen, Leid
durch Verständnis
und Liebe zu
überwinden
dtv 10771

Bernfried Leiber/
Hans Schlack:
dtv-Baby-Lexikon
für Mütter
dtv 3135

L. Joseph Stone/
Joseph Church:
Kindheit und Jugend
Einführung in
die Entwicklungs-
psychologie
2 Bände
dtv 4299/4300

Anneliese Ude:
Betty
Protokoll einer
Kinderpsychotherapie
dtv 1367

Anneliese Ude-Pestel:
Ahmet
Geschichte einer
Kindertherapie
dtv 10070